会计学与财务管理系列

高级财务管理

（第三版）

主　编　徐　鹿　葛东霞

副主编　闫成武　王　岩

参　编　张忠华　哈今华

科学出版社

北　京

内 容 简 介

本书全面、系统地研究和讲解了高级财务管理的理论结构与内容，注重对核心概念和基本原理的把握与理解；注重对高级财务管理理论和实践在当今最新发展的介绍与分析，涵盖了高级财务管理领域近年来重要的理论和实践研究成果；并以多个案例帮助学生理解高级财务管理的基本理念、分析方法和实际运用；同时特别注重引导学生以高级财务管理的基本原理认识、分析和把握中国市场经济发展过程中所存在的问题，培养学生的理财素养和分析解决实际问题的能力。

本书体系完整、逻辑严密，并结合作者多年的成功教学经验，对结构做出了不同于国内外其他教材的全新调整。本书适合会计学、财务管理专业的高年级本科生、研究生和经济学、管理学专业的研究生以及对高级财务管理理论有兴趣的实际工作者使用。

图书在版编目（CIP）数据

高级财务管理 / 徐鹿，葛东霞主编. —3 版. —北京：科学出版社，2018.4
会计学与财务管理系列
ISBN 978-7-03-056115-2

Ⅰ. ①高… Ⅱ. ①徐… ②葛… Ⅲ. ①财务管理-高等学校-教材 Ⅳ. ①F275

中国版本图书馆 CIP 数据核字（2017）第 316545 号

责任编辑：王京苏 郝 静 / 责任校对：彭 涛
责任印制：吴兆东 / 封面设计：蓝正设计

科学出版社 出版
北京东黄城根北街 16 号
邮政编码：100717
http://www.sciencep.com
北京厚诚则铭印刷科技有限公司印刷
科学出版社发行 各地新华书店经销
*
2007 年 8 月第 一 版 开本：787×1092 1/16
2015 年 1 月第 二 版 印张：22
2018 年 4 月第 三 版 字数：522 000
2024 年 9 月第十五次印刷
定价：52.00 元
（如有印装质量问题，我社负责调换）

第三版总序

“会计学与财务管理系列教材”第一版于2007年5月出版，2012年系列教材再版，到2017年已历经10年时间，系列教材发行总量超过50万册，部分教材已经累计印刷数十次，全国有数十所高校的数万名师生使用了我们的教材，对这套教材给予了充分的信任与关注。在服务广大读者的同时，系列教材得到了诸多荣誉：《基础会计学》《高级财务会计》《财务管理》《财务通论》《会计制度设计》被评为普通高等教育“十一五”国家级规划教材，并获得省级教学成果一等奖；《基础会计学》《财务管理》分别获得黑龙江省第十四届社科成果一等奖、二等奖；《基础会计学》《中级财务会计》《财务管理》《成本会计》被确认为省级精品课配套教材；《基础会计学》《成本会计》荣获教育部“十二五”普通高等教育本科国家级规划教材。一套系列教材能够获得如此多的奖励与成就，皆源于广大读者的支持与厚爱。

伴随着我国走进新时代，“创新驱动”“一带一路”倡议成为我国社会经济发展的重要战略，大数据、云计算、互联网、人工智能等新科技的高速发展，推动着新业态、新模式和新理念不断涌现；数字经济的迅猛发展更令会计和财务管理等相关专业人才培养重新思考、重新定位；新的会计规范出台，新的理论不断产生、完善，都要求我们的教材无论从内容上还是形式上与时俱进、不断更新完善，才能为培养出更多符合社会发展的创新型、应用型、复合型高素质专门人才提供支撑。为此，本系列教材进行第三次改版。读者们10年来的关注与厚爱，更加激励我们以将此套系列教材打造成为精品和“经典教材”为奋斗目标。

本次第三版修订，本系列教材继续保持所具有的优势特色。

（1）知识体系完整，各教材内容相互紧密衔接。

（2）内容新颖全面，逻辑思维清晰严谨，知识点讲解准确，语言表述通俗易懂。

（3）理论与实际结合紧密，操作性、应用性强。

（4）习题资料及案例内容翔实，突出学生的能力训练和综合素质的培养。

（5）注重现实，放眼未来。许多教材中对学科研究前沿做出专题介绍，开阔学生视野，形成良好的专业发展引导和思维延展，培养学生创新意识。

此外，教材的主编又根据实际情况做出相应的修订，主要包括以下几种情况。

（1）由于社会发展、环境变化，所形成的新思想、新理念、新方法及科学研究新成果，在相应教材中予以反映。

（2）国家法规及会计准则、会计制度（如《政府会计制度》）等的修订，导致原有教材内容的不适应。

（3）增加最近几年出现的引起学术界普遍关注的经典商业案例。

（4）部分教材的习题资料进一步充实完善。

（5）由读者建议而适当调整的内容。

本系列教材在第三版修订中，得到科学出版社的责任编辑王京苏、郝静的大力支持，也得到许多读者提供的意见与建议。在教材编写过程中，借鉴和参考了国内外学者的相关研究成果，在此一并表示感谢。

张 林

2018 年 1 月

第二版总序

2007 年 5 月，黑龙江省高校会计学教师联合会组织编写的“会计学及财务管理系列教材”由科学出版社出版发行，本套系列教材是中国科学院规划教材。其中，《基础会计学》《高级财务会计》《会计制度设计》《财务管理》《财务通论》被评为普通高等教育“十一五”国家级规划教材，并获得省级优秀教学成果一等奖；《基础会计学》《财务管理》分别获得黑龙江省第十四届社科成果一等奖、二等奖。本套系列教材的再版，是在原系列教材的基础上结合近几年国内外会计及财务管理领域理论、方法及应用的变化和教学内容、教学方法改革的需要，在保持原教材特色与优点的前提下，对会计学及财务管理专业领域的技术方法、阐述内容进行全面修订而形成的系列新作。

针对普通地方高校培养应用型、复合型人才需要的“会计学及财务管理系列教材”自出版至今，重印了多次，取得了很好的社会反响。此系列教材已成为哈尔滨商业大学、哈尔滨工业大学、东北农业大学、东北林业大学、东北石油大学、黑龙江大学、黑龙江八一农垦大学和黑龙江科技学院等多所高校经济管理类专业学生的专业课指定教材、硕士研究生入学考试教材，同时作为会计学和财务管理专业课教材，被国内多所高校选用。各高校的教师和同学在使用的过程中给予了此系列教材一致好评，认为此系列教材不仅详细地介绍了理论知识、专业技术，而且运用大量的案例将晦涩的理论知识变得易于理解和掌握，可以说很好地将理论与实践结合了起来，填补理论空白的同时，为学生日后的实践提供了很好的指导。越来越多的高校选择此系列教材作为经济管理类专业学生的指定用书。

虽然此系列教材自出版以来取得了一定的成绩，但是我们清楚地知道仍有很多地方需要修订及进一步完善。21 世纪的头 10 年中，会计学及财务管理领域的发展日新月异，无论是国际、国内的理财环境，还是会计学及财务管理运用的具体方法都有了翻天覆地的变化，这也对会计学及财务管理的学习提出了更高的要求。在这样的大环境下，我们绝对不敢停下前进的步伐，必须紧跟发展的大潮，把握发展的方向，紧扣发展的脉搏，为会计学及财务管理的发展贡献力量，并为提高会计学及财务管理的教学质量而努力。各界同仁的支持与肯定就是我们发展的原动力，各方的质疑声更是我们改正的明镜，在各个方面的共同作用下，我们一定会越走越好。我们再版本系列教材的目的就是更好地为各位教师、同学服务，你们的满意就是对我们最大的肯定。

在再版“会计学及财务管理系列教材”的过程中，我们虽然收集了大量的素材，作了全面的准备，但是我们发现在相关理论、方法、实务的理解上仍然存在一定的差距，所以不可能对会计学及财务管理领域出现的所有问题都进行全面的阐述。加之受编写人员学识所限，教材中难免有不恰当之处，恳请各位读者不吝赐教，以便进一步修订、完善。

“会计学及财务管理系列教材”的再版，借鉴和参考了国内外许多专家学者的研究成果，在此一并表示感谢！

2011 年 6 月

第一版总序

21 世纪是一个以网络化、信息化、数字化、知识化为重要特征的新经济时代。新时代飞速发展的市场经济对经济与管理类的专业教育提出了新的要求。顺其大势，我国会计学和财务管理学科的理论研究、实践改革和人才培养都呈现出一派前所未有的繁荣景象。这表明我国的会计学和财务管理学科正以蓬勃的生机向前发展着。随着我国市场经济和现代企业制度的建立和逐步完善，新世纪的会计、财务管理教育面临新的挑战。因此，培养通晓商业惯例和会计准则，掌握财务与会计管理技术与方法，适应21世纪市场竞争的高级财务与会计管理人才，已经成为普通高等院校会计学与财务管理专业人才培养的基本目标。

2006 年 2 月，新会计准则和审计准则的颁布以及 2007 年 1 月 1 日新会计准则在上市公司的实施，是我国会计改革进程中的一次重大举措，会计热又一次被推向了高潮。为了更好地将新会计准则贯彻下去，更快地让学生掌握新的会计准则体系，适应新准则下的财务与会计管理工作，我们借鉴了国内外优秀的会计和财务管理类教材，以新会计准则和新审计准则为基础，编写了会计学及财务管理专业系列教材，共计 20 本，包括《基础会计学》《会计学》《中级财务会计》《高级财务会计》《成本会计》《会计制度设计》《政府与非营利组织会计》《审计学》《财会专业英语》《财务管理》《财务通论》《公司财务》《高级财务管理》《管理会计》《财务报告分析》《国际财务管理》《会计信息系统》《证券投资与评估》《资产评估》《纳税筹划理论与实务》。其中，《基础会计学》《高级财务会计》《会计制度设计》《财务管理》和《财务通论》被评为普通高等教育“十一五”国家级规划教材。

本套系列教材由黑龙江省高校会计学教师联合会组织编写，由科学出版社出版。我们认为在大众化教育的背景下，集中各校优势，通过合作方式实现教学资源优化配置，编写一套适用于普通地方高校培养应用型、复合型人才要求的教材，对加强各校的合作交流、推动师资培养、促进相关课程的教学改革，是一件一举多得的好事。编审委员会由哈尔滨商业大学、哈尔滨工业大学、东北林业大学、东北农业大学、黑龙江八一农垦大学、大庆石油学院、黑龙江大学、黑龙江科技学院、齐齐哈尔大学、哈尔滨理工大学 10 所高校的教师组成，其中包括教学经验丰富、学术造诣较深的老教师，风华正茂的中年教师以及具有足够成长后劲的青年骨干教师。本系列教材的主编均由教学经验丰富的教授担任。

我们从多年的教学实践中深切感受到，教材和教学质量有着十分密切的关系。教材规定了教学内容，是教师授课取材之源，也是学生求知和复习之本，没有优秀的适用教材，也就无法提高教学质量。丢开教材，欲求提高教学质量，不啻缘木求鱼。换言之，没有优秀的教材，就没有优秀的高等教育；没有高质量的人才培养，就没有高水平的大学。我国目前各高等院校会计学专业和财务管理专业所使用的教材，尽管版本众多，内容和结构有所差别，各校可选择的空间较大，但仍有进一步改革之必要。这是因为：第一，目前各高校所使用的教材，大都编写于21世纪初，很多都没有体现2007年实施的新会计准则，再加上计算机、网络技术和电子商务的不断发展，原有的教材内容需要大范围的更新；第二，随着会计和财务管理理论与实践的发展，人们对会计和财务管理的认识不断发生变化，对于原有教材的有些内容也需要在新的认识基础上重新解读，使学生能够在更宽广的视野和更高的层次上掌握会计和财务管理的专业知识；第三，尽管各种版本的会计和财务管理专业教材内容和结构都不尽相同，但是侧重理论教学、奠定科研基础、培养本科生毕业后从事研究工作的教材偏多，而适合于培养应用型、复合型人才的普通地方高校的教材却少之又少；第四，现有教材在体系结构上大多采用教材、案例、习题相分离的编排形式，而且有的教材根本没有案例，这给强调动手能力和实际操作能力的大众化教育模式的专业课教学带来诸多不便，需要加以改进。正因为如此，我们在不断反思会计与财务管理教育改革与创新培养目标、不断修正完善教学计划的基础上，摸索培养特色人才的新定位、新理念、新途径，针对现有教材存在的缺点，改善以往简单地选用重点大学教材的状况，编写了本系列教材，力图为普通地方高校会计学和财务管理专业提供一套具有理论性、实践性、指导性的优秀教材。这套系列教材的编写本着务实、求新、继承与开拓的精神，定位于会计学、财务管理本科专业必修课，是对两个专业本科教学内容的总体设计和完善，目的是为进一步建立和完善会计学和财务管理学科体系奠定基础，以求通过科学、先进、实用的教学体系培养出适合我国经济发展需要的会计和财务管理应用型和复合型人才。为了保证教材具有高起点、高质量，我们在编写与出版过程中突出以下三点：①“质量第一，开拓创新”是编写教材的指导思想。通过本系列教材，期望展示我们各所学校的教学改革和教材建设的成果。②以“借鉴国际通用教材体例、实现系列教材的国际化风格”为编写教材的基本原则。广泛借鉴国际流行的教材编写风格，适应新世纪人才培养的新要求。③以“主编负责，合约约束”为质量保证手段。

本套教材主要体现了以下几个特点。

（1）内容新颖全面。本系列教材的编写建立在新颁布的《企业会计准则》《企业会计准则——应用指南》《审计准则》《公司法》《证券法》等制度和法律的基础上，融合了新准则、新法规中的新规定，是新准则颁布之后较早、较全的一套系列教材。其中，不仅体现出了会计专业教材中的很多具体准则变化的业务处理（如《企业会计准则——金融工具确认和计量》《企业会计准则——资产减值》），而且财务管理相关知识的最新变化也同样出现在本套系列教材中（如新《公司法》中关于利润分配的变化、财务报表分析中财务指标的变化）。

会计是一种国际商业语言，随着世界经济的一体化、市场竞争的国际化，需要国际惯例协调的范围越来越广，所以在系列教材的编写过程中，我们参考了相当多的会计学和财务管理学方面的经典国际知名教材，以国际会计最新发展趋势为依据，充分体现我国的会计准则和国际准则的实质性趋同，力争使本套教材成为教师指导学生的一个有用工具，使学生能够通过学习教材掌握最新的财务与会计知识的专业技能，同时具有国际“变通”能力。

（2）系统性和可操作性。系统性是指本系列教材体现了知识体系的架构、知识点的交叉渗透，以及各自的逻辑关系。一方面，在内容结构体系安排上体现了由简单到复杂、由易到难的渐进过程，适用于教与学。另一方面，在内容选择和体例编排上都充分考虑了不同阶段、不同知识结构学生的需要，基本解决了教学层次多，但教材单一、内容滞后的矛盾。两个专业的教材分别包括了初级（如《基础会计学》《财务通论》）、中级（如《中级财务会计》《公司财务》）和高级（如《高级财务会计》《高级财务管理》）三个层次的教学内容，而且最大限度地避免了课程内容的交叉与重复。本套教材的可操作性主要体现了理论与实际的紧密联系，强调实际操作能力的培养，从培养应用型、复合型人才的宗旨出发，各教材根据需要设置了复习思考题、计算分析题及案例分析等，旨在培养学生独立思考、独立处理业务、独立解决问题的能力。

（3）便于教师教学和学生学习。为了方便教师教学和学生学习，在每部教材中均安排了如下内容：①每章前面设有导言和重要概念，章后有小结；②注重对习题和案例的编写，每章后面根据需要设置有复习思考题（其中包括简答题、计算题）和案例分析。如此安排便于学生明确各章学习重点并对学习内容产生兴趣。通过大量的习题和经典案例，让教师的教学达到更好的效果，为学生的学习和理解提供了更好的工具，有利于锻炼学生综合分析问题和解决问题的能力。

（4）突出学生综合素质和创新能力的培养。我们认为，社会经济的发展状况将本科会计学和财务管理教育定位为：为企事业单位、金融机构和财务咨询或服务机构培养从事会计、理财工作和其他相关经济管理工作的具有综合素质的人才。这类人才应该具有以下特点：有很强的适应性；有不断吸收新知识的能力；有进一步发展的潜力；有一定的创新能力；有较高的综合素质；有国际化意识或全球意识。

作为培养新世纪高级应用型、复合型人才的系列教材，除了要强化学生的基础知识和基本技能以外，还应注意学生综合分析能力和判断决策能力的培养，引导学生打破常规、勇于创新，将素质教育融入教材之中。以学生自主创新能力培养为核心的教学，要求教师在完成必要的知识教学和技能培训目标的同时，培养学生的自主学习能力和创新能力，最终达到提高学生综合素质的目的。在编写教材时，每位作者都努力站在企业或组织的整体角度考虑和阐述问题，以期达到扩展会计学及财务管理专业学生视野的目的，实现对学生综合能力和创新意识的培养。

（5）突出现实性和适应性。根据新世纪人才的培养目标，本系列教材立足于我国国情和当前经济现实，与我国正在进行的市场经济建设相适应，具有较强的应用性。同时又面向未来，在吸收国际先进理论与技术方法的基础上，注意了我国普通地方高校本科教学的适用性。本套教材以新颁布的《公司法》《证券法》等法律规范为依据进行编写，以保证教材中介绍的会计、财务管理知识能够在新的法律环境下更好地应用。

本套系列教材能够顺利出版，要感谢哈尔滨商业大学等10所高校领导和教师们的大力支持，感谢科学出版社的鼎力帮助，感谢所有主编和参编人员的通力合作，感谢所有有关兄弟院校会计、财务管理界同仁多年来的友好协作与真诚关怀。不积跬步，无以至千里。

我们希望通过这套会计学和财务管理专业系列教材的编撰，能够对会计和财务管理的理论与实务做出一个相对清晰的描述和阐释。我们越深入这一过程，就越强烈地意识到，在传播会计和财务管理知识体系这一艰巨而复杂的任务中，我们尚处于开端处。尽管我们做了较长时间的准备，所有编写人员也付出了艰辛的劳动，但由于经济环境的迅速变化，对国内外现状的掌握不可能全面、透彻，加之编写人员学识所限，教材中难免有不妥甚至谬误之处，恳请读者不吝赐教，以便在今后修订时更正和完善。

2007年7月

前　言

为了适应财务管理专业发展和教学的需要，我们集体编写了《高级财务管理》教材，该教材与《财务管理基础》《中级财务管理》共同构成了财务管理专业必修课由低到高的三个知识层次。所谓“高级”，根据我们的理解，主要体现在三个方面：理论层次的更高、方法层次的更高、内容层次的更高。在本教材的编写过程中，我们力求能够满足本科教学所需，符合教学规律，同时有所创新。

本教材共分十一章：第一章，高级财务管理总论；第二章，企业财务战略管理；第三章，企业集团财务管理；第四章，人力资本财务管理；第五章，财务激励与约束机制；第六章，企业业绩评价；第七章，企业并购财务管理；第八章，财务流程再造；第九章，企业财务制度设计；第十章，财务危机管理；第十一章，中小企业财务管理。

本教材内容新颖、务实，一方面围绕财务实践中的最新问题，着重研究现有企业、特种企业管理中的财务问题；另一方面紧扣当今国内外财务管理理论和实务问题安排选题，坚持财务管理理论研究与教学服务于中国财务实践。希望通过本教材的学习，学生们能够在财务管理基本原理和方法的基础上，进一步学习、掌握财务管理实践中会遇到的特殊问题、难点问题，不断提升财务管理专业水平、执业能力和专业创新能力。

本教材由徐鹿、葛东霞担任主编，闫成武和王岩担任副主编。初稿各章的编写分工为：第一、六章由徐鹿编写，第二、三、四章由葛东霞编写，第五章由哈今华编写，第七、十章由王岩编写，第八章由张忠华编写，第九、十一章由闫成武编写。初稿完成后，由主编徐鹿对全书进行了修改和总撰。王洁慧同学在后期的文字校对过程中做了大量基础性工作，在此表示衷心感谢！

本教材在编写过程中，参考了大量国内外财务管理专家和学者的著作，吸收了他们很多有益的观点。高级财务管理的结构安排一直是极具争议的课题。希望本教材的出版能够为财经院校财务管理专业教材建设提供一个新的思路。由于时间和水平有限，编写过程中可能会有错漏、存在不当之处，敬请批评指正。

编　者

2017年12月

前 言

目　录

第一章

高级财务管理总论

财务管理理论研究的逻辑起点是财务管理环境，有关财务管理的一切问题都是从财务管理环境展开的。我国高级财务管理发展至今，已初步形成以财务管理环境为出发点，以相关学科内容和研究方法变化为基础，以基本理论、通用业务理论、特殊业务理论和其他领域理论为基本框架的理论结构。本章着重介绍财务管理环境，在回顾西方和我国财务管理理论发展历程之后，重点阐述高级财务管理的基本特征和基本理论。

【重要概念】 财务管理理论 财务管理环境 高级财务管理

第一节 财务管理理论结构框架

财务管理理论研究的前提是财务管理假设。财务管理假设是人们利用自己的知识，根据财务活动的内在规律和理财环境的要求提出的，具有一定事实依据的假定或设想。一般来说，理论体系的建立要通过假设、推理、实证等过程来实现。因此，要形成理论，就需要先根据环境和特定学科的规律性提出假设。

财务管理理论和实务的导向是财务管理目标。它是在认真研究财务管理环境和已经确立的财务管理假设的基础上确定的，既对财务管理内容、财务管理原则、财务管理方法等基本理论问题起导向作用，也对财务管理的通用业务理论和特殊业务理论起导向作用。不同的财务管理目标，必然产生不同的理论构成要素和理论逻辑层次关系。在财务管理理论结构中，财务管理目标具有承上启下的作用，它是根据财务管理环境确立的，同时又会对财务管理的基本理论和应用理论产生影响。

一、财务管理环境

企业存在的首要目标是生存，如果不能适应周围环境，就不能生存。不同时期、不同国家、不同领域的财务管理之所以有着不同的特征，究其原因，都是影响财务管理的环境因素不尽相同。

（一）财务管理环境的概念

人类社会的实践活动是由众多互相交错、互相影响的系统构成的，财务管理就是其中的一个系统，财务管理以外的对财务管理系统有影响作用的一切系统的总和，就是财务管理的环境。例如，国家的政治、经济形势，国家的经济法规，企业所处的市场状况等，都属于财务管理环境的组成内容。

（二）财务管理的宏观环境

财务管理的宏观环境包括的内容十分复杂，如经济环境、法律环境、社会文化环境等。

1. 经济环境

财务管理的经济环境是指影响企业财务管理的各种经济因素，如经济周期、经济发展水平、经济体制等。

经济的周期性波动对企业财务管理有重要影响。一般而言，在萧条阶段，整个宏观环境不景气，企业很可能处于紧缩状态，产品产量和销售量下降，投资锐减，有时资金紧张，有时又出现资金闲置。而在繁荣阶段，市场需求旺盛，销售量大幅度上升，企业为了扩大生产，就要扩大投资，以增添机器设备、存货和劳动力，这就要求财务管理人员迅速筹集所需资金。总之，面对周期性波动，财务管理人员必须能准确预测经济变化情况，适当地调整财务政策。

经济发展水平对财务管理发展水平的影响巨大，经济发展水平越高，财务管理水平也越高；经济发展水平越低，财务管理水平也相应越低。例如，发达国家经历了较长时间的资本主义经济发展历程，资本的集中和垄断已达到相当高的程度，经济发展水平在世界上处于领先地位，这类国家的财务管理水平比较高。而发展中国家的经济基础较薄弱、发展速度比较快、经济政策变更频繁、国际交往日益增多，这类国家的财务管理水平也在经济发展过程中不断得以提升。

经济体制是指对有限资源进行配置而制定并执行决策的各种机制。在计划经济体制下，企业财务管理的权力比较小，企业的筹资权、投资权都归高层决策单位，企业只有执行权，而无决策权。这样，财务管理的内容就比较单一，财务管理的方法比较简单。而在市场经济体制下，企业的筹资权、投资权归企业所有，企业必须根据自身条件和外部环境做出各种各样的财务决策并组织实施，因此，财务管理的内容比较丰富，方法比较复杂，财务管理的发展水平较高。

除以上几项因素外，一些具体的经济因素发生变化也会对企业财务管理产生重要影响。这些因素主要包括通货膨胀率、利息率、外汇汇率、金融市场、金融政策、财税政策、产业政策、对外经贸政策等。

2. 法律环境

财务管理的法律环境是指影响财务管理的各种法律因素。

《中华人民共和国公司法》《中华人民共和国证券法》《中华人民共和国金融法》《中华人民共和国证券交易法》《中华人民共和国经济合同法》《中华人民共和国企业财务通

则》等法规从不同方面对企业融资活动起到规范或制约作用；《中华人民共和国企业法》《中华人民共和国证券交易法》《中华人民共和国公司法》《中华人民共和国企业财务通则》等法规从不同方面对企业投资活动起到规范或制约作用；《中华人民共和国税法》《中华人民共和国公司法》《中华人民共和国企业法》《中华人民共和国企业财务通则》等法规从不同方面对企业分配活动起到规范或制约作用。

3. 社会文化环境

财务管理作为人类的一种社会实践活动，必然受社会文化的影响。社会文化环境包括教育、科学、文学、艺术、新闻出版、广播电视、卫生体育、世界观、理想、信念、道德、习俗以及同社会制度相适应的权利义务观念、道德观念、组织纪律观念、价值观念、劳动态度等。

（三）财务管理的微观环境

财务管理的微观环境主要包括企业类型、市场环境、生产环境等。

1. 企业类型

企业的类型很多，按不同标准可做不同分类。按照国际管理的标准可分为独资企业、合伙企业和公司；按照企业所属的部门可分为工业企业、商业企业、农业企业等；按照企业规模的大小可分为大型企业、中型企业和小型企业；按照所有权关系可分为国有企业、集体企业、个体私营企业、外商投资企业、股份制企业等；按照经营方式可分为承包经营企业和租赁经营企业等。

不同类型的企业，所处的财务管理环境也不同，对财务管理的影响也不一样。例如，我国国有企业可以大量吸收国家投资，其他所有制企业则缺少这个优势；吸引外资方面，我国外商投资企业享有各种优惠，其他所有制企业则不具有这个优势；等等。

2. 市场环境

每个企业所面临的不同市场环境也会影响和制约企业的理财行为。构成市场环境的要素主要有两项：一是参加市场交易的生产者和消费者的数量；二是参加市场交易的商品的差异程度。一般而言，参加市场交易的生产者和消费者的数量越多，竞争越大；反之，竞争越小。参加市场交易的商品的差异程度越小，竞争程度越大；反之，竞争程度越小。

处于完全垄断市场上的企业的产品销售一般都不成问题，价格波动也不会很大，企业的利润稳中有升，不会产生太大的波动，因而风险较小，可利用较多的债务来筹集资金；而处于完全竞争市场上的企业，销售价格完全由市场来决定，被市场所左右，价格容易出现上下波动，从而导致利润波动，因而不宜过多地采用负债方式去筹集资金；处于不完全竞争市场和寡头垄断市场上的企业，关键是要使自己的产品超越其他企业的产品，创出特色，创出名牌，这就需要在研究与开发上投入大量资金，研制出新的优质产品，并做好广告、搞好售后服务、给予优惠的信用条件等。为此，财务管理人员需要筹集足够的资金，用于研究与开发及产品推销。

3. 生产环境

不同的生产企业和服务企业具有不同的生产环境，这些生产环境对财务管理有着重要的影响。例如，如果企业的生产是高技术型的，那就有比较多的固定资产而只有少数的生产工人。这类企业在固定资产上占用的资金比较多，而工薪费用较少。这就要求企业财务管理人员必须筹集到足够的长期资金以满足固定资产投资的需要。而如果企业的生产是劳动密集型的，则可较多地利用短期资金。再如，生产轮船、飞机的企业，生产周期较长，企业要比较多地利用长期资金；而生产食品的企业，生产周期很短，可以比较多地利用短期资金。

二、财务管理的基本理论

财务管理的基本理论是由财务管理内容、财务管理原则、财务管理方法构成的概念体系。

有关财务管理内容，国内外学术界的看法均存在一些分歧。财务管理的基本内容是企业财务活动，包括企业筹资引起的财务活动、企业投资引起的财务活动、企业日常经营引起的财务活动和企业分配引起的财务活动。相应地，企业财务管理的内容也就包括企业筹资管理、企业投资管理、营运资金管理和企业分配管理四个方面。

财务管理原则是财务管理工作必须遵循的基本准则，是从财务管理实践中概括出来的体现财务活动规律性的行为规范。财务管理原则是根据财务管理环境、财务管理目标、财务管理内容的要求建立起来的，又对财务管理方法体系的建立起着指导作用。如果没有财务管理原则，财务管理目标、财务管理内容与财务管理方法之间就没有连接点，财务管理理论结构就会不成体系。

财务管理方法是财务管理人员实现财务管理目标、完成财务管理任务，在进行财务管理活动时所采取的各种技术和手段。财务管理方法是财务管理理论结构的基点。

三、财务管理的业务理论

（一）财务管理的通用业务理论

财务管理的通用业务是指各类企业都有的财务管理业务，包括企业筹资管理、企业投资管理和企业分配管理（企业营运资金管理涉及的大多是操作方法问题，理论方面的内容不多，所以一般不包含在财务管理通用业务理论中）。

（二）财务管理的特殊业务理论

财务管理的特殊业务是指只有在特定企业或某一企业的特定时期才有的财务管理业务。这些业务有很多类型，如企业集团的财务管理、中小企业的财务管理、企业并购的财务管理、企业预警的财务管理等都属于企业财务管理中的特殊业务。这些业务往往都是在特定情况下或特定的企业中发生的，可能会对原有的财务管理假设产生冲击，企业财务管理人员在处理这些业务时，通常要提出新的假设，有时甚至提出新的财务管理目标。例如，研究企业并购财务管理问题时，就应当遵循非持续经营假设。

第二节　高级财务管理的产生

财务管理理论随着财务管理环境的变化逐渐发展、完善。西方财务管理理论发展比较成熟，形成众多有代表性的、广为应用的财务管理理论，对我国财务管理理论的发展起到了重大的促进作用。我国财务管理理论在发展过程中兼收并蓄，既吸收了西方财务管理理论的精华，同时又有自己的特色。

一、西方财务管理理论的发展

1897 年，美国著名财务学者格林（Green）出版《公司财务》一书。自此，西方财务理论“以其独特的研究核心和研究方法成为经济学的一门分支”，并在 20 世纪取得了大发展。财务管理和金融环境、法律环境与各国的企业成长、经济变化密切相关，财务管理的内容和体系以及重点也随之有所不同，但是不同学者对这种财务管理的具体发展阶段的描述并不相同。有的学者将这 100 年里财务管理的发展进行归纳，称为财务管理的五次发展浪潮，见表 1.1，有的则认为可分为三个阶段，见表 1.2 和表 1.3。

表 1.1　西方财务管理的五次发展浪潮

发展阶段	时间划分	财务环境	财务管理重点	财务理论贡献
第一次浪潮	20 世纪初	各国经济和股份公司迅速发展	筹资管理理财（传统财务管理）	财务预测、筹资理论
第二次浪潮	20 世纪 40～60 年代初期	科学技术迅速发展	资产管理理财（控制财务管理）	有效的内部控制
第三次浪潮	20 世纪 60～70 年代	资金运用日趋复杂，市场竞争更加激烈	投资管理理财	资本预算、风险
第四次浪潮	20 世纪 70 年代末期和 80 年代早期	石油价格上涨，西方国家严重的通货膨胀	通货膨胀理财	通货膨胀条件下的财务管理
第五次浪潮	20 世纪 80 年代中后期	运输和通信技术发展，企业跨国经营发展很快	国际经营理财	外汇风险、多国融资、跨国资本预算、国际投资环境的评价

表 1.2　西方财务管理发展的三个阶段（一）

发展阶段	时间划分	财务环境	财务管理重点	财务理论贡献
初期阶段	1890～1930 年	企业规模不断扩大，公司设立、合并重组	如何筹资满足扩充需求	筹资财务分析
中期阶段	1930～1950 年	经济危机、政府管制	公司如何生存	破产财务 证券管理
近期阶段	20 世纪 50 年代以后	环境频繁变化	50 年代的公司内部管理，60 年代的资本结构与投资组合，70 年代的投资评估，80 年代的通货膨胀财务与国际财务	资金规划、资本结构理论、CAPM（capital asset pricing model），期权定价

表 1.3 西方财务管理发展的三个阶段（二）

发展阶段	时间划分	财务环境	财务管理重点	财务理论贡献
传统财务阶段	20 世纪初至 50 年代	企业规模不断扩大，经济大萧条	企业资金筹集和内部控制	经济计量技术应用于财务研究、学科制度化方面
现代财务阶段	50～70 年代	经济危机、政府管制	个人、企业乃至社会如何在风险资产合理估价的基础上，就稀缺资源的有效分配做出正确的决策	资产组合理论、现代西方资本结构和企业决策理论，实证方法的运用
新财务思潮阶段	70 年代后期	各种经济观点和看法不断翻新，新的分析方法不断涌现	寻求能够更好地解释企业现实经营的新理论	套利定价理论、代理成本、动机激励模型、新优序融资理论、财务契约论、信号模型等

二、我国财务管理基本理论的发展

现代财务管理作为一门新兴学科，在国外规范化的理论研究不过 50 年左右的时间，在我国，对财务管理理论的系统研究则时间更短。中华人民共和国成立后开始出现有关财务管理理论的研究，但直到20世纪80年代，随着现代企业制度的逐渐建立、资本市场的迅速发展，财务管理才受到真正的重视，财务管理理论研究得以迅速展开。

目前，我国已初步形成以财务管理环境为出发点，以相关学科内容和研究方法变化为基础，以基本理论、通用业务理论、特殊业务理论和其他领域理论为基本框架的理论结构[1]。

（一）财务管理基本理论

财务管理基本理论是财务管理研究的基础，包括财务管理内容、财务管理方法和价值观念等。

1. 财务管理内容

20 世纪 80 年代对基本范畴有关的内容研究不多，主要体现在对财务管理本质的讨论中。进入 20 世纪 90 年代之后，对于财务管理基本理论的研究逐渐增多，涉及目标、环境、假设、职能、理论结构等，其中对财务管理目标的研究是一个重要方面。从利润最大化到财富最大化再到企业价值最大化是主线发展过程，中间还有资金流动最优化、持续发展能力最大化、权益资本利润率最大化等观点。现在又有相关者利益最大化的观点[2]。同时，随着经济环境的变化，对新环境下财务管理理论研究的变化也有了越来越多的研究。

2. 财务管理方法

财务管理方法是财务管理人员为了实现财务管理目标、完成财务管理任务，在进行理财活动时所采取的各种技术和手段。具体来说这一部分既包括财务管理的环节，如计划、控制等，还包括企业财务状况和经营业绩的评价。

1981～2003 年，在财务管理方法方面，关于企业业绩评价的研究成果占一半以上，其他的是关于财务分析、预算管理、内部控制等方面的研究。早期对于企业业绩评价的讨论一般是企业业绩指标体系的设计，分析现有指标的缺陷，提出建议；20 世纪 90 年代中后期则出现了一些新的思路，如层次分析法、权变方法、经济增加值法，以及针对上市公司的主成分分析法，等等[3]。

3. 价值观念

有关价值观念的研究基本上都集中在20世纪80年代：1985年以前讨论的全是货币的时间价值问题，随后则全部讨论的是风险问题。有关时间价值和风险价值的研究奠定了我国财务管理研究的观念基础。以后的各种研究都是建立在对时间和风险的充分考虑之上的，为通用业务理论建立了正确的立足点。

（二）通用业务理论

财务管理的通用业务理论是指各类企业都有的财务管理业务。一般来说，通用业务理论可以分为广义筹资管理理论、广义投资管理理论和广义分配管理理论[1]。

1. 广义筹资管理理论

企业筹资管理理论主要研究企业资金结构问题。传统的资金结构理论一般只研究权益资金和负债资金的比例关系问题，但权益资金内部结构和负债资金内部结构随着经济环境的变化产生更多的问题，所以广义筹资管理理论不仅包括传统的资金结构理论，还包括权益资金和负债资金各自内部的结构分析。

20 世纪 80 年代，关于筹资理论的研究绝大部分都是在讨论股份制的问题。进入 20 世纪90年代，研究的内容变得丰富起来。在传统的资金结构理论方面，对资本结构的总体评价比较多见，还有对资本结构影响因素的分析等。在权益资金内部结构理论方面，在专门研究股权分布情况的基础上，越来越多的研究探讨的是股权结构与其他有关问题之间的关系和影响，如股权结构对企业价值的影响、股权结构对企业融资方式选择的影响等。

2. 广义投资管理理论

企业投资管理理论主要研究资金的投入和运用问题。随着市场经济的发展，除了传统的固定资产投资和证券投资，无形资产和人力资产在企业中将起到越来越重要的作用。因此，广义投资管理理论还包括无形资产投资和人力资产投资。

20 世纪 80 年代对投资管理理论的研究尚不多见，这与当时刚刚改革开放的经济现实有关。进入20世纪90年代后，随着资本市场的建立，对于投资的研究更多地借鉴了西方的投资组合理论，尤其是对证券市场系统风险、股票市场整体风险、系统风险与其他因素关系的研究等[3]。

3. 广义分配管理理论

企业分配理论主要是研究企业一定的生产成果的分配问题。从财务管理实践来看，对资金提供者和劳动提供者的分配均属于财务管理的重要内容，但一段时间以来，后一方面的问题却被忽略了，广义分配管理理论则将这些内容都包括在内。

20 世纪 90 年代上半期，关于激励机制的问题从宏观、体系性的角度考虑得比较多，如国有企业的激励机制变革及效果评价；进入20世纪90年代后半期，特别是进入21 世纪之后，则是研究具体的激励措施比较多，如关于内部职工持股计划、经理股票期权计划等。关于股利分配的研究对现金股利比较关注，既有理论上的分析，也有实证数据的检验。

（三）特殊业务理论

财务管理的特殊业务是指只有在特定的企业或某一企业的特定时期才有的财务管理业务。这些业务往往是在特定情况下或在特定的企业中发生的，它往往会对原有的财务管理假设产生一定冲击。这一部分包括集团财务管理、国际财务管理、企业并购财务管理和企业破产财务管理等，其中关于企业并购的研究较多，这跟我国近年来发生的大量重组、收购业务密切相关。

（四）其他理论

其他理论部分主要包括财务管理的发展，财务管理的比较，财务管理教育，港台和西方财务管理理论介绍，等等。

第三节　高级财务管理的理论结构

一、高级财务管理的基本特征

相对于“初级”和“中级”财务管理而言，高级财务管理所涵盖的内容是随着管理科学的发展，更新更复杂的管理过程和财务事项的出现而不断变化的。其基本特征表现如下。

（一）向战略型财务管理发展

目前大多数财务管理教材主要定位在特定企业发展阶段和特定组织结构模式下的财务融资、投资、营运与收益分配问题，与战略层面的财务管理距离较远。高级财务管理应该在企业战略管理中发挥更为广阔、深远的作用，侧重于企业的长期发展和规划，突出战略管理与财务管理的结合，从战略层面上获取竞争优势，以促进企业整体价值的不断提高。

（二）向整合型财务管理发展

传统的企业管理思维是把公司划分为不同的部门，如采购、生产、质量、市场营销、财务、会计、人事部门，突出职能分工和部门利益。然而，比单一职能部门、单项管理顺利运作更为重要的是，运用系统的财务思想把不同职能部门的功能、职责有效地整合起来。高级财务管理提供了一种与现代企业制度下法人治理结构相匹配的管理制度，整合企业实物流程、资金周转和信息流的科学方法，建立确保战略实施、整合全方位、全过程、全员的管理体系。

（三）向过程控制型财务管理发展

财务管理环境的动荡和人们对未来预知能力的局限，导致企业遭遇可能的风险与损失是难免的。企业必须竭尽所能预测有可能导致企业财务失败的原因并采取积极预防措施，必须在管理过程中，充分重视人的行为因素，重视控制的全方位，针对企业不断面临的危机或风险，及时反馈，加强沟通，制定对策，实施政策，引导行为，以规避风险或走出困境。

（四）向价值型财务管理发展

高级财务管理以企业价值最大化为目标，应该以现金收益和风险的平衡发展为基本财务管理理念，强调财务分析技术和决策模型的量化财务管理方法，全方位对接发展战略，以落实财务战略为基础，改造组织体系，分析企业价值增长的驱动因素，将战略落实为具体的预算目标，并以预算管理、报告体系和预警机制为监控手段，通过资产组合和风险控制，保障企业的可持续增长，最后以相关的评价机制和激励机制来激励管理者和全体员工不断追求价值的最大化。

（五）以资本运营为主要研究内容

随着世界经济一体化进程的加快，世界范围的兼并、重组愈演愈烈，跨国战略、并购浪潮、抵御区域性风险，已经成为企业财务管理关注的热点，资本运营则是企业实现全球战略的捷径。在我国，资本运营已成为实施战略性结构调整、改革国有企业的重要手段。随着资本运营活动的扩展与深入，与之相关的一系列基础理论问题日益暴露出来，如资本为何要交易？谁在交易中起决定作用？资本交易的依据又是什么？运营后的效益如何评价？这些问题必须由以资本、资产配置为内容，以企业价值最大化为行为准则的财务理论来描述和规范。

（六）财务主体多元化

市场经济的发展，使企业组织形态日趋多样化。研究财务管理问题，既要关注公司制企业的财务运作问题，也要研究非公司制企业的财务管理问题；既要研究大型企业的一般财务问题，又要关注中小企业的特殊财务情况；既要分析单一组织结构的财务管理问题，又要特别研究多层组织结构（集团制）的集权与分权问题。

二、高级财务管理基本理论

（一）财务战略理论

财务战略管理是战略管理思想在财务管理领域的延伸与发展，它要求企业不能只从单纯的财务观点出发进行理财，追求财务自身的变化，必须具有战略思想，从战略的全局来考虑和设计企业的财务行为。高级财务管理在这个方面关注的问题主要包括：什么是财务战略？如何进行成本战略管理、筹资战略管理、投资战略管理和股利分配战略管理？制定财务战略可以遵循哪些程序、应用哪些方法？这部分内容在本书的第二章。

（二）企业组织与财务管理理论

财务管理的基础是企业组织形式，企业组织性质和特点决定企业目标及其相应的财务目标。高级财务管理理论不但关注股份公司这一单一财务主体，而且关注集团制企业、中小企业的特殊财务问题。

高级财务管理主要关注企业集团财务管理的特征、体制、主要内容及其财务监控等方面。企业集团的财务管理体制，根据决策结构特征，一般分为集权型、分权型和集权与分权相结合型三种。企业集团财务管理主要包括企业集团融资管理、投资管理、内部转移价格、收益分配管理等。企业集团对其子公司的财务监控主要通过财务总监委派制、建立资金结算中心或财务公司等形式来实现。中小企业是国民经济发展一支不可忽视的力量，它在国民经济发展中起着重要的作用，高级财务管理注重研究中小企业的财务特征、财务环境、中小企业筹资管理和中小企业投资管理等内容。这部分内容在本书的第三章和第十一章。

（三）人力资本理论

市场经济的飞速发展，使人力资本的开发和管理逐步成为企业能否取得竞争优势的关键因素。人力资本财务管理是人力资本管理的核心，体现的是人力资本的投入与收益活动及其所形成的经济关系。高级财务管理重点研究人力资本估价、人力资本融资管理、人力资本投资管理、人力资本产权收益管理等问题。这部分内容在本书的第四章。

（四）财务激励和约束理论

激励和约束是成功企业通常都会采用的两种相互制衡的手段，是企业开展有效财务治理的重要内容。各利益相关者向企业投入自己拥有的性质不同的资本，拥有不同的财权，并以此承担一定的责任，享有一定的收益。高级财务管理主要对财务实践中的财务激励和约束机制进行系统的理论分析，研究如何分别对独立董事、经营者、员工和债权人等不同利益相关者进行经济利益、权力地位和企业文化等不同方式的激励；在激励的同时，研究对他们进行约束的具体机制，如公司章程约束、合同约束、法律约束、道德约束和市场约束等。这部分内容在本书的第五章。

（五）业绩评价理论

业绩评价作为一种管理控制手段，是将已发生的结果和预先确定的标准进行对比，判断现在状况的好坏。通过对企业业绩的评判，可以为所有者、经营者和其他利益相关者下一步有效决策提供依据。高级财务管理着重研究传统的财务评价指标和综合业绩评价模式的发展历程是怎样的？存在哪些缺陷？新近的 EVA（economic value added，经济增加值）、平衡计分卡等业绩评价工具有哪些优势和缺陷？如何设计合理、有效的业绩评价系统。企业业绩评价系统应该从业绩评价目标、业绩评价指标、业绩评价标准、业绩评价方法等多个角度进行设计。这部分内容在本书的第六章。

（六）并购理论

20 世纪 90 年代以来，信息技术革命和经济全球化的快速发展，使世界各国掀起了以跨国公司为主导的全球性企业并购浪潮。在我国企业并购不仅是企业进行资源优化配置的重要手段，而且是国企改革、经济转型和结构调整的选择方式之一。高级财务管理主要研究如何确定并购价格，如何进行并购支付方式的选择，如何进行目标企业价值评估。同时，高级财务管理还关注并购的风险分析和成本效益分析。这部分内容在本书的第七章。

（七）财务预警分析理论

财务预警分析研究在西方拥有近 70 年的历史和许多研究成果，无论是学术界还是实务界一直都在不懈地探索和改进研究方法，以提高预警的准确性。高级财务管理主要研究什么是财务危机，财务危机的不同发展阶段分别有哪些特征表现，有哪些常用的财务危机预警模型与方法，它们各自有什么优势和缺陷，如何构建有效、实用的财务危机预警系统。这部分内容在本书的第十章。

复习思考题

简答题

1. 财务管理的宏观环境主要包括哪些方面？
2. 财务管理的微观环境主要包括哪些方面？
3. 我国财务管理的基本理论框架是什么？
4. 高级财务管理发展至今，有何基本特征？
5. 高级财务管理基本理论有哪些？

第二章

企业财务战略管理

企业财务战略管理是战略管理思想在财务管理领域的延伸与发展，财务战略管理既是企业战略管理一个不可或缺的组成部分，也是企业财务管理一个十分重要的方面。财务战略管理是为实现企业战略目标和加强企业竞争优势，运用财务战略管理的分析工具，确认企业的竞争地位，对财务战略的决策与选择、实施与控制、计量与评价等活动进行全局性、长期性和创造性的谋划过程。财务战略管理运用理性战略思维，着眼于未来，以企业的筹资、投资及收益的分配为工作对象，规划了企业未来较长时期财务活动的发展方向、目标以及实现目标的基本途径和策略，是企业日常财务管理活动的行动纲领和指南。本章界定了企业财务战略管理的含义、特征和分类，并在此基础上重点阐述了企业成本战略管理、融资战略管理、投资战略管理、股利分配战略管理和制定财务战略的程序与方法。

【重要概念】 财务战略　财务战略管理　财务战略制定　SWOT 分析法

第一节　财务战略管理概述

社会经济的迅速发展和科学技术的飞跃进步，使企业的运营环境在最近十几年里发生了深刻的变化。现代理财环境下的企业管理不能单纯注重财务管理的具体方法与手段，也不能局限于对各项具体财务行为进行规划，而应该吸收、借鉴战略管理的原理和方法，创造性地适应环境，并向环境挑战，从适应环境、利用环境的角度，充分重视财务的长远问题和战略问题的设计与谋划，把战略管理作为财务管理的中心问题，财务战略管理正是在这种背景下应运而生的。

一、企业战略与企业战略管理

（一）企业战略

将“战略”一词用于企业领域便构成了企业战略。学术界对企业战略进行理论研究的时间并不长，“企业战略”一词最早出现在 1963 年巴纳德（Barnad）的《经理的职能》一书中，而真正对企业战略进行系统研究的则是 1965 年安索夫（H. I. Ansoff）的《企业战略论》一书，该书被学术界誉为“现代企业战略理论的奠基石”。

迄今为止，许多管理学家和战略学家曾从不同角度对企业战略给出了不同的定义，学术界尚未对此达成共识。综合各种观点，企业战略是指在对企业外部环境和内部条件深入分析与准确判断的基础上，为提高企业的竞争能力，对企业全局和未来所进行的总体和长远谋划。企业战略大致可以分为企业总体（企业层）战略、经营单位（事业层）战略和职能（经营层）战略三个层次。其中，企业总体战略所要解决的问题是，明确企业应该在哪些经营领域中从事经营活动，决定发展或收缩哪些经营领域，进入或退出哪些经营领域，进而将资源合理配置。经营单位战略对于企业集团来说表现为各分公司战略，对于多产品线的生产企业来说，表现为各产品线相关部门战略，主要解决应开发哪些产品或服务，以及将这些产品或服务提供给哪些市场等问题。职能战略是上述两个层次战略在各职能方面的具体化，如生产战略、营销战略、财务战略、人力资源战略等。

（二）企业战略管理

企业战略管理是以企业战略为对象的管理活动，是对战略筹划直至实施全过程的管理。战略管理要解决的问题是急剧变化的环境与战略的持久性之间的矛盾。一般来说，对企业战略管理基本特征的认识包括以下几个方面。

（1）企业战略管理是一个连续循环的过程，目的在于保证企业的经营结构能够适应未来的环境变化。

（2）企业战略管理的程序包括战略环境分析、战略目标的确定、战略生成、战略实施和战略控制五个环节。

①战略环境分析，即对企业外部环境和内部情况进行深入分析与正确判断，并在此基础上认识到企业面临的挑战和发展机遇，这是企业战略管理的基础环节。

②战略目标的确定，即在对企业内外环境进行分析的基础上确定企业战略最终要达到的目的，这是企业战略管理的出发点和归宿。

③战略生成，即根据战略目标对各种战略方案在技术上是否先进和在经济上是否合理进行综合性评价，从中选择一个与企业内外环境相协调的方案，这是企业战略管理的中心环节。

④战略实施，是指将企业总体战略分解成各层次和各方面的具体战略，如组织战略、营销战略、科技开发战略等，然后通过发挥操作管理的各种职能，运行计划或预算等方法，分阶段、分步骤地实施战略，这是企业战略管理的关键。

⑤战略控制，即对战略实施整个进程进行跟踪控制，及时揭示差异，查明原因，采取措施，消除不利差异和扩大有利差异。如果在战略实施过程中，发现企业内外环境有重大变化，则应对战略目标或方案做出必要的修正与调整，这是企业战略管理的保证。

（3）企业战略的多元化决定了企业战略管理的多元结构，即企业战略管理是多层次的。上一层次的战略为下一层次战略的形成提供方向性的指导，下一层次的战略形成和实施则为上一层次战略目标的实现提供保证。

二、企业财务战略与企业财务战略管理

（一）企业财务战略

1. 企业财务战略的含义

企业财务战略是指企业在财务活动中所做的重大、长远谋划。具体而言，是指在深入分析和准确判断企业内外环境因素对企业财务活动影响的基础上，为了谋求企业资金均衡、有效地流动和实现企业战略目标，增强企业财务竞争优势，对企业资金流动进行全局性、长期性和创造性的谋划，并确保其执行的过程。

上述企业财务战略的定义可从下述几方面做一些简要的说明。

（1）企业财务战略的内容不同于其他各种战略的质的规定性，具有相对的独立性，它关注的是企业资金的流动。

（2）企业财务战略的目标是谋求企业资金均衡、有效地流动和实现企业总体战略。

（3）强调了企业环境因素的影响。企业财务战略中，对环境因素的分析，着重考察的是它们对资金流动有何影响。这是财务战略环境分析的特征所在。

（4）财务战略除了具备企业战略的一般特征，如全局性、长期性和创造性外，还具有独特的特性，如支持性、动态性、导向性等。

（5）上述财务战略的定义既包括财务战略的制定，也包括财务战略的实施。

2. 企业财务战略的类型

1）按财务管理对象分类

不论公司规模大小，财务管理始终离不开对筹资、投资与分配这三个环节的管理。为此，财务战略按财务管理对象可分为筹资战略、投资战略和分配战略三种形式。

(1)筹资战略。筹资战略是公司组建初期和发展期的战略重点，它包括筹资总量的确定、资本结构的决策、筹资方式的选择决策、对子公司的筹资管理政策等一系列内容。

（2）投资战略。投资战略是有关投资方向确定、投资组合、投资决策标准、投资所需资本筹集、资本预算、并购行动与管理等一系列的方略。它是公司步入发展期、成熟期乃至调整期的战略重点，也是公司财务战略永恒的主题。

（3）分配战略。分配战略是从属性的，但有时也是主动性的。从属性是指分配战略在很大程度上是筹资及投资管理的补充，如剩余股利政策即强调股利分配多少与潜在投资机会有关，从而与筹资及投资有关；另外，它又是主动性的，这是因为当公司分配政策有利于协调生产经营时，公司壮大的速度就快，反之则慢。

2）从资金筹措与使用特征角度分类

公司财务战略从资金筹措与使用特征角度可分为快速扩张型财务战略、稳健发展型财务战略和防御收缩型财务战略。

（1）快速扩张型财务战略。快速扩张型财务战略是指以实现公司资产规模的快速扩张为目的的一种财务战略。为了实施这种财务战略，公司往往需要在将绝大部分乃至

全部利润留存的同时，大量地进行外部筹资，更多地利用负债。快速扩张型财务战略一般会表现出“高负债、低收益、少分配”的特征。

（2）稳健发展型财务战略。稳健发展型财务战略是指以实现公司财务绩效稳定增长和资产规模平稳扩张为目的的一种财务战略。实施稳健发展型财务战略的公司，一般将尽可能优化现有资源的配置和提高现有资源的使用效率及效益作为首要任务，将利润积累作为实现企业资产规模扩张的基本资金来源。实施稳健发展型财务战略企业的一般财务特征是“低负债、高收益、中分配”。

（3）防御收缩型财务战略。防御收缩型财务战略是指以预防出现财务危机和求得生存及新的发展为目的的一种财务战略。实施防御收缩型财务战略的公司，一般将尽可能减少现金流出和尽可能增加现金流入作为首要任务，通过采取削减分部和精简机构等措施，盘活存量资产，节约成本支出，集中一切可以集中的财力用于公司的主导业务，以增强公司主导业务的市场竞争力。

3）按生命周期分类

公司财务战略按生命周期可分为初创期财务战略、成长期财务战略、成熟期财务战略和衰退期财务战略。

（1）初创期财务战略。企业在初创期会面临很多风险，诸如财务风险、管理风险、信息风险、行业风险等，因此，初创期公司的抗风险能力很弱。优化公司的资源配置使公司生存下来是公司初创期所面临的基本问题。具体而言，在投资方面，公司应根据有限的资金，选择所能达到的投资规模，通过资源在一项业务中的高度集中，增加其主要业务的销售量，提高市场占有率，从而为公司发展进行原始资本积累。在筹资方面，公司应根据未来偿债能力选择可以接受的融资方式。处于初创期的企业融资渠道比较少，往往通过留存收益来提供资金。在分配方面，初创期公司收益低且不稳定，实现的税后利润应尽可能多地留存，充实资本，为公司的进一步发展奠定物质基础。

（2）成长期财务战略。成长期公司的主要任务则是扩大市场规模，在市场上处于领先地位，因此一般会采取积极的财务战略。外部融资变得相对容易，渠道也较多：上市、配股、增发、发行可转换债券、申请授信额度、贷款等方式都被公司认真研究和选择。在成长时期，公司资产规模的快速扩展使公司的资产收益率相对较低，因此公司成长期的财务战略应以增加财务杠杆利益为出发点，提高债务比重，降低资金成本，减少筹资风险，提高公司的权益资本收益率。同时，公司为了快速成长，会较多地使用交易化战略，兼并收购手段也会被广泛使用。在分配方面，公司的股利分配政策应该在保证未来成长的资金支持的前提下，实现公司所有者利益的增长。

（3）成熟期财务战略。进入成熟期，公司资源投入达到一定规模后相对稳定，资源结构趋于合理，公司的市场份额相对稳定，同时公司的技术、工艺已经成熟，产品质量稳定，利润达到较高水平，但利润率开始大幅下降。公司此时具有较为丰厚的盈余积累，在资金的使用上以内部资金为主，以防出现过重的利息负担。为优化资产负债结构、改善现金流状况，成熟期公司可以采用资产证券化的方式来进行筹资，这不仅可以增强发起人的资产流动性，而且风险较小、收益适中，有利于公司获得较高的资信评级，改善公司的财务状况并提升公司的经营状况，使公司的运营进入良性循环状态；同时可以采用积极的销售政策如赊销来提升经营业绩，从而使公司运营良性循环等。在利润分配方面，公司一般会采取稳定的股利分配政策。

（4）衰退期财务战略。公司进入衰退期后，公司的产品市场出现萎缩，利润空间减少，公司往往没有能力更新设备、创新产品，致使公司工艺落后、产品过时、生产萎缩、效益低下，公司竞争力很弱，死亡率很高。衰退期公司往往会考虑紧缩目前的经营，因此可以采取保守的财务战略。采取这种战略的目的是防止公司出现财务危机并求得新的生存和发展。这种保守的财务战略并不是全面的退缩，而是积累内部力量来寻找新的机会。减少现金流出并增加现金的流入，通过盘活现有的存量资产、节约成本支出等手段，集中一切资源，用于公司的主导业务，来增强公司主导业务的市场竞争力。

公司不同生命周期财务战略的特点见表 2.1。

表 2.1 公司不同生命周期财务战略的特点

项目	初创期	成长期	成熟期	衰退期
经营风险	非常高	高	中等	低
财务风险	非常低	低	中等	高
资本来源	风险投资	麦则恩投资、股权融资	留存收益加负债	负债、谨慎筹资
股利分配政策	非现金股利政策	多送股、少派现	稳定的股利分配政策	高现金股利政策
股本扩张策略	扩张	快速扩张	稳重扩张	收缩
未来成长预期	高	好	由中到低	不好
并购策略	采用	较多采用	战略转移时采用	慎重采用
现实收益	几乎没有	低	高	低且呈下降趋势
股价	高速上涨但高波动	上涨但波动性大	稳中带小幅振荡	下降且波动大
现金流	负	力求基本平衡、有上升趋势	保持大量正现金流	基本平衡、有下降趋势
赊销政策	赊销期长、条件宽松	赊销期长、条件较宽松	赊销期短、条件较严格	政策摇摆

资料来源：董正英，王静刚. 财务管理高级教程[M]. 北京：科学出版社，2006：8

4）从应用模式角度分类

公司财务战略从应用模式角度可分为成本领先战略、利润领先战略、资产整合增值战略、资本运营风险战略和财务战略联盟。

（1）成本领先战略。成本领先战略是使公司的经营活动保持同行业最低成本的财务战略。在战略实施时期，降低生产要素成本是公司经营活动及其管理的第一位工作，也是公司在该时期各项作业和发展规划的核心。成本领先战略是公司通用的财务战略。

（2）利润领先战略。衡量利润增长有利润额和利润率两种标准。利润额可衡量同一公司不同时期利润增长的情况，但不同公司之间不具有可比性。利润率没有利润额那样直观，但利润率既可衡量同一公司，也可评价不同公司之间不同时期利润增长情况。利润领先也有两种标准：一是利润额最大化；二是利润适度增长。从战略角度看，长期保持利润最大化是很难实现的，利润领先是利润在长时期内保持适度增长。

（3）资产整合增值战略。资产整合增值战略是以资产的保值、增值和整合为核心，公司各项经营活动都为实现资产整体规模的扩大和增值服务。资产整合增值战略是从投资角度出发制定的财务战略。资产增值的基础是资产保值，资产增值是资产整合的基础。增值战略与利润领先战略相比，不仅涉及价值创造和价值实现，而且涉及利润分配问题，要求层次更高，涉及的领域更广，因此资产整合增值战略是一种中高级财务战略。

(4) 资本运营风险战略。资本运营风险战略是利用风险机制和资本运营规则，冒大的风险去实现高额资本效益的财务战略。如高新技术公司的产品由实验室转入产业化生产有较大的风险，因此，高新技术企业的财务管理技术和理念起点较高，一般都采用资本运营风险战略。资本运营风险战略是公司走险棋的财务战略。

(5) 财务战略联盟。财务战略联盟是目前世界上最先进的财务战略。战略联盟产生、演进和发展的过程如图 2.1 所示。

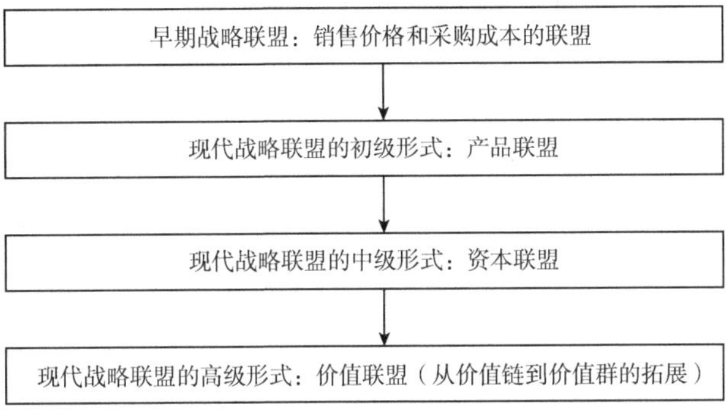

图 2.1　战略联盟产生、演进和发展的过程

在这里，资本联盟和价值联盟是财务战略的高级形式。其中，资本联盟是以资本为桥梁的两个或两个以上公司的战略联盟。联盟的原因在于解决资本稀缺问题，其目的是使财务部门参与价值创造，实现公司和量的扩张。

（二）企业财务战略管理

1. 企业财务战略管理的含义

企业财务战略管理也称企业战略财务管理，或称战略性财务管理，是以企业财务战略为对象的管理活动，是对企业财务战略制定直至实施全过程的管理。它是企业战略管理不可或缺的一个重要组成部分，也是现代企业财务管理的一个重要方面。因此，企业财务战略管理既要体现企业战略管理的要求，又要遵循企业财务活动的基本规律。

2. 企业财务战略管理的特征

财务战略管理与传统财务管理相比较具有以下特征。

(1) 财务战略管理以实现长期利润、获得竞争优势为目标。传统财务管理以实现成本、费用最小化，企业利润最大化为目标，并将这一目标贯穿到财务预测、决策、计划和预算管理之中。财务战略管理则更具有战略眼光，它关注企业的未来发展，重视企业在市场竞争中的地位。因此，它以企业扩大市场份额、实现长期获利、获得竞争优势为目标。这是战略财务管理的一个重要特点。

（2）财务战略管理以外部情况为管理重点。传统财务管理以企业内部情况为管理重点，提供的信息一般限于一个财务主体内部，如净现值、成本差异等。财务战略管理则以企业获得竞争优势为目的，把视野扩展到企业外部，密切关注整个市场和竞争对手的动向，提供金融、资本市场动态变化情况等信息，分析和预测市场变化的趋势，通过与竞争对手的比较分析来发现问题，找出差距，以调整和改变自己的竞争战略。

（3）财务战略管理能够提供更多的非财务信息。传统财务管理提供的信息基本上都是财务信息，以货币为计量尺度。财务战略管理提供的信息不仅包括财务信息，如竞争对手的价格、成本等，更包括有助于实现企业战略目标的非财务信息，如市场占有率、产品质量、销售和服务网络等，而且非财务信息占有更为重要的地位。

（4）财务战略管理运用新的业绩评价方法。传统财务管理的业绩评价指标一般采用投资报酬率指标，忽略了相对竞争地位在业绩评价中的作用。而财务战略管理主要从提高竞争地位的角度来评价业绩，将业绩评价指标与战略管理相结合，根据不同的战略，确定不同的业绩评价标准。

（5）财务战略管理以战略目标为预算编制的起点。传统财务管理的预算编制着眼于初期的内部规划和运作，以目标成本、费用、利润作为编制预算的起点，所编制的销售、生产、采购、费用等预算与战略目标没有任何关系。财务战略管理则把人力资源管理、技术管理、物流服务等供应链、价值链活动都纳入预算管理体系之中。

3. 企业财务战略管理的发展历程

企业财务战略管理的产生与形成有着深刻的历史根源。企业财务战略管理的演进和形成大致经历了五个阶段。

1）财务计划与预算控制阶段

20世纪初，计划与控制管理制度开始出现。科学管理创始人泰罗强调通过计划工作，挑选、培训和组织工人，以便增加产量。法约尔提出，计划与控制都属于管理的重要职能。在此阶段，财务预算成为重要的计划与控制手段。

2）筹资财务管理阶段

筹资财务管理阶段又称传统财务管理阶段，在这一阶段，财务管理的主要职能是预测公司资金的需要量和筹集公司所需要的资金。20世纪初，资本主义发展到了帝国主义阶段，企业规模不断扩大，急需大量资金作为保证。缺乏资金成为制约企业发展的关键因素，当时的学者大都把研究重点放在企业资金的筹措上。这就形成了以研究企业筹措资金和证券资本为中心的“传统型公司财务论”学派。但传统型公司财务论未能深刻理解企业财务管理的职能和体系，对企业财务管理的研究内容和范围也不够全面，他们只着重研究了企业资本的筹措，却忽视了企业的日常资金周转和财务管理控制，也未研究出一套必要的财务管理和资金运用控制办法，即使筹措到资金也不一定能发挥它们的作用，促使企业经营良性运转和持续发展。

3）内部控制财务管理阶段

内部控制财务管理阶段又称综合财务管理阶段。20世纪30年代初的全球性经济危机以后，科学技术的迅速发展和市场竞争的加剧，使西方企业的财务管理人员逐渐认识到，要在市场竞争中维持企业的生存和发展，财务管理的核心问题不在于筹措资金，而在于用科学的方法控制、管理、使用好资金。为此，很多企业建立了财务管理制度，加强了企业内部财务管理和控制机制。在这一时期，公司内部的财务决策被认为是公司财务管理的重要问题，与资金筹措有关的事项已退居第二位，这样企业财务管理便进入内部控制财务管理阶段。

4）现代财务管理阶段

现代财务管理阶段又称投资财务管理阶段，财务管理的主要职能是运用科学的管理方法分析和制定投资决策。第二次世界大战以后，世界经济形势发生了重大变化，资本主义经济危机不断发生，加之严重的通货膨胀和石油危机，导致市场竞争更加激烈，西方企业经营困难重重，资金运用日趋复杂。面对这种形势，企业经营者逐渐认识到，如不采用现代化手段加强企业财务管理，即使采用现代化的科学技术，提高企业经营效果，这种成果也难以保持和扩大。他们已深切地认识到必须使企业财务管理尽快实现现代化，才能适应经济形势变化的需要。这就促使西方企业财务管理又从内部控制财务管理阶段向现代财务管理阶段转化。

5）财务战略管理阶段

从财务管理的发展可以看出，财务管理的理论与方法取得了异乎寻常的发展，成果显著。在环境复杂多变并实行战略管理的条件下，传统财务管理理论与方法已不能适应当今企业战略管理的需要，无论从理论层面上还是从实践层面上看，以战略管理的思想方法为指导，对企业财务管理的理论与方法加以完善和提高，从而将之推进到战略财务管理的新阶段，都是一种历史和逻辑的必然发展，价值链分析、作业成本法、平衡计分卡、SWOT 分析法、生命周期矩阵分析法和行业结构分析法等一些先进的理论与方法的引入使得财务战略管理与企业战略管理融为一体，为实现企业的战略目标发挥着重要的作用。

第二节　成本战略管理

一、成本战略管理的目标

成本战略管理是基于战略管理思想而建立起来的管理系统，从系统论的观点来说，成本战略管理从内容、方法到管理的重点都不是一成不变的，它要适应企业不同时期、不同层次的战略定位而有所为。但是，目标是系统运作的方向和所希望实现的结果，正确的目标是系统良性运行的前提，企业成本战略管理的目标是企业实施成本战略管理活动所预期达到的目的，是成本战略管理系统的核心，它由成本战略管理的环境所决定，并且对成本战略管理系统的其他要素具有指导和制约作用。因此，明确成本战略管理的目标是正确执行和完善成本战略管理系统的前提与基础。

（1）成本战略管理的目标要服从于战略管理的目标。企业的成本战略管理是战略管理的子系统，是服务于战略管理需要的。战略管理的目标是企业通过战略管理所要实现的结果，可以说是企业的使命。生存、发展、获利是一般企业目标的概述，在激烈的市场竞争中要实现企业的目标，归根结底取决于企业自身与众不同的竞争优势。

（2）成本战略管理目标本质上要服从于成本管理的职能发挥。因为成本战略管理是在时代的变革和企业竞争环境的变化及战略管理理论发展应用的情况下产生与发展起来的。成本管理就是对与发生成本有关的企业各项活动进行成本信息的反映和管理，以提供与决策相关的成本信息。成本战略管理的目标就是不仅要提供传统成本管理所提供的战术意义上的成本信息，更重要的是提供战略意义上与决策相关的成本信息以有利于企业管理者进行战略决策。

（3）追求创建能够维持成本持续降低的成本结构和环境。尽管通过成本战略管理，已确定的某项决策可能会带来暂时的成本提高，但同时成本的提高是以竞争力的建立和维持为结果的。那么，与传统成本管理追求成本降低的目标相比较，成本战略管理更注重抛开短期利益，而代之以长期的视角来营造有利于未来时期内成本的持续降低的成本机构和环境。

总之，成本战略管理的目标就是通过提供与决策相关的战术和战略方面的成本信息，来协助管理者进行准确的战略决策以实现企业的战略目标，并达到保持企业竞争优势基础上的成本持续降低目的。

二、成本战略管理的基本要素

（一）战略定位分析

一个企业能够选择恰当的竞争战略是企业成功的必要前提，战略定位分析就是通过各种不同的方法对企业的内外部环境进行分析，帮助企业选择适合自己所处行业特征及自身特点的竞争战略。从战略成本管理的角度看，战略定位分析就是通过对企业的战略环境进行分析，确定要采取的竞争战略，从而明确成本管理的方向和重点，建立与企业战略管理相适应的成本管理战略，是成本战略管理的三个有效工具之一。

战略定位分析能够使成本战略管理在管理方法、管理重点、分析方法上与企业的战略管理相配合，更加有利于保持成本战略管理适应企业战略变化而变化的动态特征。企业成本战略定位分析离不开其所处的行业环境，美国哈佛大学商学院教授迈克尔·波特将企业所面临的行业环境概括为五大竞争力量，即现有企业间的竞争、新进入者的威胁、购买者议价的力量、供应商议价的力量、替代产品的威胁。同时迈克尔·波特认为，在与这五种竞争力量的抗争中，蕴含着三类成功型业务竞争的战略思想：成本领先战略、差异化战略和目标集聚战略。

1. 成本领先战略

成本领先战略是指企业通过加强内部成本控制，在研究开发、生产、销售、服务和广告等领域把成本降到最低限度，成为行业中的成本领先者的战略。在这种战略指导下，企业的目标是要成为其产业中的低成本生产（服务）厂商，也就是在提供的产品（或服务）的功能、质量差别不大的条件下，努力降低成本来取得竞争优势。

2. 差异化战略

差异化战略要求企业就客户广泛重视的一些方面在产业内独树一帜，或在成本差距难以进一步扩大的情况下，生产比竞争对手功能更强、质量更优、服务更好的产品以显示经营差异。简单一句话，就是提供与众不同的产品和服务，满足客户的特殊需求。企业如能获得差异领先的地位，就可以得到价格溢价的报酬，并且这个溢价超过了为做到差异化而付出的额外的成本，就会成为其产业中高于平均水平的佼佼者。

3. 目标集聚战略

目标集聚战略是主攻某个特定的客户群、某种产品系列的一个细分区段或某一个细分市场，以取得在某个目标市场上的竞争优势。这一战略与上述两个基本竞争战略不同，成本领先战略和差异化战略都是面向全行业，在整个行业的范围内进行活动；而目标集聚战略是企业集中有限的资源以更高的效率、更好的效果为某一狭窄战略对象服务，从而超过服务于更广阔范围的竞争对手。目标集聚战略有两种形式，即成本领先目标集聚战略与差异领先目标集聚战略，成本领先目标集聚战略寻求在目标市场上的成本优势，差异领先目标集聚战略则追求目标市场上的差异优势。

（二）价值链分析

价值链这个概念是由迈克尔·波特于1985年提出的，在过去的30多年中获得了很大的发展，已经成为研究竞争优势的有效工具。迈克尔·波特认为，每一个企业都是用来进行设计、生产、营销、交货以及对产品起辅助作用的各种作业的集合。一个企业的价值链和它所从事的单位作业的方式反映了其历史、战略、推选战略的途径以及这种作业本身的根本利益。

迈克尔·波特把企业的价值活动分为两大类：成本作业和辅助作业。这些作业按业务活动的内在逻辑关系形成一条作业链。价值链不是价值活动的简单连接，而是有着自身特定的含义：其一，形成价值链的各项作业之间有着密切的联系；其二，每项价值活动都能给企业创造价值，并带来价值增值；其三，价值链不仅包括企业内部的价值活动，还应包括企业与供应商、企业与客户之间的纵向价值联系。

1. 价值链的含义及分类

企业生产经营管理活动的运行是有成本的，成本是一种利益的放弃或价值的牺牲，它直接或间接地表现为资金的耗费。同时，对于企业来说，最终产品被社会所接受就意味着其价值得到了实现，成本得到了补偿。因此，企业的生产经营活动既表现为成本的耗费过程，又表现为价值的创造过程，企业的生产经营活动就可以理解为价值活动。那么成本管理也就可以理解为是对价值活动的管理。价值链就是企业的生产经营管理活动按照业务活动的内在逻辑关系进行合理的连串而形成的作业链。

将企业经营活动单元作为全部价值活动中的一个链节，并以一个独立的企业为参照物来对价值链进行分类，可以把价值链分为企业内部价值链和企业外部价值链两类。

1）企业内部价值链

企业内部的价值活动可以分为两类：基本作业和支持作业。企业各项价值作业是创造满足客户需求产品的基础，它们在创造价值的同时也在消耗一定量的成本，当产品在市场上得到消费者的承认实现价值的时候，花费的成本得到补偿，利润便产生了（利润是总价值与从事各项作业活动的总成本之差）。

2）企业外部价值链

从最初的原始物到最后对客户提供产品的整个价值活动之中，企业大多数情况下只是从事其中的一部分活动。这样，相对企业来说就存在着位于企业外的但与企业所从事活动相关的价值活动，即企业的外部价值链。企业的外部价值链包括行业价值链、供应商价值链、客户价值链、竞争者价值链等。

2. 价值链分析及其意义

价值链分析是成本战略管理的有效工具之一，是指通过对企业内外部价值链的每一项价值活动及各项价值活动之间的联系的分析，通过区分增值和非增值作业以及分析联系点对价值活动的影响来为企业选择竞争战略和维持竞争优势提供及时的决策信息。

传统的成本分析只是局限于企业内部，开始于材料采购，结束于产品销售。可以说是开始得太迟，结束得太早，丧失了通过了解企业的供应商和客户联结关系来改善企业自身成本的机会。价值链分析则有效地克服了传统成本分析的弊端，在成本战略管理中运用价值链分析工具具有深刻的意义。

（1）通过对行业价值链的分析，可以明确企业在行业中所处的位置，并根据其行业所处的生命周期阶段来决定所采取的竞争战略，进而明确成本管理的重点。同时，更加清楚地了解企业所面对的众多供应商和购买商。

（2）通过对供应商和购买商的价值链分析，可以利用与上下游价值链关系，建立战略联盟共同获益，或者直接寻求整合方式再造企业价值链。整合是指企业兼并或者自己投入建立企业原上下游的企业所从事的业务。

（3）通过对竞争对手的价值链分析，可以客观评价企业在所处行业中的优势和劣势，进而确定能取得竞争优势的竞争战略。

（4）通过企业内部价值链分析，可以确认企业的价值活动有哪些，处于什么样的分布状态，并将每个价值活动所耗费的成本与对产品价值的贡献相比较，确定增值与非增值作业。

3. 企业价值链分析内容及方法

企业价值链分析包括两个大的方面：一是企业内部价值链分析，即对企业内部若干相互联系的价值活动或是作业所进行的分析，包括对各个价值活动及不同价值活动之间联系的分析；二是企业外部价值链分析，这是价值链分析的战略意义之所在，即对企业与供应商、客户、竞争对手乃至整个行业的价值活动之间的联系的分析。

1）企业内部价值链分析

进行企业内部价值链分析的前提就是识别企业的若干价值活动，每项价值活动都与客户价值创造有关，并且是引发资源耗费成本发生的“基本单元”。企业内部各个价值活动之间都是相互影响的，某一价值活动的成本将影响另一个价值活动的成本，因此，进行企业内部价值链分析，就是要通过运用具体的方法将作业进行系统分类，进而消除和排除不增值作业，使企业内部各作业相互协调，配合企业的竞争战略提升竞争优势。

这里仅介绍与内部价值链管理和分析密切相关的两种先进方法：价值工程分析和作业成本管理。

（1）价值工程分析。价值工程（value-engineering，VE），又称功能成本分析，就是以最低的总成本，可靠地实现产品或作业的必要功能所进行的，着重于功能分析的有组织的活动。在价值工程中，价值在数量上是产品功能和成本的比值。产品功能即消费者使用时所担负的职能，某项功能所实现的价值是根据消费者的评价确定的等级来评价的，其中包括必要、非必要、过剩、不足等等级，企业在具体应用价值工程分析时要结合用户评价反馈的信息，科学地确定产品各项功能所应采用的功能系数，并以功能系数为权数为产品打分。价值工程分析方法重点被用于产品设计阶段，也就是针对企业内部价值链的初始价值活动进行成本分析的方法。

（2）作业成本管理。作业成本管理实际上就是价值链分析在企业内部成本管理中的应用，它是一种战术管理方法，主要是根据产品消耗作业、作业消耗资源的原理，对企业的每项作业进行分析。通过考察作业变动与客户价值变动的关系，将作业区分为增值作业和非增值作业，并将非增值作业剔除，从而降低不必要成本的发生。

2）企业外部价值链分析

对企业的外部价值链进行分析较之内部价值链分析更具有战略意义，因此也应该是执行成本战略管理的重点工具。下面就重点讲述各种外部价值链分析的内容和方法。

（1）行业价值链分析。任何一个企业都可以根据企业提供的产品定位出自己所在的行业，每个最终产品都是由最初的原材料投入至到达最终消费者的若干价值活动所构成。同一个行业包含众多的企业，它们在从事不同的价值活动，或者同一部分的价值活动有若干个企业来组织，每个企业似乎都是独立存在的，进行行业价值链分析的内容就是找到企业在行业中所处的位置，以及了解企业的上下游与企业的联系，并找到与自己从事相同价值活动的竞争对手的比较优势。

（2）客户价值链分析。客户属于企业的下游企业，是购买企业产品的中间商或者最终消费者。对于直接销售产品给最终消费者的企业来说，可以通过了解消费者使用产品的方式和周期，来降低企业的销售和售后服务成本。

（3）竞争对手价值链分析。成本战略管理的精髓就是用战略大局的眼光评价企业，进而建立企业的竞争优势，对于竞争对手价值链的分析就更加说明了战略的意义。企业通过对竞争对手的价值链分析，可以了解企业相对竞争对手的优势和劣势，这样可以使企业有的放矢地建立自己的竞争优势。同时在分析竞争对手价值链的过程中，会发现同一指标更先进的水平，那么企业就可以用来建立标杆，并以此衡量和改进自身的活动。

(4)供应商价值链分析。对企业的供应商也就是上游企业的价值链分析对于企业避免不必要发生的成本是非常有用的。企业可以通过了解供应商的生产流程，帮助供应商改变原料设计以更加适合企业的需求，可以节约企业对原料的一些初步加工的成本；企业通过与供应商的信息沟通可以协调进货时间和批量甚至包装和运输的方式，避免企业因为解决急用、积压或者处理不适当的包装方式带来的额外时间、人力和资金成本。

（三）成本动因分析

1. 成本动因的概念

成本动因（cost driver）从其英文名称可以直观地看出它是指成本的驱动因素。在企业的价值链上紧密联系的每一个价值活动都要消耗资源发生成本，成本动因可以反映引发成本发生的原因，以弄清楚企业的成本结构，有利于对成本的控制。

在传统成本管理中，企业往往将产量作为唯一的成本驱动因素对费用和成本进行分配，当制造费用在全部成本中占很大比重的情况下基本可以正确地反映成本消耗状况。随着时代的变迁和技术的进步，制造费用在成本发生总额中的比重逐渐降低，这时还是用产量作为唯一的驱动因素就会造成成本信息的扭曲，影响成本管理的效果。作业成本法适时产生，弥补了传统成本管理的缺陷，将企业活动划分为若干作业，并利用不同的成本动因来归集分配成本，成本动因首先用于在各作业中心内部成本库之间分配资源，然后用于在各产品之间分配成本库。

2. 成本动因的分类

成本动因分为两大类：结构性成本动因（structural cost driver）和执行性成本动因（execution cost driver）。

1）结构性成本动因分析

结构性成本动因是指与组成企业基础经济结构和决定企业成本态势相关的成本驱动因素，结构性成本动因影响的是企业基础经济结构的确定，并决定企业的成本结构。因此，其形成需要很长时间，而且一经形成就很难变动；同时这些因素往往发生在生产开始之前，所以，必须慎重行事。在支出前进行充分的评估和分析，以它们对成本的影响为切入点，与企业竞争战略相结合，考察其对竞争优势的影响。结构性成本动因分析的主要内容包括以下几点。

（1）企业规模。企业规模主要是通过规模经济效应来对成本产生影响。这种影响包括积极影响和消极影响两个方面，相应地，称它们为规模经济和规模不经济。规模经济是指在价值链活动规模较大时，活动的效率提高或活动的成本动因可分摊于较大规模的业务量而使单位成本降低。因此，当企业通过规模分析，试图以规模经济为主要成本动因取得竞争优势时，必须注意和防范规模不经济，具体包括以下两点：一是对市场进行充分的分析。如果市场无法容纳，就会带来产品的滞销，造成表面成本降低，而实际利润下降的现象。二是关注竞争对手的行为。如果竞争对手也要通过规模经济来建立成本优势，那么就有可能导致行业内生产能力过剩，从而无法体现规模经济的效应。

（2）整合程度。企业整合包括前向整合和后向整合：①企业通过后向整合可以降低企业对于供应商的依赖程度，减少交易成本，使得企业能够经受住来自原料市场的异常变动；②企业通过前向整合可以更加贴近消费者，减少不必要的中间销售商的联系环节，不仅可以节省企业的销售成本，而且有利于企业直接快速地了解消费者对于企业产品质量、性能等方面的反映和要求，以加快适应市场的速度，取得和保持长久的竞争优势。

（3）学习与溢出。企业开展某项活动的成本可能会因为学习和经验的积累而下降，这就是学习曲线对于企业成本的影响作用。学习包括内部积累和外部学习。所谓内部积累，就是通过企业员工多次反复的工作学会了如何更有效地完成他们的工作任务和使用新的技术。处于不同生命周期的企业其学习效应会有很大的区别，企业刚刚建立时学习效应表现突出，而在企业发展成熟阶段则表现得不明显。

学习的成果可以通过咨询顾问、新闻媒体、前雇员和供应商等渠道从一个企业流到另一个企业，这就是学习的溢出效应。学习的溢出程度会影响企业的学习速度和企业在整个行业中的竞争地位。同时，重要的是学习的溢出会影响企业保持自身特有的竞争优势，只有在没有溢出或者是专有学习的条件下，企业才可能通过学习来实现和保持企业的成本优势。

（4）技术。随着知识经济时代的到来，世界正在经受一场空前的科技革命，先进的技术不断被发明和采用，技术的创新已经毋庸置疑地成为企业建立竞争优势的必备要素。从成本战略管理的角度来说，在产品的设计、生产阶段以及管理方式等方面采用先进的技术方法和手段可以有效地降低企业的成本，保持企业的竞争优势。

（5）地理位置。企业厂址的选择是战略决策中重要的一项内容，因为确定以后的厂址对企业成本将产生长期甚至难以改变的影响。地理位置可以通过若干方式来影响成本，首先，对于企业未来成本改善造成约束性影响；其次，对于企业的一些变动成本产生影响，尤其是在国际化日益普及的今天，不同国家工资水平、税率，甚至气候条件等都是企业选择厂址应该考虑的因素。

2）执行性成本动因分析

执行性成本动因是指与企业执行作业程序相关的成本驱动因素，执行性成本动因分析的主要内容包括以下几点。

（1）劳动力参与。人是执行各项作业活动的主体，企业的各项价值活动都要分摊成本，因此人的思想和行为是企业成本降低改善的重要因素，在战略成本管理中起着至关重要的作用。在成本战略管理过程中强调全员参与，通过建立各种激励制度鼓励员工的参与，培养员工以厂为家的归属感和荣辱感，并在企业文化建设的同时培育企业的成本文化。

（2）全面质量管理。企业产品价值的实现和对成本的补偿在于最终消费者对于企业产品的肯定，质量是其中决定消费者对于产品选择评价的主要因素。因此，在稳定提高质量的同时降低成本是成本战略管理必须遵循的原则。企业要在成本战略管理过程中充分分析质量成本动因，从质量和成本两个层面来定位企业应该采取的战略，既保证企业产品质量和用户利益，又要从企业价值活动成本高低的实际出发，寻找降低成本的有利时机。

（3）生产能力利用率。生产能力利用模式主要是通过影响企业的固定成本来影响企业的成本水平。固定成本不随相关范围内产量的增加而改变，这样分摊到单位产品的固定成本就会降低，也就促使企业单位成本的降低。因此，企业的生产能力利用率的提高有助于提高产量，从而降低企业的成本。

（4）联系。联系是价值链的重要组成部分，是指企业内部各个价值活动之间的相互影响和制约的关系，以及企业与外部价值链中的企业上下游企业之间的关系。首先，在企业内部的各个价值活动无论是从企业生产流程考虑还是从消耗资源发生成本考虑，它们都不是孤立的，而是互相影响、互相作用的。因此，企业针对内部联系的分析可以尽量协调各价值活动的关系，提高作业效率，降低成本。其次，企业与外部供应商和购买商的联系对企业成本的发生有着重要的作用。最后，企业可以改善同购买商的联系，同他们建立联盟，不仅有利于降低销售成本，而且有利于了解最前线消费者的需求信息，节约亲自进行市场调研的费用。

第三节 企业筹资战略管理

筹资战略主要涉及的问题是筹资能力、筹资结构和筹资方式，它不是具体的资金筹措实施计划，而是为适应未来环境和企业战略的要求，对企业资金筹措的重要方面所持的一种长期的、系统的构想。企业筹资战略管理就是要根据企业内外环境的特点，对企业的筹资目标、筹资渠道和筹资方式等进行长期的谋划，在企业资本结构得到不断优化的过程中为企业战略的实施提供资金保障。筹资战略管理从内容上讲包括筹资战略目标确定、筹资战略制定等问题。

一、企业筹资战略管理目标的确定

筹资战略环境分析之后，制定资金筹措战略的重要任务便是确定相应的战略目标。筹资战略目标规定了企业资金筹措的基本特征和基本方向，指明资金筹措活动预期的工作成果，是各项筹资工作的行动指南和努力方向。现行财务管理理论一般均认为“企业价值是否最大化”是衡量企业筹资决策优劣的唯一目标。资金筹措战略目标体系一般应包含如下几个方面。

（一）满足资金需要目标

满足资金需要目标为企业筹集到足够数量的资金，保证企业及时实施战略计划与投资战略等方面对于资金的需求。

（二）扩大和保持现有融资渠道目标

扩大和保持现有融资渠道目标的目的在于保持随时再筹集到足够数量资金的能力。

（三）低资金成本目标

确定低资金成本目标，是由于资金成本的高低会直接影响企业生产经营成本，进而波及企业的竞争地位，并对于企业战略与投资战略的顺利实现及其实施效果产生很大的影响。

（四）低筹资风险目标

企业在制定筹资战略时，不仅要考虑低资金成本这一目标，而且还要考虑如何降低筹资风险，把筹资风险控制在可以接受的范围之内，这也是资金质量目标的一个重要方面。

（五）提高筹资竞争力目标

从长远来看，提高筹资竞争力是企业不断获得稳定、可靠、低成本、低风险资金的可靠保证。

二、筹资结构的战略制定

（一）筹资结构战略的重要意义

筹资结构战略是企业资金筹措战略中一个综合的和基本的战略，因为这一决策将影响甚至决定企业筹资的许多重要方面，并对企业筹资战略各项目标的实现也有直接的决定性作用。具体而言，主要表现在以下几个方面。

（1）资金来源结构决定了企业资金来源的多样化程度，影响着现有资金来源的保持和稳定程度。一个企业的全部资金需要往往不可能单纯从某一渠道获得充分保证，如果筹资结构决策不合理，往往可能导致企业所需资金数量不能得到有效供给。

（2）资金来源结构决定着筹资总成本与筹资总风险的高低。不同的筹资结构会带来不同的筹资风险和总成本，如果筹资结构合理，就会创造以最小化的总筹资风险取得总筹资成本最低的资金筹措奇迹。对每一单项筹资来源，企业难以实现以较小的筹资风险筹集到资金成本较低的资金。但由于筹资结构的不同形式会改变企业的筹资总成本与总风险，因此通过各种不同的筹资结构，企业就可以实现单项筹资难以达到的目的，使综合筹资风险与成本降低。

（3）资金来源结构对企业筹资能力与竞争力有很大影响。健康、合理的资金结构是影响企业筹资能力的重要指标，合理利用不同资金来源会增强企业市场竞争力。如合理利用出口信贷会增强企业产品的出口竞争力，而在国际市场上发行证券筹资，则会促进企业产品在国际市场上的竞争力，提高企业信誉。

（二）筹资结构战略制定的过程

筹资结构战略制定的过程可以概括为以下几个步骤。

（1）分析、预测企业内部和外部环境中的有关因素，寻求可行的资金来源结构战略备选方案。企业资金来源结构受许多因素的制约和影响，并非企业可以任意选择的。因此资金来源结构战略的有效生成必须首先保证它的现实可行性，即必须充分考虑企业环境因素对筹资结构的制约作用。资金来源结构战略的制定，首先必须对企业内外环境中的有关因素进行综合分析与评价，并据以提出各种可行的备选方案。

（2）评估提出的备选资金结构战略方案与企业战略之间的一致性，选出能够支持企业战略的资金来源结构战略方案。企业应该从以下几个方面判别筹资结构与企业战略是否一致：①能以和企业战略目标一致的方式为战略推进提供充足的资金；②能保持一定的筹资优势和战略机动性；③能与企业战略的现金流量状况及其未来趋势保持协调一致；④能与企业高层领导人的战略思想协调一致。

（3）对选出的符合企业战略要求的资金来源结构战略方案，对其资金成本与资金风险进一步运用资本结构理论进行分析评价，以低成本和低风险为标准，从可行的资金来源结构战略方案中，选择、确定最佳方案。这里应该注意的是，确定最佳资金来源结构不一定是某一最佳点，而更可能是一个最佳范围。这样做一方面在实务上更具可行性；另一方面在设计筹资结构时更具有灵活性，使其留有可供调整的余地，以期应付动荡的筹资环境和随时处理不测事件的发生。

（4）批准执行，即把已确定的资金来源结构战略方案投入实施。企业资金来源结构并不是一个固定结构，而是动态的结构，因为每一次筹资活动都会对企业资金来源结构产生影响。所以实施资金来源结构战略方案要区分不同情况进行，在企业原有资金结构已经合理的情况下，应使之继续保持；而如果原有结构不尽合理，则应通过筹资活动进行调整，使之趋于合理。

三、筹资渠道和方式的战略选择

（一）资金特点分析

企业在从战略角度选择筹资渠道和方式时，应该对各种筹资渠道和方式所筹集资金的特点进行详细的分析，在此基础上，结合企业战略目标分析，即可对筹资渠道与方式做出合理的战略选择。不同筹资渠道与方式所筹资金的特点见表2.2。

表2.2 不同筹资渠道与方式所筹资金的特点

筹资渠道	资金成本	方便性、对经营权的影响	对利润的影响、利用时间的长短、利用额的大小
内部留成	• 在财务计算上没有成本 • 作为机会费用有一定的成本	• 如果没有利润也无法留成 • 对经营来说是最安全的资金 • 分红后可以自由支配	• 没有使用年限
股票	• 可以根据利润情况确定分红 • 按市价发行时，使成本提高	• 发行种类较多，可以相互组合 • 手续多、时间长 • 根据股份稳定程度不同对经营权有不同程度的影响 • 在异常时可以不分红	• 无期限资金 • 可以大量筹措 • 基于利润处理确定股利
贷款	• 成本低于普通公司债 • 有时银行将强制提高提取存款的比率	• 手续简单 • 有时不需要担保 • 需要支付利息和还本 • 经营不佳时，成本较高 • 在有些情况下经营权受到干预	• 金额可大可小 • 也有长期贷款，但以短期为主 • 费用就是利息
公司债	• 由于是固定利息，所以在低利息时发行较为有利 • 在兑换公司债时附带发行新股票利息更低	• 一般需要担保 • 手续较多、时间长 • 需要支付利息和还本 • 经营不佳时，难以筹措 • 类型较多，利用范围较广	• 时间长、数额大 • 费用就是利息
赊购款	• 表面没有成本，但实际上这种成本有时加在价格里。另外在采取现金折扣制度时，也有成本	• 容易筹措 • 不必担心经营权受干预 • 在急需时可以筹措到一定限度的资金	• 短期 • 只能利用购入金额部分
租赁	• 比购买设备的成本高	• 只能利用相当于租赁设备的资金 • 手续简单 • 不需要担保 • 如果拖延支付租赁费，对方将要求支付全部价格	• 折旧快 • 金额可大可小 • 贷款期间由租赁设备的使用年限决定

资料来源：张兆国. 高级财务管理[M]. 武汉：武汉大学出版社，2002：11～12

（二）资金筹措战略类型

在分析不同方式筹资方式特点的基础上，根据企业自身的能力及企业所处的环境，企业资金筹措渠道与方式的战略可分为以下几种类型。

1. 内部资金筹措战略

内部资金筹措战略是指企业并不开辟资金来源筹措所需资金。这一战略主要的资金来源包括：留存盈余和利润留成，包括从利润中提取而形成的一般盈余公积和公益金等；从销售收入中回收的折旧、摊销等无须用资金支付的费用；资金占用减少、周转速度加快所形成的资金节约等。

2. 金融型资金筹措战略

金融型资金筹措战略是指企业通过与金融机构建立起密切的协作关系，有效地利用这些金融机构的信贷资金，以保证随时获得长期稳定贷款的筹资状况，这是一种从企业外部以间接金融方式筹集资金的战略。

3. 证券型资金筹措战略

证券型资金筹措战略是指依靠社会资金来源，通过发行各种有价证券，特别是发行股票和债券等方式来筹集资金的战略。

4. 联合型资金筹措战略

联合型资金筹措战略是指主要依靠企业间的联合，通过企业间信用、吸收、合并、收买、投资等方式，充分利用其他企业资金力量和金融力量进行筹资的战略。

5. 结构型资金筹措战略

结构型资金筹措战略是指企业多种筹资渠道与方式并重，不存在单一的重点筹资渠道与方式。这种战略实际上是一种综合性的筹资战略，它是上述四种不同筹资渠道的某种组合。

第四节 企业投资战略管理

企业资金投放是指为获得未来的经济利益和竞争优势而把筹集到的资金投入一定的事业或经营活动中的行为。它不仅是表达企业战略意图的一种重要方式，而且还是保证企业战略实施的一个关键环节。没有投资，企业就不可能获得发展；没有投资，企业也不可能实现自身的战略目标。

要做企业的投资战略管理分析，必须对企业投资战略有一个基本的了解。投资战略是指企业为了长期生存和发展，在充分估计影响企业长期发展的内外环境中的各种因素的基础上，对企业长期的投资行为所做出的整体筹划和部署，它是企业战略不可分割的一部分。企业投资战略对企业资源的运用具有指导性，其目的是全面、有效地利用企业各种资源，合理科学地配置企业生产力，从而最大化企业整体投资效益。

企业的投资战略一般具有从属性、导向性、长期性和风险性的特点。换言之，投资战略一旦实现，就会给整个企业带来生机和活力，使企业迅速发展；但是投资战略一旦落空，将会给企业带来较大损失，甚至使其陷入破产、倒闭的局面。

企业投资战略的管理包括企业投资战略目标、企业投资战略的制定、企业投资战略实施的步骤等内容。

一、企业投资战略目标

现代企业财务理论认为，企业财务管理的目标是实现企业价值最大化。这一目标在企业投资行为中的体现就是以较少的资金投放和较低的投资风险获得较大的投资收益与竞争优势。企业投资战略目标应切实可行，具有挑战性、弹性，多元化。这些目标主要包括如下方面。

（一）收益性目标

收益性目标是指企业通过投资所产生的各种获利能力指标，如利润率、投资收益率等。

（二）成长性目标

成长性目标是指通过投资战略带来的企业的发展空间和水平，表现为那些能表明企业成长、发展程度的目标，如扩大规模、增加产量、提高销售额、提高技术准备水平等。

（三）市场占有目标

市场占有目标指通过投资战略的制定与实施，要有助于企业占有市场，提高市场占有率等。

（四）技术领先目标

技术领先目标是指企业投资战略的制定与实施，要有助于企业在某项技术上占据领先地位。

（五）产业转移目标

产业转移目标是指通过投资战略，可使企业改变生产方向，从一个行业转向另一个行业。

（六）一体化目标

一体化目标是指通过投资战略，可使企业取得或建立有保证的销售渠道、关键技术、原材料供应基地和能源供给，达到产前、产中、产后一体化。

（七）社会公益目标

社会公益目标是指投资战略提供社会公共效益方面的目标，如环境保护、公共交通、节约能源等。

上述目标相互联系，共同构成一个多元化的投资战略目标体系。一般来讲，企业在选择投资战略目标时，应该做到以下几点：充分了解竞争的特点，包括影响市场竞争的因素、竞争范围、竞争对手以及竞争层次；分析产业前景；分析投资收益与投资风险的关系；明确企业战略的要求。

二、企业投资战略的制定

企业投资战略的制定是投资战略管理的重要环节。企业的投资战略可以按不同的标准分为多种类型，不同企业或同一企业在不同时期所采取的投资战略类型会有所不同。

（一）企业投资战略的类型

1. 按照投资战略的性质分类

按照投资战略性质划分，企业投资战略可分为稳定性投资战略、扩张性投资战略、紧缩性投资战略和混合性投资战略。

（1）稳定性投资战略。稳定性投资战略是一种维持现状的战略，即在外部环境短期内无重大变化的情况下，将现有战略继续进行下去，最有效地利用现有的资金和条件，继续保持现有市场，维持现有投资水平，降低成本和改善企业现金流量，以尽可能多地获取现有产品的利润，积聚资金为将来发展做准备。这种战略实际上是产品转向的一个过渡阶段。其过渡时间的长短，取决于现有产品的生命周期和转入新产品的难易程度。

（2）扩张性投资战略。扩张性投资战略是一种不断扩大现有投资水平的战略。企业通过扩大投资规模或提高投资的增长速度，来不断扩大企业的生产经营规模，增加生产和经营产品的种类，提高市场占有率，其核心是发展与壮大。这种战略具体包括市场开发战略、产品开发战略、市场渗透战略和多角化经营战略。

（3）紧缩性投资战略。紧缩性投资战略是一种收缩现有投资规模的战略。企业从进取竞争中退下来，从现有经营领域抽出投资，缩小经营范围，休养生息。企业在经营决策失误，经营优势丧失，或者在取得竞争胜利后，放慢竞争节奏时，宜采用紧缩性投资战略。

（4）混合性投资战略。混合性投资战略是指企业在一个战略时期内同时采用稳定、扩张、紧缩等几种战略，多管齐下，全面出击。其战略核心是在不同阶段或不同领域，采用不同的投资战略。

2. 按照投资经营对象的差异分类

按照投资经营对象的差异，企业投资战略可分为密集型投资战略、一体化投资战略和多样化投资战略。

（1）密集型投资战略。密集型投资战略是指企业在以单一产品为投资对象的条件下，采取积极措施，开辟新的经营领域，增加新的品种，扩大市场面，从而全面扩大生产和销售。

（2）一体化投资战略。一体化投资战略是指企业在供、产、销三个方面投资与经营实现一体化，使原料供应、加工制造和市场销售实行联合，从而提升生产和销售的能力。

（3）多样化投资战略。多样化投资战略是指企业的新产品和新市场相结合，从事相关多元化投资和经营的战略。

（二）企业投资战略的设计依据

1. 财务整体战略

财务投资战略方案的设计是为了实现财务整体战略，因此在设计方案时需以财务整体战略为指导，在其规定的框架内进行，具体方案应与战略保持一致。

2. 资金投放的盈利和增值水平

追求尽可能多的投放收益和实现尽可能大的投资增值是每一个投资项目不可忽视的重要目标，设计投资项目时，对其盈利与增值水平的考虑是重要的设计思想之一。

3. 资金投放风险

资金投放与风险共存，多数投资项目都有不能获得预期收益的可能性，因此设计投资方案时，分析投资风险，考虑如何利用或避免风险是不可或缺的一个重要内容。

4. 资金投放成本

资金投放是将本求利的过程。设计资金投放项目，不仅要考虑其产出因素，还要考虑其投入因素，即投资成本。资金投放成本主要包括前期费用、实际投资额、资金成本、投资回收费用等。

5. 投资管理与经营控制能力

没有良好的管理与控制，再好的投资项目亦不能达到预期目的。资金投放项目的设计还要考虑企业的投资管理和经营控制能力。

6. 筹资能力

任何资金投放项目都要求企业能及时、足额、低成本地筹集到投资所需资金。如果企业资金短缺，筹资能力又较弱，势必会影响到资金投放方案的选择。

7. 资金投放环境

设计资金投放方案时，必须熟知资金投放环境，预知资金投放环境的发展变化，重视其影响作用，不断增强对投资环境的适应能力，根据投资环境的发展变化，设计相应的投资方案。

（三）投资战略方案的评价与选择

企业在设计好投资战略方案后，还应该对这些方案运用一定的方法进行评价、筛选，以最终确定与企业发展实际相吻合的投资结论。

对于投资战略方案的评价在一定程度上可以利用贴现现金流量法，如净现值法、内部报酬率法等。与常规投资项目评价的不同之处在于，战略性投资方案的有关指标预测、分析的难度空前加大，导致贴现现金流量模型所需数据的预测值的准确性难以保证。因此对应用贴现现金流量法所得结论不能过分依赖，还应配合适当的定性因素分析，才能做出最终的结论。影响投资战略方案评价与选择的战略因素主要包括市场因素、生产因素、财务因素、竞争因素、宏观经济政治因素、人员因素等。

三、财务投资战略实施的步骤

（一）分析战略变化

资金投放战略实施的第一步是对新老资金投放战略进行对比，从而明确地了解要使新的资金投放战略实施成功组织需要在哪些方面及多大程度上做出变化。

（二）分析组织结构

组织结构代表管理当局规定的各种资源之间的关系。因为资金投放战略实际上代表着企业资金这种关键资源在企业组织中的重新配置，故其必然会影响到组织内部的资源关系，即影响到组织结构，要求其在形式、规模、结构等方面做出相应调整。

（三）分析组织文化

组织文化不仅影响资金投放战略的制定，而且影响资金投放战略的实施，它包括组织成员的共同信念、价值观等。

（四）选择战略实施方式

资金投放战略的实施方式是指组织、管理投资项目实施活动的形式。一个投资项目经审慎决策和计划被批准之后，如何尽快完成实施任务，一个重要问题是如何选择合理的实施方式，如自营方式、承发包方式或综合方式等。

（五）资金投放战略实施与控制

在这个阶段，管理者的职责就是具体组织实施工作，首先要对资金投放战略进行空间和时间上的分解，形成执行目标；其次要有效地分配任务、时间和其他资源，建立内部经济责任制；最后要利用多种管理技能激励员工，克服困难，保证任务的有效完成。在整个实施过程中，管理者还必须对其实行有效的控制才能保证资金投放战略的顺利完成。

第五节 股利分配战略管理

在股份公司经营管理活动中，股利分配始终占据着重要地位。股利分配是股东权益的具体化，也是股份公司有关权益分配和资金运作方面的重要决策，它直接关系公司股票价格的升降和企业的生存、发展，因而格外受到财务学家的重视。股利分配战略正是在这种背景下，由企业管理层依据企业战略的要求和内外环境状况，对股利分配所进行的全局性和长远性谋划。

与通常所说的股利决策或股利政策相比，股利分配战略具有以下特点。

（1）股利分配战略不是从单纯的财务观点出发决定企业的股利分配，而是从企业的全局出发、从企业战略的整体要求出发决定股利分配。

（2）股利分配战略在决定股利分配时，是从长期效果着眼的，它不过分计较股票价格的短期涨落，而是关注股利分配对企业长期发展的影响。

（3）股利分配战略要处理的内容主要包括：确定股利支付率，这是股利分配战略的核心问题；企业股利的稳定性如何，即企业实施什么股利政策；通过股利分配所要传达给投资者的信息内容。

在这里主要通过股利分配战略目标，以及股利分配战略制定的影响因素和内容等方面来探讨股利分配战略管理问题。

一、企业股利分配战略目标

股利分配战略目标是指通过制定、实施股利战略所要达到的目的。股利分配战略的目标主要有以下几个。

（一）稳定股票价格

股票价格受多种因素的影响，股利分配战略内容之一的股利的稳定性是其中一个重要影响因素。适合的股利分配战略，应有助于企业股票价格的稳定。此目标是股利分配战略的最基本目标。

（二）维护股东权益，平衡股东间的利益关系

股利是股东的财产所有权在经济上的实现形式，是股东获得报酬的主要形式，多数股东对股利极为关注，对不同的股利分配战略也极为敏感。所以，企业应该注意保护股东的权益，通过制定股利分配战略，协调、平衡股东之间的各种利益关系，从而使企业各项活动顺利进行。

（三）促进公司的长期发展，最终实现企业资金均衡、有效流动的财务战略目标和股东财富最大化的财务管理目标

作为企业财务战略的子战略，其目标要服从于财务战略的总目标，因此，制定的股利分配战略要在关注企业资金充裕性基础上有利于企业资金的充分利用，促进企业资金的流转即促使资金均衡、有效流动。股利分配战略的制定还应从股东的利益出发，将长远利益和当前利益有机结合，将股东的当前需要和公司的长远发展结合，最终实现股东财富最大化的目标。

二、企业股利分配战略制定的影响因素

（一）影响企业股利分配战略的外部因素

1. 法律因素

某些方面的法律规定将会直接或间接地影响企业的股利战略，如资本约束，企业支付股利不能减少资本（包括资本金和资本公积金），这一限制是为了保证企业持有足够的权益资本。此外，还有利润分配程序方面的法律规定。

2. 债务合同条款限制

债权人为保护其合法权益，防止股东以发放股利为名减少企业资本，通常在债务合同中对债务人资金运用做出某种程度的限制。

3. 股东对股利分配方案的意见

不同股东进行投资的目的不同，对股利战略的要求也不同。因此，制定股利战略必须考虑股东在股利收入、控制权、避税等方面的要求。

4. 宏观经济状况

整个社会的经济发展水平、速度，通货膨胀等宏观经济因素也会对企业的股利战略产生影响。

（二）影响企业股利分配战略的内部因素

1. 现金流量因素

现金流量的多少是影响股利战略的重要因素之一，这一点对股利战略中现金股利的发放尤为重要。

2. 筹资能力因素

不同筹资能力的企业选择的股利战略将会有所差异，如外部筹资能力强的企业对内部筹资的依赖性较弱，因而会采取较为宽松的股利战略；相反，外部筹资能力较弱的企业往往会倾向于选择较紧的股利战略。

3. 投资机会因素

投资机会就意味着对资金的需求，而资金的多少又直接关系着企业的股利支付能力和股利战略。企业在有良好投资机会和暂无较好投资机会的时期所采取的股利战略是不同的。

4. 股利分配的惯性

股东之间存在一定的“观望效应”“攀比效应”，目前的股东会关注过去一段时期内股东的收益，从而使股利战略的制定存在“路径依赖”，要充分关注股利分配的惯性。

三、企业制定股利分配战略的内容

根据上述分析，企业在制定股利分配战略时要从不同的方面来考虑，就股利支付率而言，企业的内外因素允许企业采取全部发放股利的战略还是高股利或低股利抑或不支付股利的战略？从股利的稳定性而言，企业应采取固定股利政策还是固定股利支付率政策抑或低正常股利加额外股利政策？从股利的支付方式而言，企业在内外条件下，应该采取何种支付方式最佳？

股利分配战略的特点之一在于它是从企业战略的整体要求出发来决定股利的分配的。这样，不同的企业战略通常要求不同的股利分配战略予以支持。本章就以发展型企业和稳定型企业为例，简要说明企业股利分配战略的选择问题。

1. 发展型企业

对于发展型企业战略而言，企业需要扩大原有的经营领域，或开拓新的经营领域，因此具有以下特点。

（1）企业需要大量的资金。

（2）经营会面临较大的不确定性，致使企业收益在一定时期内较不稳定。

（3）企业的投资者往往具有较强的风险承受能力。

因此，在这种情况下的股利分配战略为选择低现金股利加额外股利政策，并且尽量采用股票股利方式支付股利。

2. 稳定型企业

对于稳定型企业战略而言，企业不改变现有的经营范围和规模，这类企业通常具有以下特点。

（1）企业不需要大量的资金。

（2）企业所面临的外部环境较为稳定。

（3）企业的投资者往往不具有较强的风险承受能力。

因此，相应的股利分配战略为选择稳定或持续增加的股利政策，以现金股利为主，必要时以股票股利相配合。

第六节　财务战略的制定程序

一、财务战略环境分析

环境对于企业的财务战略管理具有直接的影响，从制订目标、方案生成到实施和控制，都必须切实地具体了解企业所处的各种环境。脱离具体的环境所制定的财务战略、目标、规划、计划、措施等，都必然会产生失误。

（一）企业财务战略环境及其分析的含义

通常当我们谈到企业环境时，往往注重的是这些环境因素对企业在产品市场上竞争地位和竞争方式等方面的影响，而财务战略的环境这一概念注重的则是环境因素对企业资金流动的影响。因此，可以把企业财务战略环境界定为企业内部和外部所存在的影响企业资金流动的各种客观因素的集合。

在企业财务战略管理行为、财务战略决策和财务战略环境之间形成一种紧密的关系，即财务战略决策对财务管理行为施加影响，财务战略环境对财务战略决策进而对财务管理行为施加影响。这种关系可以用图 2.2 表示。

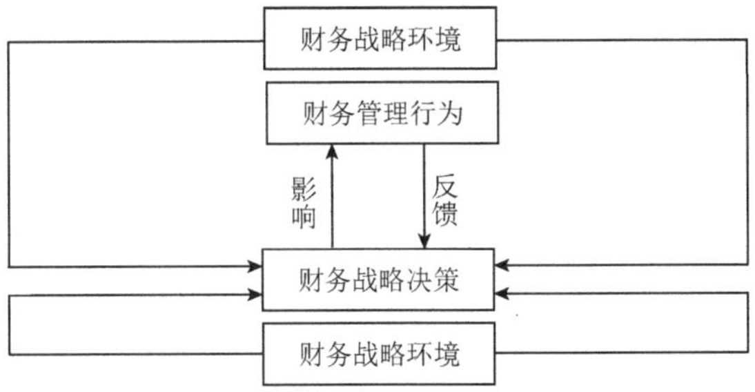

图 2.2　财务战略环境、财务管理行为与财务战略决策之间的关系

企业财务战略环境分析是指对企业外部环境和内部情况进行深入分析与正确判断，并在此基础上认识到企业面临的挑战和发展机遇，这是企业战略管理的基础环节。

（二）企业财务战略环境的构成

企业财务战略环境可分为外部环境和内部环境两部分。存在于企业外部影响企业资金流动的客观条件和因素的总和，称为企业财务战略外部环境。存在于企业内部影响资金流动的条件和因素的总和，称为企业财务战略内部环境。外部环境和内部环境相互影响、相互作用，共同构成完整的企业财务战略环境。一般而言，两者中起主导作用、最活跃的是外部环境。企业要主动改善内部环境，制定正确的财务战略，以适应外部环境的状况和趋势。

1. 企业财务战略外部环境的构成

企业财务战略外部环境可分为一般外部环境和直接外部环境两部分。

1）一般外部环境

企业财务战略的一般外部环境主要从宏观方面间接地对企业的资金流动产生影响，它主要包括以下方面。

（1）政治法律环境因素。政治法律环境因素是指那些制约和影响企业的政治要素与法律系统，以及其运行状态。主要包括政治主体的目标、纲领和政策、法律和法规体系、对外方针和政策以及各种社会利害关系集团之间的相互作用过程等。

（2）经济环境因素。经济环境表明了经济资源的分配和使用方式，它的内容很广泛，包括经济增长率、产业结构、国民收入、物价变化、利率变动、通货膨胀、投资动向、国际贸易等。

（3）社会文化环境因素。社会文化环境因素反映了企业所处的社会特点，包括社会阶层的形成和变动，人口的地区流动，年龄结构的变化，交通和信息系统的发展，社会中的权利结构，人们的生活方式、价值观、风俗习惯和道德传统观念等。

（4）技术环境因素。科学技术是第一生产力，它既包括自然科学技术，也包括组织技术、管理技术和信息技术等内容。

（5）自然物质环境因素。相对于其他一般环境因素而言，自然物质环境是相对稳定的，但它对于吸引资金的流入是一项极其重要的影响因素。

2）直接外部环境

企业财务战略的直接外部环境主要有如下方面。

（1）产业环境因素。产业环境因素是指在某一特定产业中的基本条件、市场构造、企业活动以及市场与企业活动之间的相互作用。其具体内容包括：供给和需求的平衡状态，企业的集中程度，产品差异化的状况，进入壁垒的高低，各企业的产品战略、价格政策、研究与开发、流通渠道、销售促进等。企业所属产业的具体环境状况，对企业资金流动模式等具有重大影响。

（2）竞争环境因素。竞争环境因素是指在某一特定市场中的竞争状态，表现在竞争企业数量的多少，各企业的市场占有率的大小，各企业的产品结构、质量和价格水平，研究与开发动向，主要竞争对手和进入威胁等方面。竞争状况以及本企业竞争优势的大小直接决定着企业资金流动能否达到均衡、有效。

（3）金融环境因素。在市场经济条件下，企业筹集资金、投放资金、运用资金等必须借助于金融环境，所以金融环境的状况对于企业资金流动具有至关重要的影响。其具体内容包括金融机构的种类和数量、金融业务的范围和质量、金融市场的发展程度、金融传统、人们的金融意识、有价证券的种类，等等。

2. 企业财务战略内部环境的构成

企业财务战略的内部环境是指决定或影响企业资金流动的内部条件。它是企业财务战略管理决策制定的内在依据和实施的基础。相对于外部环境来说，内部环境具有稳定性和可控制的特点。同时，企业的性质不同，内部环境也是不同的，具有各自的特点。对于财务战略管理来说，一般可分为组织、人事、生产、营销和其他五个方面，见表 2.3。

表 2.3 企业财务战略管理的内部环境因素

组织方面	人事方面	生产方面	营销方面	其他方面
沟通网络	劳资方面	工厂布置	市场细分	企业历史
组织结构	雇佣政策	研究与开发	产品战略	资本结构
目标的层次	培训计划	技术水平	定价战略	收益状况
政策、程序和规划	绩效评估制度	原材料采购	促销战略	企业规模
管理人员的能力	奖惩制度	存货控制	分销战略	

资料来源：胡元木. 高级财务管理[M]. 北京：经济科学出版社，2006：53

内部环境状况是决定企业财务战略管理的内因，脱离一定的企业内部环境，要制定一个良好的财务战略管理并加以实施是不可能的。研究分析企业财务战略管理的内部环境，就是要弄清这些因素对企业资金流动的影响，同时发现企业自身的长处与短处、优势与劣势，分析造成这种情况的原因，以充分挖掘潜力，发挥优势，结合外部环境机会制定企业的财务战略。

（三）企业财务战略环境分析的程序

财务战略环境分析就是通过对企业财务环境的检测确定影响企业资金流动目标的机会和威胁的工作过程。企业财务战略环境分析的程序大致如下。

1. 收集企业财务战略环境的信息因素

外部环境信息一般可从各种宣传媒介、专业会议、行业组织、科研机构和管理者个人的经验中获得。有关内部环境信息可通过组织的内部资料、档案及管理人员和员工的经验等渠道获得。

2. 分析环境因素对企业资金流动的影响

在掌握大量环境信息并对其趋势进行预测分析的基础上，要进一步分析各环境因素对企业资金流动可能造成的影响，估计影响的性质、大小和发生的时间，从而明确企业未来在资金流动方面受到的威胁和可以利用的机会。

3. 归纳环境分析的结果

将各种资料和数据进行归纳整理，编写环境分析报告书。这一程序应包括以下几项内容。

（1）企业今后将面临什么样的财务环境。

（2）各种环境因素会如何变化，对企业资金流动将造成什么影响。

（3）未来财务环境对企业资金流动来说，存在哪些机会和威胁，它们出现的可能性有多大。

二、企业财务战略目标制订原则

企业财务战略目标是企业管理部门通过实施财务战略管理所要达到的最终目的。这是企业财务战略管理的出发点和归宿，在这一环节中，企业要将企业的远景和前进方向转化为企业具体的可以衡量的指标，为实现企业远景提供战略标准和财务标准。制订财务战略管理目标应坚持以下原则。

（一）目标的整体系统性原则

财务战略管理活动是企业运行的一个部分，其目标要与企业目标保持一致。同时，各部门、各成员不是单个的、孤立的或凌乱的，企业财务管理战略目标是企业中各部门、各基层单位以及个人的分目标、子目标共同形成的一个行为目标，它们必须在整体上形成一个系统，因此，注重目标的整体系统性和协调性是制订目标应该坚持的基本原则之一。

（二）目标制订的动态性原则

在财务战略管理过程中，随着企业理财环境的变化和实施中信息的反馈，财务战略管理目标常常需要修订和调整，只有这样，才能使目标的制订更加适应企业的实践，更有利于其发挥作用。因此，在制订目标时要注意自觉考察所设目标的运行情况，必要时及时对目标进行修正和调整，切不可认为，目标一经确定就始终不变。

（三）目标制订的时限性原则

财务战略管理目标在确定时，一般就有一个比较严格的时间限制，即在什么时间内达到一个什么样的目标。如果逾越这个时间界限，即使达到目标，也不能算真正完成了财务战略管理的目标任务。由此可见，时限性是财务战略管理目标确定的重要内容。

（四）目标制订的先进性、可行性原则

财务战略管理目标必须具有先进性、可行性，否则，目标管理就难以发挥其优势。目标的先进性是指制订的目标应该能够充分激发、调动员工的心智力量和体能，以保证取得最大的绩效；目标的可行性是指设置的目标的难度，必须建立在对实现目标的人力、物力、财力和主客观条件正确分析与准确把握的基础之上，设置的目标要切实可靠，因此，目标的设置应该既是先进的，又是经过人们努力奋斗可以实现的。

（五）目标制订的可分性原则

财务战略管理目标应具有可分性，可以按照一定的标准层层分解为各部门的分目标。这种原则既保证了目标的具体落实，又保证了目标能够调动全体员工的积极性。

（六）目标制订的具体性和可评价性原则

虽然一般目标也具有评价、检验实践活动的作用，但是财务战略管理目标应具有较强的可评价性，如果所设置的目标可评价性很差，就会给目标管理工作带来影响。而要增强目标管理的可评价性，就要使目标具有具体性的特点，就要在目标设置阶段尽可能地使所设置的目标明确、具体、数量化。

三、企业制定财务战略的程序

企业财务战略的制定是财务战略管理中的中心环节。为使企业制定和选择出一个确保企业可持续发展的财务战略，并使财务战略得以良好地贯彻和执行，就必须采用科学的方法和遵循必要的程序来制定企业的财务战略。

遵照企业战略的生成程序，可以得到企业财务战略的制定程序，如图 2.3 所示。

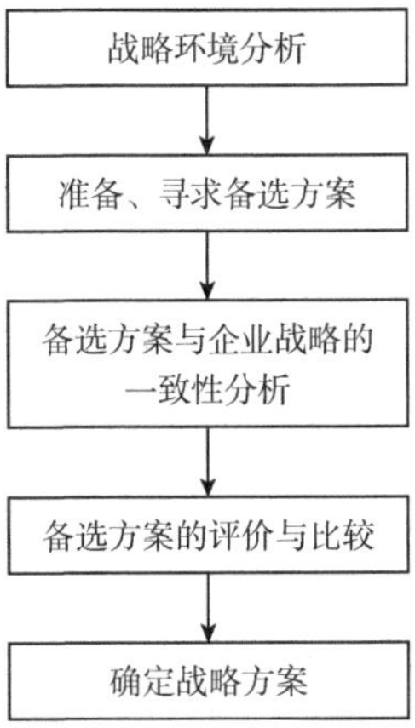

图 2.3　企业财务战略的制定程序

在企业内外环境分析和确定战略目标的基础上，广泛地寻求企业各种可能的备选方案（备选方案越多，企业最终确定的战略方案的覆盖面越广）；财务战略只是企业战略的子战略，前者必须服从于后者，因此，必须检测各种备选方案与企业战略的一致性，不一致的备选方案应该被剔除；在符合一致性的备选方案之间，通过各种具体指标进行综合评价与比较，从中择优；最后，在通盘考虑的基础上，确定企业应该选择的战略方案。

第七节　财务战略的制定方法

一、SWOT 分析法

SWOT 是由英文“优势”（strengths）、“劣势”（weaknesses）、“机会”（opportunities）和“威胁”（threats）四个单词的第一个字母组合而来的。它是由美国哈佛商学院最先采用的一种经典分析方法。

（一）SWOT 分析法的基本原理

SWOT 分析法是一种在综合考虑企业内部条件和外部环境的各种因素，正确认识自身优势与劣势的基础上，进行系统评价，扬长避短，抓住机会，避开威胁从而选择最佳投资战略的方法。企业的内部优劣势是相对于竞争对手而言的，一般表现在企业的资金、技术产品、市场等方面；企业外部的机会是指环境中对企业有利的因素，如政府支持、高新技术的应用等；企业外部的威胁是指环境中对企业不利的因素，如市场增长率降低、技术老化等。

（二）SWOT 分析法的战略生成过程及应用

对于内部优势、劣势和外部机会、威胁因素的不同组合来说，总有一些投资战略与之相对应，也就是说企业在特定的情况下，有些特定的投资战略可供选择。

图2.4表明了某些投资战略与不同的SWOT因素组合之间的关系。图中横、纵两轴把平面分为四个区域，横轴表示内部优势与劣势，纵轴表示外部机会与威胁。其中，最有利的区域是区域（A），属于优势—机会（SO）战略，在该区域内，外部环境机会很多，并且企业内部也具有较多的优势，因此企业可以趁机增加投资大力发展，应该采取的战略是扩张型战略。区域（C）则是最不利的区域，属于劣势—威胁（WT）战略，在该区域内企业不仅处于较明显的劣势，而且外部面临巨大威胁，企业应采取紧缩型战略，收缩或退出自然是唯一明智的选择。在区域（D），属于优势—威胁（ST）战略，企业内部处于优势，同时也面对外部巨大的威胁。在区域（B）中，属于劣势—机会（WO）战略，环境机会很多，却受到内部劣势限制，所以企业应采取扭转型战略来抓住机会，克服弱点，可以采取合资、混合多元化投资等战略。

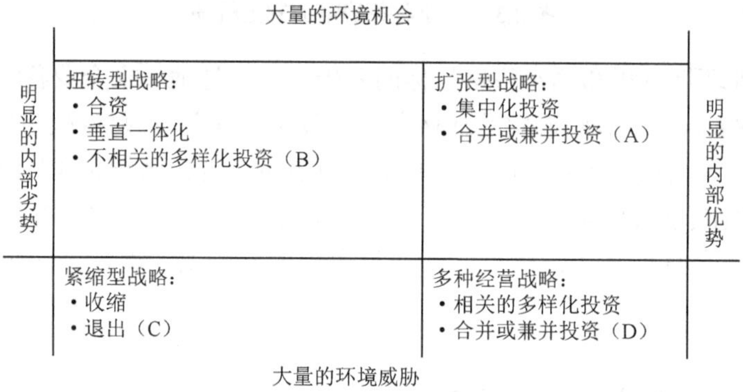

图2.4 SWOT分析图

二、波士顿矩阵法

波士顿矩阵法是美国波士顿咨询公司（BCG）在20世纪60年代提出的一种投资组合分析方法。该方法将企业生产经营的全部产品或业务的组合作为一个整体进行分析，其着眼点是企业各种业务的相对市场份额以及给企业所带来的现金流量，因此，该方法非常有利于财务战略的制定。波士顿矩阵的分析前提是认为企业的相对竞争地位（以相对市场份额指标表示）和行业增长率决定在企业业务组合中的某一特定业务应当采取何种战略。

波士顿矩阵法主要内容如下。

（一）划分并评估战略经营单位（SBU）

企业管理者首先把整个企业划分为若干个战略经营单位，在企业实践中，一般都是按所处的产品市场情况来划分的。划分战略经营单位后，要根据相对市场占有率和行业增长率两个指标对其进行评估。

（二）比较SBU或经营活动

如图2.5所示，以相对市场份额（占有率）和行业增长率为二维，构成一个矩阵，再将对各个经营业务或 SBU 的评估结果标在该矩阵中，进而进行比较。该图中的圆圈代表各个经营业务或 SBU，圆圈的中心表示它们在矩阵中的位置，圆圈的大小与其收益成比例，圆圈越大表明它在全公司中的收益份额越大。

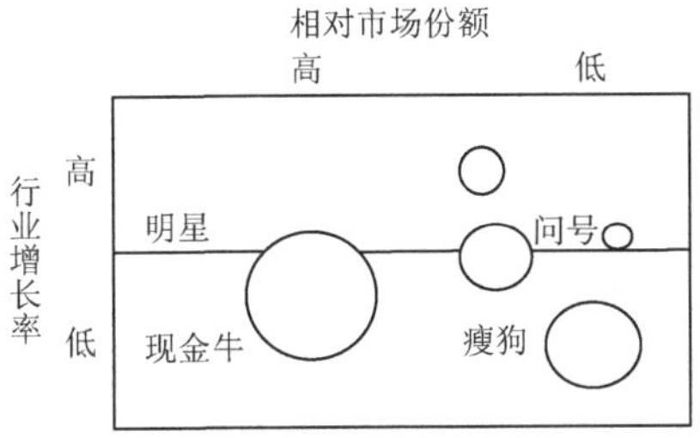

图 2.5　波士顿矩阵图

根据波士顿矩阵法可将企业的全部经营业务或 SBU 定位在四个区域中，分别是明星区域、问号区域、现金牛区域和瘦狗区域。

（1）处于高增长/强竞争地位的称为“明星”业务或 SBU，此区域中的 SBU 不仅位于高增长行业中，而且拥有较高的相对市场占有率。由于同时具有竞争实力和扩展机会，因此可以为企业提供长期的利润和增长的可能性。

（2）处于高增长/低竞争地位的称为“问号”业务或 SBU，此区域内的 SBU 具有较低的相对市场份额和较弱的竞争能力，不过它们所依托的行业是高速增长的行业，因此为企业提供了长期获利和发展的机会。

（3）处于低增长/高竞争地位的称为“现金牛”业务或 SBU。虽处于低增长率行业，但占有的相对市场份额较高的 SBU 就叫作现金牛。它们是成熟行业中的成本领先者，本身不需要投资，反而能保持利润、产生大量的正现金流量，用以支持其他业务的发展。

（4）处于低增长/低竞争地位的称为“瘦狗”业务或 SBU。它们所在的行业处于饱和的市场竞争中，没有吸引力，并且本身又缺乏竞争力，因此对企业的贡献不大，虽然也能带来正现金流量，但利润很低或亏损。既要维持其很低的市场份额，也需要大量的资本投资。

（三）确定投资战略

波士顿矩阵指出了每个经营业务或 SBU 在竞争中的地位，使企业了解它的作用或任务，从而有选择和集中地运用企业有限的资金。如果对经营业务不加区分，按相同的比例分配资金及人员，往往会造成企业资源的浪费，使急需资金的业务或 SBU 得不到充足的资金，而将资金浪费在没有前途的业务或 SBU 上。综上所述，利用波士顿矩阵分析法，可以采取相应的投资战略。对于处于“明星”区域的经营业务或 SBU 应加大资金的投入，以巩固其“明星”地位，所需的大量资金可来自“现金牛”。对于处于“问号”区域的经营业务或 SBU，如有希望，就应采取扩大投资的战略，使之转变为“明星”；否则，就应减少或停止投资，以避免或减少资金浪费。对于处于“现金牛”区域的经营业务或 SBU，可采取兼并或退出等战略。对于处于“瘦狗”区域的经营业务或 SBU，若没有更好的重组机会，应完全停止投资，退出所在的行业。

三、通用电气经营矩阵分析法

与波士顿矩阵分析法类似，通用电气经营矩阵方法也要把整个组织分为若干个 SBU，并从两方面进行评估：一是行业吸引力；二是 SBU 在本行业中的竞争力。通用电气经营矩阵如图 2.6 所示，水平方向表示 SBU 在行业中的竞争地位，垂直方向表示 SBU 所在行业的吸引力。该方法认为，处于“输家”上的经营活动或 SBU 应给予必要的资金资助；对于有希望的“问号”也应给予支持，以便使之转变为“胜者”；对于“利润生产者”应充分利用其强有力的竞争地位，使之尽可能提供利润，用于对“胜者”和某些“问号”的资助；对于不能提供长期收益的“平均经营者”，可以设法使之转变为“胜者”，也可以考虑停止投资。

行业吸引力 \ 竞争地位	高	中	低
高	胜者	胜者	问号
中	胜者	平均经营者	输家
低	利润生产者	输家	输家

图 2.6 通用电气经营矩阵

管理者通过通用电气经营矩阵分析，可以知道整个企业的经营活动是否为一个平衡的经营组合。在一个“平衡”的经营组合中，应包括多数“胜者”和少数的“利润生产者”，只有这样才能提供必要的现金流量，支持未来的“胜者”和有可能成为胜者的“问号”，保证合理的利润和未来的发展。

四、生命周期矩阵分析法

生命周期矩阵分析法是根据企业各项业务所处的产品/市场生命周期阶段和业务的大致竞争地位决定战略类型的方法。该方法见表 2.4。

表 2.4 生命周期矩阵分析

生命阶段	强	中	弱
引进阶段	盈	问号	亏
发展阶段	盈	盈或问号	可能亏
成熟阶段	盈	盈	亏
衰退阶段	盈	亏	亏

生命周期矩阵分析法对企业制定投资战略具有如下的指导作用：①对处于引进阶段的“盈”业务一般采取迅速扩大规模和提高差别化程度的投资发展战略。②对发展阶段的“盈”业务还应争取使其具有成本优势。③处于成熟阶段的“盈”业务有能力将市场上其他竞争对手驱赶出去，因此还能在该产业中继续经营下去，但不宜过多投资。④处于衰退阶段的“盈”业务虽然通过集中于某个细分市场在目前尚可有盈利，但由于市场在逐渐消失，所以仍应及早做好撤退的打算。⑤处于引进阶段和发展阶段的两个“问号”业务有两种处理方法：一是在“盈”业务的资金支持下提高竞争地位而成为“盈”业务；二是通过紧缩或退出战略，将转移出来的资金用于支持处于发展阶段的“盈”业务或发展新的业务。⑥处于引进和发展阶段的“亏”业务尚有提高市场竞争地位的可能，只是要追加大量的资金。⑦处于成熟和衰退阶段的“亏”业务多数只有撤资退出一条出路。

五、行业结构分析法

行业结构分析法一般都采用迈克尔·波特在 20 世纪 80 年代初提出的五种力量模型。通过这五种力量模型，企业可以分析其自身的竞争优势与劣势。

迈克尔·波特认为，在一个行业中，存在五种基本的竞争力量，即行业的新进入者、替代品、买方、供方和行业中原有的竞争者。在一个行业中，这五种基本竞争力量的状况及其综合强度，引发行业内经济结构的变化，从而决定着行业内部竞争的激烈程度与在行业中获得利润的最终潜力，如图 2.7 所示。

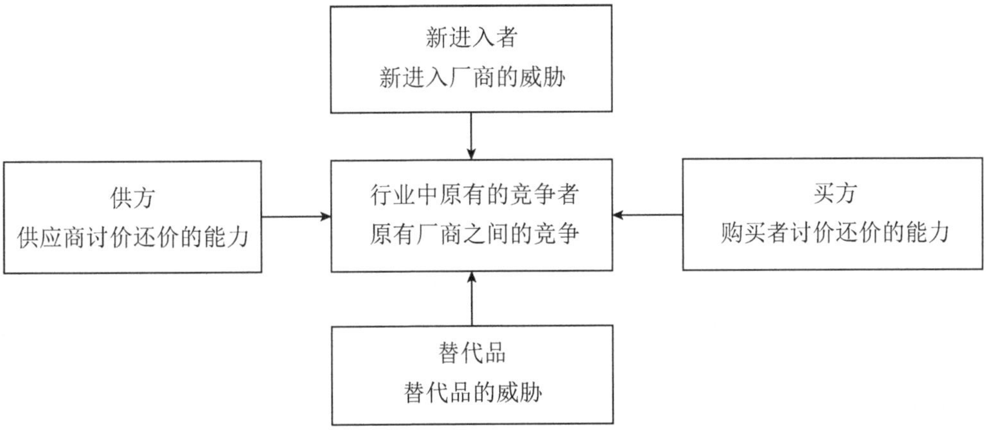

图 2.7 行业中的竞争力量分析

上述五种力量决定着企业产品的价格、成本和投资，因此也就决定了行业的长期盈利水平。不同行业中这五种力量的大小是不一样的，因此也就造就了不同行业高低不同的利润率。

根据行业结构原理，企业竞争的战略目标应该定位在行业里。通过界定，企业可以较好地防御这五种竞争力量或者企业能够对这五种竞争力量施加影响，使它们有利于本企业的发展。通过行业结构分析，企业可以确定每个行业中决定和影响这五种竞争力量的基本因素，明确企业生存的优势和劣势，从而发现该行业是否能够提供较高的持续盈利机会，并可结合企业实际情况决定是否向该行业投放资金，从而确定投资方向和领域。

复习思考题

一、简答题

1. 什么是企业财务战略？按财务管理对象划分，企业财务战略包含哪些内容？
2. 什么是企业财务战略管理？
3. 什么是企业财务战略环境分析？如何进行财务战略环境分析？
4. 企业财务战略的直接外部环境有哪些？
5. 制订企业财务战略目标应该坚持什么原则？

二、论述题

1. 简述 SWOT 分析法的原理。
2. 企业筹资战略的制定过程一般包括哪些？
3. 企业筹资战略类型有哪几种？
4. 企业投资战略的目标是什么？
5. 论述财务战略制定的主要方法及特点。

案例分析

2016 年 1 月，A 股份有限公司公布的财务报告显示该公司 2015 年已经亏损 200 亿元。目前公司资产负债率已超过 80%，并且银行借款中有 60%是短期借款，公司已经无力支付借款利息，支付员工工资都有困难。A 公司股价已经处于历史低位，跌破了当初的发行价。

A 公司业绩不断下滑，股价持续下跌，固然有整个行业大环境的影响，但最主要的原因还是管理层在财务战略上的选择失误。近几年来，全球光伏行业持续低迷，寒冬仍未过去，美股市场中的光伏股像尚德电力、英利新能源等纷纷预亏，说明亏损的并非 A 公司一家，这些上市公司都面临行业性的难题。但为什么 A 公司亏损得最严重并且面临巨大的财务风险呢?这与 A 公司过于激进的扩张战略有关。

在 2008 年下半年次贷危机爆发之际，A 公司的管理者却被一度繁荣的光伏市场以及亮丽的盈利水平所迷惑，本应该开始采取防御收缩型财务战略，却盲目乐观，再加上对形势出现误判，结果在多晶硅料、多晶硅片及太阳能电池组三块业务上均大举做多，最终导致其一蹶不振。而为了支撑巨额投资和光伏市场的运营，A 公司董事长和首席财务官（chief financial officer，CFO）不断从银行借入资金，并且将公司的大型设备进行售后租回以取得资金。更令人惊讶的是，即便在持续巨亏和无力归还借款的情况下，A 公司仍然在筹谋业务扩张计划。据 A 公司相关人士介绍，2015 年，公司提出了投资80亿元建厂的计划。

可见，A公司之所以资金极度紧缺，完全跟其在经济衰退阶段未正确选择财务战略密切相关。A公司案例也再次证明唯有持续跟踪时局的变化、正确判断经济发展形势、合理选择财务战略类型才是一个企业实现持续创造价值的关键。

要求：

1. 结合案例分析扩张型财务战略和防御收缩型财务战略及其优缺点。
2. 思考基于经济周期的财务战略选择。

第三章

企业集团财务管理

企业集团是市场经济发展的必然结果，实施大公司、大集团战略是我国国有大中型企业改革和发展的一项重大选择。企业集团在结构形式上，表现为以大企业为核心、诸多企业为外围、多层次的组织结构；在管理体制上，表现为企业集团中各成员企业，既保持相对独立的地位，又实行统一领导和分层管理的制度；在规模和经营方式上，表现为规模巨大、实力雄厚，是跨部门、跨地区甚至跨国度多角化经营的企业联合体。因此企业集团财务管理有其自身特点。本章介绍了企业集团财务管理特征和原则、财务管理体制、财务管理的主要内容以及财务监控等内容。

【重要概念】 企业集团　财务管理体制　内部转移价格　财务公司　财务监控

第一节　企业集团概述

一、企业集团的定义与构成

（一）企业集团的定义

企业集团是由多个经济法人在自愿互利的基础上，以追求规模经济效益为目的，以资本或产品或技术为纽带而连接在一起的经济联合体。以美国为首的西方发达国家，从19世纪末20世纪初至今的100多年，先后掀起了五次大规模的企业并购浪潮，这些并购活动确立了以股份公司制下的企业集团为基本特征的现代企业组织模式。在这100多年间，企业集团随着社会化大生产的客观要求与市场经济的发育和完善得到长足的发展，在国际经济舞台上发挥着越来越重要的作用。

我国的企业集团出现较晚，从产生到现在20多年的历史，从其发展的短暂进程来看，无论在理论上还是实践上都存在一些重大的问题需要解决，主要表现在：①形成动机不纯，形式也不规范，相当一部分只是流于形式，并没有取得预期的规模经济效益；②利益分配不公平，没有真正做到利益共享、风险共担；③企业集团组织和管理体制不科学，凝聚力不够，集而不团，集团控制力较弱；④集团走不出国门，真正做到跨国经营的很少。

一般地，企业集团是指由控股公司及其附属公司所组成的多层次的、稳定的经济组织。换言之，企业集团是以一个或多个实力强大、具有投资中心功能的大型企业为核心，以若干个在资产、技术上有密切联系的企业、单位作为其外围层，由各成员企业按照自愿原则组成的具有多层次组织结构的大型经济联合体。企业集团是一个经济组织，而不是行政机构；企业集团是一个联合组织，而不是单个企业。

（二）企业集团的构成

企业集团作为一个经济联合组织，根据其内部成员的联合程度，可将企业集团的内部成员分为核心层、紧密层、半紧密层和松散层企业四个层次。

1. 核心层企业

核心层企业，即母公司（控股公司）及其附属结构，又称集团企业。核心层企业是指依法成立、有自己的组织管理机构、有独立财产、能依法承担经济责任的经济实体，它是自主经营、自负盈亏的独立的商品生产者和经营者，具有法人资格，其法律地位为母公司。母公司可采取股份有限公司或有限责任公司的形式。核心层必须实力强大，具有投资中心的功能，它可以是一个大型生产、流通企业，也可以是资本雄厚的控股公司。母公司的附属结构是指母公司内部的分公司或分厂，它们也是核心层单位，分公司不是独立的法人，在经济上也没有独立性，它附属于母公司，当然，分公司可经母公司授权，独立开展经营活动。

2. 紧密层企业

紧密层企业，即子公司（控股层）。紧密层企业是由集团企业直接控制（持股50%以上）的企业，也是独立的公司法人。集团企业与控股层企业之间是母、子公司关系。在我国，紧密层企业应符合下列条件之一：核心层企业投资入股并达到控股的；核心企业长期承包或长期租赁的；经批准将全民所有制企业划归核心企业管理的；经国有资产管理部门授权，将全民所有制企业的国有资产交由核心企业经营的。

3. 半紧密层企业

半紧密层企业，即关联公司（持股层）。半紧密层企业是指核心企业参股（但未达到控股）或紧密层企业的全资或控股的企业。半紧密层企业可以以资金、设备、技术、专利、商标等作价互相投资，并在集团统一经营下，按出资比例或协议规定享受利益并承担责任。

4. 松散层企业

松散层企业，即固定协作企业。松散层企业是核心企业没有资产关系但有稳定经营业务关系的企业，或者由紧密层企业、半紧密层企业参股的企业。松散层企业在集团经营方针的指导下，按集团章程及合同的规定享有权利，承担义务，并独立经营，各自承担民事责任。

如果将企业集团的核心层企业、紧密层企业、半紧密层企业、松散层企业分别用

Q_1、Q_2、Q_3、Q_4表示，则可得到四种不同类型的企业集团模式，见表 3.1。

表 3.1 企业集团模式

模式	组成要素	说明
模式Ⅰ	Q_1+Q_2	由核心层企业和紧密层企业组成，是企业集团的基本模式
模式Ⅱ	$Q_1+Q_2+Q_3$	除具备核心层企业和紧密层企业外，还具备半紧密层企业
模式Ⅲ	$Q_1+Q_2+Q_4$	除具备核心层企业和紧密层企业外，还具备松散层企业
模式Ⅳ	$Q_1+Q_2+Q_3+Q_4$	除具备核心层企业和紧密层企业外，还具备半紧密层企业和松散层企业。它是内部结构最完备的企业集团模式

二、企业集团的特征

企业集团具有以下几个特征。

1. 法律特征

企业集团是非法人的企业联合体。从法律上看，企业集团虽然是一个多层次的大型经济联合组织，但它不具备作为法人享有经济权利和承担经济义务的条件，也就是说，企业集团本身不是独立法人，不具有法人地位，只是由若干个法人组成的一种经济联合体。从财产上看，企业集团不具有自己能够独立支配的财产，没有法定的资本额，企业集团的财产只表现为各成员企业的独立财产。

2. 组织特征

企业集团成员之间存在广泛的经济联系，包括产品、生产技术、经营管理特别是资本联系，在组织上具有稳定性和层次性。企业集团的成员在经营上存在共同的利益和风险，所以在组织上表现出稳定性。企业集团成员之间联合的紧密程度不同，所以表现出复杂性。企业集团的组织结构是多层次的，既有核心企业、骨干企业，又有一般成员企业，还有大量只有协作关系的企业。企业集团组织的实质就是在更大的范围内，对各种生产要素进行重新组合、优化配置、有效利用，实现集团企业的共同利益目标。

3. 经营特征

为了分散经营风险和投资风险，企业集团的经营规模都比较庞大，并不断地扩大经营，向多角化、综合化方向发展，许多企业集团跨地区、跨部门、跨行业甚至跨国经营。同时，企业集团的经营方向呈系列化，一般都是围绕着核心企业的主导产品系列化，如东风汽车公司就是以东风系列汽车的研制、开发、生产为链条组成的企业集团。

4. 融资特征

企业集团是与金融机构密切结合的经济联合组织，具有强大的融资功能。随着商品经济的发展，工业资本发展到一定程度必然要与金融资本相结合，以增强其向国内外扩张的实力。如日本的企业集团一般以银行为中心，把产业、商社结成三位一体的联合组织。

5. 会计特征

企业集团是特殊的非独立核算的会计主体，但需要编制以母公司为基础的合并会计报表。

三、企业集团财务管理

企业集团财务管理是指集团总部为了实现集团整体目标而对子公司的财务活动和财务关系所进行的制度安排与行为控制。

（一）企业集团财务管理主体及客体

1. 企业集团财务管理主体

一方面，集团的各个成员都是独立的法人，它们有着独立的经营和理财自主权，使得集团的成员企业必然要求成为各自财务管理的主体。另一方面，企业集团以产权关系为基本纽带，母公司对成员企业层层控股与参股，在集团内形成了母公司—子公司—孙公司等多层次的控制结构体系，母公司为了实现集团整体利益的最大化，必然发挥资本杠杆效应，凭其出资人的身份，对各个子、孙公司的财务政策发挥影响，从而协调和统一整个企业集团的融资、投资和利润分配政策。也只有在核心母公司的主导下，才能从整个集团的利益出发，协调整个集团的财务活动，处理整个集团的财务关系，才能实现企业集团的利益最大化。由此，企业集团财务管理的主体是整个企业集团。

2. 企业集团财务管理客体

一般认为，财务管理的对象是资金运动，企业集团也不例外。但是企业集团的资金运动与单一法人制企业是不一样的。企业集团的资金运动涉及多个财务主体，是多个独立财务主体资金运动的一体化复合，其财务关系更加复杂，所需的财务手段和方式也更加多样；企业集团有着比单个企业更加优越的财务资源，并在集团总部的统一协调下，增加集团整体资金的弹性，可以利用成员企业资金需要的时间差，所产生的“资金”在成员企业之间互相调剂或投向金融市场获取有利的投资机会。这样，企业集团的风险也要比全部单个成员企业之间的风险之和小。

（二）企业集团财务管理目标

一般而言，营利性组织的理财目标是组织整体的利益最大化，企业集团也不例外，它追求集团整体的利益最大化。它与单一法人制企业的不同之处在于，因为企业集团要实现“1＋1>2”的目标，故企业集团的整体利益并非等于集团成员利益的简单相加，单个成员追求个别利益最大化之和并不一定能使得企业集团整体的利益达到最大。但是，每一个集团成员各自又是独立的理财主体，都追求自身的利益最大化。这时，集团母公司就必须协调各成员企业的财务和经营政策，解决集团内部的利益冲突，最终实现企业集团整体的利益最大化。

（三）企业集团财务管理方法

企业集团与单一法人制企业都实行财务上的全面预算制度管理方式，但是企业集团的组织结构是多级法人制，它导致企业集团和单个企业预算的区别。企业集团的母公司以“投资中心”的身份，根据集团整体的利益和投资机会，做出集团的重大投资规划及预算框架，然后自上而下进行分解和反复论证，具体落实到各个成员企业；之后进行有效的控制，再对集团和成员企业的业绩进行考核与评价，并据此采取有效的集团激励办法，实施有效的集团激励制度。

企业集团财务活动一般分为四个层次：母公司层、子公司层、关联公司层和协作企业层。其中，母公司层、子公司层的财务活动是企业集团财务管理的主要内容。

（四）企业集团财务管理的原则

1. 以集团战略为导向

企业集团之所以产生，关键在于企业集团能发挥其资源聚合优势并发挥集团效益。要想使企业集团的资源真正地聚合在一起并发挥效益，母公司必须置战略管理于管理之首位。也就是说，财务管理必须以服务集团经营战略为宗旨来制定自身的财务战略，聚合各种财务资源并充分利用规模优势。因此，其财务管理不同于作为单一企业的财务管理。例如，体现在筹资上并不只是考虑现有筹资渠道有哪些及如何利用这些渠道进行筹资，而是首先提出企业集团的资本结构如何合理安排，在这一安排下如何创造或打通筹资渠道，顺利筹资。这些做法及想法，都具有战略意图，都服务于企业集团整体经营战略。

2. 以管理架构为依托

这里需要明确产权关系与管理关系的区别。一般的理解是，产权关系指公司根据所处外部环境中的法律法规，设置不同层次、不同功能的法律实体及其相关的法人治理机构，从而使得公司获得基本运行的法律许可，并拥有特定权利和义务，以保障公司股东及利益相关方的基本权益。如一家控股公司下设有多家子公司，以及一定数量的分公司，那么这一整体即构成了公司的产权架构。而管理架构则是指公司根据业务功能发展的需要，分别设置不同层次的管理人员及其由各管理人员组成的管理团体，针对各项业务功能行使决策、计划、执行、控制、评价的权力，依据所分配的资源创造公司追求的价值。如许多企业按照业务类型划分为计划、生产、销售等，这就构成了公司的管理架构。从二者的关系上来看，管理架构是实质，法律架构是形式，实质决定形式。公司经营环境与自身实力的变化，对战略定位与管理体制提出全新的要求。同样，管理架构必须根据战略的需要进行一定的变化。与此相应，公司管理者应该准确地判断管理架构变化的趋向，并在现有的法律法规体系之下，考虑公司法律架构的相应调整，确保法律形式上的更新能够满足管理的需求。

3. 以财务政策与制度建设为保障

财务管理制度化是实施财务战略的根本保障。与制度化管理相对应的是人治，如果作为单一企业组织能够做到人治（这被广泛认为并非管理的最佳方式），那么当企业集团组织规模不断壮大，管理跨度越来越大，信息的不对称性弊端也越来越明显，在这样一种不断进行组织再造与重整的环境中，人治的作用越来越受限制，其弊端也越来越明显。因此，企业集团内部财务政策与财务制度的建立就成为母公司财务管理真正成功的关键。

（五）企业集团财务管理组织框架及职能

企业集团的财务组织机构包括一般财务机构和财务中心。

1. 一般财务机构

企业集团的财务机构是从事财务工作的职能部门，是企业集团组织形式在财务上的体现。财务机构是财务控制的载体，完善的财务机构，是做好财务工作、充分发挥集团财务职能的重要基础。因此，集团财务机构的科学设置、职能岗位的合理划分是集团财务的内容之一。一般而言，企业集团内部财务机构主要包括以下两方面内容。

1）集团母公司的财务机构

（1）设置。集团母公司是企业集团的核心部分，在财务上，统领整个企业集团的融资、投资、资本营运与收益分配。较为完整的集团母公司的财务机构一般应设置融资部、投资部、资本营运部与审计部等。

融资部与投资部负责的是整个集团的资金筹集和投向。融资部在集团融资时合理安排融资主体（包括母公司与子公司）、融资方式、融资渠道等；投资部负责集团的投资战略，如产业投资方向、具体投资项目和投资业绩评价等；资本运营部负责集团实体业务的日常资金流动安排、统筹下属公司的收入、成本、费用和利益分配等；审计部负责监督集团总部和集团其他成员对集团财会制度的遵循情况与会计资料的真实有效性。当然，在这些部门之上还要设置一个财务副总经理（或称财务副总裁、财务执行官等），全权负责集团的财务事宜。

（2）职能。母公司的财务机构是集团财务管理活动的组织和领导者，但它仍然不是一个法人单位，而只是一个职能部门，其主要负责人是主管财务工作的副总经理或总会计师。它的职权主要有以下几项。

第一，为母公司董事会制定财务战略、财务政策、基本财务制度，为重大投融资活动及利润分配提供信息并进行财务决策。

第二，负责集团整体的财务战略和政策的组织、实施、协调与监控。

第三，制定集团财务预算并实施财务预算控制。

第四，规划集团最佳财务结构，控制集团整体的财务风险，协调集团内外的财务关系。

第五，检查、监督与考核财务战略、政策和预算的执行情况，建立绩效衡量标准并实施业绩考核。

2）子公司的财务机构

（1）设置。在企业集团的财务控制体系中，子公司是被控制的一方，应该服从整个企业集团的战略安排。但是，企业集团的子公司在法律上是独立经营、自负盈亏的法人实体。因此，子公司的财务机构设置既要有独立性，又要符合与上一级财务部门有效控制的要求。集权与分权形式不同，子公司的财务机构设置可能有很大差别。一般来说，如果子公司与母公司设有同样的财务部门，那么这个部门应归属母公司的相应部门进行对口管理。在本公司内行使财务职能的同时，其决策权限由上级部门授予，并要向上级汇总报告本公司的预算以及提交财务报告。

（2）职能。子公司的财务机构是子公司的一个职能部门，它的职权和工作主要有如下方面。

第一，在母公司财务机构的领导下，执行集团的财务战略和政策，组织本公司的财务管理工作。

第二，维护子公司作为独立法人的权利，进行权限内的财务决策、控制和业绩评价等活动。

值得注意的是子公司不一定必须设置财务部，如果子公司业务简单，规模较少，与母公司联系紧密，则可不设置专门的财务部，而由母公司财务部和集团结算中心或财务公司代行其职权。

总之，企业集团财务机构的设置比组织机构的设置灵活性更强，关键是要把握好财权集中与分散、管理有效与机构精简的关系。

2. 财务中心

如前所述，企业集团是不同于一般企业的企业外部组织形式，财务控制的重要性和难度的同时增加，客观上要求在集团整体和成员企业之间有一个可以统筹全局、协调分布的财务机构。企业集团的财务中心是在集团内部设置的，由集团母公司负责运作，以管理和协调集团内部各成员企业资金业务的职能部门。财务中心是企业集团财务控制的重要部门，由于业务的特殊性质，财务中心在集团内部必须相对独立，这样才能保证其权威性。

财务中心的设置和企业集团控制的集权与分权安排密切相关，根据各企业集团对财务权限的分配与实施财务管理条件的不同，财务中心可以分为财务结算中心和财务控制中心两类。

1）财务结算中心

企业集团的财务结算中心是企业集团内部设立的，主要负责集团内部各成员（主要指集团核心层成员，下同）之间和对外的现金收付与往来结算的专门机构，通常设置于财务部门内部。其主要职能有如下方面。

（1）集中管理集团各成员的现金收入，各成员企业收到现金时，必须转账存入结算中心在银行开立的账户，不得随意挪用，并核定日常留用现金余额。

（2）统一拨付集团成员业务所需的货币资金，监控货币的使用方向。

（3）统一对外融资，降低集团整体融资成本，确保资金需求。

（4）办理集团各成员企业之间的往来结算。

（5）有时还负责办理统一纳税业务。

财务结算中心的建立有助于解决企业集团资金沉淀问题，对于加快集团整体的资金周转，降低资金占用量，提高资金运行效率，发挥集团资金联合的优势，起到了关键作用。

2）财务控制中心

企业集团的财务控制中心是比集团财务结算中心更高级的财务组织形式，它是一种借助集成化、网络化管理软件的支持，与企业其他资源的整合相契合的财务管理机构。财务控制中心的产生是现代企业集团财务中心发展的需要，有两大促进因素。

(1) 随着企业集团事业部制、矩阵制的形成和发展，集团组织结构扁平化成为一种趋势。由此，集团财务的集权和分权都有不同程度的发展。集权要求集团母公司更多、更快捷、更真实地掌握集团成员的财务信息，并及时给予财务决策和管理上的支持，尤其在组织结构的层次减少使得每一层次的成员相对增加的情况下更是如此；分权要求集团组织结构适应市场日益灵活多变的需求，给予集团成员更多的财务权利，以使财务决策更有针对性和适用性。

(2) 信息技术的发展为企业集团在分权基础上的“财务信息的集权化”提供了条件。集团组织机构层次和成员的多样化一度是财务管理最大的障碍，而如今大量企业管理型软件的出现实现了网络会计和网络财务，有利于企业集团的管理。

特别是信息处理技术的发展，各种管理信息系统中辅助项目核算模块功能的日益完善强大，使得集团财务专门化的趋势更加明显。例如，制定责任会计制度的主要问题是单轨制和双轨制的选择。单轨制就是将内部责任会计核算与对外财务会计核算融合在一起进行的会计核算体制。即将按国家统一的会计准则或会计制度的要求而设置的会计科目与按企业内部责任会计的要求设置的核算科目有机地结合在一起，根据会计准则和会计制度编制对外报告的财务报表，根据内部责任会计要求编制对内报告的业绩报表。双轨制就是将内部责任会计核算与对外财务会计核算区分开来分别进行，各自根据不同的管理要求、不同的方法来进行会计资料的归集和数据计算。因此需要设置两套凭证、账簿、报表及核算程序。而集团财务软件则使双轨制转为单轨制成为可能。

鉴于此，企业集团的财务控制中心是比财务结算中心更高层次的财务中心形式，除执行财务结算中心的全部职能以外，集团财务控制中心的职能主要有如下方面。

(1) 及时掌握集团事业部或子公司的资金预算和运作，并根据集团整体情况立即进行协调。

(2) 掌握集团各分部的采购费用、生产成本和销售费用情况，实行即时决策和监控。

(3) 对企业内部物流和人力资源与财务资源的不协调之处进行整合，达到统一管理。

以上职能的实现由于企业集团成员的层次分布和地域分布的复杂性，是在工业经济时代的集团财务控制无法或很难做到的。在网络技术日益普及和各种集团财务软件出现的背景下，实施上述职能已经成为企业集团财务中心发展的趋势。

第二节 企业集团财务管理体制

一、企业集团财务管理体制的含义

所谓财务管理体制，是用来规范和处理财务主体间关于权利、责任、利益关系以及成员企业财务管理行为的基本制度，是财务关系的基本表现形式。企业集团财务管理体制是指企业集团财务机构的设置，财务管理人员的配备，财务管理权限的划分以及与之相适应的内部财务制度的制定与完善，等等。

企业集团财务管理体制的实质就是财务管理权限的分配问题，而财务管理权限包括筹资权、投资权和利润分配权等。建立企业集团财务管理体制的目的是妥善处理企业集团内部各个层次的财务关系，实现责权利关系的制度化，协调各个成员企业的财务目标和财务行为，其关键是解决财务决策权的集中和分散问题，即集权和分权问题。

二、企业集团财务管理体制主要模式

企业集团财务管理体制按管理权限的集中程度可划分为集权型、分权型和集权与分权相结合型三种财务管理体制。在有关企业集团成员组织结构的介绍中可知，核心层和控股层，即母子公司是企业集团的中心。在这里，主要考虑对母子公司财务管理权限的划分。

（一）集权型财务管理体制

集权型的财务管理体制往往存在于采取集权式组织结构的企业集团中。在经营管理上，企业集团的母子公司虽是双重经营实体，但实施统一经营，子公司不享有充分的经营决策权。在财务管理方面，母公司对子公司实行严格的控制，实施统一核算，集中管理，子公司并不拥有财务管理权。采用集权型财务管理体制的企业集团，母公司管理着财务活动的各个方面，包括财务战略的制定和具体实施，资金的筹集和使用投放，成本的核算和控制，利润归集和分配等，甚至日常会计核算，而子公司只有执行的权利。在财务会计机构的设置上，往往采用“大财会”的形式，不设双层管理机构。这种财务管理体制以集中统一为特点，便于整体协调，使各子公司与母公司的总体财务目标保持一致。但是，缺乏合理分工和横向协调关系，使财务管理体制效率低下，适应性差，财务的管理职能难以发挥，容易独断专行，甚至最终“一统到死”。

集权管理的特点是把经营权（包括财务权）特别是决策权集中在集团最高领导层，下属企业只有日常业务决策权和具体的执行权。集团领导层控制严格，下属企业基本上按集团的决定从事生产经营活动。

集权管理的优点在于：有利于迅速、果断地做出决策；企业的信息在纵向能够得到较充分的沟通；管理者具有权威性，易于指挥。

集权管理的缺点在于：容易压抑下级管理层的积极性和主动性；不利于企业信息在横向的沟通；此外，由于管理权限集中在最高层，管理者远离生产和经营的最前沿，往往由于不熟悉情况而容易做出武断和错误的决策。

（二）分权型财务管理体制

在分权型财务管理体制下，企业集团母公司对子公司在财务上实行充分的放权，各子公司自我财务战略的制定和实施、资金的调配等各种决策事项或决策程序都放权由子公司决定，实施分级管理、分级核算。在这种财务管理体制下，母公司几乎放弃了财务控制的权利，企业集团往往只能通过契约或协议实施联合。这种绝对或过度的分权管理体制，貌似民主灵活，实则缺乏协调管理，往往使财务管理体制形同虚设，成员企业各行其是，犹如“诸侯割据”，从而严重影响企业集团的未来发展，甚至从根本上失去了企业集团组建的初衷，整体效益无从谈起。

（三）集权与分权结合型财务管理体制

一般而言，集权型财务管理体制决策快、易协调，有利于母公司的资源配置和战略协调，但弊端是决策正确与否往往取决于决策者个人的才能、知识或道德因素，风险大，另外执行慢，不利于调动下属单位的积极性和创造性。分权型财务管理体制虽然有利于适应市场、技术等外部环境的不断变化，有利于调动各成员企业的积极性和主动性，但也容易使成员企业各行其是，造成企业集团整体协调、整合能力减弱、财务失控等后果。为避免绝对集权和过度分权，而采用结合型的财务管理体制，即根据企业集团的定位，该集权的必须集权，该分权的也要分权，做到相对集权和相对分权，充分发挥两种体制下各自的优点，克服两种体制下各自的局限性。在实践中，企业集团的决策机构与执行机构往往统一目标、各司其职，分别掌握不同层次和性质的决策权限，分别负责相应的决策程序。

三、企业集团财务管理体制的设计原则

按照现代企业制度的要求，企业集团财务管理体制设计应遵循下列基本原则。

（一）产权明晰

产权明晰即在企业集团内部，母公司作为出资者对子公司有重大决策权、资产收益权和选择经营者权，并以出资额为限对子公司的债务承担有限责任，不直接参与子公司的具体经营活动；而子公司作为被投资的企业则以其全部法人财产独立享有民事权利，承担民事责任，依法自主经营、自负盈亏，对出资者承担资本保值增值之责任。遵循这一原则，明晰母子公司的产权关系，是理顺它们之间财务关系、规范它们各自财务管理职能的基础。因此，设计企业集团财务管理体制必须在这一基础上展开。

（二）责权利相统一

企业集团财务管理体制就是从总体上对集团内部各成员企业的财务责任、财务权利和经济利益以及三者之间的关系加以规范和处理的基本财务管理制度。这三者之间

的关系是：财务责任是核心，因为它是确定财务利益的基本依据，其履行情况也是确定经济利益的主要依据；财务权利是保证，因为各成员企业只有拥有一定财权，才能独立地进行财务活动，履行财务责任；经济利益是目的，因为它是各成员企业努力履行其责任的内在动力，也是各成员维持其生存与发展的物质基础。因此，把这三者有机地结合起来，有利于建立正常的财务秩序，调动各成员企业的积极性和主动性，提高经济效益，是设计企业集团财务管理体制的指导性原则。

（三）集权与分权相结合

无论从理论上还是实践上来看，一个企业集团单一地采取过度集权或过度分权财务管理体制，均有许多弊端。过度集权，集团财务机制必然僵化，从而挫伤子公司的积极性；相反，过度分权，必然导致子公司及其经营者在失控状态下过度追求自身经济利益，从而侵蚀集团整体利益。所以，应在紧密结合集团的实际情况、综合考虑影响集权或分权诸因素的基础上，处理好集权与分权的关系，使两者相互平衡、相互结合。这不仅是设计企业集团财务管理体制所应遵循的重要原则，也是设计企业集团财务管理体制中必须解决的关键性问题。

四、企业集团财务管理体制的合理选择

在企业集团中，以集团公司或母公司形式存在的核心企业处于统驭的地位，代理集团行使包括财务管理职能在内的经营管理职权。因此，我们认为，应围绕核心企业，或者说根据与核心企业的联合程度，确定处于不同层次上企业的财务管理体制。

在企业集团中，作为以集团公司或母公司形式存在的核心企业，其财务部门应是根据国家有关法规和企业集团有关规章制度，具体代行企业集团财务管理职权的职能部门。其职责主要是：制定和贯彻执行企业集团的财务制度，制定和实施企业集团的统一财务政策，贯彻执行企业集团的重大财务决策，统一规划企业集团的对外筹资和内部资金调度，监督企业集团的财务活动，等等。

（一）对于处于核心层企业的各分公司或分厂，应采取集权式财务管理体制

处于核心层企业的各分公司或分厂一般不是独立法人，其人、财、物和产、供、销均是由集团总部实施统一经营、管理、决策和核算，所以应对各分公司或分厂采用财务决策权集中的财务管理体制，以便对企业集团各成员进行有效控制，确保核心企业整体目标的顺利实现。

（二）对于紧密层企业，采取统一领导下的分权、分级式财务管理体制

紧密层企业是以核心企业为主要出资者，并以子公司这一组织形式存在，所以为了调动紧密层企业的积极性和实现企业集团的整体目标，应对紧密层企业采用统一领导下的分权、分级财务管理体制。其特点是集团总部做出重大财务决策，而把执行重大财务决策的责任和必要的、次要的财务决策权下放给所属紧密层企业，实行核心层企业和紧密层企业两级独立核算。紧密层企业集团在统一财务制度的基础上，相对独

立地开展会计核算工作和日常财务管理工作。但是，紧密层企业的财务活动应纳入企业集团的整体规划，其会计核算资料也应并入企业集团的合并会计报表内。

（三）对于半紧密层企业，应采取有控制的分权式财务管理体制

半紧密层企业均是以孙、子公司形式存在的，与核心企业的关系一般只是协作关系，所以应对半紧密层企业采取有控制的分权式财务管理体制。其特点是集团总部只是间接地对半紧密层企业进行调控，而半紧密层企业拥有独立的财务决策权，并实行独立核算，其会计核算资料也不纳入企业集团的合并会计报表内，半紧密层企业的重大财务活动也应纳入企业集团的一体化财务政策之内。

（四）对于松散层企业，应采取完全分散的财务管理体制

松散层企业与核心层、紧密层、半紧密层企业之间不存在较固定的协作关系，一般又作为非集团成员对待，属于企业集团的影响范围，所以对于松散层企业应采取完全分散的财务管理体制，即松散层企业完全独立地决策、经营、管理和核算。

五、企业集团财务管理体制模式选择应考虑的因素

企业集团在选择财务管理体制时，应主要考虑以下因素：股权集中度，集团规模，经营业务，理财环境和经营者风格，地理分布，等等。

（一）股权因素

一般而言，从集团层次看，母公司对子公司的控制要严于对参股层公司的控制，对全资子公司的控制要严于对非全资子公司的控制。因此，母公司对参股的公司和协作企业宜采用分权制，对相对控股子公司采用集权与分权相结合的财务管理体制。如果子公司是上市公司，则应根据持股比例大小选用集权与分权相结合或偏于分权或偏于集权的财务管理模式。

（二）规模因素

小型企业集团母公司因缺乏充分的资金来源和理财专家资源，通常可采用分权制管理模式，把财务管理决策权授予子公司。而大型企业集团一方面拥有实行集中财务管理的能力；另一方面生产经营多元化，涉及的业务和经营的品种较为广泛，所处的理财环境复杂，因而又有实行分权管理的要求。可见，大型企业集团一般采用集权与分权相结合的模式。中型企业集团拥有较强的经济实力和较多的理财专家，且经营业务较为单纯，因而宜实行偏向集权的财务体制模式。

（三）经营业务因素

经营业务单一便于集中管理的企业集团，或高风险行业，如金融业、高科技产业，需集权或倾向于集权管理。相应地，集团经营多元化、涉及业务领域广、品种多、集权管理困难、成本高，则需要适宜的分权制或偏向分权的集权与分权相结合的

管理体制。

（四）理财环境和经营者风格因素

理财环境对集团财务管理体制具有反作用，理财环境的变化会促进财务管理体制的改变。此外，经营者的管理理念和管理风格也会促进财务管理体制的改变。如果经营者推崇悟性管理，注重子公司经理的悟性和人格魅力，要求子公司理解母公司管理意图并进行相应管理，那么，集团财务管理体制必然倾向于分权制；相反，经营者注重制度、秩序，要求子公司经理按照制度化管理，则必然倾向于集权或集权与分权相结合的管理模式。

（五）地理分布

一般而言，子公司或分支机构在地理分布上比较集中的集团企业，母公司比较容易了解和掌握关于子公司或分支机构的具体情况，从而有条件对子公司或分支机构的财务进行较多的直接管理，亦即采取相对的财权集中；相反，如果集团企业在地理分布上比较分散，母公司就不太容易及时了解和掌握下属单位的具体情况，只有采取相对分散的财务管理体制方能提高财务决策的效率。当然，两种特殊情形需另行考虑：①集团内部分下属单位在地理分布上比较集中，部分下属单位则比较分散，这时可考虑对不同的下属单位采取程度不尽相同的集权或分权；②虽然在地理分布上比较分散，但交通及通信等都很便利，也可采取较多的集权或较少的分权。

第三节　企业集团融资管理

一、财务公司

（一）财务公司的性质

财务公司有广义和狭义之分。广义的财务公司是指银行之外的专业融资机构，包括企业集团附属的财务公司和非企业集团附属的财务公司；狭义的财务公司专指企业集团附属的财务公司。我国的财务公司通常是指狭义概念上的财务公司。即企业集团财务公司又称金融公司，是为企业技术改造、新产品开发及产品销售提供金融服务，以中长期金融业务为主的非银行机构，是隶属于大型集团的非银行金融机构。需要强调的是，财务公司作为集团的成员之一，是独立的企业法人，自主经营、自担风险、自负盈亏、自我约束。

我国财务公司的产生既是我国企业集团发展到一定程度的客观要求，又是我国经济体制改革和金融体制改革的必然产物。自 1987 年 5 月我国第一家企业集团财务公司——东风汽车工业财务公司成立以来，截至 2015 年末，全国共有财务公司法人机构 199 家，涵盖能源电力、石油化工、钢铁冶金、机械制造等关系国计民生的基础产业和传统行业，以及民生消费、文化产业、节能环保等新兴行业，行业分布日益广泛。

（二）财务公司的业务范围

依据《企业集团财务公司管理办法》的规定，财务公司的业务范围可划分为四大类，即负债类业务、资产类业务、中间类业务和外汇类业务。

1. 负债类业务

负债类业务是指财务公司组织并形成资金来源的业务，这是财务公司业务经营的基础和基本业务，具体包括以下几种类型。

(1) 吸收集团成员单位的定期存款。财务公司可以吸收三个月以上期限的存款，这部分存款构成了财务公司重要的资金来源。

(2) 发行财务公司债券。财务公司可根据资金运用的需要，经主管机关批准后，发行财务公司债券，面向社会筹集中长期资金。

(3) 同业拆入资金。作为金融机构，财务公司可以通过同业资金拆借市场拆入资金以弥补临时资金不足或用于调剂头寸，从而克服了法人企业间不得相互借贷的局限，拓宽了企业集团融资的渠道。

2. 资产类业务

资产类业务是指财务公司通过资金运用从中获取经营利润的业务，它是财务公司的核心业务，具体包括以下几种类型。

(1) 对集团成员单位发放贷款。发放贷款是财务公司资金运用中的一项主要业务。

(2) 对集团成员单位产品的购买者提供买方信贷。财务公司除了支持企业集团积极开拓国内外市场，增强其市场竞争力，还可以向本集团生产产品的购买方提供贷款，专门用于购买集团生产的产品，贷款对象虽已跨出了集团成员单位的范畴，但目的是促进产品的销售。

(3) 买卖各种有价证券及金融机构和成员单位的股权。

(4) 对成员单位办理票据承兑、票据贴现。财务公司可以办理集团成员单位签发的商业汇票的承兑以及对未到期的商业票据的贴现业务。

(5) 办理集团成员单位产品的融资租赁业务。为了支持集团企业生产的产品的销售，财务公司可以办理融资租赁业务。

3. 中间类业务

中间类业务是指财务公司运用非自有资金向集团内的成员单位提供金融中介服务，并从中收取手续费的业务，具体有以下几项业务。

(1) 对成员单位办理委托贷款。企业之间不能进行资金的借贷业务，只能通过金融机构来办理，因此，集团成员单位间的资金借贷可委托财务公司办理，需要说明的是，这种委托贷款须有确定的对象、用途和期限。贷款的风险由委托人承担。

(2) 办理银团贷款及转贷业务。银团贷款是由获准经营贷款业务的多家银行或非银行金融机构，采用同一贷款协议，按商定的期限和条件向同一借款人（主要是国有大中型企业、企业集团和列入国家计划的重点建设项目）提供资金的贷款方式。

(3) 办理成员单位的委托投资业务。财务公司可以接受集团成员单位的委托，利用自身的优势办理委托投资业务，发挥财务公司的理财功能。

（4）代理集团成员单位买卖债券。财务公司利用自身对证券市场的了解，代理集团成员单位买卖各种债券。

（5）代理集团成员单位承销、代理发行企业债券，其中也包括承销财务公司债券。财务公司可以根据发债企业的需要，代理发债企业在集团内面向社会发行企业、公司债券，代理的方式包括承销和代销等。

（6）为集团成员单位办理信用担保、信用鉴证、征信调查及咨询业务等。

4. 外汇类业务

目前我国尚未实现人民币、外币的自由兑换，因此，财务公司开办外汇业务还必须另经国家外汇管理部门批准，经批准后可以经营与前述业务相关的外汇业务，如境外外汇借款等。

（三）财务公司的功能

财务公司主要有以下几个功能。

1. 融资中心

融通资金、提供金融服务是财务公司最本质的功能。通过财务公司，不仅能聚合起各个成员企业分散的、限制的以及重复占用的资金，以最大限度地实现集团内资金的横向融通与资金头寸调剂，而且可以进一步发挥集团资金的聚合优势，保障集团整体战略结构以及投资战略目标的贯彻与实现；不仅可以将市场经济的原则引入企业集团的融资管理过程，更重要的是可以借助财务公司的社会融资功能，大大拓宽企业整体的融资渠道，提升融资能力。不仅如此，在还款计划安排方面，财务公司的作用显得更加重要。财务公司必须充分发挥资金调剂与融通功能，依据战略发展结构以及集团的投资政策、融资政策的要求，做好现金流量的协调控制工作，在满足企业集团各方面投资需要的同时，协助总部及其他成员企业做好还款计划的安排，保障企业集团财务结构的安全与高效率运转。

2. 信贷中心

财务公司通过灵活多样的形式对集团内部开展存贷款业务，起到了专业银行所无法起到的作用。随着财务公司经济实力的逐渐增强，其信贷功能也将得到更好的发挥，从而更加有效地支持企业集团的生产经营、投资效率的提高，又进一步促进了财务公司实力的增强与融资、信贷功能的发挥，由此形成了良性推进的格局。

3. 结算中心

结算中心是财务公司作为企业集团内部金融机构一项必不可少的重要功能。发挥财务公司内部“结算中心”的功能，对于企业集团的发展有着重要意义：①通过内部票据的专项结算，以少量的投入解决了多个企业的资金清算，从而加速了集团内部资金周转，减少了资金的占压与浪费，缓解了单个企业资金紧张的状况；②财务公司的动作，杜绝了集团内部成员企业之间的债务拖欠，从而减少了由此产生的摩擦和内耗，为集团战略发展结构及投资战略目标的顺利实现创造了良好的内部环境；③通过财务公司的内部结算，减少了集团成员企业通过专业银行结算而占用的时间，避免了资金的在途浪费，整体上提高了资金的使用效率。

4. 投资中心

企业集团将投资中心的功能赋予财务公司，从而能有效地避开成员企业因为不同行政区域而造成的资金纵向分配、条块分割、管理分散的弊端，使财务公司的理财功能、资金上的聚合优势得到充分运用。财务公司可以根据母公司的统一决策与政策，将整个集团的资金运用形成一个协调有序的管理系统，从而大大提高投资的效率和母公司的决策灵敏性。

5. 咨询服务中心

金融市场信息是一项宝贵资源，在宏观上将影响企业集团发展战略的决策，在微观上也影响和制约着集团成员和其产品消费者对金融商品的选择。面对金融市场特别是国际金融市场，财务公司必须能对市场的变化做出快速反应，以适应集团生产经营和发展的需要：①财务公司要为集团提供专业咨询意见和决策信息；②要根据情况的不同，在充分考虑客户利益的基础上，帮助投融资的双方选择合适、合理的金融品种；③财务公司要起到和发挥风险顾问的作用，通过采用多种手段对企业所面临的风险进行预警、评估、监控和化解。

（四）财务公司行业发展趋势

经济发展的“新常态”使财务公司发展机遇与挑战并存。一方面，随着国家宏观战略调整，企业集团兼并重组速度加快，产业结构不断优化，为财务公司行业发展营造了良好的外部环境；另一方面，利率市场化进程加速，集团金融需求与财务公司服务水平矛盾加剧，传统经营模式将难以为继，实现战略转型迫在眉睫。

1. 金融服务国际化

随着“一带一路”倡议的实施，面对国际产业转移的机遇以及国内产业结构升级的需求，越来越多的企业集团“走出去”，对全球资金集中运营管理和风险管控提出了更高要求。作为具有中国特色的、带有司库雏形的财务公司，迫切需要借鉴国际司库管理经验，为企业集团提供集中化、全球化的资金管理。充分发挥财务公司贴近集团主业、了解成员单位需求、信息高度对称、交易成本低廉、风险防控得力的优势，更好地帮助集团有效降低结售汇成本，控制外汇交易风险。

2. 运营模式市场化

随着经济金融体制改革特别是利率市场化的不断推进，财务公司与外部金融机构的竞争将由服务竞争为主，转变为服务和价格竞争并行的局面。财务公司应牢牢把握“立足集团、服务主业”的功能定位，充分利用灵活高效、贴近客户的优势，扬长避短，积极面对金融市场的竞争。①提高金融服务的市场化程度。在存款业务、贷款定价、金融产品供给、客户服务等方面更多引入市场化机制，从主要依靠集团行政手段转变为行政与市场驱动相结合。②提高金融服务的专业化水平。在产品设计、资产负债管理、流动性管理、风险管理等方面加强专业化建设，匹配专业人才队伍，实现战略和经营的转型。

3. 发展路径特色化

财务公司由于所处行业背景、集团状况、发展程度、经营能力以及风险管理水平的不同，应结合自身特点和优势，制定差异化、特色化的发展战略。功能定位明晰、经营服务能力强、风险管理水平高的财务公司应积极探索创新，引领行业战略转型、创新发展；经营稳健、管理良好、风险可控的财务公司应“做精、做细”，助推行业稳健发展；规模较小、成立时间较短、发展尚不成熟的财务公司应找准定位、夯实基础，紧跟行业发展步伐。

4. 产品渠道多元化

互联网与金融业的不断融合和相互渗透，使企业的金融行为和金融选择发生深刻的变化。财务公司应树立危机意识，加大科技创新投入，整合信息服务、支付服务、电子商务等多方资源，深入分析和挖掘大数据背后体现出的客户个性化需求，提升客户金融服务；财务公司应深化与第三方支付、电子商务企业的合作，结合互联网特点和成员单位需求，在合规前提下延伸服务渠道，提供更加便捷高效的多元化金融服务。

二、企业集团主要融资渠道

企业集团内部的资本融通不仅是必要的，而且是可能的。从必要性看，企业集团的各个成员既然走到一起，就应互助互济、互惠互利，在资金上相互支持、共谋发展；从可能性看，企业集团的各个成员由于经营的特点和业务类型的差异，在资本使用和周转上往往存在一定的“时间差”，当一些成员企业资金紧缺时，另一些成员企业的资金却可能十分充裕，这为企业集团内部的资本融通提供了可能性。

企业集团的资本融通有外部资本融通、内部资本融通和产融结合化三种基本方式。

1. 外部资本融通

企业集团外部资本融通的方式多种多样，包括银行贷款（如集团企业“上贷下拨、统贷统还”，或集团成员企业“谁贷谁还”）、发行股票、发行债券、商业信用、融资租赁、国内联营，等等。不同的融资方式体现了不同的经济关系。其中，发行股票、国内联营体现的是所有权关系；银行借款、发行债券、商业信用体现的是债权债务关系；融资租赁实际上是一种借贷行为，但如果租赁物所有权发生转移，按照其资本来源归属于投资者。企业集团在选择融资方式时，应权衡每一种融资方式的经济性质和经济权益，有选择地加以利用。

2. 内部资本融通

内部资本融通主要是指集团内部资本横向融通使用，如企业集团统一使用集团发展基金；集团成员相互借贷融通，或者直接横向划拨使用。实行统贷统还的发展项目贷款，可由集团公司借入后，按向子公司投资处理，子公司以向投资者分配利润的形式向集团公司缴付，贷款本息由集团公司负责归还。

3. 产融结合化

产融结合有多种具体形式，如建立融洽的银企关系，寻求银行长期稳定的信贷支持；寻求金融机构入股；企业集团直接建立作为非银行金融机构的财务公司。

三、企业集团融资管理策略

企业集团融资管理策略主要表现在以下几个方面。

1. 明确融资管理目标与管理内容

企业集团的融资管理目标是努力发挥集团共同的力量，扩宽融资的途径，规避可能出现的财务风险，尽可能为集团的运营提供充足的资金支持。为达到这一目标，企业集团在融资时要做到以下几个方面：①制定融资政策；②规划资本结构；③落实融资主体；④选择融资渠道与融资方式；⑤监控融资过程并提供必要帮助；⑥考察融资及其运用效果，并合理安排还款计划。

2. 制订融资规划

融资规划的实施必须在企业集团的整体战略发展规划下，根据企业的优势与企业发展的实际情况，如其核心竞争力、优势产业、投资模式，采用计划的形式，对企业的整个融资过程与融资方式做统筹规划的一项工作。在政策上保障融资与投资的协调匹配。规划实施的关键是企业的一切决策不能脱离企业本身的实际经营情况，特别是企业的近期经营目标和计划。企业规模的大小，需要资金的多少，二者应该是能够匹配在一起的，如果企业的规模过大，融资的规模过小，就不能满足企业的经营发展需求；如果企业过小，融资的规模过大，则会给企业带来沉重的债务负担。

3. 加强负债融资管理

负债经营是现代企业的主要经营手段之一，它是一把双刃剑：运用得当，能极大地增加企业的资金规模，从而为企业盈利奠定坚实的基础。如果负债融资运用不当，沉重的负债会拖垮整个企业，企业将陷入无法自拔的困境，严重者可能面临破产的威胁。因此，企业集团必须充分认识负债经营的风险，建立有效的风险防范机制，严格控制负债额度，做好风险的必要防范措施。

4. 拓宽融资渠道

市场经济的不断发展与资本市场的完善给企业集团带来了更大的融资机会，集团企业可以在原有的股票、银行借款、企业债券等融资途径的基础上，在国家政策允许范围内，大力寻求更丰富、更有创造力的融资模式，不仅能够有效降低集团融合资金的成本，而且能扩宽已有的融资渠道。当前可利用的模式有：短期融资券，中期票据，金融租赁、融资租赁、公司债券，私募债，风险投资、信托产品、融资融券、约定式回购、小贷公司、典当公司，村镇银行等。

在扩宽融资渠道时，需注意不同的政策环境下，融资组合的最优选择是不一样的，因为在新的环境中，集团企业面临的融资环境与融资条件各异，从而导致了资金使用的成本与风险的巨大差异。作为管理者，在融资决策时可以综合运用多元融资模式，实现融资渠道的多元化，进一步提高企业的竞争力。

5. 加强集团资金管控

当前集团公司的资金管理方式主要有结算中心、财务公司、资金池、票据池等，要对分子公司的资金实现集权化管理，严防集团紧、子公司存贷双高的现象发生。

第四节　企业集团投资管理

一、企业集团投资管理的主要内容

企业集团的投资应当综合考虑投资方向和规模、投资项目对集团发展的影响、集团内部结构等因素。对核心层和紧密层企业的投资管理宜采取相对集中的投资体制或集中与分散相结合的投资体制，而对半紧密层和松散协作层企业宜采取受控制的分散的投资体制。

（一）企业集团总部的投资管理内容

企业集团总部的投资管理内容，包括以下两类。

（1）集团总部直接投资项目，管理内容是全方位的，包括投资分析与论证、投资决策与运作以及业绩评价等环节。投资决策权的行使在决策层和管理指挥层之间还应明确分工。

（2）成员企业的投资项目，侧重投资决策和运作，包括控制投资方向、控制投资规模、审定重大投资项目等。

（二）成员企业的投资管理内容

成员企业规模较小的投资项目，在集团总部的管理或影响下实行全方位管理。规模较大的投资项目，决策和运作权由总部行使，成员企业主要是处理：选择合适的投资项目，进行投资分析；投资项目日常管理工作；投资业绩评价。

二、企业集团主要的投资方式

企业集团的投资，是集团实现其战略最根本的方式，企业集团作为投资中心应运用合理的投资策略、选择良好的方式，使投资中心正常运作。投资中心的投资方式有联合式投资、扩张性投资和改造性投资。

（一）联合式投资

企业集团以股票筹集资金，仍不足以满足庞大的资金需要，因此，企业集团作为投资中心，须善于采取发展式的投资办法，即外引内联投资法，利用所筹集到的资金去谋求发展，也就是将资金以入股的形式去再投资，或者合资，或者合作，外抓外资，内部联合。联合式投资可以避免集团资金、人、物等方面的劣势，产生马太效应。

（二）扩张性投资

企业集团要谋求新的发展，或者基于集团的整体布局、协作配套、响应支持等考虑，需要拥有某些行业或者某些项目，但受政策的制约，或者受资金分布的影响，或者受经营能力的限制，或者受需求成分的约束，不一定能上新项目。于是，兼并、收购、租赁、承包等形式就会成为企业扩张的有效投资形式。

1. 兼并

当企业已全部拥有某个企业某个项目，并有能力经营好这个项目，而且可能全部收购其资产，集团可以采取兼并方式，使之成为全资公司或者直属企业。

2. 收购

当企业因资源状况、经营能力、需求大小的制约，而不能或不可能全部兼并某一个企业时，则可以采取部分收购的办法，成为某一个企业的参股方。

3. 租赁

当企业不必拥有某一个项目的资产和设备，而期望发挥市场信息、经营能力、生产管理等方面的优势时，也可以采取租赁办法，将某一企业暂时性地纳入集团体系，进行协作配套，发挥整体优势。

4. 承包

当企业欲发挥企业经营优势，又欲借助某些不景气企业的潜力时，可以采取承办经营的办法，使承办方的生产潜力、资源优势发挥出来，从而为股份公司赚取丰厚利润。

企业集团作为投资中心，必须确保投资效益。扩张好的项目，可以产生正效应。但扩张不对路的项目，由于自身条件、资源状况、参与能力、政策变化等方面的影响，也有可能产生负效应导致企业亏损或破产。同时，在市场经济中，好的项目、好的机会经常会有，而一个企业的扩张能力是有限的，不可能尽得天下之利。因此，在扩张的同时，也要注意收缩，收缩也是为了更好地扩张。对效益不好的项目或者企业，要不失时机地将资产转让、出售，或者承包出去，保证企业集团利益不受到进一步的损失。同时，也有助于将抽出的资金投向效益前景更好的项目。

（三）改造性投资

企业集团的实业要发挥整体效应，必须重视和加强技术改造投资，特别要加快固定资产折旧，推进设备更新和引进技术的消化、吸收与改造。每年对固定资产清查一次，对盘盈的固定资产，以重置完全价值作为原价，按新旧程度估计累计折旧入账，原价减累计折旧价后的差额转入更新改造资金。集团在处理折旧方面，应按重估值进行折旧，以保证充裕的资金和制度化的改造，适应日新月异的科技进步与产业更新换代。

企业集团为保证长久的后劲，须在资产的投入与营运方面充分重视改造性投资，才能形成持久的竞争力，产生不衰的效益。作为集团，也可以将改造性投资作为一种策略。许多集团外的老企业，自我更新、提高能力不足，一时无力进行技术改造，常需借助外力才能生存、发展，对于集团而言，要形成这些老企业和规模生产能力并非能力所及，或者市场机会成本太大，不容许进行全规模的介入。因此，一个绝好的选择，是对老企业进行资金介入，帮助改造，参与分利，以最低的成本，获取最大的效益。

企业集团作为一个投资中心，对其正确的理解是：企业集团作为保证集团发展战略和整体效益的实现，对增量投入与存量调整实行控制和调节的功能整合。它不意味着完全的集团式集权，而是适度的集权与适度的分权。全资的独立公司，投资权绝大部分集中于集团本部，限额内由企业自主决定，从而形成小投资中心，但是具体项目须经集团审议或备案；控股企业的投资权也基本上集中于集团本部，必须通过董事会加以贯彻实现；参股的企业，投资权由企业自主决定，但通过所派董事会成员来贯彻集团意愿。企业的增资扩股或者产权转让，也基本采用如上的程序，从而保证了集团作为投资中心，通过投资调整产业结构，提高资产收益的作用。

投资中心有效的运作，决不能建立在高度集权之上，否则易导致投资机会贻误。同样，投资中心的有效运作，也离不开适度集权，否则易产生投资浪费。投资中心作用的发挥还需要增量与存量营运，才能从资产营运的角度管理集团企业。

三、企业集团投资决策程序

企业集团投资决策一般有以下几个程序。

（一）选择投资机会

投资机会的选择是一个复杂的过程，集团企业应全面分析影响投资的各种因素，包括市场短缺分析、经济政策分析、产品更新换代时期分析、通货膨胀和银根紧缩分析，科学地选择投资机会。

（二）引导投资方向

集团企业要认真研究国家的财政政策、税收政策、货币政策和产业政策，选择适当的投资方向，通过对产业结构的效益进行比较分析，及时提出资本结构的调整方案，引导成员企业的资金流向，使成员企业在授权的范围内，通过财务管理实现良好的投资效益。

（三）控制投资规模

集团企业应从集团整体利益出发，对投资规模进行全面和长远的规划，将各成员企业的投资规模控制在一定的范围之内。

（四）审定投资项目

集团企业应当统一规定投资项目可行性分析和审定的决策程序，对规模较大的项目由集团企业审批，规模较小的项目由成员企业按照决策程序自行决定。

四、企业集团投资管理措施

企业集团投资管理有以下几个措施。

（一）提出可行的企业集团投资的战略目的和基本原则

企业集团总部应明确规定整个集团投资战略的目的，投资领域中保护什么、发展什么、鼓励什么、限制什么，确立母公司和每个子公司投资者进行投资活动必须遵循的准则。在企业集团提出投资战略和基本原则时，企业集团最高决策制定机关应充分考虑国家的中长期发展规划和产业结构政策，资金的需要量及资金筹集的难易程度，集团的经营能力、管理水平等。并需考虑目标行业增长率，市场需求总量和市场成长性。这时不仅要考虑该行业巨大的盈利机会，更要认真研究该行业已存在的和潜在的竞争对手的技术能力、营销渠道，权衡自己的能力，仔细测算本集团在市场中可能分享的份额，避免投资策划上的失误。

（二）投资决策权的控制

母公司作为投资主体有重大投资决策权，但对子公司的投资决策权问题，则有不同的做法：有的集团公司，子公司基本上没有投资决策权，只有在简单再生产范围内进行技术改造的权利；有的集团规定，子公司有限额投资权。企业集团应根据其投资决策目标实施投资决策权控制。

（三）科学制订投资计划，进行投资决策

投资方向初步确定以后，在投资方案设计前应进行广泛的信息分析与收集工作，收集有关总市场规模，年度增长率，主要或潜在对手的产品质量、价格、市场规模等信息，分析自己的优劣势，选择合适的投资时间、投资规模、资金投放方式，制订出可行的投资方案。投资方案制订后，应报集团最高权力机关审批。集团最高权力机关应考虑其是否与集团的长远规划相匹配，与其内部环境、外部环境相协调并权衡投资项目的风险和收益以决定投资计划的取舍。

（四）投资方案实施过程中的财务控制

在投资方案的实施过程中，应进行跟踪调查，并与财务评价系统相联系，考察其是否达到了既定目标，资产的使用是否有效率。判断资产使用是否有效率的指标可以采用总资产利润率、资本保值增值率和剩余收益。在评价结果不理想时，需查找原因，并将结果反馈给管理者、决策者以求改进或考虑产业退出战略。

第五节　企业集团利润分配管理

企业集团的利润分配主要是企业集团与国家之间，企业集团核心层与紧密层之间的利润分配。

首先，企业集团与国家之间的利益分配。这种分配体现了国家与企业集团之间的财政分配关系。分配的方法是：企业集团的核心层和紧密层企业一律按现行税法缴纳各种税金，税后利润再经过各种法定提留，才可作为应付投资者利润或应付股利在集团内外进行分配。

其次，集团核心层与紧密层企业之间的利益分配。以控股方式形成的紧密层企业与核心层之间的利益划分，体现的是投资报酬返还的投资分配关系；以承包租赁方式形成的紧密层企业与核心层之间的利益划分，体现的是核心层向紧密层企业所有者、管理当局交付承包费和租金的有偿使用资产的分配关系；行政合并形成的紧密层企业与核心层之间的利益划分，体现的是规模经营形成的利益共享的分配关系。可见，核心层与紧密层企业之间的利益划分最能反映企业集团的特色，是企业集团利益分配的核心。

一、企业集团利润分配体制

企业集团的组织结构和财务体制的复杂性决定了其所采取的利润分配体制也应该是多样化的。集团总部应结合具体情况合理选用以下利润分配方式。

（一）统收统支体制

成员企业实现利润全部上交集团总部，集团总部依法缴纳所得税，并按规定分配税后利润。成员企业使用资金时由集团总部统一支付。根据实际情况，核心层企业可以采用这种体制。

（二）利润分成体制

集团企业以一定方式按比例参与成员企业利润分配。具体方式有两种：协议比例分成制和投资比例分成制。其中协议比例分成制适合于核心层企业和实行承包租赁经营的紧密层成员企业；投资比例分成制适用于控股层企业和以资金为纽带联结起来的紧密层和半紧密层企业。

（三）转移价格分配体制

以制定合理的集团内部转移价格，来调节各成员企业间的利润分配格局。该体制用于集团企业对松散型协作层企业的利润分配和成员企业之间的利益协调。

二、企业集团利润分配方式

(一) 企业集团利润分配应遵循“先税后分”的原则

按照“先税后分”的原则分配利润有一个重要的前提条件，即企业之间的投资有明确的数额纳入会计核算范围，产权界限要清晰。但在现阶段，企业集团只有按投资控股方式组建起来的才能够清楚地进行利润分配，而按承包租赁、行政性合并等方式组建的企业集团，由于产权界限不清而遇到障碍。因此，在坚持“先税后分”的原则下，对承包租赁和行政性合并组建的企业集团仍可按已有的承包基数、租金、比例等分配方式进行利润分配；对以国有资产授权经营方式组建的企业集团，应在核心层企业对授权经营资产保值、增值的基础上，向国家进行税后利润总承包，并再以下一层次税后利润承包的方式与各成员企业进行利润分配。

此外，企业集团利润分配还应考虑一些特殊因素。例如，内部结算价格与市场价格差异很大，已含有转移利润的因素，则应对利润分割的基数、比例和数额进行相应的调整；又如，如果成员企业负担了集团核心层的部分费用，则在确定基数、比例时也应予以考虑，或在利润分配时进行调整。

（二）企业集团利润分配方式分类

企业集团联结纽带和联合方式的不同，利润分配方式也不同，主要有以下几种。

1. 直接分配

直接分配适用于以投资控股组成的企业集团的利润分配，大多数企业集团都采用这种分配方式。在这种方式下，受资企业根据投资额的多少，以“应付利润”或“应付股利”的形式，直接进行利润分配。

2. 基数分配

基数分配适用于以承包、租赁组成的企业集团的利润分配。这种分配方式的前提是：企业集团核心层向成员企业的主管部门以承包、租赁的方式取得资产使用权，并与成员企业的主管部门或所有者，签订承包税后利润上缴数额和资产使用租金合同。这样，被承包、租赁企业成了企业集团的紧密层企业，企业经营所得利润要先按合同规定的基数将承包费或租金上交成员企业的主管部门或所有者，剩余部分才归企业集团核心层。同时，紧密层企业（被承包、租赁企业）也按合同的规定取得本企业职工应得收入和企业发展收入。这样，紧密层企业将实现的利润以“应付利润——应交承包和租赁费”的方式交原主管部门；以“应付利润——分给承包承租方利润”的方式交集团核心层；以提取公积金、公益金等方式留下自己应得的部分。

第六节　企业集团财务监控

实体化的集团企业的财务管理体制无论集权或分权的程度如何，总是既有一定的集权，也有一定的分权，而很少是极端的选择。因此，集团公司的母公司对子企业总是有一定的财务约束力。据此，集团企业的母公司就有必要且有可能通过适度干预子公司的财务决策和事后对子公司财务绩效的评价，实施集团的财务控制，促使集团企业战略目标的实现。

集团公司的财务控制事实上是所有者财务的内容。所有者财务问题产生的直接原因主要有两个：①现代企业所有权与经营权分离的相对性。在现代企业制度下，所有权与经营权相分离，所有者拥有企业的财产所有权，企业则作为独立的法人依法拥有法人财产权，并由所有者雇用的经营者负责日常经营管理。但是，这种两权分离并不能否定所有者对企业财务的最终控制。②“委托—代理”关系的存在。两权分离客观上形成了所有者与经营者之间的“委托—代理”关系。作为委托方，所有者将企业日常财务管理活动委托给经营者具体组织实施，而保留了最终控制权和奖惩权。作为代理方，经营者负责组织日常财务活动，并依其行为及结果获取报酬。由于“道德风险”与“逆向选择”，“集团”作为下属单位的“所有者”（中间授权出资者），即便在采取高度集权财务管理体制的情况下，也并不直接管理下属单位的日常财务，而是主要通过以下两个方面实现财务控制：一是建立和完善下属单位的财务决策机制；二是建立和完善下属单位的评价机制。

对于下属单位的财务决策，集团须通过一定的方式予以干预。通常情况下，有必要加以干预的财务决策事项主要包括三方面：重大筹资事项、重大投资事项、日常财务活动中的特殊问题。

一、集团公司对其子公司的财务监控方式

（一）财务总监委派制

如前所述，集团企业可以通过财务管理的体制安排，将子公司重大财务决策权“保留”或“控制”在母公司手中。但是，如果子公司越权决策，母公司即便在发现之后予以惩处，那也只能是事后的事。所以，欲使子公司财务决策行为符合集团整体利益要求，在妥善进行体制安排的同时，还必须加强对子公司财务决策过程的事前和事中的监督与控制。财务总监委派制即为母公司实现对子公司财务控制的一种有效手段。

财务总监委派制是母公司为维护其集团整体利益，强化对子公司经营管理活动进行财务控制与监督，由母公司直接对子公司委派财务总监，并将其纳入母公司财务部门的人员编制，实行统一管理与考核奖罚的制度。

财务总监委派制在实际操作中，又可分两种类型：财务监事委派制和财务总管委派制。

1. 财务监事委派制

财务监事委派制是指母公司作为子公司的所有者或主要出资人，向子公司派出财务总监，专门履行母公司对子公司财务活动进行检查与控制的职能。

（1）基本职责。作为母公司派出的监督控制者，财务总监（监事）的基本职责是：检查、监督子公司的经营管理政策，特别是财务政策是否符合母公司的总体政策与目标，财务管理制度是否健全有效，对子公司所做出的涉及母公司所有权利益的重大财务决策，应通过母公司有关领导行使批准或否决权；如果子公司决策项目存在重大缺陷，财务总监有权要求子公司对决策项目重新论证并进行复议；对董事或经营者违反法律法规、母公司政策、目标或章程的行为进行监督，一旦发现子公司董事或经营者的行为损害子公司以及母公司的利益，应责令其立即纠正；行使对子公司重大的例外事件的决策处置权；母公司赋予的其他决策监督权。

（2）存在的弊端。就财务监事委派制而言，其存在的弊端主要是：①子公司是独立的法人主体，有独立的利益目标，财务总监（监事）的工作与子公司管理层的工作产生

冲突难以避免。②财务总监（监事）不属于子公司管理层，故而对子公司财务决策后果不承担直接的行为责任，因此，母公司很难考核其业绩。

2. 财务总管委派制

财务总管委派制是指母公司以经营者的身份通过行政任命的方式对子公司派出财务主管人员，对纳入母公司财务部门的人员编制进行统一管理与考核奖罚的同时，使其总管子公司的财务管理事务，进而直接介入子公司的管理决策层。

（1）基本职责。较之以监督机制为特征的财务监事委派制，财务总管委派制所体现的首先是一种财务决策机制。财务总管相当于子公司的总会计师或专司财务管理的副总经理，其职责权限除了涵盖单一法人企业总会计师或主管财务工作的副总经理的内容外，还有一种特殊的身份——母公司经营者的代表，亦即财务总管同时拥有子公司经营者助手与母公司经营者的双重身份。作为子公司经营者的助手，他需要接受子公司经营者的直接领导，在主管子公司日常的财务工作、建立健全财务控制监督体系的同时，还要协助经营者做好各项重大的财务决策。而作为母公司经营者的代表，财务总管则需要从母公司总体的管理政策、目标与章程出发，对子公司经营者的行为实施控制。如果子公司的决策项目、决策行为存在重大缺陷、偏离、违背乃至损害母公司的总体目标与利益，财务总管有权要求子公司的经营者对决策项目重新论证并进行复议。

财务监事委派制与财务总管委派制这两种财务总监委派制的特征虽有所不同，但其目的是基本相同的，即母公司通过人的委派促使子公司的财务决策符合整体利益最大化要求。

(2)存在的弊端。就财务总管委派制而言，其存在的问题则主要表现为：①财务总监（总管）的双重身份，即同时作为母公司经营者的派出代表和子公司经营者的助手，本身在逻辑上是十分矛盾的，很难同时扮演好这两个角色。②财务总监（总管）的双重身份，也使对其激励成为困难，如果财务总监（总管）的个人利益不与子公司业绩挂钩，就难以激发其工作积极性；反之，如果将其个人利益与子公司业绩直接挂钩，则会诱导其帮助子公司片面追求子公司业绩优化，而不顾对母公司带来的消极影响。

（二）财务结算中心

集团企业财务控制的直接对象就是资金。所以，掌握和控制资金的流入与输出，就成为集团企业财务控制的一种重要手段。建立财务结算中心，只在集团总部（母公司）设立一个账户，设立一个总出纳，所有子公司的财务收支都必须通过银行账户，使集团总部（母公司）对子公司财务活动的动向与效果了如指掌。一旦发现问题，就能通过财务结算中心的资金控制达到控制子公司财务及经营、投资等行为的目的。

财务结算中心的基本职能有如下方面。

(1)集团内部的财务结算中心通过引入银行的结算、信贷、调控职能，对集团内部各单位实施行为控制、运营监督、资金服务、成果考核与信息反馈。相对于单独核算的各个子公司，它是银行；相对于外部商业银行，它又是集团的一个职能部门。

(2)内部结算中心集银行金融管理和集团经营管理双重作用于一身，主要通过“结算管理”和“信贷管理”两个方面来做好集团资金的调剂工作，并及时把集团高层的意图通过利率、贷款等政策的调整贯彻于各个子公司，保证集团目标的实现。

（3）财务结算中心在集团内部发挥着资金信贷中心、资金监控中心、资金结算中心和资金信息中心的各项职能。这些职能对增强集团活力、强化资金管理、控制财务收支、正确处理业务管理与资金管理的关系、完善集团经营机制等，都具有重要作用。集团企业财务结算中心的具体存在形式可以是多种多样的。从财务结算中心与集团财会部门的关系来看，有单轨制和双轨制两种做法。所谓单轨制，是指集团内部结算中心不单独设立，将集团结算中心完全纳入企业现行财务会计管理与核算体系，将集团结算中心作为现行财会部门的一个办事机构。所谓双轨制，是指财务结算中心单独设置，与现行会计部门并列。但无论以何种形式，都要求内部结算中心严格办理企业内、外部经济往来，掌握企业内部各责任单位的资金流动情况和资金使用效果。

（三）企业集团的财务公司

财务公司是为企业集团成员提供金融服务的非银行机构，主要经办成员的信贷业务、结算业务和同业拆借业务，发行债券，以及经批准在境外从事外汇及有价证券交易等。它是集团的成员企业，金融业务上受中国人民银行的管理和监督，它的成立必须经中国人民银行批准。

财务公司和财务结算中心的职能在很大程度上类似，但也有一些区别。

1. 财务公司职能

财务公司具有以下职能。

（1）财务公司具有独立的法人地位。

（2）除了具有财务结算中心的职能，还具有对外融、投资的功能，是企业集团资金的调剂枢纽。

（3）财务公司也接受母公司财务部的领导，但二者不是一种隶属关系，母公司只是制定财务公司的制度并进行业务指导。

2. 财务公司经营的范围

财务公司经营的范围如下。

（1）办理内部单位的定期存款业务。

（2）代理商业银行的储蓄业务。

（3）办理同业拆借及集团内单位之间的资金融通和管理业务。

（4）办理集团成员企业发行股票、债券以及买卖、转让有价证券业务。

（5）办理集团成员企业的投资业务。

（6）其他业务。

二、集团公司对其子公司的财务监控内容

集团公司对其子公司的财务监控包括人员监控、制度监控和审计监控。

（一）人员监控

集团公司可通过对子公司财务管理人员的管理，来影响子公司的财务活动。为此，有必要对内部财务管理人员管理体制进行改革，实行财务管理人员的垂直管理。具体做法有集中管理和双重管理。

1. 集中管理

集中管理的做法是子公司的财务负责人由集团公司统一委派，其人事关系、工资关系集中在集团公司财务部门。财务负责人的职责是：负责子公司的会计核算和财务管理；参与子公司经营决策，执行母公司资金管理制度。集团公司建立财务负责人的例会制度，沟通情况，落实任务，同时加强对财务负责人的指导与监督，制止违章行为。

集团公司审计部门加强对子公司的财务审计、年度审计和离任审计，形成自上而下的审计约束机制。这种做法的优点是：①实现了集中统一的垂直领导，财务管理指令畅通，财务管理人员能够正常行使职权，从而解决“顶得住，站不住”或“站得住，顶得住”的问题。②加强了专业化管理，有利于统一核算口径与方法，提高财务信息质量。但其缺点是横向联系不够紧密，容易造成某些脱节。

2. 双重管理

双重管理的做法是子公司的财务负责人由集团公司统一任免，但他们的人事关系和工资关系不集中在集团公司财务部门。这种做法能够加强横向联系，避免工作脱节，也在一定程度上体现垂直管理。但由于人事关系和工资关系的原因，垂直管理的力度也很有限。

（二）制度监控

由于企业集团组织形式的特殊性，现行财务与会计制度尚不能对企业集团的财会工作加以全面规范，所以，企业集团还应结合集团经营管理和自主理财的需要，补充制定集团内部财务与会计管理制度，用以规范集团内部各层次企业的财务管理工作。

集团公司应根据内部核算的需要，补充部分会计科目（对母子公司具有相互对应关系的会计科目要做明确的使用说明），并统一设计规范的内部报表格式和封面，以便统一执行。对于合并财务报表，要做出具体规定，母子公司必须严格执行，以便于全面反映企业集团的整体财务状况，满足信息使用者的需要。

（三）审计监控

企业集团财务管理内部层次多、财务关系复杂，需要运用内部审计手段，强化企业集团内部的财务监督。企业集团外部的财务监督工作由国家授权的专门部门和机构进行，集团内部的财务监督工作主要由集团公司审计部门统一组织。

1. 健全审计机构

①把内部审计机构交由董事会或总经理直接领导，以保证审计监督的力度；②配备足够的符合条件的审计人员，以保证按质按量完成审计任务；③制定内部审计工作

制度，把审计工作纳入规范化的轨道。

2. 明确审计重点

检查各项管理制度的执行情况，如内部牵制制度、内部财会制度等；验证收支的真实性、成本费用的合规合理性；实施针对性的专项审计，对经营管理中的重大弱点问题提出改进意见，为企业领导提供决策依据。

3. 改进审计方法

根据集团公司点多面广的实际，应将详细审计为主改变为抽样审计为主，提高审计工作效率；将一次性审计为主改为经常性审计为主，保证审计的及时性；将送达审计为主改为就地审计为主，体现内部审计的务实性；将经常性财务收支审计、经济责任审计和经济效益审计结合起来，保证各成员企业在受控状态下开展工作，同时，以审计结果为依据，对各成员企业的财务活动进行规范、考核和评价。

复习思考题

一、简答题

1. 企业集团有哪些特征？
2. 企业集团财务管理体制有哪几种模式？
3. 企业集团财务管理的原则有哪些？
4. 企业集团投资方式有哪些？
5. 财务公司有哪些功能？

二、论述题

1. 集团公司对其子公司的财务监控内容有哪些？
2. 企业集团融资的主要渠道有哪些？有何特点？
3. 企业集团内部转移价格有哪些形式？对企业集团有何影响？

案例分析

安彩集团项目投资案例

一、安彩简介

安彩集团是1999年以安阳玻壳公司为核心企业组建的。安彩集团的前身安阳彩色显像管玻壳厂是1985年国家正式批准立项兴建的国有企业，主要从事彩色显像管玻壳、显示管玻壳、照明产品、信息产品、新型显示器件及与之配套的元器件、原材料的生产销售和开发研究。安彩集团核心企业安玻公司2002年有职工2860名，资产总值60亿元，占地面积72万平方米，年产37～73厘米各种规格型号的彩管玻壳2000万套。产品为国内各大彩管厂配套并出口韩国、马来西亚、巴西等国家。截止到2003年拥有成员企业19个，职工1万多名，资产总值74亿元，共完成工业总产值354.6亿元，实现销售收入322.6亿元，创造利税45.6亿元，成为当时国内电子行业生产规模最大、产品品种最多、技术装备最先进的彩玻生产企业，在全世界已居第三位。2003 年的安彩集团是全国500家最大工业企业之一，也是国家重点高新技术企业和河南省重点扶持的12 家大型企业集团之一。2002 年还被国家确定为“向世界名牌进军，具有国际竞争力的十六家中国企业”之一。

二、安彩项目投资过程

2000～2003 年，市场格局悄然发生着变化。一方面,行业大举洗牌，彩电企业以四天一家的速度死掉，市场萎缩，传统的 CRT 玻壳利润下降;另一方面，高科技的数字新一代产品在迅速萌芽、蔓延。2002 年从美国考察归来的李留恩兴致勃勃地召集中层干部会议，有人小心翼翼地建议“可否开始系列产品的研制”，这在后来被看作最为适时的一次建议，被否决了。他觉得CRT电视至少还有10年的市场!安彩信益工程计划投资11亿元，设计建造屏炉2座、锥炉1座，年产25英寸以上玻壳600万套，投产达标后年销售收入可达16亿元，年利润2.8亿元。2003 年 5 月，安玻公司和美国康宁公司达成协议，以 4990 万美元整体收购的方式，收购了美国康宁公司在宾州大学城的 9 条可生产63厘米到86厘米的各种规格的大屏幕玻壳生产线。然而信益工程带给安彩的除了灾难还是灾难。当初收购 9 条生产线，安彩表面上只付出 4990 万美元，但这并不包括运输、安装、调试等费用，有人估计，将所有的费用算上，安彩至少需要付出 12 亿元人民币的代价。2004～2005 年，平板电视开始成为市场的主角，并迅猛地将传统 CRT 电视市场吞食。2005 年，CRT 玻壳也随之出现大规模的积压，当年行业爆发了一场史无前例的价格战，降价幅度达到了 35%。此时刚坐上世界“玻壳之王”宝座的安彩，自有资金已然告罄。汹涌而来的降价浩劫，像洪水猛兽一样刮走了安彩殊为珍贵的那一点可以流动的资金，这直接导致了各大分厂大面积停产的结局。2005 年安彩高科公司实现销售收入仅 23 亿元。2006 年，安彩高科公司更是出现了巨幅亏损，每股亏损 1.91 元，亏损额高达 8.4 亿元。至此，该公司的股票因为连续两年亏损被戴上了 ST 的帽子。2007 年中期，这个多灾多难的企业三次被无情地推上了拍卖的手术台。

三、安彩集团项目投资失败分析

（1） 2003 年在青岛举办的第三届中国数字平板电视市场发展论坛发布的报告指出：“今年上半年，我国家电、消费电子产业整体发展平稳。有关专家统计，平板电视消费在经历了启动期和快速增长期的三年发展后，从今年开始已经进入普及期。”然而安彩集团在没有对市场进行深入调查研究和需求分析的情况下单凭企业领导人的个人判断来决定集团的发展战略，认为 CRT 电视至少还有 10 年的市场，在整个市场向平板电视发展的时期，逆产品周期而动，大搞项目投资，上马信益工程。翻开安彩高科上市公司的年报，我们发现该公司在总结巨额亏损的原因时，并未深刻认识到玻壳产品急速衰退的现实，而是仍将亏损归结为炉子大修而减少了生产规模，对笨重而体积硕大的传统玻壳产品仍抱有幻想，没有认识到市场已经发生改变，需求也已改变。

（2）在进行投资方案分析评估时，除了要正确确定投资方案的现金净流量外，还必须正确计算资产的使用寿命。此次安彩的信益工程在实施前既没有对与项目有关的市场、资源、工程、技术等方面进行全面分析论证和综合评价，也没有对其项目的现金净流量和经济寿命进行科学合理的估算，以至于对于所购买的美国康宁公司的9条生产线，表面上只付出4990万美元，但实际至少付出12亿元人民币的代价。严重地超出了预先的资金规划，增加了现金流出量，而购买的9条生产线中除了一条线勉强能生产出产品外，两条生产出的全是次品外，其他剩下的6条生产线连用都没有用，其经济寿命也远远地短于其期望。

（3）安彩集团2004年10月的宣传资料中曾这样写道：玻壳产量达到5500万套，产品国内覆盖率达46%，品种国内覆盖率达95%，出口创汇1.7亿美元，生产规模跃居世界第一。当时正是为了争得世界第一，安彩在传统的CRT玻壳市场衰退之时，在集团领导人的独断专行下贸然决定投资信益工程，从而开始了安彩的不归路。

要求：结合案例分析安彩集团项目投资失败的主要原因。

第四章

人力资本财务管理

经济的快速发展使得人力资本的开发和管理正逐步成为企业形成竞争优势的关键因素。而人力资本财务问题又是人力资本管理的核心。人力资本财务是人力资本的投入与收益活动及其所形成的经济关系体系。人力资本财务管理的目标是实现企业价值最大化。本章介绍的人力资本财务管理内容主要包括人力资本估价、人力资本融资管理、人力资本投资管理、人力资本产权收益管理等。

【重要概念】 人力资本 人力资本财务管理 人力资本估价

第一节 人力资本财务管理概述

在不断变化、全球性的、需要技术的经营环境中，拥有成本、技术、销售、生产、产品特色等传统的竞争优势只能保证企业能参与到市场竞争之中，不能保证企业一定有竞争力。未来的企业竞争优势的来源在于企业所拥有的人才，并将为人才而展开激烈的争夺。

在“人力”管理阶段，企业对于人的管理是一种单向管理，主要是以人事档案管理为主的事务性或职能性的工作，包括工资、招聘、调动等，管理的主要目的，是降低“人力”成本，达到最大产出。而进入“资本”管理阶段，企业已将“以人为本”作为至高无上的管理理念，并把对人的尊重、开发、使用和管理作为实现企业价值最大化的核心优势。人力资本财务管理已成为人力资本管理的关键，如何认识人力资源和人力资本的本质、人力资本财务管理假设、人力资本财务管理的目标和原则以及人力资本财务管理的环境是首先要解决的问题。

一、人力资源与人力资本

（一）人力资源

所谓资源，即“资财之源”，是指具有经济效用的物品，一般说来，凡能转化为财富的对象都是资源。在企业的经营活动中，人力资源（human resource，HR）就是指有能力并愿为企业工作的经济活动人口。人力资源，一般是指企业中的所有人，在一个组织中，各种资源都很重要，但人力资源显得更加重要。资本资源和自然资源是被动的资源，而人力资源是一种主动性资源，它发起、使用、操纵、控制其他资源，使其他资源得到合理、有效的配置和利用，是唯一起到创新作用的资源。

将人的作用从视为“人力”上升到“人力资源”是人们认识上的一种飞跃，它不仅解释了一些物质资源匮乏的国家，如物质资源遭到战争严重破坏的日本、德国之所以能够一跃成为世界经济强国的原因，而且充分论证了“人力资源是企业中最重要的资源”这一命题。

但是，人力资源理论仍然是站在企业的角度，管理的出发点仍然是将员工角色物质化，即将员工等同于天然、只不过是居于中心地位的资源。

（二）人力资本

所谓人力资本，是指体现在劳动者自身中的具有经济价值的知识、技能、经验、创新概念和管理方法与体力（健康状况）等质量因素之和，综合起来，表现为劳动者的素质。人力资源不等于人力资本，人力只有经过培训，才能真正成为资本。值得注意的是，重视人力资本投资，已成为国际知名跨国公司的共同做法。西方的一些先进企业，继设立首席执行官（chief executive officer，CEO）、首席财务官、首席技术官（chief technology officer，CTO）等职位之后，又有了首席知识官（chief knowledge officer，CKO）这一重要职位，主要负责将员工的知识变成公司的资本。

（三）人力资本与人力资源的区别

人力资本不同于人力资源，人力资源是自然形成、未经开发的劳动者，在一个社会组织中，凡具有劳动能力的人都可被称为人力资源，而人力资本是指人力资源经过精心的开发和筹划，投入经济活动中能够直接创造效益的知识、技能、经验等。

根据人力资本理论，企业在实施人才战略时，必须首先考虑用最好的人力资源，但这还远远不够，关键还要将人力资源更多地转化为为企业创造效益的人力资本。

（1）人力资源与人力资本之间的区别首先在于将“人力”视作“资源”还是“资本”。“人力资源”的理念承认人力不仅仅是一项成本，其本身就具有价值；而且，其作为价值的意义远远大于作为成本的意义。在承认人的价值上，它实现了具有历史意义的突破；但在对人力的开发利用上，它保持了“人”作为纯粹的、物化了的管理对象的不幸地位。“人力资本”的出现则在很大程度上改善了这一现象。在实物资本的范畴内，股东通过向企业注入资本，完成了财产所有权向股东权益的转换，并赢得“老板式”的尊重。人力资本也是相似的，它使人向着更受尊重的方向迈出了一大步；而且，虽然它并不能换得真正的股东权益，但有时确实能得到类似于股东权益的东西，如干股、期权。这些现象表明，企业的确在考虑人的价值和潜在价值（或者说人的现有价值和长远价值），并以实物资本的形式做出衡量。“人力资本”概念隐喻着人的价值、人的付出和所得，这些都将被纳入企业核算和考虑的范畴。在这种环境下，人不再是纯粹的被管理对象，而在整体上真正成为企业的一部分。

（2）人力资源和人力资本是不同的概念，人力资源是指一定组织范围内人口总量中所蕴含的劳动能力的总和。人力资本则是指依附人体体力和智力所具有的劳动（包括体力劳动和脑力劳动）价值总和。

只有稀缺性人力资源才是人力资本。会计中予以资本化的不是所有的人力资源，而仅仅是人力资本。

（四）人力资本的特征

综合以上这些解释，可以看出人力资本具有以下两个基本特征。

（1）人力资本是以人为载体的资本，它不仅体现为人的才干、经验和信息等，还体现为人的健康和寿命方面。

（2）作为一种资本，它具有经济价值，即能够增加商品或服务的效用，进而为企业提供未来收入。如果将第一个方面视为人力资本的外在特性的话，那么第二个方面则是人力资本的内在特性，人的才干、知识、技能、经验和信息在这里发挥着人力资本价值承担者的作用。

（五）人力资本的分类

（1）按照性质划分，人力资本可分为管理型人力资本、技能型人力资本和一般型人力资本。其中，管理型人力资本是以各层次管理人员为载体的人力资本，它体现为管理人员所拥有的特定管理知识、才干、经验、技能等；技能型人力资本是以各层次技术人员为载体的人力资本，它体现为技术人员所拥有的特定专业知识和技能；一般型人力资本是以一般员工为载体的人力资本，它体现为一般员工的知识与技能。

（2）按照层次划分，人力资本可分为高层人力资本、中层人力资本和基层人力资本。其中，高层人力资本是指以高级管理人员（如公司董事、总经理、副总经理等）和高级技术人员（如高级工程师）为载体的人力资本；中层人力资本是指以企业中层管理人员（如部门经理、分公司或事业部经理等）和中级技术人员（如工程师）为载体的人力资本；基层人力资本是指以企业一般员工为载体的人力资本。

（3）按照使用情况划分，人力资本可分为未使用人力资本和在使用人力资本。其中，未使用人力资本是指目前尚未就业的人力资本，它包括已经完成一个或几个阶段的学历教育，并具有劳动能力的新增人力资本和等待再就业的人力资本；在使用人力资本是指目前正在就业中的人力资本。

需要指出的是，上述各种人力资本在表现形式上，除知识、技术、经验和能力等外，还体现为人的健康和寿命方面。

二、人力资本财务假设

人力资本财务假设就是对人力资本财务活动所面临的复杂多变的环境事先做出的符合逻辑的确定性假定，它是进行人力资本财务理论研究与方法构建的基本前提。然而，环境因素的多元性和环境状态的多样性，加之研究问题的内容及其视角不同，对假设的要求也有所不同。因此，要给予人力资本财务以统一的假设模式，不仅不现实，而且也缺乏必要性。尽管如此，人力资本财务作为企业财务的一个重要分支，仍需遵循相对独特而具体的假设，包括人力资本层次假设、人力资源的服务期限合理确定假设、相同层次人力资源的投资效率相同假设、人力资本融投资成本与收益独立计量假设等。

（一）企业人力资本可明确划分为高层、中层和基层三个层次

高层人力资本主要体现为企业高级管理人员的组织管理才能、规划决策能力以及高级技术人员所拥有的专有知识、精湛技术和开发创新能力等；中层人力资本主要体现为中层管理人员和技术人员为完成特定管理或技术工作所必需的知识、经验和能力；基层人力资本主要体现为一般员工完成特定岗位工作所必需的基本知识、操作技能和相关工作经验。

（二）人力资源的服务期限可以合理确定

人力资源是人力资本的资产形态，企业人力资本财务活动也就是人力资源的价值活动。根据现代财务理论与方法，企业的任何一项资源决策（取得、使用、处置等）都无不依赖于该资源的受益年限、年现金流量以及贴现率等因素，是在对这些因素进行合理预期的基础上，通过净现值分析来决策的。可见，合理预测各个因素的未来值是资源决策的关键所在。然而，从人力资本财务决策方面看，人力资源个体受身体条件的影响以及因比较利益而可能导致的迁移行为，难免使其对企业的服务期限具有极大的不确定性。在这种情况下，为便于从定量方面进行人力资本的决策分析，有必要对人力资源个体的服务期限做出合理假定。具体到某一层次的人力资本决策分析时，可假定该层次人力资本的服务年限为该层次人力资本的平均年龄至60岁所经过的年数，而不考虑其他不确定因素。

（三）对相同层次人力资源的投资效率是相同的

企业的人力资本投资决策通常不是以人力资源个体为单位，而是分别对各个层次进行分析的。同一层次人力资源的各个个体之间客观上存在投资效率的差异，若要确保决策分析绝对可靠，则应以人力资源个体作为决策的分析单位，即分别对各个个体进行收益测算和风险评估，确定其对企业的财务价值。但这样处理将会因人力资源构成的复杂性，使决策程序过于复杂。这不仅在实务上缺乏操作的可行性，而且也不利于从财务方面构建人力资本决策的理论方法或模型。换言之，要构建既具有理论逻辑性，又具有实际运用价值人力资本财务决策的方法与模型，就有必要舍去不同个体人力资源的效率差异，即假定处于同一层次的人力资源具有相同的效率。

（四）人力资本融投资的成本与收益可以独立计量

独立计量人力资本融投资的成本与收益是进行人力资本财务决策一个最基本的前提。然而，在现今的会计系统中，只有成本能够独立计量，收益反映的是所有资源的综合净产出，无法区分有多少是来自人力资本收益，又有多少来自非人力资本收益。在这种情况下，为进行人力资本的财务决策分析，有必要假定人力资本融投资的成本与收益均可以独立计量，至少，人力资本收益能够按照合理的方法从企业的综合收益

中加以分离。

三、人力资本财务管理的目标与原则

（一）人力资本财务管理的目标

人力资本财务管理目标从总体上看，应服从企业财务目标，即实现企业价值最大化。具体有以下几个方面。

（1）在正确分析人力资本融资成本和杠杆效应的基础上，优化人力资本结构，提升企业价值。

（2）在做好人力资本投资效益与风险分析的基础上，正确进行人力资本的投资决策，实现投资价值最大化。

（3）在正确分析人力资本产权特性和合理界定人力资本产权收益的基础上，选择和构建科学、适用的收益分配方式与模式，通过最大限度的产权激励，实现企业价值的持续增长。

（二）人力资本财务管理的原则

人力资本财务管理应遵循以下几个原则。

1. 价值导向原则

价值导向原则即有关人力资本的一切财务事项都应当按照“企业价值最大化”这一目标要求进行组织和管理。在进行人力资本融资、投资和分配等各项具体决策时，均应以财务价值作为最主要的判别标准，对各个决策事项进行充分的财务价值比较分析，选择能实现企业价值最大化的决策方案；在进行人力资本效率的动态控制和定期评价时，也应始终以财务价值目标作为比较和评判的标准，以便将企业的人力资本活动导入实现财务价值目标的轨迹范围。

2. 成本效益原则

成本效益原则即在进行人力资本的相关决策时，应当在合理界定“成本”与“收益”的内涵与外延的基础上，运用一定的方法和程序，对两者进行分析和比较，以收益是否大于成本作为方案的取舍标准，实现决策的有效性。

3. 责、权、利对等原则

责、权、利对等原则即在对人力资本所有者进行收益分配时，首先要合理界定人力资本所有者为企业带来的增值额和对企业资本的产权及其对应的收益范畴，然后再按人力资本所有者履行责任的情况、拥有的资本产权确定应分享的资本收益，确保责、权与利对等。一般认为，企业人力资本所有者对企业资本的产权包括两个方面：①人力资本的完整产权，含所有权、控制权、收益权等；②对物质资本的剩余控制权。相应地，企业人力资本所有者应分享的收益也可划分为两个部分：①与人力资本完整产权对应的收益；②与物质资本剩余控制权对应的收益。可见，要确保对人力资本所有者的合理分配，实现责、权、利对等，最关键的就在于正确界定人力资本所有者的贡献与资本产权。

第二节 人力资本财务管理的环境

人力资本财务环境是指影响或决定人力资本的融资、投资和分配，从而使人力资本财务决策更好地为实现企业价值最大化服务所必须考虑的各种主要的内外条件。企业在进行人力资本财务决策时应考虑的环境因素主要有经济环境、市场环境和企业内部环境。

一、经济环境

经济环境是指影响人力资本融资、投资和分配，因而使人力资本财务决策所必须考虑的各种宏观经济条件。这些经济条件主要有以下两个方面。

（一）宏观经济的现状与预期走势

一般而言，宏观经济的现状良好或呈上升走势，企业人力资本的预期价值较大，企业可望从人力资本的融投资中获得较多的杠杆收益和投资收益。在这种情况下，企业可适度追加人力资本的融资和投资。在财务分配方面，适应扩大人力资本融投资的要求，应当控制对人力资本的现金分配，扩大用于人力资本再投资方面的内部留存。反之，若宏观经济的现状或预期走势不佳，则应控制人力资本的融投资，并在财务分配方面适当扩大对人力资本的现金分配，控制内部留存。

（二）知识经济的发展程度

首先，知识经济的发展程度影响着人力资本的融投资规模及其收益的分配方式。在知识经济条件下，企业的资产结构和资本结构都将发生巨大变化。在资产结构中，无形资产的比重越来越大，并将成为企业资产的主要形态；在资本结构中，知识资本获得迅速扩展，并将成为企业资本的重要构成内容。可以想象，今后的财务结构评价，重要的不是考察固定资产与流动资产以及债务资本与权益资本的结构问题，而是无形资产和知识资本分别在资产与资本中的比重问题。无形资产和知识资本的比重越大，表明企业生产经营的知识和技术含量越高，企业对环境的适应性越强，发展前景越好。也可以判定，今后的企业竞争从根本上说主要不是市场营销的竞争、价格的竞争，而是人才的竞争，是知识富有程度的竞争，是创新的竞争。人力资本融投资作为取得人才、培养人才、积累知识和开发创新能力，进而扩大企业无形资产和知识资本的重要途径，无疑应随知识经济的发展不断扩大。同时，为适应知识经济发展对人力资本融投资需求的扩大，在对人力资本的分配方面，应控制现金分配，扩大内部留存。其次，知识经济的发展程度决定着企业人力资本的财务价值。从财务的角度看，企业人力资本价值是由收益和风险两个因素决定的。而无论是收益因素还是风险因素，都无不与知识经济环境息息相关。具体说，知识经济的程度越高，企业人力资本可望获得的预期收益越大，其财务价值就越大。但知识更新频率的加快，使得人力资本的风险也同时增大，进而会对其财务价值产生负面影响。因此，企业在进行人力资本财务决策时，应在客观分析知识经济环境的基础上，权衡收益与风险，确保最大限度地实现人力资本的价值最大化。

二、市场环境

市场环境是指影响企业人力资本融资、投资和分配，因而是人力资本财务决策所必须考虑的各种市场条件。市场条件主要包括人才市场的供求与价格、科技市场的供求与价格和金融市场的供求与价格。

（一）人才市场的供求与价格

人才市场的供求与价格直接影响着企业人力资本融投资的预期现金流量和风险，因而是人力资本财务决策所应考虑的首要市场因素。一般而言，若企业的人力资源类型在市场上供过于求，则由于价值规律的作用，使得该类人力资源的市场价格相对低廉。在这种情况下，企业进行内部投资（职业教育、培训等）的成本将可能高于对外招聘的交易资本，企业内部投资的相对净现金流为负数。何况，当某类人才供过于求时，通常意味着该类人才所适应的产业已趋近夕阳产业，企业在这方面的投资将可能是风险大于收益，因此，对于人力资源，企业应严格控制内部投资。反之，若企业的人力资源类型在市场上供不应求，则企业内部投资的成本通常会低于外部交易成本，并且投资的风险相对要小，企业可适当扩大内部投资。在对人力资本的分配方面，也应根据内部投资需求的具体情况实施动态性控制，即当内部投资需求增加时，应扩大内部留存，控制现金分配；反之，则应控制内部留存，扩大现金分配。

（二）科技市场的供求与价格

一般而言，若企业生产经营所需知识和技术的专属性不强，并可以随时从市场上购入，则企业对其进行内部投资是非经济的，何况运用这类知识进行生产经营的企业通常是处于完全竞争市场中的企业，内部投资的风险相对较大，因此企业对以获取或积累该类知识为目的的内部投资以及对应的内部留存应严格控制。反之，若企业生产经营所需知识的专属性强，则企业通过内部投资获取该专属知识的成本通常要低于外购成本，并且一旦这种知识形成现实生产力，将会极大地提高企业的市场竞争能力，进而能够提高企业投资的边际效益。这表明，对于知识专属性强的企业来说，可适度扩大以知识开发为目的的内部人力资本投资和相应的内部留存。

（三）金融市场的供求与价格

企业人力资本投资需要资金，而资金的来源和成本又与金融市场息息相关。具体说，若金融市场供过于求，则外部融资的价格相对较低，企业人力资本投资的净现值也因此较高，这就势必会推进企业的人力资本投资。反之，若金融市场供不应求，则企业不仅在人力资本投资方面的融资难度增大，而且融资成本高，这无疑会阻碍企业的人力资本投资。金融市场的供求与价格还是影响企业人力资本分配最重要和最直接的因素。在金融市场供过于求时，企业为降低融资成本，应当控制内部留存，更多地考虑外部融资；反之，在金融市场供不应求时，企业应扩大内部留存，控制外部融资。

三、企业内部环境

企业内部环境是指影响企业人力资本的融资、投资和分配，因而也是人力资本投资决策所必须考虑的各种内部因素。这些因素主要有以下方面。

（一）企业生产经营的知识和技术含量

一方面，企业生产经营的知识和技术含量高低，决定着企业人力资本需求的数量和层次，进而也决定着企业人力资本投资以及相关的收益留存规模；另一方面，企业生产经营的知识和技术含量高低不仅直接影响着人力资本价值的大小（企业生产经营的知识和技术含量越高，人力资本的价值越大；反之，则人力资本价值越小），而且也将通过企业价值对人力资本的敏感程度来影响人力资本融投资以及收益留存的风险。

（二）企业竞争能力的现状

人力资本融投资与企业竞争能力具有因果关系，这一点从企业竞争优势理论的发展历史可以得到论证。其中，以知识为基础的企业理论暂且不说，就当今影响最为广泛的核心竞争力理论而言，其创始人潘汉尔德和哈默在解释核心竞争力时认为，所谓核心竞争力是“组织中的积累性学识，特别是关于如何协调不同的生产技能和有机结合多种技术流派的学识”，有学者将这里的“学识”理解为支撑公司产品线的独特技术和生产技能。这种理解是否正确暂且不论，但至少说明了知识和技能对企业竞争优势的重要意义，进而也说明了人力资本融投资作为知识和技能形成或积累的重要途径，无疑与企业竞争能力的现状息息相关。

（三）企业的财务支付能力

企业人力资本的融投资需要资金，因此，一个企业的财务支付能力是制约其人力资本融投资及其收益分配的重要因素。财务能力强的企业，在人力资本融投资方面的支付通常较多；反之，则可能由于支付能力的限制而影响人力资本的融投资规模，这或许正是大企业在人才引进、人员培训等方面投资较大，而中小企业却相对吝啬的原因所在。在收益分配方面则是企业财务能力越强，其分配决策的灵活性越大；反之，则应更多地考虑采用扩大收益留存的政策。

（四）企业管理当局的态度

企业管理当局的态度是决定企业人力资本融投资及其收益分配的又一重要因素。若管理当局在人力资本融投资方面的态度积极，就能够推动企业的人力资本融投资，扩大人力资本存量及其相应的收益留存规模，反之则可能会限制企业人力资本及其收益留存的增长。这里，管理当局对待人力资本融投资方面的态度又是受多种因素影响的，这些因素除上述的企业生产经营的知识和技术含量、企业竞争能力的现状以及企业财务的支付能力外，还有管理当局对待风险的态度、管理当局主要成员的学历层次和思维范式等。

（五）企业结构资本的状况

结构资本是指企业的组织类无形资产，它包括企业管理当局的领导力、战略和文化、组织规则和程序、管理制度与措施、数据库和信息技术的应用程度、品牌形象等。结构性资本是影响企业人力资本效率，进而影响人力资本融投资的重要环境因素。一般而言，若企业管理当局的领导力强、战略规划适当、文化氛围浓厚、组织规则和程序科学，则能够提高人力资本效率，促进人力资本的融投资，反之则可能限制人力资本的融投资。

第三节 人力资本估价

人力资本估价是指按照一定的方法和程序来确定企业人力资本价值的过程，它是人力资本财务的核心内容，直接影响和决定着人力资本财务系统的运作质量与效率。具体内容包括人力资本成本的构成、人力资本的价值计量、人力资本成本的核算。

一、人力资本成本的构成

人力资本成本管理是人力资本财务管理的重要组成部分。人力资本成本包括为取得、提高、维护、结束和保障人力资本的使用权而发生的各种实际支出，以及应承担的损失成本。对于上述活动所发生的费用进行确认、计量、记录和报告，从而形成了人力资本成本的主要内容。

另外，在进行人力资本管理过程中还要发生一些管理费用，这些费用也应作为人力资本成本的组成部分。对于这些人力资本管理费用，应采用一定的方法，由人力资本总成本负担。

（一）取得人力资本成本

取得人力资本成本是指人员进入企业时所发生的招聘、录用等费用，主要包括录用过程中招聘、选择、录取、安置和适应环境损失等费用。

1. 招聘费用

招聘费用是指企业单位招聘所需要的人力资本所发生的各种费用，这些费用主要包括参与招聘工作人员的劳务费、会务费、差旅费、代理费、广告费、宣传材料印刷费、办公费、水电费、租场费、设备使用费等各种费用。招聘费用的多少，与招聘的方式、地点等有直接的关系。若通过人才市场招聘，则发生的费用多，如果通过到学校招聘应届学生，则发生的费用较少；如果一次招聘的人才数量较多，则会使招聘的每一个人才分摊的费用少，反之则会使这项费用增加；如果在当地招聘，费用会少，如果到外地招聘，则会增加费用。

2. 选择费用

选择费用是指企业为选择适用于本企业工作的人才所发生的各种费用。企业在选择人才过程中一般要经过许多环节，如初试、面试、复试、调查、体检等，在这一过程中发生的各种费用应包括在选择费用中。选择费用的多少一般与所选择人才所从事的具体工作有直接的关系。一般情况下，从企业单位外部选择人才要比从企业单位内部选择人才的费用高，选择技术人员的费用要比选择工人的费用高，选择高级管理人员的费用要比选择一般管理人员的费用高。

3. 录取费用

录取费用是指企业单位确定聘用人才合法使用权而发生的各种费用，主要包括录用手续费、人才原单位的补偿费、搬迁费、安家费等费用。一般情况下，录用高级人才的此项费用较高，因为可能发生给对方企业单位较高的补偿费等费用。同时，录用人员的年龄也与此项费用的高低有着直接的关系。

4. 安置费用

安置费用是指将招聘的人才安置于合适的岗位上所发生的各种费用，如将招聘人员安置于合适的岗位上所发生的行政管理费用；为新员工提供工作所需要的各种设备、用品等所发生的费用等。

5. 适应环境损失费用

适应环境损失费用是指新招聘人员录用后由于未能及时、全面从事新的工作所发生的一些损失费用，如未能与客户及时联系所发生的损失费用、未能熟悉新的工作所发生的延时处理业务损失等。

（二）人力资本后续教育费用

人力资本后续教育费用是指为提高企业单位人员的业务水平和素质、符合新的工作岗位工作条件等进行培训所发生的各种费用。人力资本后续教育费用主要是为了提高人力资本技能和人力资本的价值。

人力资本的后续教育费用主要包括上岗前培训费用、在岗教育费用以及离岗培训费用。

1. 上岗前培训费用

上岗前培训费用是指新加入企业单位的人员，或内部岗位调动时需要进行培训所发生的各种费用。有些工作岗位由于技术等条件要求较高，新加入的人员需要经过正规的培训后才能胜任。岗前培训可以在企业单位内部进行，也可以由社会培训机构代为进行，还可以到其他企业单位委托培训。有时，甚至需要到外地或国外进行。培训的时间有的较短，需要几天或十几天，有时则较长，需要半年甚至一年等。培训地点和时间的不同，产生的培训费用的多少也不一样。岗前培训费用主要包括培训者的工资、差旅费、交纳的培训费、资料费等。岗前培训不仅包括技能的培训，还应该包括诸如职业道德、企业文化等方面的内容。通过上岗前的培训，可以使员工迅速适应企业的环境和工作，具备上岗工作的各种知识和技能。

2. *在岗教育培训费用*

在岗教育培训费用是指对本单位的员工在工作期间进行培训所发生的各种费用。许多企业经常进行新产品的生产，或更新设备，或采用新的工艺。企业的员工对这些新产品的生产、新设备的使用和新工艺的过程不了解，若不对他们进行在岗培训，就不能适应新的工作。另外，随着新技术的发展和广泛采用，人们的知识也需要进行更新，已有的知识和技能需要进行更新，所以，就显得在岗培训更加重要了。

在岗教育培训费用主要包括培训和被培训人员的工资福利等费用、培训人员离岗造成的损失费用、被培训人员在培训结束前由于操作失误带来的损失费用、培训消耗的材料等费用、培训资料费用等。在岗培训费用的高低与培训的次数、时间的长短、员工的素质、培训计划的制订等因素有关。

3. *离岗培训费用*

离岗培训费用是指企业单位职工全脱产进行培训所发生的费用。全脱产培训的时间有的较长，如一年、两年，也有的较短，如一个月。培训的方式可委托社会培训机构、有关教育机构（如高校）进行，也可以由企业自己进行。采用前两种方式的培训费用包括支付的培训费、被培训人员的工资、差旅费、资料费、补助费、培训期间的离岗损失费等费用；而由企业自行进行的培训则包括培训教师的讲课费及差旅费、被培训人员的工资、资料费、专设培训机构的管理费、培训期间的离岗损失费等费用。

（三）人力资本使用费用

人力资本使用费用是指企业单位在使用人力资本时所发生的费用，一般情况下，它应包括企业支付给职工的工资总额，主要包括计时工资、计件工资、奖金、津贴和补贴、加班加点工资、特殊情况下支付的工资等。同时，还应包括按工资总额的一定比例计提的职工福利费。

（四）人力资本保障费用

人力资本保障费用是指为企业单位职工未来丧失工作能力提供生活保障所支付的各种费用。当企业单位的职工由于各种原因丧失工作能力而不能工作时，企业应提供一定的生活保障，使他们没有后顾之忧，更加努力地工作。因此，应建立一定的保障系统。这些保障系统包括劳动事故保障费用、健康保障费用、退休保障费用和失业保障费用。

1. *劳动事故保障费用*

劳动事故保障费用是指职工因公负伤时企业单位应给予的经济补偿支出。职工在企业单位工作时若因公负伤，由此而发生的一些费用应由企业承担，这些费用主要包括负伤医疗期间应支付的工资、医药费、丧葬补贴费、遗属补助等费用。劳动事故保障费用的多少，与企业安全生产等因素有重要的关系。因此，企业应加强安全生产的管理，杜绝事故隐患，降低事故发生率。同时，安全生产还关系到企业的生存、职工的生命和社会的稳定，因此，不管从哪个角度，都应加强企业的安全生产，将其列为企业的重要任务。

2. 健康保障费用

健康保障费用是指企业支付的除工伤以外的原因引起的，职工由于健康原因不能坚持工作而给予的经济补偿所发生的费用支出。健康保障费用主要包括因病缺勤期间支付的工资、医药费、补贴等费用。

3. 退休保障费用

退休保障费用是指企业单位支付的保证退休人员退休后生活费所支付的各种费用，包括养老金、养老医疗保险金、死亡丧葬补贴等。

4. 失业保障费用

失业保障费用是指企业单位支付给失业人员的补偿费用，包括失业救济金等。

（五）人力资本离职费用

人力资本离职费用是指职工离开企业单位所发生的费用支出。企业单位的职工由于各种原因离开企业时，需要发生一些支出，这些支出称为人力资本离职费用，一般包括离职补偿费用、空职期间损失费用和离职低效费用。

1. 离职补偿费用

离职补偿费用是指企业单位辞退职工或职工自动辞职离开企业时给予职工的补偿费用，这些费用包括该职工从提出到离职时间止应付的工资、支付的一次性离职金、离职人员安置费用等。离职补偿费用的高低，应视该职工在企业工作时间的长短、对企业单位的贡献等情况而定。

2. 空职期间损失费用

空职期间损失费用是指职工离职后尚未有人接替其工作，而可能产生的损失费用。空职期间损失费用包括职位空缺而使该工作岗位收益的减少，以及该职位空缺对企业单位其他部门收益造成的影响。

3. 离职低效费用

离职低效费用是指职工在离职前由于工作效率降低等所造成的损失。由于职工将要调离企业单位，其间要办理调转手续，以及工作积极性降低等原因，会使其工作效益下降从而给企业单位造成损失。

二、人力资本的价值计量

人力资本价值是人力资本为企业提供效用的能力，它是核算人力资本的产出量。人力资本价值计量的作用在于对人力资本投资的效能和效益加以评估，为管理当局制定人力资本决策和投资者进行投资提供有用的信息。人力资本的价值总体可以通过完全竞争的劳动力市场来确定。在这一市场上人力资本供求双方之间是博弈关系，且同样遵循供求规律。因此从理论上看当供求双方达到某种平衡时的价格就是人力资产的价值。但是，人力资产的特殊性，使同一个人力资产在不同环境下所创造的价值也存在差异，因此，各企业应当以市场确认的理论价值为基础，根据企业所处的经济环境和实际情况，选用切合实际的方法对人力资产的实际价值进行修正，包括货币计量法和非货币计量法。

（一）货币计量法

货币计量法是以货币形式对人力资本价值进行计量的方法，具体包括非购入商誉法、工资报酬法、随机报酬法等。

1. 非购入商誉法

按照非购入商誉法，企业应先预计未来各期的净收益，并按一定的折现率折合为现值，然后乘以人力资源投资占企业全部投资的比例，据以确定人力资本的价值，计算公式为

$$V=\left\{\sum_{t=1}^{n}\left[R_t/(1+r)^t\right]\right\}\cdot W \tag{4.1}$$

式中，V 为人力资本的价值；n 为人力资本的有效使用年限；R_t 为企业预期第 t 年的净收益；r 为适用的折现率；W 为人力资本的投资额与企业总投资额之比。

2. 工资报酬法

工资报酬法认为人力资源的价值应是其未来收入的贴现值，因此一个年龄为 y 的职工的人力资源价值，是其今后工作年限内工资收入的现值总额，即

$$V_y=\sum_{t=y}^{T}\frac{I_t}{(1+r)^{t-y}} \tag{4.2}$$

式中，V_y 为年龄为 y 的职工的人力资源价值；I_t 为该职工第 t 年的预计年收入；r 为贴现率；T 为退休年龄；y 为职工现在的年龄。

此外，该方法还考虑到了职工可能在退休之前死亡的因素，提出应按死亡的概率，计算人力资源的期望价值，其公式为

$$E(V_y)=\sum_{t=y}^{T}P_{y(t+1)}\sum_{i=y}^{t}\frac{I_i}{(1+r)^{t-y}} \tag{4.3}$$

式中，E（V_y）为一个年龄为 y 的职工的人力资源的期望价值；$P_{y(t+1)}$ 为年龄为 y 的职工在 t 年死亡的概率；I_i 为该职工第 i 年的工资收入。

3. 随机报酬法

随机报酬法认为一个职工对企业的价值与他预期所处的职位和服务状态相联系，而职工预期的职位和服务状态只有随机性。在计算人力资源价值时，只能基于未来各种状态下职工服务价值的数学期望，而不可能得到确定的结果。并进而认为确定人力资源价值应考虑以下方面的因素，即职工的预计服务期限、可能的服务状态及其概率、各种服务状态下组织可获得的价值等。根据这些因素，再考虑时间价值因素和职工离开企业的概率，即可得出人力资源价值的计算公式为

$$V=\sum_{t=1}^{n}\left[\frac{\sum_{i=1}^{m}S_i \cdot P(S_i)}{(1+r)^t}\right]\sum_{i=1}^{n}(X_i-\bar{X})^2 \tag{4.4}$$

式中，V 为人力资源价值；S_i 为第 i 种工作状态下预期服务的货币表现；P（S_i）为职工处在 S_i 状态的概率；m 为工作状态数（含离职状态，其预期服务的货币表现为零）；n 为时期数（如年数）；r 为贴现率。

（二）非货币计量法

非货币计量法的核心在于以人力资本的才干和运用知识的能力来决定其在企业中的价值，具体包括评价法和技能一览表法。

1. 评价法

评价法要求通过对人力资本载体即人的知识水平、工作态度、业务技能、适应能力以及实际工作业绩等因素的综合衡量和评价以确定人力资本经济贡献或经济贡献潜力，并用以计量人力资本的价值。此种方法对合理使用人力资本、改进人力资源管理、提高人力资本经济效益具有重要作用。

2. 技能一览表法

技能一览表法要求把人力资本载体即人的知识水平、业务能力、工作业绩、实践经验、健康状况等因素按照职能部门分别列出各类人员的实际指标，依次作为企业分析考评人力资本价值的准备资料，为企业进行人力资本控制和规划管理决策提供必要的会计信息。

非货币计量模式可以对货币指数无法反映的人的才干、适应环境的能力、协调工作的能力、掌握新知识技术的能力等问题予以计量和报告，有助于管理当局了解职工情况，分析职工价值变动的原因，从而决定适合的管理方式和及时采取相应的措施。该模式不能精确计量人力资本价值，实施中需要对员工的具体情况做调查分析，灵活性要求较高。

三、人力资本成本的核算

（一）人力资本成本的内容

人力资本成本包括以下内容。

1. 原始成本

原始成本是指在获取、开发和使用人力资本时，所发生的全部货币性支出作为人力资本成本的方法，采用原始成本体现的人力资本成本，是企业单位对人力资本的原始投资。

2. 重置成本

重置成本是指按目前的条件（包括物价、工资水平等），重新招聘达到现有职工水平的全体职工所需要的全部支出，采用重置成本所计量的人力资本成本，体现了在现有条件下在现有职工身上的全部投资。

3. 机会成本

人力资本中的机会成本是指由于职工离职或离岗，而使该岗位空缺所造成的损失作为人力资本损失费用的计量依据。

（二）人力资本成本的核算账户

为了适应对人力资本进行开发、利用和管理的要求，以核算人力资本投资支出，计量人力资本对企业的经济价值，评价企业人力资本管理活动的成效等为主要目的的人力资本会计应运而生。首先需要解决的就是人力资本投资支出核算问题。人力资本投资支出包括为了获取企业的人力资本而发生的招聘、录用、教育、培训、医疗、保险、福利、使用、管理等的支出。因此，为了核算企业人力资本的投资支出问题，可以设置以下账户："人力资本投资——取得支出"账户，"人力资本投资——开发支出"账户，"人力资本投资——离职支出"账户，"人力资本投资损失准备"账户，"人力资本投资摊销"账户等。

第四节　人力资本融资管理

人力资本融资是指企业通过对外招聘、内部基金提存等方式来获取人力资本的财务行为。它包括外部融资和内部融资两个方面。外部融资是指通过人才招聘、聘请专家兼职等方式取得人力资本的行为，它属于人力资本载体与企业的初始交易，并且伴随着人力资本载体数量的增加；内部融资是指从企业内部筹集人力资本的行为。对于人力资本的外部融资来说，人力资本价值与人力资本载体不可分离。但对于内部融资来说，它不一定表现为人力资本载体数量的增加，而仅仅是人力资本价值的扩展，并且这种扩展的价值也不一定与人力资本载体截然融合，关键在于人力资本所有者权益的增加。这如同现行财务报表中的"盈余公积"一样，尽管它没有与企业获利性的非货币性物质资产有机融合，但也是企业价值的重要构成内容，并且属于股东权益范畴。因此，内部人力资本融资的关键在于如何筹集对在用人力资本追加投资所需要的人力资本权益资金（后文所指的人力资本基金），而不在于获得依附于人力资本载体的人力资本价值。

一、人力资本融资的特点和管理目标

（一）人力资本融资的特点

人力资本融资具有以下几个特点。

（1）在外部融资方面，物质资本融资将导致所有权与使用权相分离，但人力资本融资并没有导致两权分离，即人力资本所有权与使用权依然由其载体享有和支配，企业获得的只是对人力资本载体的一种外在性的合约控制权。

（2）物质资本融资能够截然地划分为股权融资和债权融资两个方面，而人力资本融资兼有股权融资和债权融资的双重属性，进而决定了人力资本融资在管理目标和方式、方法方面具有相对的特殊性。

（3）从量的方面看，物质资本融资额具有确定性和相对稳定性，而人力资本融资额不仅具有模糊性，而且具有动态波动性。

（二）人力资本融资的管理目标

人力资本融资的上述特点决定了人力资本融资的管理目标既要体现外部融资的管理目标，又要体现内部融资的管理目标；既要体现负债融资的管理目标，又要体现所有者权益融资的管理目标。作为体现外部融资的管理目标，人力资本融资管理应当围绕提升企业价值进行人才需求分析，有针对性地招纳贤才，控制招聘风险；作为体现内部融资的管理目标，人力资本融资管理应当在做好企业成长性及其对人力资本投资需求分析的基础上，按照正确处理积累和分配以及长期利益与近期利益的关系的原则，合理提存人力资本基金；作为体现负债融资的管理目标方面，人力资本融资管理同样是在合理分析人力资本的成本及其对企业的杠杆效应的基础上，确定最佳的人力资本结构；作为体现所有者权益融资的管理目标，人力资本融资管理应当在做好适应性分析的基础上，融通具有增值潜力并能实现企业可持续发展的人力资本。

人力资本财务管理目标从总体上说应该服从企业的财务管理目标，即实现企业价值最大化。然而，要从相对具体的层面合理地界定人力资本融资财务目标，还有赖于对人力资本融资财务管理的特点做进一步分析。人力资本融资财务管理与物质资本融资财务管理既有相同之处，又存在显著的区别。

（1）从融资的渠道看，两者均包括外部融资和内部融资两个方面，但两者的具体表现形式却不尽相同。物质资本的外部融资体现为借款、租赁和发行股票等，人力资本的外部融资则体现为通过人才招聘来获取外部人力资本；物质资本的内部融资主要体现为税后收益的留存，人力资本的内部融资则体现为人力资本基金的提存。

（2）从对外融资的性质看，物质资本融资可截然地划分为负债融资和股权融资两个方面，人力资本融资则兼有负债融资和股权融资的双重属性。

二、人力资本的融资成本

人力资本融资成本是指企业在筹集和使用人力资本过程中所支付的代价。这里，筹集过程中的代价主要是人力资本招聘过程中所发生的各种费用，如支付给中介机构的费用、考试与面试费用、录用前的培训费用等；使用人力资本的代价则可分为契约性代价、法定性代价和分配性代价三个方面。其中契约性代价是指人力资本聘用合同上所签订的单位时间（年或月）的薪酬，也就是通常所说的底薪；法定性代价是指企业按法律规定应为职工支付的各种劳动保险、失业保险、养老保险等。上述两种代价具有相对固定的特征，也就是说，只要企业绩效没有大幅度的增减，其数额是基本固定的。分配性代价是指人力资本作为具有所有者权益性质的资本，其享受税后收益分配所发生的支付，这种代价的实质就是企业对人力资本所有者分配的税后利润。

人力资本成本的计量可以按类似于货币资本成本的计量方法，即以相对数形式表示，计量公式为

人力资本成本率（%）＝人力资本成本总额÷人力资本价值总额×100%

式中，人力资本成本总额是企业各个层次人力资本上述三种成本的总和；人力资本价值总额也应是按前述方法确定的各个层次人力资本价值的总和。

然而，人力资本成本既有同于债务资本成本的一面，也有类似于货币性股权筹资成本的一面。具体说，人力资本成本中的契约性代价和法定性代价类似于债务资本的利息，是一种在一定期间和一定的绩效范围内不随企业绩效变化而变化的相对固定性成本。分配性代价则类似于对货币性股东的股利分配，是一种随收益水平及现金流量等因素的变动而变动的成本。这样，人力资本的总成本（K_h）可以通过一元线性函数表示为

$$K_h=\sum_{t=1}^{n}[S_t(1-T)+b_tx]$$

式中，t 为人力资本的类型；S_t 为某类人力资本的固定性成本；T 为公司所得税税率；b_t 为某类型人力资成本线的斜率；x 为反映企业经营绩效的指标，如净收益、现金流量等。

三、人力资本结构

（一）人力资本结构的内涵

人力资本结构是指人力资本在企业总资本（人力资本、债务资本和所有者权益资本之和）中的比例以及人力资本的内部构成。一个企业的人力资本结构特点与该企业的行业性质和效率特征息息相关。一般说来，高科技企业的人力资本比例要高于传统行业，具有超额效率的企业的人力资本价值通常要高于效率一般的企业。从人力资本的内部构成看，高科技企业技能型人力资本对管理型人力资本的比例通常要高于一般企业；相反，对一个管理咨询公司来说，技能型人力资本对管理型人力资本的比例则可能要低于一般企业。研究人力资本结构的意义就在于如何根据一个企业的行业特点、经营性质和效率目标，确定合理的人力资本比例和其内在构成。人力资本结构管理的目标也就在于确定与特定企业相适应的最佳人力资本结构。

人力资本结构管理不同于传统意义上的资本结构管理。首先，传统意义上的资本结构管理主要是一个筹资管理问题。人力资本结构管理是集融资管理与投资管理于一身的管理。其中，对外人才招聘和人力资本基金提存属于筹资管理问题，而人力资本存量结构的调整和通过增量投入（如培训）来优化人力资本结构则属于投资管理问题。其次，传统意义上的资本结构管理主要是在做好资本成本分析和财务杠杆分析的基础上，确定负债与所有者权益的最佳结构，而对负债和所有者权益各自的内部结构关注

不多。人力资本结构管理除了按照企业价值最大化目标合理确定人力资本在企业总资本中的比例外，还在于合理安排人力资本的内部结构，包括纵向不同层次的人力资本结构和横向不同职能工种的人力资本结构。前者主要是合理安排高层人力资本、中层人力资本和基层人力资本的比例结构，实现纵向各层次人力资本的能力平衡，避免因“强兵无强将”或“强将无强兵”而导致内部能力闲置或低效率。后者则是合理安排企业各职能工种的人力资本，实现人力资本在供、产、销各环节以及企业管理各职能部门（管理、生产、技术等）的平衡配置，避免因“木桶效应”而导致的人力资本闲置或低效率。

可见，一个企业的最佳人力资本结构，首先是能够实现人力资本效率最大的人力资本结构，也就是相对于特定的非人力资本存量而言，不存在人力资本的能力剩余或不足；其次是能够实现人力资本内部能力平衡的结构。也就是说，对于企业的任意一种人力资本，其相对于其他任何类型的人力资本而言，均是适度和协调的。

（二）人力资本结构与企业价值的关系

如前所述，人力资本结构包括人力资本对总资本的比例（以下简称“总体结构”）和人力资本内部结构两个方面，两者都将直接影响着企业价值。

关于人力资本总体结构与企业价值的关系似乎显而易见，即人力资本在企业总资本中的比例越大，企业的价值通常也越大。正如一个拥有大量人力资本，而非人力资本比例相对较低的高科技企业，其财务价值通常要高于传统行业的企业一样。从定量方面考察，EVA 是指企业息前税后利润扣除全部货币资本按加权平均资本成本率计算的资本成本后的余额，它是针对传统效绩评价指标的缺陷所提出的一项效绩评价指标。利用经济增加值进行企业效绩评价的方法不仅被理论界认为是最合理、最有效的方法，而且在实务界也已经为包括可口可乐、西门子、索尼等在内的各大公司所应用。为便于分析人力资本结构对企业经济增加值的影响，设 Z 为企业总资本，R 为企业人力资本，H 为货币资本，人力资本在企业总资本中的比例为 r，货币资本的加权平均资本成本率为 K，则根据经济增加值的含义有

$$\begin{aligned}\text{EVA}&=(\text{EBIT}-T)-H\times K\\&=(\text{EBIT}-T)-Z\times(1-r)\times K\end{aligned}$$

可见，当企业的 EBIT、T 及 K 等一定时，人力资本在企业总资本中所占的比例 r 越大，企业的 EVA 也相应越大，进而企业价值越大，反之则企业价值越小。

关于人力资本内部结构对企业价值的影响，这里重点从纵向不同层次的人力资本结构方面进行分析。前已述及，企业人力资本可按层次划分为高层、中层和基层三个层次。不同层次的人力资本对企业税后利润（或现金流量）的贡献率是不同的。基层人力资本的贡献率相对较低，高层人力资本的贡献率相对较高，中层人力资本的贡献率则介于两者之间。此外，根据惯例，企业对这三个层次人力资本分配的方式也不尽相同。对基层人力资本进行分配的方式主要是工资、福利和保险等契约性支付和法定性支付；对中、高层人力资本的分配则通常包括两个部分，一部分是契约性和法定性支付，另一部分是对人力资本的税后利润分配。各层次人力资本对企业税后利润的贡献

率不同，加之企业对各层次人力资本分配的方式以及列支渠道不尽相同，使得人力资本内部结构将会影响企业的现金流量，进而影响企业价值。具体说，若企业中、高层人力资本所占比重较大，企业价值也通常较大；反之，若基层人力资本所占比重大，则企业价值相对要小。

为了从定量方面考察人力资本结构对企业价值的影响，可以设 R 为企业人力资本总额；y、j、g 分别为基层、中层和高层人力资本在企业人力资本总额中所占的比重；s、d_1s 和 d_2s 分别为三个层次人力资本对企业税后利润的贡献率（人力资本税后利润率），这里 $d_2>d_1>1$，契约性和法定性支付的年支付为 G，对人力资本的年收益分配额为 U，则在 G、U 以及 EBIT 为永续的情况下，企业价值 V 可表述为

$$V=\sum_{n=1}^{t}\frac{I_n(1-T_D)}{K_D}+\frac{M}{K_D}+\frac{G(1-T_R)}{K_R}+\frac{U(1-T_R')}{K_R}+\frac{R\cdot s(y+d_1j+d_2g)-U}{K_S}$$

上式表明了当其他因素一定时，人力资本内部结构对企业价值的影响。$d_2>d_1>1$，因此在人力资本总额中，提高高层人力资本比例比同等程度地提高其他层次人力资本比例所产生的价值增值要大。结合企业实际来看，就不难理解现代企业为何将管理放在首要位置，从而不惜重金去引进优秀的管理人才了。

四、人力资本基金

企业要有效地培养和开发人力资本，实施人力资本内部结构的动态调节，以实现能力平衡，就必须建立人力资本基金制度。人力资本基金就是按一定方式形成的用于人力资本的培养、开发和内部结构调整方面的专项资金。

企业合理建立适度的人力资本基金，是人力资本融资管理的一个重要方面。对这一问题，主要应从两个方面考虑：一是如何确定人力资本基金的形成方式，二是如何确定人力资本基金提存的适度比例和规模。关于人力资本基金的形成方式，可以从属于人力资本的收益份额中提存，如此处理的理由在于如下两方面。

1. 人力资本基金能够获得增值

作为用于人力资本投资的资金来源，它的使用无疑能使人力资本获得增值。人力资本产权具有“天然属于个人”的特性，也就是说人力资本因投资所形成的增值是由人力资本个体所拥有的，按照“谁投资、谁所有”的原则，用作人力资本投资的人力资本基金无疑也就应当形成属于人力资本的收益份额。

2. 收益是企业持续发展的资金源泉

企业从收益中提存人力资本基金不仅能够体现收益与企业发展的相关性，而且只要各项提存的比例适度和协调，还能够确保企业的人力资本能力与物质资本能力按比例地协调增长，避免资本能力比例失调而导致资本闲置或低效率。

这里需要提出的是人力资本基金提存的比例需要根据企业的具体情况及其变化实施动态控制。一般而言，确定人力资本基金的提存比例与规模需要考虑以下因素。

（1）企业的产业特性。企业的产业特性即是高科技产业还是传统产业，是劳动密集

型产业还是技术密集型产业。一般来说，高科技产业以及技术密集型产业在人力资本基金提存的比例和规模方面相对要高于传统产业与劳动密集型产业。

（2）企业的发展规划。企业的发展规划即企业对将来的经营规划或产业规划。例如企业计划从传统产业向高科技产业发展，则人力资本基金的提存比例和规模应相应扩大，反之可适度控制。

（3）人力资本的现状，包括现实的人力资本总量与结构两个方面。若总量适度、结构合理，则人力资本基金的提存比例和规模可适当控制；反之则应扩大提存比例和规模。

第五节　人力资本投资管理

本节主要从企业主体的角度研究人力资本投资问题，主要包括企业人力资本投资的含义、特点和目标以及人力资本投资的决策分析方法等内容。

一、企业人力资本投资

（一）企业人力资本投资的含义

人力资本投资是以人为对象，以开发人力资源，或扩大人力资源存量，或提高人力资源质量等为目的的资金运用行为。按投资主体的不同，它可以划分为个体投资、组织投资和政府投资三个方面。其中，个体投资是指作为人力资本载体的个人及其家庭所进行的投资，包括各个阶段的学历教育投资、医疗保健投资以及寻求就业机会和工作变换等方面的投资；组织投资是指用人单位为取得和使用人力资源以及为扩大人力资源存量、提高人力资源质量所进行的投资，包括工资支付方面的投资、岗位培训投资、成人学历教育投资以及医疗保健方面的投资等；政府投资则是由政府财政支付的教育投资，它包括对国民教育的财政拨款、对出国留学人员的财政资助以及公共医疗保健支付等。可见，人力资本投资是集个体行为、组织行为与政府行为于一身的系统性行为。对于特定的单位组织来说，他们所拥有的任何人力资本都“累积”了各个方面在不同阶段以相同或不同方式所进行的投资，而不是单纯地形成于用人单位的投资。

（二）企业人力资本投资的特点

与人力资本的个体投资、行政事业单位投资以及政府投资比较，企业的人力资本投资具有如下几个特点。

（1）投资的目的主要在于优化企业的人力资源结构，提高人力资源素质，以期在不断提高人力资源效率的同时，从人力资源方面培植企业的核心竞争力，强化竞争优势。

（2）投资的性质主要体现为财务性投资。也就是说，企业人力资本投资与企业的其他任何投资一样，是以预期现金流量分析为依据，以实现企业价值最大化这一财务目标为决策原则的一种财务投资行为。当然，企业的人力资本投资也会产生不同程度的非财务效应，如提高企业员工的综合素质、改善员工的健康状况以及形成对社会的外溢利益等。但对企业主体而言，这是次要的、从属的，何况这些非财务效应最终有利于提高企业的现金流量水平，增加企业的财务收益。

（3）投资的知识领域具有特定性。企业人力资本投资从知识性投资方面看，是一种专属性投资，即无论是新聘员工岗前训练，还是在职员工的岗位培训，都是针对企业生产经营所涉及的特定知识领域所展开的。这就如同一个电器专业的在校本科生，需要学习各类电器的各种（构造、生产、运行、维护等）原理，但对一个电视机生产企业的员工来说，对其培训的内容就主要限于电视机的各种原理。

（三）人力资本投资财务管理的目标

从总体上说人力资本投资财务的目标应服从企业理财目标，即实现企业价值最大化。但从具体层面看，要合理界定人力资本投资财务的目标，有赖于对企业人力资本投资的特点做一分析。从企业的角度考察，人力资本投资既有与物质资本投资相同的方面，又有其显著的特点。其中，相同之处主要表现在两者都是以价值分析为基础，以追求价值最大化为目的的财务性投资，不同的方面在于：①人力资本投资是一种战略性投资；②人力资本投资是一种高收益高风险性投资；③人力资本投资是一种特殊的无形资产投资。

基于企业人力资本投资的以上特点，企业人力资本投资财务的具体目标可归纳为以下三个方面。

（1）最大限度地实现企业战略价值。企业战略价值是一种基于企业可持续发展的长期价值，它是企业价值的实质所在。一般认为，一个企业战略价值的大小是由其核心竞争力的强弱所决定的，而企业的核心竞争力又来自其核心人力资源。因此，从最大限度地实现企业战略价值考虑，企业应在做好人力资源分层分类的基础上，将人力资本投资的重心置于核心人力资源方面。

（2）最大限度地获取投资风险价值。投资风险价值是指企业冒风险投资可望获得的超过资金时间价值的额外价值。从理论上说，它应当与投资的风险程度正相关，即投资的风险程度越大，投资者应当获得的额外价值也越大；反之，则额外价值越小。然而，这里所指的额外价值主要是一种正向价值，即由额外报酬所产生的价值增值。事实上，风险的不确定性特征使得这种额外价值有两种截然不同的表现形式，即正向价值与负向价值。前者是由额外报酬所增加的价值，后者则是由额外损失而减少的价值。人力资本投资财务管理的目标之一就是在合理预测投资风险的基础上，做好风险的防范与控制，力求最大限度地实现正向风险价值。

（3）稳定人力资源，保全人力资本。保全企业资本既是企业财务管理的一项重要原则，也是一项最基本的财务目标。保全资本包括保全物质资本和保全人力资本两个方面。这里，保全物质资本早已成为人们理财的一项基本法则，但对保全人力资本问题却还缺乏充分的认识。在许多企业的高层看来，设备不能损坏，现金不能短缺，对员工则是进出请便。他们宁愿因员工不满而流失，也不愿提高一分钱的工资报酬，以至员工纷纷离职，人力资本大量流失。导致这一问题的原因是多方面的，但最主要的原因就在于没有认识到人力资源的资产属性，没有认识到员工离职的财务实质是无形资产的流失。因此，在明确人力资本投资的基本特性、树立人力资源的无形资产观念的基础上，确立人力资本保全目标，对于稳定企业人力资源、防范人力资本流失具有重要意义。

二、人力资本投资财务决策分析方法

构建一套系统、科学的人力资本投资决策方法，对于企业正确地进行人力资本投资决策具有重要意义。企业构建人力资本投资决策方法应考虑以下几方面问题。

（1）体现人力资本投资决策的目标。企业人力资本投资作为一种财务行为，其决策目标应服从于企业财务目标，即实现企业价值最大化。因此，作为人力资本投资决策的方法也应当以价值为核心，满足投资价值分析与评估的要求。

（2）体现人力资本投资的特点。人力资本是一种长期性、高风险的无形资产投资，因此，作为人力资本投资决策的方法既要考虑资金的时间价值因素，合理运用贴现程序和净现值分析，又要考虑风险因素，满足风险评估的要求。

（3）既符合理论逻辑，又具有实践价值。所谓符合理论逻辑，就是所构建的投资决策方法或模型既要能够反映投入与产出、收益与风险的内在联系，又能体现投资效率和效益变化的一段规律；所谓具有实践价值，是指所构建的方法或模型不仅能够与实践吻合，而且在操作上是可行的。

基于以上考虑，可用于人力资本投资决策的方法有价值链分析法、成本收益分析法和现值分析法三种。其中，价值链分析法属定性分析法，成本收益分析法和现值分析法则属于定量分析法。

（一）价值链分析法

价值链分析作为研究企业竞争优势的一种适用方法，在逻辑上也可以成为人力资本投资决策的分析方法。价值链分析是集平衡分析与差异分析于一身的分析。从特定的企业及行业考察，它是一种以“协调一致”为目的的平衡性分析；而从与竞争对手的相对性看，它又在于发现并塑造价值链差异，因为“竞争者价值链之间的差异是竞争优势的一个关键来源”。企业价值活动归根结底是人的能动性和创造性活动，企业各个价值活动的效率是否平衡，能否成功塑造与竞争对手的价值链差异，从而获取竞争优势，在根本上取决于企业人力资源配置的平衡状况与独特性。因此可以说企业价值链分析在一定意义就是人力资源配置情况的分析，人力资本投资决策作为影响和决定人力资源配置效率的一种管理行为，无疑可以而且也应当运用价值链分析法。

将价值链分析法运用于人力资本投资决策的具体内容和程序包括以下三个方面。

1. 界定价值活动

界定价值活动是实施价值链分析的前提。如何合理地界定价值活动，是一个比较复杂的问题，它取决于价值链分析的目的。人力资本投资决策中的价值链分析作为创造人力资源优势的一种管理程序，其价值活动的划分显然不应仅从经济性方面考察，而是应当重点考虑活动的知识性和技术性。因为知识和技术是企业人力资源的灵魂所在，企业人力资源优势正是通过以人为载体的知识和技术的独特性与差异性得以体现的。因此，基于人力资本投资决策的价值链分析，其价值活动应当是知识与技术密集性活动，并且，这种知识和技术应当具有独特性（专属性）、时效性、创新性和市场可容性等特征。一般认为，具有这些特征的企业活动主要是管理活动和技术创新活动。因此，人力资本投资决策的目标首先是强化管理和技术力量，从管理和技术方面创造竞争优势，提升企业价值；其次是平衡内部人力资源能力，即根据管理与技术创新的要求，合理配置和有效培训生产经营人员。

2. 分析价值活动

人力资本投资决策的价值活动分析主要包括两个方面：一是平衡性分析；二是差异性分析。平衡性分析就是考察人力资源在管理、技术和生产经营等各种价值活动中的配置情况和效率状况，分析企业人力资源价值链中的优势和不足。差异性分析就是通过与作为竞争对手的其他企业比较，发掘本企业在人力资源配置与人力资源效率方面的相对优势和劣势，特别是找准本企业与竞争对手在知识与技术方面各自的“歧异性”所在，以便本企业在进行人力资本投资时能够知己知彼，在扬长和不断开发自己的独特性的同时，削弱竞争对手独特性的市场价值，进而从“差异”中获取竞争优势。

3. 进行投资决策

通过价值活动的分析，了解了企业人力资源在内部各个价值活动中的平衡配置情况以及相对于竞争对手的独特性所在后，接下来应当由企业的人力资源管理部门按照“协调一致”的目的和要求，确定人力资本投资的备选方案，并提供关于这些方案的可行性分析资料，由企业管理层根据可行性资料对备选方案进行选择。

（二）成本收益分析法

成本收益分析法就是在合理界定和计量人力资本投资的成本与收益的基础上，按照收益大于成本的原则进行人力资本投资决策的方法。

1. 人力资本投资成本

人力资本投资成本是企业为获得和积累生产经营所需的专属知识与技术，或为提高生产经营效率而对人力资源进行投资所发生的支付和承担的代价。这一概念包含以下几个基本要点：①支付或承担代价的主体是企业。也就是说，构成企业人力资本投资成本的代价仅限于企业主体所发生或承担的，而不包括个人和政府支付或承担的代价。②支付或承担代价的目的在于获得和积累专属知识，或提高人力资源效率。也就是说，凡不是以获得或积累专属知识、提高效率为目的的支付，即使是与企业员工相关，也不能作为人力资本投资成本，如企业对退休员工的支付、对因工伤残人员的支付等。③支付或承担代价的内容包括全部的投资代价。即作为人力资本投资成本的代价既包括投资过程中研发的直接支付，也包括员工因接受培训和职业教育而暂时脱离工作岗位，使企业相对减少的经营现金流量（企业投资的机会成本）；既包括为获得知识和技术而进行的培训和教育支付，也包括为维持或增强员工体力（健康）状况以及为激发员工提高工作效率而发生的医疗保健支付和激励性支付（奖金支付）。

要正确理解企业人力资本投资成本，还必须区分从企业主体考察的人力资本筹资成本与投资成本两个概念。人力资本筹资成本是从资本来源方面考察的，即它是为获得由员工个人所有的人力资本所付出的代价。这种代价包括按契约支付给员工的工资，按法律规定为员工购买各种保险以及员工以所有者身份参与分配的税后利润等。从这种意义上讲，企业的人力资本筹资相当于“可参加优先股”筹资。企业人力资本投资成本则是从资金运用方面考察的。

2. 人力资本投资收益

人力资本投资收益是指企业人力资本投资所获得的增量价值。这一概念也包括以下要点：①收益的主体是实施投资行为的企业。换言之，凡不属于企业直接享有的人力资本收益，如人力资本的“外溢利益”、员工利用所获知识或技术从事第二职业的收入等均不属于本书所指的收益范畴。②收益的内容表现为与投资相关的增量价值。首先，人力资本投资收益是一种增量价值，而不是企业创造的全部价值。因为全部价值与全部人力资本投资相联系，而作为人力资本投资决策通常是按一定期间或某一项目进行的，因而需要单独考察某一期间或某一项目的人力资本投资成本与收益，这种成本与收益无疑属于增量成本与增量收益的概念。其次，它是与人力资本投资相关的增量价值。也就是说，凡不是由人力资本投资所产生的增量价值，如物价变化、税法调整以及政府的税收优惠与补贴等所形成的增量价值均不属于人力资本投资的收益范畴，应在决策分析时予以调整。③人力资本收益有总收益和净收益两种概念，上述的增量价值是总收益概念，净收益则是总收益减去投资成本的差额。

3. 成本收益的分析程序与方法

在按成本收益分析法进行人力资本投资决策时，首先应由企业人力资源管理部门根据企业的人力资源现状和发展规划，拟订人力资本的投资方案；其次，由财务部门对各种方案的成本和收益情况进行预计与测算，并形成书面分析资料；最后，由企业管理层根据投资方案与财务分析资料进行决策。当然，这里的关键是做好成本与收益的预测分析，以便管理层有可靠的决策依据，进行正确的决策。

要做好人力资本投资成本与收益的预测分析，一是要有相对可靠的数据资料。既包括通过回归分析获得的历史资料，也包括根据环境分析所确定的预测数据；既包括本企业的资料，也包括行业资料，特别是作为竞争对手的其他企业的资料。二是合理设置和运用分析指标。根据人力资本投资的特点，拟设置和运用的指标主要有投资回收期和投资收益率两项。其中，投资回收期是指收回一定期间（如一年）或某一项人力资本投资所需要的时间，可以以年为计量单位，其基本计算公式为

$$人力资本投资回收期=人力资本投资成本\div 年增量价值额$$

投资收益率是指人力资本投资的年均净收益对人力资本投资成本额的比率，即

$$人力资本投资收益率=（年均净收益\div 人力资本投资额）\times 100\%$$

在运用上述指标时，应注意以下两点。

(1) 式中的“人力资本投资成本”，在内容上既包括显性的直接支付，也包括隐性的机会成本；在时间上则可按年为单位进行预测和归集，对于培训或教育期限在一年

以上的情况，则可按项目并结合年度支付（如奖金）归集投资成本。例如，甲公司为提高中层管理人员的学历层次，委托一财经大学为其举办期限为两年的在职研究生班，学员全部脱产学习。该班预计人数为 50 人，每人学费为 3 万元。根据公司历史资料和对经营情况的预测，公司员工的年均奖金预计为2万元；企业目前的年营业额为20 000万元，人均营业额为 50 万元；该批学员毕业后，预计在其他因素不变的情况下，公司的年产出率将提高 10%。为分析方便，假定公司营业额与员工人数正相关。则该项投资的回收期为

$$[50\times(3\times2\times2)+50\times50\times2]\div20\,000\times10\%=2.675\text{（年）}$$

（2）式中的“年增量价值额”和“年均净收益”均为人力资本投资见效后相对于见效前的增加额，并且这种增加额必须与人力资本投资相关。凡是由与企业人力资本投资无关的其他因素所影响的收入及损益变化额，均应在计算时予以剔除。这些因素包括市场或行业物价指数的变化、税法调整以及政府的税收优惠与补贴、不可抗拒的自然灾害等。

（三）现值分析法

人力资本投资收益与投资成本在现金流量的时间方面通常不同。投资成本中除医疗保健和奖金性质的支付属于经常性支付外，员工培训和在职教育方面的支付往往是一次性的。从投资收益看，一般又都是在以后年度陆续实现。因此，在测算投资回收期和投资收益率的同时，还应当运用贴现的方法进行现值分析，具体可通过计算净现值和现值指数两项指标进行分析。其中，净现值（NPV）是人力资本投资的预期现金流入现值与现金流出现值的差额，计算公式为

$$\mathrm{NPV}=\sum_{t=1}^{n}\frac{\mathrm{TR}_t-\mathrm{TC}_t}{(1+I)^t}-\mathrm{TC}_0$$

式中，TR_t 为第 t 年投资收益（总收益）的现金流入；TC_t 为第 t 年所发生在医疗保健和奖金支付方面的现金流出；TC_0 为一次性发生的培训和教育支付；I 为企业人力资本投资的必要收益率；n 为接受投资的员工的服务年限。

现值指数（PVI）是指人力资本投资的预期现金流入现值与现金流出现值的比率，计算公式为

$$\mathrm{PVI}=\sum_{t=1}^{n}\frac{\mathrm{TR}_t}{(1+I)^t}\Big/\left[\sum_{t=1}^{n}\frac{\mathrm{TC}_t}{(1+I)^t}+\mathrm{TC}_0\right] \tag{4.5}$$

现值指数是净现值的辅助性指标。它是相对数指标，因而可用于评估人力资本投资的效率状况，并可用于不同投资方案的比较。与企业项目投资的决策原则一样，当净现值大于 0，现值指数大于 1 时，投资方案可行，反之应予放弃。

在具体运用上述现值分析法时，还应注意以下几点。

（1）在确定员工的服务年限 n 时，应结合企业的行业性质和经营特点，首先确定员工的合理退役年龄（如 60 岁），然后可按接受投资的员工的平均年龄到退役年龄所经过的年数作为服务年限。

（2）在确定人力资本投资的必要收益率（贴现率）I 时，应根据人力资本投资的高风险特征，适当考虑风险报酬要求。

（3）对于经常发生的医疗保健和奖金支付，可根据企业的历史数据和对经营情况的预测确定，并采用普通年金方式贴现计算。

第六节　人力资本产权收益

一、人力资本产权收益的构成分析

（一）相关的逻辑假设

根据上述内容可知，人力资本产权收益是多元的，它既包括债权投资意义上的收益，即契约工资和法定保险；也包括股权投资意义上的收益，即税后收益分配。并且，人力资本所有者享受的税后收益相对于非人力资本所有者享受的税后收益意义更为广泛，既包括与非人力资本剩余控制权相对应的收益，也包括与人力资本完整产权（这里为便于分析，假定人力资本所有者拥有其完整产权）相对应的收益。

然而，企业收益是来自各方面资本的综合运用。在实际中，不可能分别核算非人力资本与人力资本各自创造的收益。因此，为分析人力资本产权收益的构成，有必要首先给出一些符合逻辑的假设，主要有如下几个方面。

（1）人力资本价值可以按照折现现金流量法合理预期，并且物质资本与人力资本的价值内涵是相同的，即都是预期现金流量的现值。

（2）某类人力资本的价值取决于其供给的稀缺程度，即其稀缺程度越高，人力资本价值越大，并且稀缺程度与人力资本价值完全正相关。

（3）等量资本获取等额收益，也就是说，无论是物质资本还是人力资本，运用于企业经营的净收益率是相同的。

（4）企业人力资本可以截然划分为一般型人力资本、技能型人力资本、管理型人力资本和企业家型人力资本四种类型，并且一般型人力资本的稀缺程度为中性。

（5）拥有非人力剩余控制权的人力资本主要是高层次人力资本，包括管理型人力资本和企业家型人力资本，其他类型与层次的人力资本不享有剩余控制权。

（二）人力资本净收益

基于以上假设前提，为确定企业人力资本净收益，应该进一步设：非人力资本的总价值为 W；一般型人力资本个体的价值为 u；技能型人力资本、管理型人力资本和企业家型人力资本对一般型人力资本的相对稀缺程度系数分别为 x_1、x_2 和 x_3，且 $x_3>x_2>x_1>1$，四个层次人力资本的人数分别为 n_1、n_2、n_3 和 n_4。则人力资本总价值 U 可以用下式表示

$$U=n_1u+n_2x_1u+n_3x_2u+n_4x_3u=(n_1+n_2x_1+n_3x_2+n_4x_3)u$$

设企业资本净收益率为 R，则

$$企业非人力资本净收益=W\times R$$

$$企业人力资本净收益=U\times R$$

$$企业资本净收益=W\times R+U\times R=(W+U)\times R$$

如上所述，企业人力资本所有者（主要指与管理型和企业家型人力资本对应的企业高层员工，下同）除应获得与人力资本产权对应的收益外，还应获得部分非人力资本产权的收益，即与非人力资本剩余控制权相对应的产权收益。这种收益的多少，取决于人力资本所有者拥有剩余控制权的程度。拥有的剩余控制权越大，其应分享的剩余收益也就越多。人力资本所有者拥有剩余控制权的程度取决于多种因素，包括：①企业合约的完备程度。合约越完备，人力资本所有者拥有的剩余控制权就越小；反之，剩余控制权越大。②人力资本所有者的层次。层次越高，其拥有的剩余控制权越大；反之，剩余控制权越小。③企业经营的不确定性。不确定性越大，人力资本所有者拥有的剩余控制权就越大；反之，剩余控制权越小。④人力资本所有者的决策能力。一般而言，人力资本所有者的决策能力越强，其拥有的剩余控制权越大；反之，剩余控制权越小。

（三）非人力资本产权收益

在剩余控制权难以量化的情况下，确定人力资本所有者应享有的非人力资本产权收益可考虑以下三个因素。

1. 非人力资本所有者的监督成本

通常情况下，人力资本所有者拥有的剩余控制权越大，非人力资本所有者的监督成本就越高，反之则监督成本越低。特别是当非人力资本所有者成为经营者，即在非人力资本所有权与经营权合二为一时，监督成本达到最低。

2. 非人力资本所有者的决策成本

一般来说，人力资本所有者拥有的剩余控制权越大，非人力资本所有者的决策成本就越低，反之则决策成本越高。特别是在非人力资本所有权与经营权合二为一时，决策成本达到最高。

3. 让渡控制权所产生的收益增值

一般来说，非人力资本所有者让渡一定程度的控制权给人力资本所有者可以增加企业收益。该收益增值主要来自两个方面：一是由激励效应所产生的收益，二是由专业人员决策所增加的收益。

根据前述分析可知，人力资本所有者应享有的非人力资本产权收益主要由两个部分构成：一部分是与非人力资本所有者让渡控制权所对应的成本，它具体包括让渡控制权所增加的监督成本和节省的决策成本两个方面，两者的差异属于人力资本所有者应获收益。另一部分则是人力资本所有者分享的，由让渡控制权所增加的收益。这部分收益可以通过将企业非人力资本超额收益按非人力资本与人力资本的比例进行分配的方法确定。如此选择的理由在于这种超额收益一方面依赖于人力资本，同时它又必须以非人力资本为基础。

设人力资本所有者拥有的控制权为K，非人力资本所有者让渡一个单位的控制权将增加的监督成本为J_1，节省的决策成本为J_2，增加的企业收益为Q，人力资本占其与非人力资本之和的比例为b，即$b=(nx_2+n_4x_3)u/[(n_3x_2+n_4x_3)u+w]$，人力资本所有者应享有非人力资本产权收益为$Y$，则有

$$Y=bQK+J_2K-J_1K$$

将这一产权收益在管理型人力资本和企业家型人力资本之间分配时，可选择以两类人力资本的稀缺程度系数为分配权数，即

分配于管理型人力资本的收益（Y_3）$=Yn_3x_2/(n_3x_2+n_4x_3)$

分配于企业家型人力资本的收益（Y_4）$=Yn_4x_2/(n_3x_2+n_4x_3)$

（四）人力资本的总收益

假设企业人力资本的债权投资收益（契约工资与法定保险之和）总额为S，其中，一般型人力资本、技能型人力资本、管理型人力资本和企业家型人力资本的债权投资收益分别为S_1、S_2、S_3、S_4。则人力资本的总收益Z可以用下式表示

$$\begin{aligned}Z&=S+UP+Y\\&=S+(n_1+n_2x_1+n_3x_2+n_4x_3)uR+bQK+J_2K-J_1K\end{aligned}$$

各类型人力资本的收益分别为

一般型人力资本的收益$(Z_1)=S_1+n_1uR$

技能型人力资本的收益$(Z_2)=S_2+n_2x_1uR$

管理型人力资本的收益$(Z_3)=S_3+n_3x_2uR+Yn_3x_2/(n_3x_2+n_4x_3)$

企业家型人力资本的收益$(Z_4)=S_4+n_4x_3uR+Yn_4x_3/(n_3x_2+n_4x_3)$

二、人力资本产权收益的分配方式

关于人力资本产权收益的分配方式，目前主要有支付工薪、分配福利、为员工购买保险、员工持股制、股票期权制等。其中，工资、福利以及为员工购买保险的支付属于本章所指的人力资本债权收益范畴，员工持股制和股票期权制则是作为人力资本股权收益的分配模式。

工资、福利以及为员工购买保险等传统的契约性分配方式目前已基本成熟，而对于员工持股制和股票期权制争论较多。员工持股制和股票期权制在理论上有其合理性，一方面，员工持股和股票期权的多少取决于员工对企业的贡献，因而能够在一定程度上体现人力资本产权收益的本质特性；另一方面，赋予员工股权或股票期权，可以协调委托人与代理人的目标差异，实现长期性的所有权激励，进而降低非人力资本所有者的代理成本。

就我国目前的股票市场环境而言，实施员工持股或股票期权制度的条件还不成熟，合理的选择应该是以契约底薪和法定保险为基础，以税后收益分配为调节，同时应该建立和实施人力资本产权基金制度。

契约底薪和法定保险是与人力资本债权投资特性相对应的固定性支付。只要企业

能够持续经营，就应当根据契约规定按期足额支付员工底薪，并为员工购买所有法定保险。税后收益分配则是与人力资本股权投资特性相对应的。这种支付对员工的即期收入以及企业的内部积累具有调节功能，即当企业的税后收益及其应属于人力资本的份额一定时，企业可以根据其发展规划、风险情况等确定对员工的现实支付和内部留存，从而调节员工的现实收入与内部积累。该内部积累的所有权属于员工，所以也就只能用于企业员工的利益方面。为了便于区分，可以把属于人力资本权益的内部积累作为人力资本产权基金来管理。

一套完善的人力资本产权基金制度应当在人力资本的资金筹措、资金使用和产权归属等方面做出合理规范。但从企业产权收益分配环节看，最主要的就是当人力资本产权收益一定时，合理规范人力资本产权基金的提存比例与规模。

复习思考题

一、简答题

1. 人力资本与人力资源有何区别？
2. 简述人力资本的分类。
3. 简述人力资本成本的构成。
4. 简述人力资本融资的特点。
5. 简述人力资本产权收益的分配方式。

二、论述题

1. 试述人力资本投资财务决策的分析方法及其特点。
2. 论述人力资本财务管理目标。
3. 论述人力资本投资成本构成。

案例分析

盛大公司人力资本管理案例

一、盛大公司简介

盛大公司成立于2005年，注册资本2800万元人民币，总资产2亿元，是一家从事电子元器件研究、开发、制造、销售的高新技术企业。公司占地 18 000 平方米，现有员工380人。公司是专门从事研发、生产、销售电子频率元器件及电子光学器件的专业化企业。

公司立足自主研发、自主创新，产品技术拥有自主知识产权。经营的业务包括：电子元器件的生产、销售；本企业产品及技术的出口业务；本企业生产、科研所需的原辅材料、仪器仪表、机械设备、零配件及技术的进口业务；经营进料加工和“三来一补”业务。

从员工岗位构成来看，盛大公司的员工主要以生产型员工为主，这一部分员工比例占全体员工数量比例的75%左右。这是由企业自身性质和产品性质决定的，盛大公司的销售渠道较为固定，技术相对稳定，且更新换代相对来说不是很频繁，因此，对销售岗位和技术岗位的员工数量需求不是很多。

从员工的学历分布来看，该企业对生产岗位的员工学历要求不高，企业大部分员工为中专学历。随着企业间竞争日渐加剧，企业近两年在人员的调整和补充方面，逐渐开始重视员工的学历，所以，2015～2016年员工中大专生和本科生人数的比例有所提高。

据统计，盛大公司员工平均年龄为29岁，其中30岁以下的员工205名，30～40岁的员工95名，40～50岁的员工60名，50岁以上的员工20名。总体来说，这些员工构成了一个年轻化的团队。

二、盛大公司人力资本投资情况

（一）盛大公司人力资本总体投资情况

盛大公司在整个运营过程中的总体投资按照客体不同划分为物力资本投资和人力资本投资两种形式。通过对相关数据的收集整理得到2012～2015年盛大公司总体投资额以及在人力、物力资本方面的投资数额和其所占份额（见表4.1）。

表4.1　盛大公司投资情况　单位：万元

项目	2012年	2013年	2014年	2015年
总投资	8000	8100	7900	8100
物力资本投资	6100	6000	6100	6100
人力资本投资	1900	2100	1800	1900
物力资本投资比例/%	76.25	74.07	77.22	75.31
人力资本投资比例/%	23.75	25.93	22.78	24.69

（二）盛大公司人力资本投资遇到的问题

随着国内市场化进程的日益深化，盛大公司在其发展的过程中认识到了人力资本的重要性，因此，在近几年也逐渐增加了人力资本投资的力度。但同时，与大多数企业一样，盛大公司在人力资本投资过程中遇到了一些问题。

（1）员工流失问题。员工流失是企业内普遍存在的问题。盛大公司也不例外。虽然该企业每年对内部员工的投资都能维持在一个较为稳定的水平，但员工的流失率仍然居高不下，特别是近几年尤为明显。

（2）投资效果不明显，投资积极性不高。企业管理层认为每年在人力资本方面的投入不少，但是取得的效果并不是很明显，也没有给企业带来多少效益的增加。例如企业培训，公司每年年初都会将培训费用纳入财务预算中，并在预算范围内进行，主要是通过聘请外部专业人员为员工进行培训，大多数为集体形式，也有一部分是针对不同部门单独组织的。人力资本投资的效果评估对企业来说一直是一个难题。企业管理者对培训效果的评估一般是观察员工的工作表现和核算企业效益的增加值，而得到的结果往往达不到预期的目标。因此管理者投资积极性不高。也不愿再扩大人力资本投资规模。

要求：结合案例分析如何解决盛大公司人力资本投资问题。

第五章

财务激励与约束机制

一个效率高、可持续发展的成功企业，一般具有相互制衡的两种手段：激励和约束。各利益相关者向企业投入了自己拥有的性质不同的资本，拥有了不同的财权，并以此承担一定的责任，享有一定的收益。但是在现实的社会中，有时需要进行激励与约束，形成权、责、利相对应。财务激励与约束机制是企业开展有效财务治理的重要内容，本章主要对财务实践中的财务激励与约束机制做出系统的理论分析，进行概念解释，分析两者之间的关系，并详细讨论和总结了独立董事、经营者、员工和债权人的激励机制，对他们进行经济利益、权力地位和企业文化的激励；对他们进行的约束机制，则包括公司章程约束、合同约束、法律约束、道德约束和市场约束等。

【重要概念】 激励机制 约束机制 财务激励 财务约束

第一节 财务激励与约束机制概述

企业作为资源配置和创造价值的实体，应尽可能地实现包括股东在内的相关者利益最大化目标。但公司内部存在信息不对称、“机会主义”与偷懒行为等，损害着股东及其他利益相关者的利益。在财务方面主要表现有：发布虚假财务信息，误导投资者和债权人财务决策；经理人员通过增加其在职消费或与其他人进行合谋行为谋取自身利益而损害股东利益；因玩忽职守做出错误的财务决策，损害公司的利益。这些行为，将会制约企业分权制财务机制的顺利实施，为此，有必要通过在公司内部建立激励与约束机制，协调各层之间的利益关系，以实现相关者利益最大化的财务目标。而建立机制的首要任务即是对激励、约束及两者的关系有一个明确的认识。

一、激励机制的内涵

顾名思义，激励就是刺激和鼓励的意思。从现代管理学的角度来看，激励是指用各种有效的方法去调动员工的积极性和创造性，通过有效的刺激，使他们努力去完成既定的工作任务，以实现组织的奋斗目标。简单地讲，激励的实质就是通过激发人的动机达到引导人的行为的目的，是一种对人的行为的强化过程。激励只有形成机制，才能持续有效地发挥它应有的作用。关于激励机制的定义，目前还没有形成统一的观点。大多数学者认为激励机制是指激励主体通过特定的激励手段和激励因素对激励客体施加影响的方法集合。

激励制度之所以能够使企业长期有效地发展，是因为它可以增强被激励人的积极性，提高他们的责任感，使企业提高工作效率和资金上的使用效率，增强企业的凝聚力。激励机制是在组织系统中，激励主体系统运用多种激励手段并使之规范化和相对固定化，而与激励客体相互作用、相互制约的结构、方式、关系及演变规律的总和。激励机制是企业将远大理想转化为具体事实的连接手段。一定的激励机制会“自动”地导致激励客体的一定行为，呈现出某种规律性。激励只有形成机制，才能持续有效地发挥作用。激励机制对于企业的高层、中层、基层都是一个迫切需要解决的问题。

二、约束机制的内涵

约束实际上是反向的激励。“约束”的自身含义是指对某个物体的所在位置及其运动条件施加的限制，也可引申为控制和管束。国外部分学者也将约束机制等同于监督机制。没有约束力的激励，激励很难达到目的。约束的基本问题是行为要受到控制、权力要受到制约、人们对自己的决策后果及行为要负责任。在现代社会中，对个人及组织的约束往往是通过建立适当的制度体系，以形成约束机制来实现。

约束机制是指为了实现组织既定的目标，约束主体（企业所有者或市场）通过制定一系列规范性强的制度措施和实施一些具有强制性的手段对约束客体（企业经营者或内部控制人）的具体行为进行控制和约束。

三、激励约束机制的含义

“机制”一词来源于希腊文，原指机器的构造和动作原理。后来常被应用于自然科学和社会科学。《现代汉语词典》（第 6 版）将“机制”解释为，泛指一个工作系统的组织或部分之间相互作用的过程和方式，如市场机制和竞争机制等。若从行政管理学的角度去探究，机制就是管理活动过程中特定的运行方式以及相应的各种制度的集合，简单来说，就是方法加制度的综合。激励约束机制是经济学和管理学的重要内容，正确理解它的内涵对深入研究本书探讨的论题有着重要的意义。激励约束机制是指在一定的环境条件下，通过特定的激励方法和约束手段，以达到预期目标所形成的一系列制度安排。它包含激励机制和约束机制两个方面，其中约束机制是激励约束机制的核心，是顺利实现激励主体目标的有效保证。

总的来说，激励约束机制是一个系统性较强的制度集合，主要包含激励约束的主体、激励约束的客体、激励约束的目标、激励约束的方法以及激励约束的环境五个基本的要素。

四、财务激励与约束的关系

激励与约束的关系不是对立的，而是相辅相成的。激励是在一定约束下的激励，而约束往往是建立在激励基础上的约束。如果没有约束，就没有一定的秩序和规则，每个组织和个人都可以各行其是，为所欲为，也就谈不上激励。但是，如果只有约束而没有激励，一个组织或个人就没有积极性和主动性，行为就会僵化、教条，从而也就失去了约束应有的作用。以下几点将有助于认识财务激励与约束机制的关系。

（1）激励和约束的区分非常“微妙”，难以严格划分。如果严格界定“激励”为激发组织或个人内心的积极性，“约束”为制约其使之不采取某种行为，也就是说，“激励因素”是所谓使人真正“满意”的因素，而非“没有不满意”的因素；“约束因素”只是使人“没有不满意”，既不使人感到“满意”，又不使人感到“不满意”的因素，那么，报酬、控制权等机制并非全部发挥激励作用，基本的工资报酬或授权只会使人“没有不满意”，仅能起到约束作用，因而不能将其完全归为激励机制；同样，市场竞争机制除了有对经营者“劣汰”的约束作用外，还具有“优胜”后满足经营者成就需要的激励作用，因而也不能将其完全归为约束机制[4]。

（2）激励作用越大，约束作用亦大。这一方面是因为经营者的时间、精力有限，由激励机制激励、诱导经营者而发生的某些行为，可能替代约束机制去限制约束经营者的其他行为，当经营者用于生产性的努力增加时，用于分配性的努力就会减少：另一方面是因为由于强激励机制巨大的利益诱导，增大了经营者机会主义行为的机会成本，从而发挥了“软约束”的作用。

（3）激励与约束在充分竞争的市场中可以转化。在较为完善的市场竞争中，企业的所有者与经营者作为不同生产要素的投入者均时刻面临市场竞争的风险与压力，诸如同行业竞争、不同资本收益率的比较、企业内外部人才的职位竞争等。这就会在全社会范围内逐渐形成经营者的职业利益风险机制，将经营者的经济收入、社会地位和职业前途与企业的经营目标的实现状况紧密结合，使所有者特别是经营者在制度约束、竞争约束中自动完成压力向动力的转化。

在实践中，多种激励与约束机制都要通过特定的财务手段实现，或是直接对公司的财务治理产生影响，其作用对象不仅包括公司高层财务经理人员，还涉及公司内部的其他高级管理人员。因此，财务激励和约束机制往往是指企业的所有者为了达到根据一些可知的变量来奖惩经营者，以使其选择有利于所有者行动的目的而建立的一种需要以一定的财务手段实现的或是直接作用于公司财务治理的激励约束机制。

五、财务激励与约束机制的设计原则

激励与约束相辅相成，不可分割。当良好的财务约束机制与财务激励机制互相对应，形成一种完整的企业体制，则表明企业的财务治理结构进入良性运转的开端。可见，任何企业的财务治理最终都要归结到如何综合设计财务激励和约束机制，使两者相互对应、共同发挥最大效用的问题上来。

（一）综合性原则

关于财务激励与约束的综合性原则，可以从两个方面来理解。

（1）利益激励约束与精神激励约束的有机结合。利益激励约束和精神激励约束分别针对货币物品及非货币物品的需求，而两种物品需求之间又存在一定的替代关系，因此，所有者能够通过改变对经营者报酬的安排来影响经营者对非货币物品的需求。这样，所有者就能够用利益激励约束的方式减少经营者在追求非货币物品（如盲目扩大企业规模）时有可能产生的对所有者利益的损害。当然，一定条件下这个过程也能够逆转，即所有者可以通过对经营者进行精神激励约束，给予经营者更多非货币物品的方法来减少供给货币物品。例如，改善经营者工作环境并适度减少他的薪酬，完全可以获得同原来一样甚至更强的激励和约束效果。

（2）长期激励约束和短期激励约束应相结合。从实践的经验来分析，激励约束机制应有长短期之分。长期激励约束机制主要可采取股权、期权、养老金等形式，与决定企业长远利益的决策相适应。事实上，经营者的决策特别是重大决策对公司的影响时间较长，有些决策的效果要在若干年后才能体现出来，经营者在公司内部管理上的投入也需要时间才能体现，因此如果只是根据企业短期的经营效果来决定激励与约束的内容，可能导致激励对象的行为短期化，导致企业缺乏发展后劲。应逐步注重长期激励，当然也不能因此忽视短期的激励约束措施。短期激励约束机制主要可采取现金激励、职务消费等形式，与决定企业短期利益的决策相适应，逐步推进经营者的短期决策行为与企业长期发展的目标取向一致。从发展的趋势分析，对经营者的激励机制应逐步缩小短期奖励比重，扩大经营者的远期收入比例，大胆尝试高额养老金计划和完善经营者持股制度，使经营者能分享企业增加的财富，鼓励经营者采取符合企业长远发展、利益最大的动机。

（二）风险对称原则

为防止激励与约束机制激化员工的不满情绪，同时避免经营者通过设计有利于自己的激励方案而损害所有者和员工的利益，应按照收益与风险对称的原则设计经营者激励机制，使经营者承担相应的经营风险，形成与业绩挂钩的风险收入。长期以来，我国企业经营者的收入是结构单一的月薪制。公司制的改革使经营者的报酬形式日益多样化，如有些上市公司采用了年薪制和经营者持股制等制度，但效果并不见佳。在年薪制实际执行当中，往往基本薪金比例较大，而风险收入比例较小，达不到对经营者的激励效果；风险收入是以年度为单位的，造成经营者为追求短期利益而牺牲企业长期发展。

现行风险激励约束机制的设计，考虑更多的是激励，相对淡化了约束。与精神激励相对应的约束主要是行政上的降免和解聘，对经营管理中违纪违规乃至触犯法律的，分别给予纪律处分和法律制裁。实际在物质上同样可以体现出风险约束的作用。例如，实行扣抵风险抵押金，将风险收入的较大部分留在企业作为风险保证金，用来弥补可能形成的亏损或决策失误造成的损失；或扣减奖金，根据是否完成规定的经营业绩和完成程度的大小，决定是否有奖金和奖金的分配。

（三）绩效原则

利用利益激励经营者，设计经营者报酬结构时，要注意把经营者报酬与绩效挂钩，并使所有者和经营者两者利益兼顾。企业经营得好，创造的财富就多，企业经营者所得报酬也就高；相反，如果经营不善，经营者报酬也随之降低。如果经营者的报酬与其努力程度完全无关，可能使企业经营者失去努力工作的动力。只有使经营者拥有部分剩余索取权，报酬与经营绩效挂钩，经营者才会真正关心企业利润，所有者与经营者目标上的差距才会缩小，委托代理问题才不致过分严重。经营者报酬与绩效挂钩是经营者报酬设计的基本原则，最好地体现了风险与收益对称的思想。

（四）公平原则

对于财务激励与约束机制的公平原则可以从以下两方面来理解：①指设计的财务激励与约束方案，与同行业其他企业的方案相比具有相对公平性；②按公平理论，相对于公司业绩而言，除了舆论宣传改进大家的一些不正确分配观念外，在设计财务激励与约束机制时，应兼顾使各利益相关者间保持一定程度的一致性，从而增加公平感。

（五）市场原则

市场原则是指要用市场方法确定经营者的激励目标和激励水平。特别是国有企业大股东的代表通常是政府官员或准政府官员，他们多偏爱按“级别”确定经营者的激励水平。而且很多人也有一个隐含的标准：下属企业经营者的收入水平不能超过自己的收入水平或不能超过太多。结果这种按行政方法确定的激励水平严重偏低。查看上市公司老总的收入，偏低者绝大多数是国有企业的老总。原因之一就是激励方案一般是按行政方法确定的。而民营企业和外资企业能不断吸引和留住所需的优秀人才，原因之一就是他们为这些人才确定的薪酬水平和其他激励措施能根据市场情况及时调整。

第二节　激励与约束机制理论基础

要研究财务激励与约束机制问题，必须对其一般性规律进行探讨，已有的研究表明：人们对激励与约束问题的研究是从两个不同的思路展开的：一是在心理实验、经验总结和科学归纳的基础上形成的管理学激励约束理论；二是在人的理性假设基础上，通过严密的逻辑推理和数学模型获得的经济学激励约束理论。因此，有必要分别对其中的相关理论观点进行了解和学习。

一、管理学对激励约束理论的研究

按照研究激励侧面的不同与行为的关系不同，可以把管理激励约束理论归纳和划分为不同类型。

（一）内容型激励理论

内容型激励理论是从研究人的心理需要而形成激励的基础理论，它着重对激励诱因与激励因素的具体内容进行研究。其代表理论有：马斯洛的需要层次理论、奥尔德弗（C. P. Alderfer）的 ERG 理论、麦克里兰的成就需要理论、梅奥的“社会人”理论以及赫兹伯格的“激励—保健”双因素论。

马斯洛的需要层次理论认为人的需要有五个层次：生理、安全、社交、尊重和自我实现。环境的不同，一个人满足各层次需要的先后次序也会有所不同，但不可能完全满足。正是由于人们存在各种不同的需要，满足这些需要所必须具备的条件就成为人们追求的对象，同时也成为诱导人们努力工作的激励因素。但他同时又提出，一种需要满足了，其激励的力量也就失去了。因此，要根据人的不同需要和不同的社会环境，设计相应的激励方案。马斯洛的需要层次理论被奥尔德弗概括成 ERG 理论，即生存（existence）、关系（relatedness）和成长（growth）理论。随后，赫兹伯格对满足员工需要的效果提出了“双因素理论”，认为仅仅是满足员工的需要还不能排除消极因素，满足需要可以认为是消除员工不满和抵触情绪的一种“保健因素”，但更应当注重“激励因素”对人的作用，这样才能使满足人的各层次需要的工作收到提高生产效率的实效。马斯洛的需要层次理论指出了具有普遍特征的一般人所共有的需要。作为经营管理者的需要，既有其一般性，又有其特殊性。美国心理学家麦克里兰认为，对企业高层管理者有激励作用的基本需要有三种：成就需要、权力需要和归属需要。成就需要是做事情要比以前做得更好些的需要；权力需要是指对他人施加控制性影响而带来满足的意向；归属需要是关于同别人建立、保持或恢复肯定的感情关系，即友谊的需要。他认为具有强烈成就需要的人，把个人的成就看得比金钱更重要。报酬对他来说，主要是衡量自己的进步和成就大小的一种工具。值得重视的是麦克里兰认为人的成就需要是可以培养的，而且具有成就需要的人是经济发展的关键，他们所创造的不断发展的公司（企业）是经济发展的基石。这一点对我国目前培养高素质的经营管理者具有重要意义，但同时不应忽视我们所处的物质条件也需要极力改善。

无论是马斯洛的需要层次理论，还是奥尔德弗的 ERG 理论或麦克里兰的成就需要理论，一个共同的特点是人存在多层次的需要，也就是说人存在多种行为动机，这对人的激励需要提供了理论根据。根据人的不同需要，可以设置相应的激励机制，最大限度地调动其工作的积极性。

（二）过程型激励理论

过程型激励理论着重研究人的动机形成和行为目标的选择，认为根据人们的行为动机以及目标设置，将个人需要、期望与工作目标结合起来，就能够充分调动和发挥生产者的主动性和创造性。其中最有代表性的是佛隆（V. H. Vroom）的期望理论、亚当斯的公平理论以及波特和劳勒的综合激励理论等。

佛隆对于如何提高激励因素的激励力，提出了“期望模式理论”，基本观点是：人们只有在预期其行动有助于达到某种目标的情况下，才会被充分激发起来，从而采取行动以达到这一预期目标。因此，为企业家设置的目标要有挑战性，做到先进性与可行性的统一。同时，要注意鼓励企业经营者将个人目标与企业目标有机结合起来，帮助他们全面理解企业目标的价值，这种目标包括企业对社会的贡献和对个人的好处，使之从中意识到只有与企业的大目标相一致，个人目标才能更好地实现，也会更有价值。在佛隆期望理论的基础上，美国的波特和劳勒在20世纪60年代末建立了期望论模型。期望论认为激励力量的大小取决于多方面的变化因素，涉及当事人对该项工作的成功、所获报酬以及相关影响的认识和评价。亚当斯的公平激励理论强调了工作报酬相对公平的重要性，认为同等的报酬不一定获得同样的激励效果，只有通过对他人的投入进行比较，才能知道同等报酬是否具有相同的激励效果。如果激励机制的设计违背了公平原则，将会导致激励效果的下降。例如，在同一单位工作的人，如果偷懒的人与勤奋的人具有相同的工资报酬，其结果只能是大家都偷懒。因此，要想提高报酬的激励效果只能是让投入多的人获取相对高的报酬。

（三）行为改造理论

行为改造理论被认为是激励目的的理论，激励的目的是要改造和修正人们的行为方式。这种理论主要有“挫折论”“操作型条件反射论”和“归因论”。著名心理学家斯金纳提出的操作条件反射理论，认为人的行为是对外部环境刺激所做出的反应，只要创造和改变外部的操作条件，人的行为就会随之改变。这种理论的意义在于用改造环境的办法来保持和发挥那些积极的、愉快的行为，减少或消除消极的、不愉快的行为。

20世纪80年代以来，不少学者对行为改造理论提出了新的要求，希望将环境设计技术与道德抑制结合起来，使激励的方式多样化。

（四）综合激励模式理论

综合激励模式理论是由罗伯特·豪斯提出的，主要是将上述几类激励理论综合起来，把内外激励因素都考虑进去。内在的激励因素包括：对任务本身所提供的报酬效价、对任务能否完成的期望值以及对完成任务的效价。外在的激励因素包括：完成任务所带来的外在报酬的效价，如加薪、提级的可能性。综合激励模式表明，激励力量的大小取决于诸多激励因素共同作用的状况。

二、经济学对激励约束理论的研究

与管理学通过对人的多种需求研究激励不同，经济学对激励的研究是以经济人为出发点，以利润最大化或效用最大化为目的。管理学研究的着眼点是人的需求动机，而经济学研究的着眼点是制度关系。随着经济学中信息理论、产权理论、契约理论、内部人控制理论和委托—代理理论的发展，声誉、竞争、控制权和公司制度及公司运行环境等因素也被纳入现代企业激励约束理论的研究中，同时也引起了激励模式的复杂化。

（一）现代企业理论

企业财务活动及其管理是在一定的企业制度背景下展开的，对企业财务激励约束机制的研究是以现代企业理论作为基础的。

科斯对传统企业理论的责难，开创了对于企业基本问题研究的新阶段。科斯认为，企业最显著的特征，就是作为价格机制的替代物，在企业内部组织的交易比通过市场进行同样的交易费用要低。受到科斯理论的启发，阿尔钦和德姆塞茨沿着科斯开辟的交易成本的分析方向进行了进一步的探讨，认为企业的实质是通过各种要素投入者的合作来组织生产，也就是所谓的“团队生产”，它产生了一个比所投入的要素分别使用所得到的产出总和更大的产出。“团队生产”虽然能导致较大的产出效率，但也产生了较大的“道德风险”，为要素投入所有者的偷懒或“搭便车”行为提供了可能，从而形成所谓动力问题或刺激问题。动力问题又可以分解为两个问题：一是激励问题，即如何使人采取某种行为的问题；二是约束问题，即如何使人不采取某种行为的问题。因此，阿尔钦和德姆塞茨的“团队生产”企业理论特别强调进行团队生产的企业成员的激励问题，也就有了何种权力安排能更有效地提供激励，减少偷懒、“搭便车”行为的选择。

与阿尔钦和德姆塞茨理论相关或互补的是詹森和麦克林的代理理论观点。他们认为，企业的本质是与员工、供应商、客户和贷款者的一组契约关系。代理理论强调的是这样一种契约关系：委托人授予代理人某些决策权，要求代理人提供有利于委托人利益的服务，然后假定双方都追求效用最大化，那么就有理由相信在信息不对称的条件下，代理人不会总是根据委托人的利益采取行动。这样，所有这些契约关系都存在代理成本和监督问题，也就出现了对代理人的激励与约束问题。

综合上述观点，我们可以看到，代理理论强调的是契约关系的确立过程，而科斯强调的是契约关系的贯彻过程，将二者结合起来，企业的性质既为一组契约关系的连接点，同时又是作为市场对立面的一个层级组织。而作为现代企业制度典型代表的公司制企业，以剩余索取权相对分散，所有权与经营权相分离的产权结构为特征，形成了股东（股东会）—董事会—经理这样一种内部层级管理制度。其中，有关财务管理层次的特征是：股东作为出资人，拥有对财务事项的最终决策权，处于第一管理层次；董事会作为出资人的代表及代理人，负责公司重大财务事项的决策和管理，处于第二管理层次；总经理作为受托管理公司的代理人，按照与董事会签订的合同规定的职责权限，行使经营权，处于第三管理层次；财务经理及其财务管理职能部门作为财务决策的执行者及日常管理者，处于第四管理层次。因此，建立何种财务激励约束机制，使各层次代理人有尽责尽力的激励与行为约束，也就构成了建立现代企业制度的一个重要问题。

（二）企业契约理论

由科斯开创的企业理论被称为企业的契约理论，代表人包括威廉姆森、德姆塞茨、张五常、哈特、阿尔钦等，该理论认为企业是一系列不完全契约的组合。不完全契约存在的原因，一是有限理性和环境的不确定性，二是交易成本的存在。企业契约理论把企业看作委托人和代理人之间不完备的合约，需要制衡机制对抗潜在的权力滥用，并用激励机制使董事和高层经理们为股东出力和谋划。企业契约理论是现代企业研究中有开创意义的成果，但其中有些理论存在不足之处，如格罗斯曼和哈特混淆了企业的所有权与财产的所有权，阿尔钦和德姆塞茨的团队理论认为，所有团队成员从一开始都是同质的，可以从他们中随意挑选监督者，这显然也不符合实际。

（三）委托—代理理论

现代企业中的委托—代理关系可以理解为一种契约关系，契约的基本内容是规定代理人为了委托人的利益应采取何种行动，委托人要相应地向代理人支付何种报酬。委托人与代理人之间的关系作为一个受到普遍关注的重要问题，主要产生于所有权与经营权的分离。在两权分离的情况下，代理人的目标并不总是和委托人相一致，从而代理人有可能从个人目标出发侵害委托人的利益，如过高的职位消费和“内部人控制问题”等。从信息非对称的角度看，代理问题分为两类：一类是缔约前的信息问题，即所谓的“逆向选择”（adverse selection）问题，代理人在订立契约时就已经掌握私人信息，即只有他自己才知道自己的能力、素质和工作态度等，而委托人却并不知道，只知道它们总的分布。另一类是缔约后的信息问题，即所谓的“道德风险”（moral hazard）问题，其特点是只有代理人才知道自己是否在经营中尽了力，是否按照所有者（委托人）利益要求去进行决策和管理，但所有者对此却不知道，因为不可观察和证实，或证实成本过高。

在存在“逆向选择”和“道德风险”委托—代理关系中，经营者可以利用其信息优势逃避监督，追求自身利益的最大化。因此，企业建立健全激励约束机制显得十分必要与重要。按照经济学家詹森和麦克林的说法，就是委托人必须给予代理人适当的激励来减少他们之间的利益差距，并花费一定的监督成本来限制代理人做出偏离正道的行为。具体来说，就是针对不同情形采取不同的措施：第一，针对代理人的偷懒行为，委托人通过分享剩余索取权建立激励机制，将代理人的努力诱导出来，从而克服偷懒行为；第二，针对机会主义行为，委托人通过信息交流建立监控（约束）机制，将代理人的能力逼迫出来，从而防止机会主义行为。上述措施实际上就是企业激励约束机制的建设问题。如果假定委托人和代理人都是理性的最大效用的追求者，那么委托—代理关系的核心问题则在于，委托人如何通过激励约束机制促使代理人的行为最大限度地增加委托人的效益。

（四）代理成本理论

20 世纪 70 年代，阿尔钦和德姆塞茨提出团队生产理论，以解释企业内部结构的激励问题（监督成本）。他们认为企业实质上是一种“团队生产”方式，每一个成员的真实贡献不可能精确度量，从而不能根据每一个成员的贡献去支付其真实努力的报酬，这就导致了人们偷懒的问题，由此需要监督者（管理者）进行监督，进一步产生了对监督者（管理者）的激励问题。要使监督者具有监督的积极性，就必须赋予监督者剩余索取权。1976 年，詹森和麦克林提出了类似于上述监督成本的“代理成本”概念，认为让经营者成为完全剩余权益的拥有者，可以降低甚至消除代理成本。但随着经营规模的扩张，经营者要成为完全剩余的所有者又因其自身财富有限而受到限制，即使经营者利用举债来解决资本问题，也会因债务风险的存在而产生债权人与债务人之间的代理成本。因此，选择最优的资本结构就是权衡各种融资方式的利弊，降低代理成本，提高企业价值，由此决定了对管理者的激励分配制度的重视，而且在这种分配制度中，所有权在解决企业激励问题上是非常重要的。

（五）内部人控制理论

公司治理随着股份公司的产生而出现，近些年来更成为中西方学者不遗余力研究的热门课题。从狭义来看公司治理是指高级管理层为履行对股东的承诺，承担自己应有的职责所形成的责权利的分配与协调关系。从广义来讲，公司治理既包括公司本身的各种行为，又包括各种行为与社会各方面的关系及其行为后果对社会各方的影响。内部人控制是公司治理中的一个重要问题。钱德勒认为管理阶层日益取得主导地位。青木昌彦认为内部人控制是转轨过程所固有的一种潜在可能的现象，是从计划经济制度的遗产中演化而来的。陈秀山和吴建辉认为国有企业内部人控制的原因是国企改革的"路径依赖性"、监督和制约机制弱化、市场竞争机制不足等。陈传明则认为，企业经营的不确定性，赋予经理人员随机处置权，以及权力主体与经理人员之间不利于前者的依赖关系是产生"内部人控制"的原因。费方域总结内部人控制的危害是：过分的在职消费、信息披露不规范、短期行为等。张承耀、吴有昌、王一民、汤士云等学者则分别从不同角度探讨了如何控制内部人控制。总之，国内外在公司治理及监督和约束机制的理论研究上成果较多，但实践中仍存在诸多问题，需要进行更深层次的探讨，并提出符合我国现代企业特色的监督和约束理论及实施方案。

纵观以上各种理论，大多将重点放在激励的内容上。实际上激励的内涵应包括激发和制约两个层面，任何一种制度安排，都暗含了激励和约束的双重作用，制度的激励往往包含约束的内容，某些基于约束要求而制定的规范性制度则具有明显的激励效应。但是在激励的光环下，人们往往弱化甚至忽视约束的作用，因此需要将约束问题独立出来，目的是重视它的存在，将股东、制度、市场、法律等方面的约束具体化。

三、激励约束的过程及作用机制

对企业人员实施激励约束后，对高管人员行为作用的过程如何？这绝不是个无关紧要的问题，它涉及人的行为学及心理学，而只要掌握和了解激励约束的过程及作用机制，才能更好地制定和完善高管人员的激励约束机制。现代心理学中的激励理论主要包括两类：一类关注影响行为的因素的性质，被称为内容型激励理论，包括需要层次理论、双因素理论、成就需要理论等；另一类关注因素影响行为的过程以及这些因素之间的相互作用，被称为过程型激励理论，包括期望理论、公平理论、归因理论等。

（一）需要层次理论

马斯洛的需要层次理论强调人的不同层次的内部需要是激发动机的主要因素，批判了人的行为是外部刺激机械决定的行为主义理论，是非常具有积极意义的。同时，他所指出的需要层次性和需要由低级向高级发展的趋向，是一般人的共同的心理过程，这一原理在西方国家中已经得到验证。但该理论也存在一些缺陷，其中最明显的不足就是它带有一定的机械主义色彩，把需求层次看成固定的程序，认为人的需要按照严格的层次，由低级向高级逐步上升，不存在由高级需要后退到低级需要的情况，在正常情况下，也不存在越级上升的情况。

奥尔德弗于 1969 年提出了对马斯洛的需要层次理论的修正理论——关于人的需求的新理论——“生存—关系—成长论”，也可称 ERG 需求论(其中 E 代表生存 existence，R 代表相互关系 relatedness，G 代表成长 growth）。奥尔德弗认为生存需求是人的最基本需要，类似于马斯洛的生理需要与安全需要；关系需求是当一个人的基本生存需求得到满足后，就希望与上级和同事有良好的相互关系，类似于马斯洛的爱的需要与尊重需要；成长需求是当相互关系需求满足后，就会产生成长需要，希望在事业上、前途上有发展的需求，类似于马斯洛的自我实现的需要。但奥尔德弗的理论并不是将马斯洛的需求层次简单化。ERG 理论的特点在于：各种需求可以同时具有激励作用；人的需要并不一定严格地按照由低到高逐级发展的顺序，可以越级；如果较高层次的需求不能得到满足，就会出现倒退的现象，对满足低层次需求的欲望就会加强；某种需求尤其是关系需求和成长需求得到满足之后，其强烈程度不仅不会减弱，反而会更加强。

（二）双因素理论

双因素理论又称为激励—保健因素理论，其基本观点是：激发人的动机的因素有两类，一类为保健因素，另一类为激励因素。在工作中，保健因素起着防止人们对工作产生不满情绪的作用。激励因素是影响人们工作的内在因素，如工作成就、认可、责任、发展等，其本质为注重工作本身的内容，借此可以提高工作效率。

赫兹伯格认为传统的满意—不满意观点（认为满意的对立面是不满意）是不正确的，满意的对立面应该是没有满意，不满意的对立面应该是没有不满意；保健因素的改善可以使员工从不满意到没有不满意，而激励因素的改善则可以使员工从没有满意到满意。这说明，保健因素与激励因素对调动人的积极性都是起作用的，只是影响程度不同而已。但在不同的社会制度、国情、文化中，保健因素和激励因素的具体内容有所不同，就是同一因素，在同一地区的不同时期也可能属于不同的类别。比如薪酬，在发达国家被认为是保健因素，但在发展中国家可能就成为激励因素。

（三）成就需要理论

美国哈佛大学心理学教授麦克里兰经过长期研究之后，提出了成就需要理论。他不是全面地按层次划分人的需求，而是在人的基本生理需求已经满足的条件下研究人的最主要的需求。他认为，具有强烈成就需要的人，把个人成就看得比金钱更重要。

成就需要是一种优化了的优越标准的成功需要。麦克里兰认为，一个企业乃至一个国家是否兴旺发达，取决于具有成就需要的人的多寡。具有成就需要的人都有以下行为特征：事业心强，进取心强，也比较实际，密切注意自己的处境，要求不断得到反馈信息，以了解自己的工作和计划的适应情况。重成就，轻金钱，从工作成功中得到的快乐胜过物质的激励。成就需要理论的特点在于，它关注于人的高层次需要，认为工作本身具有挑战，以及为个人提供发展机遇，会对个人产生激励作用。

成就需求理论对于企业管理，特别是研究知识型员工的需求具有积极的参考意义。成就动机不是个人天生的特性，而是遗传、环境、教育和实践综合作用的结果。麦克里兰后来开设了许多成就动机培训班，也都取得了显著效果。但是，在不同国家、不同文化背景下，成就需求的特征和表现不尽相同，对此，麦克里兰未做充分论述。

（四）期望理论

美国心理学家佛隆从研究激励复杂性的动机出发，对激励过程进行了有益探索。1964 年他在《工作与激励》一书中提出了著名的期望理论（expectancy theory）。佛隆认为，个人的行动都基于一种预期，即努力能够产生结果，而这个结果又是具有吸引力的。因此，组织可以通过针对个人需要设置一定的目标，以引发人们的行为动机，但这种激励受到两个因素影响：一是目标效价，指人对目标价值的判断。即如果实现该目标对人来说很有价值，人的积极性就高；反之就低。二是期望值，指人对目标可能性的估计。即如果人觉得实现该目标可能性大，就会努力争取，激励程度就高；反之就低，以至完全没有。个人的目标效价越高，也就是被激励人对目标越看重，激励作用就越大；目标实现的可能性越大，激励的效果就越好。只有当期望值和目标效价都高时，激励力量才能最大限度地发挥出来。在佛隆看来，目标效价和期望值都是主观的，不同人对同一目标的评价及对自己的估价是不同的。如果对目标难度的估计过低或过高，对自己的能力和环境估计过于悲观或乐观，经过一段时间的实践后，人们会自动进行修正，重新进行评价，这种激励力量的差距称为“感情调整”，表示因效价或期望值的变化而产生的情感差异。成熟程度高的人，心态平稳，其积极性不易因感情变化而受到影响。

期望理论还进一步研究了个人行为与组织目标之间的关系，该理论认为，通过一定努力，个体可以达到两种水平的输出，第一种水平的输出是组织所要达到的目标，每二种水平的输出是个体本身想达到的目的，而这两种水平输出之间是有联系的。例如，员工努力工作，可以导致获得较好的工作业绩（第一水平输出），而工作业绩的提高，可以得到更多的薪酬、同事的尊重、领导的赏识、职务的提升和个人的快乐（第二水平输出）。由此可以看出，第一水平输出的目的是带有工具性的，是达到目的的手段，而第二水平输出的目的，才是个人的目的。如果不能实现第一水平的输出，那么也不能实现第二水平输出。也就是说，个人所期望的目标有两个层次，一级目标是最初目标，是达到二级目标的工具或手段，二级目标才是最终目标。

（五）公平理论

对人的主观认识影响激励效果问题研究的另一个重要理论，是美国心理学家亚当斯提出的公平理论（equity theory），主要探讨工资报酬分配的合理、公平性对员工产生的影响。

该理论认为，人们将自己所做的贡献和所得到的报酬，与一个和自己条件相当的人的贡献与报酬进行比较，如果这两者之间的比值相等，双方就都会感到公平。

公平理论得到以下结论：雇员对报酬的满意程度取决于人们对薪酬比较的认识。薪酬能否起到激励作用，不仅受到薪酬绝对值的影响，而且也受到薪酬相对值的影响（个人与他人的横向比较，以及与个人历史收入的纵向比较）。当人们感到公平时，会心情舒畅，积极工作；反之，当人们产生不公平感时，会牢骚满腹，并通过消极行为去纠正不公平。

当一个人发觉自己的分配受到了不公平的待遇，他可能会以以下几种方式来消除不公平感：一是要求增加自己的报酬；二是要求降低他人的报酬；三是设法减少自己的贡献；四是设法增加他人的贡献；五是更换新的参照对象以减少不公平感。

公平理论开辟了激励理论一个新的领域，即从满足个人需要的直接对应关系拓展到个人与他人的需求满足的相互关系，激励不仅要考虑个人需要的满足，更要考虑彼此之间的利益协调关系。但从另一个角度来看，公平感是一种主观感受，影响公平感的因素很多，远不是亚当斯叙述得那么简单。例如，怎样选择参照对象，如何衡量贡献与回报，如何理解机会公平、过程公平与结果公平等，公平理论都没有进行深入研究。

（六）归因理论

归因理论是由行为的结果来推断行为原因的过程。通过已成定局的成功或失败的结果，找出最佳的激励途径。一般来说，行为原因可以分为外部原因和内部原因两类。心理学家们通过分析归因过程，形成了不同的归因模型。

一致性推理归因模型认为，从人的行动结果可以推断出人的行动原因，具体步骤为由行动结果推出行动的意图，再推出行动的特性，进而考察结果、意图和特征之间的一致性。

协变归因原理认为进行归因时，人们通常考虑三个主要因素：一致性、特殊性和同一性。在高一致性、高特殊性和高同一性条件下，观察者倾向于把考察的行为归于外因；当特殊性和同一性低时，观察者倾向于将行为归于内因。

成败归因模型强调归因是对一个既成事件多阶段的反应过程：确认既成事件的成败—寻找成败的原因—由归因引起个人情绪上的反应，并形成对今后的期待。情绪反应和期待结合起来便决定今后的成就定向与行为。在对成败原因的分析上，该模型认为潜在的原因有三：一是“内部—外部”，即有些原因是内因，有些是外因；二是“稳定—不稳定”，如人的能力是稳定的，运气则是不稳定的；三是“可控—不可控”，如努力、注意力是可控的，而健康则是不可控的。管理者依据他们对雇员成败的归因而决定对雇员的奖惩。

期望原理认为原因的稳定性将决定期望，高稳定性与高期望值是联系的，如果一个事件被归于一个稳定的原因，那么可以相信或期望未来也会产生与事件类似的结果。

（七）激励约束的过程

心理学激励理论对于激励的过程有比较广泛的讨论，这些理论认为人的行为是由动机驱使的，而动机则受到人的需要支配，人有了需要才有可能产生动机，而且，只有强烈的动机或主导性的动机才可能引发现实的、具体的行为。激励的实质就是通过一定的手段对人的需求或动机施加影响，从而达到引导、改变和强化人的某种行为的目的。人的行为过程的起点是需要，当需要未得到满足时，心理上往往会产生不安和紧张，这种心理紧张会产生一种内在的驱动力，即动机。当动机达到某种程度，人们就会采取某种行动，如果行动达到了目标，就会产生心理上的满足，行动结果提供的反馈会影响人的需要。激励不是一个即时性行为，组织个体的内部、外部因素是变化的，因而一项具体任务的完成往往需要一个连续、反复的激励过程（图 5.1）。

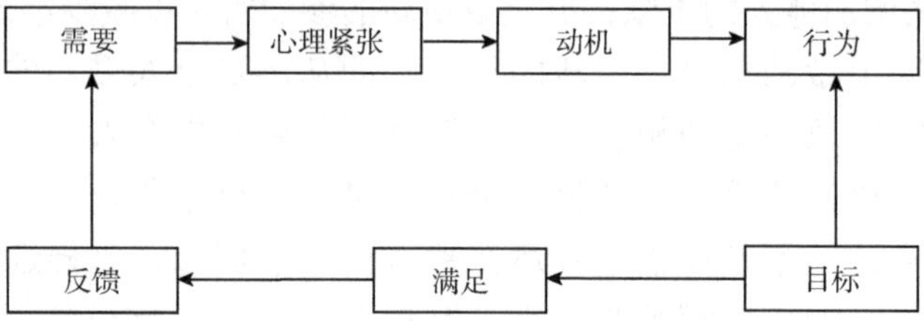

图 5.1　激励作用过程示意图

第三节　财务激励机制的运行模式

建立相应的财务激励机制，其必要性主要体现在能够促进各利益相关者的财务决策与公司长期发展的利益相一致。按照现代委托—代理理论研究的结果，诸如实行股票期权制度和高额薪酬制度等各种措施，实质是通过实行对剩余索取权的合理分配建立起相应的财务激励机制。前者通过允诺在若干年后获得公司一部分股权，使被激励者的收益取决于公司的未来价格与现价的差额，从而激励各方利益相关者不断努力提高企业的市场价值，企业市场价值越大，其自身价值越大。后者通过实行财务经理人员的工薪高出一般职工工资的若干倍以上，来激励财务经理人员的财务决策行为，满足企业的最优化目标[5]。

一、财务激励机制的设计原理

财务激励主要通过价值诱导因素发挥作用，并借助于财务管理和财务制度两个层面的安排，以实现协调财务主体与其利益相关方之间的经济利益关系、优化企业理财环境和激励企业各层次人力资源等特定的激励目标，进而提高企业绩效[6]。财务激励机制的构建应围绕财务激励的主体与客体来展开，通过确立财务激励的主体、财务激励的客体以及财务激励的内容形式，达到完善财务激励机制框架的目的，进而增强其对企业财务治理以及公司治理的促进功能。

（一）财务激励的主体与客体

界定企业财务激励主体的实质就是界定企业，特别是股份有限公司属于谁，应该为谁的利益服务的问题。20 世纪 90 年代初，对“公司是由股东所有”的论点开始出现争议。其背景是随着对企业社会责任的广泛关注，企业相关利益者的影响不断扩大。1989 年，美国宾夕法尼亚州《公司法》的修改引起了关于公司所有权的争议。美国重要思想家布鲁金斯对此进行了大量研究，于 1995 年出版了《所有权与控制权：重新思考 21 世纪的公司治理结构》一书，其核心思想是：将股东视为“所有者”是一个错误。同时，人们认识到，企业所有权具有状态依存性，所有权的意义在于剩余控制权和索取权，这两方面的结合，是所有权产生激励的关键。企业在正常经营状态下，股东对剩余索取权与剩余收益权拥有控制权和分享权，但在企业特殊状态下（如发生财务危机），剩余索取权与控制权就会转移给债权人，即在一定条件下企业控制权会在相关利益者之间转移。另外，将公司简单地视为股东所有会损害其他投资者，影响他们的投资积极性，因此，相关利益理论的提出对传统的业主所有观念提出了挑战。

确定企业财务激励约束机制的客体就是要确定应该激励约束谁。从广义上讲，无论是企业高层经理人员还是企业中的普通员工，他们都是企业价值的创造者或管理者。为了最大限度地调动企业中最活跃、最富创造力的人的积极性，使他们追求的目标与企业价值最大化的目标趋于一致，都可以将他们作为激励约束的对象。

财务激励的主体和客体是相对而言的，根据以上论述，企业的各方利益相关者都有可能参与企业的管理，也都有可能成为企业治理的主体，那么，他们就都有可能为了自身经济利益而成为财务激励的主体，同时，也可能成为被激励的对象，即财务激励的客体。因此，对于财务激励主体与客体的定义不能过于狭隘，要形成全面激励企业各利益相关者共同参与企业治理的思想。

具体分析为，企业股权所有者作为重要的激励主体时，其激励的主要对象是董事会，通过给予董事会一定程度的控制权和收益权，以激励其更好地代理股东行使决策权。同时，另一个激励对象是监事会，其目的是保证监事会能够积极有效行使其监督权力。然而，监事会对董事会和经理层的监督也是一种激励，是一种反面的激励。此时，监事会是作为激励主体存在的。董事会与经营者之间存在一种委托—代理关系，此时，董事会作为激励主体要控制经营者的行为，经营者作为激励对象需要受到激励与约束，从而为实现企业既定目标而努力工作。当其他利益相关者如员工、债权人、政府参与公司治理时，为了自身利益或目标，也会成为企业财务激励的主体，对企业相关激励客体加以激励和约束。但是，值得深入思考的是，作为财务激励主体的各利益相关者究竟会有多大的动力去激励企业的相关激励对象，这就需要重视对激励主体所采取的激励方式和激励程度的分析。总的来说，研究财务激励机制中的主体与客体，要全面分析各个利益相关者，不能有所偏颇。

（二）财务激励机制的内容形式

企业所有者追求资本增值最大化的目标是通过对经理人员行为的激励约束过程来完成的。对经理人员行为进行激励与约束的机制存在多种形式，我们可从两方面加以归类：一方面是直接激励与约束机制，它的内容是企业所有者直接设计安排的控制经理人员的机制，如报酬计划，行政约束等；另一方面是间接激励与约束机制，它的内容是在企业外部形成影响经理人员职业前途的公平竞争环境，如充分竞争的经理人员市场、法制环境等。下面就对这两方面的激励约束机制的内容做简单的评述。

1. 直接激励约束机制

(1) 激励性报酬计划安排。正如前述企业经理人员对企业的持续发展负有主要的责任。经理报酬计划安排对他们的行为有直接的影响。从理论上讲，若公司的利润、股价与公司经理人员的个人报酬成正比，则公司的利润越高，股价越高，经理人员的个人收入也就越高，反之亦然。这可以起到缩小企业所有者与经营者之间的利益差异的作用，引导企业经理人员为实现企业终极目标而努力工作。但在现实经济条件下，影响公司的利润及股价的因素比较复杂，如市场条件的变化、政治形势的动荡、人们心理预期的差异、政府经济政策的调整等因素都会影响企业的这些经营业绩指标，这是企业经理左右不了的客观因素，只有在剔除了这些因素影响后才能将利润及股价指标用于衡量经理人员的业绩，这就大大降低了利润指标及股价指标对业绩衡量的刚性。另外，经理人员也不会同意将个人的报酬完全以与利润或股价控购的方式获得，因此，通常实行的是以固定收入为基础的利益激励机制，即把企业经理人员的报酬分两部分，一部分以工资形式作为固定收入，形成职业保障基数；另一部分则按照他们的理财绩效（利润或股价）以风险收入的形式获得报酬。这样，就可从物质利益上刺激企业经营者按照所有者的期望目标组织理财活动（由此可见，对企业经理人员只用年薪制方式进行激励效果不一定会令人满意）。

（2）资本结构安排约束。对经营者提供物质奖励激励，可以刺激他们的努力程度，却不能使他们放弃对个人目标的追求，恰当的措施能够制止他们的机会主义倾向。企业适度负债，可将经理人员与所有者的利益紧密地联系起来。

若企业只拥有权益资本，则经理人员承担破产风险的机会比较小，企业即使经营业绩差些，也不会有财务违约情况，从而形成不了对企业经理人员的压力。但是，若在企业资本结构中融入债务资金，一方面可约束经理人员将现金用于盈利能力较差的投资或低效率的扩张行为（因要考虑偿债需要），另一方面偿债的压力致使经理人员为了避免清算失去权力而设法提高资本收益率。同时，适度负债会提高企业的市场价值，经理人员也愿意通过负债经营向所有者传递这样一个信号：他们会很努力地管理企业，不会将利润用作无效投资，他们会使企业不断增值。另外，债权人会在信贷条款中对经理人员的行为明确加以限制，因此，恰当安排资本结构可以作为一种约束机制发挥作用。当然，这里关键的问题是恰当的负债比例，以防止企业由于过度负债而导致低效率的清算。

（3）行政约束机制。行政约束机制是指依靠企业行政组织、按照行政渠道管理企业的一系列措施和方案。企业行政约束机制是否能够得以有效实现，在很大程度上取决于企业被管理者能否积极有效的配合和实施。因此对人的约束是企业行政约束机制的核心。通过建立有效的激励机制是有效实施对人的管理的重要保障，因此应以恰当的目标来引导正确的反应行为，以准确的绩效评价作为奖励的科学依据，以不同客体的针对性奖励措施完成激励机制的良性循环。只有实现了引导、评价、奖励三者的有效结合，激励机制才会在企业行政约束机制中圆满达到预期效果。

2. 间接激励约束机制

间接激励约束机制，特别是代理人之间的竞争机制，对经理人员的激励约束属于高效激励和硬性约束。在企业财务激励约束机制中，间接激励约束的作用要大于直接激励约束的作用。

（1）经理人才市场。现代企业内部两权分离的机制，决定了产生企业经理人才市场的必然性，经理人才市场的出现，意味着经理人员未来财富的增加取决于其本人在人才市场的价值。在有效的市场体系中，管理水平高的企业会顺利发展，管理水平差的企业会衰落，甚至破产，企业经理人员的业绩直接通过企业的价值反映出来。企业经理人员越能增加企业的价值，其在人才市场的价值也越高。在这种竞争压力下，即使经理人员的动机是追求其个人效用最大化，他也必须把企业的目标放在首位，经理人才市场机制能够激励和约束经理人员在财务管理中不断创新，按照企业长期发展的目标从事理财活动。但这种激励约束方法光靠经理人才市场是不够的，还需要具备下面的前提条件：首先，必须有充分竞争的有效市场环境，企业的成败由市场来判断；其次，要有规范的资本市场，即要有预算约束硬化的融资市场及股票价格合理的发达的证券市场；最后，经理人员可以依靠自己的努力而获得晋升的机会。这样，才能保证将经理人员的业绩与企业的业绩联系起来，竞争才会公平。

（2）企业控制权的接管。若所有者对企业的经理人员所推行的财务政策不满意，如认为现任经理人员投资能力差，资本结构不合理，不能实行令人满意的股利政策等，就为代理权竞争或故意接管提供了机会，由此会导致企业现有经理人员控制权被剥夺。

在代理权竞争中，持异议的股东为投票反对现在的经营者，试图让其他股东认为这样做符合他们的利益，从而获取代理权委托。因此，这是一种不用花费大量收购支出又能改变公司控制权的做法。而敌意接管属于企业兼并的一种形式，敌意接管后，原有的经理人员会被解聘。股东们若选择敌意接管方式，则表明他们正在用所谓“用脚投票”的方式对经理人员不顾股东利益或管理不善行为的制裁。但当公司的经理人员持有公司股份达到一定比例时，就会降低敌意接管的威慑力。

总之，建立有效的企业财务激励约束机制是一个实践性很强的课题，并不能从理论性的探讨中得出理想的答案，国际上目前通用的做法是内部激励与外部激励并重。而具体采用何种形式的激励约束机制，必须结合一定的政治、经济、社会条件，尽可能地满足不同需要，以使经营者能够并自愿地为达到企业目标而努力工作。

（三）财务激励机制的目标体系

财务激励机制作为企业财务治理的动力机制，其运行围绕财务治理的主体与客体而展开，因此，财务激励的目标是保证财权在相关治理主体间的合理配置和有效运行，并且要形成全面与制衡关系。具体来说，财务激励机制要考虑对各个治理主体的全面激励，不能仅侧重于某一治理主体进行激励而忽视其他主体，同时，还要注重激励形式在各激励对象间形成相互制衡的效果。针对同一激励对象，也要考虑激励的全面性，要采取正面激励与反面激励相结合，内部激励与外部激励相结合，短期激励与长期激励相结合的激励形式，以求激励的全面性与制衡性，从而使得财务激励机制的目标体系更加完善。

二、财务激励的实现途径

企业的利益相关者构成十分广泛，各个主体需求各不相同。股东一般十分注重实际货币收益，满意的股利分红或资本利得将促使其积极放权给企业经营者；债权人通常关心债权的安全性，良好的偿债信誉与满意的利息回报能够激励债权人给予企业更大的财务支持；员工一般对薪金和岗位安全较为敏感，满意的薪金水平和被赋予适当的权力会激发员工工作热情，并提高其参与治理的积极性。各主体的不同需求使得财务激励的实现问题变得十分复杂。以下将主要针对独立董事、经营者、员工和债权人如何进行财务激励开展论述。

（一）独立董事的财务激励机制

董事会成员包括执行董事和非执行董事，非执行董事一般为独立董事。独立董事在参与董事会决议之余通常有业务查核和业务监督权，公司希望通过与公司没有直接利害关系的独立董事实现对董事会决策的监督。独立董事的作用表现在以下几方面：对经理层进行监督，对其业绩做出客观的评价，并决定其报酬；确保公司战略决策的科学化；提供对外界联系的渠道，树立公司形象。独立董事不是公司的全职者，在公司参与决策、监督经营者的时间是有限的，投入公司的精力也是有限的，但是独立董事为公司做出了一定的贡献，应该享有收益。

对独立董事进行财务激励，就是要更好地发挥独立董事的独立性，保证战略决策的科学性和合理性，有效地监督经营者。但是财务激励有一个适量的度，如果财务激励不足，独立董事就没有积极性；如果财务激励超过一定的界限，就成了公司贿赂独立董事。

独立董事的财务激励机制通常包括以下几方面。

1. 物质激励机制

物质激励机制主要是指报酬激励机制，公司对独立董事进行一定的物质补偿。现阶段公司一般向独立董事发放津贴和奖金。报酬激励结构应包括津贴、奖金和一定的股票期权等。因为津贴和奖金都是短期激励，股票期权是长期激励，只有短期激励和长期激励有机结合，才能更好地起到激励作用。

2. 精神激励机制

精神激励机制主要是指对独立董事声誉的激励。独立董事都是具有特殊专长的战略经营管理专家和执行特殊职能的专家，声誉极其重要，对独立董事的资质进行考核和认定，发放资格证书，将使该职业被看作具有较高社会地位的高尚职业；对成绩突出、素质高、职业道德良好的独立董事，可以通过独立董事协会确认为终生独立董事，使他们珍惜自己的声誉和地位[7]。

3. 市场激励机制

市场激励机制是指独立董事作为一类特殊的人才，可建立一个市场，逐步建立和健全独立董事市场。公司可以在独立董事市场中聘任公司所缺少的某一方面的专家，对公司的战略决策进行科学化、合理化的保证，对经营者进行有效的监督。让市场去优胜劣汰独立董事，这使得独立董事真正的“独立”，真正的“懂事”。

（二）经营者的财务激励机制

经营者的财务激励机制包括报酬激励机制、权力与地位的激励机制和企业文化的激励机制。经营者是公司重要的人力资本，所以对经营者的财务激励机制是财务激励机制中最重要的[8]。

1. 经营者的报酬激励机制

企业经理人员对企业的持续发展负有主要责任，因此，经营者无法接受将个人的报酬完全以与利润或股价挂钩的方式获得。

在现实情况中，通常经营者的薪酬主要包括五个方面的内容，即岗位工资、年终奖、期权、职务消费、福利补贴。在上述这五个方面的利益中，很重要的一条就是期权激励。股票期权是公司给予高层经理人员的一种权利，持有这种权利的高层经理人员在未来某一时间，按某一约定价格，买进一定数量的本公司股票。他们可以在未来某一时间行使这个权利，当然也可以选择不行使即放弃权利。这种激励方式能使经营者拥有期权的结果，就是导致经营者虽然不是出资人，但是却拥有了企业的产权。经营者是人力资本，人力资本既然也是一种资本，那么资本的经济收益就不应只是工资，资本的报酬应该是产权的收益。因此，既然承认人力资本是一种资本，那么就应当承认它应拥有产权。这样，就可从物质利益上刺激企业经营者按照所有者的期望目标组织财务管理活动。据抽样调查，国际上人力资本在企业中所拥有的产权数量，已经达到企业总产权数量的 38%左右。股票期权作为一项延期性的长期报酬，其目的就在于将经营者的收入与企业的长期发展相挂钩，使之随着市场价格的波动产生一定的风险，从而形成长期的激励机制，促使经营管理者做出符合企业长远利益的决策，避免短期行为。

2. 权力与地位的激励机制

权力与地位的激励机制即对经营者的地位和权力做重新的界定，主要是提高了经营者在企业经营活动中的地位，经营者在企业的权力和地位的增长及加强的结果是产生了 CEO，即首席执行官。在 CEO 产生的条件下，董事会的主要功能是选择、考评和制定以 CEO 为中心的管理层的薪酬制度。作为首席执行官，虽然不是企业的出资人，实际上是企业的人力资本，但由他来对企业的重大经营决策提供重要决策依据，从而实现了功能性分工。

3. 企业文化方面的激励机制

企业文化是一种价值理念。它和社会道德是同一个范畴，它的产生是因为仅仅依靠企业制度根本无法完全保证企业的快速发展。当企业无法完全依靠制度来约束人们的行为时，就需要企业文化的向心力作用。国外企业非常注重在企业文化上对经营者的激励。也就是说，人们必须在思想上认同经营者。正因为如此，现在国外企业文化产生了一个很大的变化，这就是强调等级制。即在企业文化方面激励经营者。在承认能力大小不同及分工不同的基础上，西方企业文化强调：正因为人的能力不一样，分工不一样，所以人们在企业中的收益方式也不一样。有的人的收益是资本的收益，有的人的收益就是劳动的收益。例如，工人就是按劳动合同取得劳动收益，而经营者则可以获得资本收益。

（三）员工的财务激励机制

企业的发展离不开员工的工作，简单的体力劳动越来越少，复杂的脑力劳动越来越多，企业员工向企业投入了大量的专用性人力资本，随着社会经济的发展和科学的进步，人力资本的地位相对于物质资本越来越高，所以有必要对员工进行财务激励。对员工的财务激励机制主要包括报酬激励机制和权力激励机制。

1. 报酬激励机制

报酬激励机制是指公司对员工进行工资、奖金、养老金和少数股票等的激励。工资和奖金是短期激励，满足员工及其家人的日常生活要求；养老金和少数股票是长期激励，对员工的未来产生巨大影响。在企业中，可以让员工持有少数的股票，实行员工持股计划（employee stock ownership plans，ESOP），使得企业的命运与员工的命运息息相关，员工会更加努力工作，创造更多的财富。

2. 权力激励机制

权力激励机制是指让员工进入监事会和董事会。员工相对于企业的外部人而言，拥有更多的信息。员工监事可在一定的程度上监督经营者的行为，起到一定的监督作用。企业的战略决策不仅关系到企业的生存和发展，也关系到经营者和员工等利益相关者的切身利益，所以有必要让员工董事进入董事会，对企业的战略决策享有知情权，并享有一定的否决权。

（四）债权人的财务激励机制

现代企业充分利用财务杠杆而使负债率提高，债权人实际上已与股东共同承担财务风险，所以债权人应享有企业的收益，有必要对债权人进行财务激励。在我国，企业的债权人主要是银行。对银行的激励机制主要包括权力激励机制，即让银行进入监事会和董事会。银行对自身利益的保障依赖于银行的审慎信贷配给机制、担保抵押机制及贷款协议的保护性条款限制，但银行对公司财务控制的有限介入，如公司重大财务决策需要经过银行的同意，或者直接进入公司监事会和董事会，是一种更有效的保障机制。让银行进入监事会，可对经营者的经营情况等进行全面的了解，更有利于公司与银行建立长期合作关系。让银行进入董事会，银行可以对公司的财务战略决策享有知情权，对关系到自身的财务战略享有否决权等。

三、股权激励机制

（一）股权激励的内涵

股权激励是指在一个比较长的时间周期内，以本公司股票为标准的，在董事、高级管理人员和其他工作人员等激励对象完成了他们事先制订好的公司目标后，才允许获得或者购买一定数量本公司的股票，从而对被激励对象进行一种长期性激励的机制。为了更好地完善公司的治理结构，实行股权激励，可以使公司的激励机制得到健全，使经营者与股东之间可以利益共享、风险共担，同时也可以吸引与保留更多的人才，从而提高公司的可持续发展能力。

（二）股权激励的主要模式

股权激励主要有以下几种模式。

1. 股票期权

所谓股票期权是指本公司授予激励对象的一种权利，激励对象可以在规定的时间内以预先确定的价格购买一定数量本公司流通股票，当然也可以不购买本公司流通的股票。股票期权的行权并不是无限制的。其限制性是时间和数量，然后激励对象行使自己的权利。股票期权的本质是一个看涨期权，在刚开始行权的时候，被激励的对象并没有得到与其相对应的收入；在开始行权之时，如果股价有上涨的趋势，被激励对象得到的收入就是市场价和行权价之间的差值；在开始行权的时候，要是股票价格下跌，激励对象将自动放弃行使期权，股票期权将失去原有的价值。

2. 股票增值权

所谓股票增值权是指公司给予激励对象的权利，若公司股票价值上升了，激励对象可以得到相应数量的股票增值权收益，激励对象不用为行权而支付现金，行权以后获得现金或等值的公司股票。但激励对象没有股东表决权与配股权，也没有这些股票所有权。

3. 限制性股票

所谓限制性股票是指事先给了激励对象一定数量的股票，但股票的抛售与来源等有些特殊限制，一般只有激励对象在完成了指定目标（如扭亏为盈）后，激励对象才可以售出限制性股票并从中获得一些利益。

第四节 财务约束机制的运行模式

财务激励与约束问题已成为国内外企业广泛关注的问题。应当说，企业在解决激励问题方面已经做出了一定的尝试。但在我国，大多数企业尤其是国有企业仍没有很好地解决约束问题，近年来国企中广泛出现的“内部人控制”和“59岁现象”即为明证。事实上，建立相应的财务约束机制可以减少以上这些“偷懒”和“机会主义”行为。例如健全财务经理市场竞争机制，防止财务经理行为短期化；强化公司的财务监督和约束，严格按财务法规与制度理财，截断隐性收入来源，通过监事会加强内部审计，切实加强财务监督；明确责任并遵守职业道德。激励机制与约束机制二者相辅相成，缺一不可。只有建立了科学合理的财务约束机制，企业的财务治理效应才能得到最大限度的发挥。

一、财务约束机制的分类

财务约束机制是企业为解决两权分离所产生利益矛盾的必然选择，通常企业约束机制来自企业内部和企业外部两个方面，而有效约束机制的构造在于结合企业治理结构将内外两个方面因素进行有机组合。

（一）内部约束

所谓内部约束是指通过内部的有关措施来调控各利益相关者行为的约束。其主要内容包括如下方面。

1. 企业治理结构和企业章程的约束

现代企业都建立起决策机构、执行机构、约束机构等权力分离、互相约束和制衡的治理结构。监事会是企业内部专门负责约束的机构，约束企业财务的收支，特别是对董事和经营者进行监督与约束。此外，在企业制度中，对各利益相关者的职责、权力都有明确的界定，约束他们在规定的范围内行使职权。

2. 董事会约束

董事会除制定企业经营发展战略外，还制定一系列业绩财务考核指标，如每股收入、资产回报率、股票价格、市场占有率等。每年董事会都要与经营者、部门经理以及各分企业经理签订经济指标合同，并定期听取汇报，一旦不能完成规定的指标，轻则扣奖金，重则解除聘用合同。

3. 股东的直接监督与约束

股东的约束实质上是所有权对经营权的约束。股东们通过股东大会等方式，对企业的业绩进行评价，对董事、监事甚至经营者进行任命和撤换，通常被称为“用手投票”。但由于大企业的持股人很分散，实际参加股东会的较少。不过近年来，有新的发展动向，即有些小股东委托金融投资机构参加股东会议，代行小股东权利。此外，当股东认为董事有违反企业章程的行为时，可以向法院起诉。

4. 上级管理人员对下级管理人员的约束

上级管理人员对下级管理人员的约束主要指的是母企业对子企业经营者的约束。如日本大企业集团内的成员企业相互持股，各企业之间相互派遣管理人员和相互兼任董事。成员企业的经营者代表法人企业行使股东权，因此，集团各成员企业经营者组成的经理会也就有了大股东会的性质，经理会实行集体决策，讨论集团的重要问题，交换重要信息。

（二）外部约束

外部约束主要包括市场约束、法律约束以及可靠的会计与独立的审计三个方面。

1. 市场约束

市场约束是指从企业外部通过有效的市场机制来约束企业各利益相关者，具体来说，市场约束包括如下方面。

（1）金融资本市场的直接制约与监督。在英国和美国的上市企业，非银行金融机构的持股比例较高，金融资本市场通过财务等渠道，随时掌握企业经营状况，一旦经营形势不妙，将停止或收回信贷，这无疑形成了对经营者强有力的资本供给制约。如1996年，美国基金的资产已占股市资金结构的50%以上，而且基金比过去更为关注所投资企业的业绩和管理。对于经营业绩很差的大企业，基金会施加压力促使其高层改组变革。一些基金还会谋求董事席位，还有些基金会选择抛售股票。银行成为日本企业的主要资金供给者。一些大企业集团（如三菱、三井、住友等大财团）都有一家主银行承担融资和金融业务，不少大企业集团本身就是以城市大银行为核心。核心银行通过金融业务对关系企业的经营者进行约束。

（2）股票市场的约束。股东通过资本市场的间接制约与约束，即“用脚投票”，对企业经营者起着鞭策和约束作用。当股东认为企业经营形势不好时，就将手中的股票抛出。企业股票情况在一定程度上是企业经营情况的“晴雨表”，从而形成一张对企业经营者无情的约束“网”。

（3）来自经营者市场的压力。发达、完善的经营者市场在促进经营者人才流动的同时，也给在职经营者造成一种压力，迫使他们努力做好企业经营管理，否则不仅会被他人取代，而且可能造成自身“人力资本”的贬值乃至身败名裂。通用汽车公司、康柏计算机公司、西屋电气、柯达、IBM、苹果电脑均有解雇不称职的最高执行官的做法。管理有方才有晋升的可能，否则将被取代。

（4）来自商品市场的压力。各商业信息媒介不断公布各企业商品在市场占有的份额和质量状况，以及用户对使用过程中商品的评价等，这些都会形成对企业经营者的重要约束。

（5）被兼并收购的约束。股权分散的上市企业，如果经营欠佳，股价下降，股东会抛售股票，企业因此很可能遭到狙击者的强制收购，经营者也因此面临被收购后失去交椅的风险。

2. 法律约束

法律约束以法律的形式规定了企业经营者拥有的权力和应该承担的责任，规定企业经营者违法时应受到的惩罚。例如，许多西方国家的法律规定，在企业破产时，除了要依法追究企业经理的渎职行为责任外，还规定原企业经营者在一定时间内或者永远不得担任经理、董事等职务。

3. 可靠的会计与独立的审计

经营者背离股东目标存在的前提条件之一是双方信息不对称，经营者了解和掌握了比股东更充分的信息。因此，为避免或减少道德风险，独立审计机构的作用十分重要。例如，财务报表只有在独立审计人员确认后才能公布，招股说明书须经证券交易委员会批准后才能公告等。

二、财务约束的实现途径

就财务治理来讲，光激励是不行的，因为一般情况下不可能有无约束的激励和无激励的约束，激励与约束是相容的。因此，在建立激励机制的同时，还要建立约束机制。

（一）独立董事的财务约束机制

1. 报酬激励机制中体现的约束

报酬激励机制不仅有激励作用，也是对独立董事的约束。独立董事未尽职尽责，不能获得相应的津贴、奖金及其他回报。此外，对独立董事的败德行为应在经济上给予制裁，并承担相应的法律后果。独立董事协会、证券交易所和中介机构组织对独立董事的操守行为也应提出相应的要求，通过制定自律性准则，增加行业自律性和指导性。

2. 市场约束

在未来的独立董事框架下，独立董事的生成和约束都应市场化运作，通过潜在的独立董事对在岗的独立董事形成竞争性约束。特别是通过独立董事的退出机制淘汰那些不称职的独立董事。

3. 法律约束

在法律层面上，应在现有法规的基础上，根据独立董事制度运作的状况，补充和加上相应的法规，增强法规的可操作性，使独立董事成为明确的法定制度。

（二）经营者的财务约束机制

1. 行政约束机制

企业可以制定各项规章制度，建立各种监控机构，明确各层管理人员的财务责任，约束企业经理人员的权限，监督他们的行为，但行政约束机制应避免既无效率又要花费大量成本的过分监督。因为企业之所以会存在专司管理职能的支薪经理人员，就是由于所有权与经营权的分离会提高社会化生产效率，如果企业所有者对经理人员过于苛求使监督成本过大，就会使这一优势丧失，从而违背效率原则。

2. 合同约束

经营者到企业就业，都必须签订非常详尽的合同，这种合同对企业商业秘密的保护、技术专利的保护、竞争力的保护都要体现出来。美国企业的这种合同不准双方当事人起草，而是由法律认可的有关中介机构起草。可见合同约束的严肃性与重要性。

3. 道德约束

企业的经营者作为重要的社会阶层，应该有自己本身的职业道德。如果经营者损害企业竞争力，使企业的竞争力下滑，这完全可以视为通过一种非常不正当的手段损害企业，违反了经营者所必须遵守的道德。

（三）员工的财务约束机制

员工的约束机制包括公司章程约束、合同约束、法律约束。员工进入企业，就要受到公司章程和合同的约束。每个员工都必须遵守公司章程，特别是跟自己最相关的职务条款。员工与企业签订合同，受到合同条款的约束，不能将企业的商业秘密泄露，不能将企业的专业技术泄露等。员工有时虽然离职了，但仍然不能将有些商业秘密和专业技术等泄露。因为这些商业秘密和专业技术等是企业的核心竞争力，一旦泄露，企业没有竞争力，就会降低市场占有率，甚至亏损。法律约束机制是指法律、法规等对员工的约束。对员工泄露商业秘密等核心竞争力进行惩罚，使得员工不仅要接受民事处罚，而且要接受行政处罚，甚至刑事处罚，加大惩罚力度。这使得员工不能也不敢去违法。

复习思考题

一、简答题

1. 简述激励约束机制的含义。
2. 简述激励约束的过程。
3. 简述直接约束机制的内容。
4. 简述股票期权的含义。
5. 简述股票增值权的含义。
6. 简述财务约束机制的外部约束分类。

二、论述题

1. 综述财务激励机制与约束机制的关系。
2. 综述财务激励的实现途径。
3. 综述财务约束的实现途径。
4. 综述股权激励的主要模式。

案例分析

中国平安高管薪酬激励

一、中国平安保险（集团）股份有限公司背景

中国平安保险（集团）股份有限公司 1998 年 3 月 21 日于深圳成立，经过 20 年的运营，旗下有平安寿险、平安产险、平安信托、平安证券、平安银行及平安资产管理等多家子公司，其经营领域覆盖全国。2004 年 6 月，公司在香港交易所主板上市。2007 年 3 月，公司在上海证券交易所上市。2014 年 5 月 8 日，《福布斯》“全球上市公司 2000 强”排行榜（Forbes Global 2000）发布，中国平安保险（集团）股份有限公司连续第十度入围该榜单，荣登全球第 62 位，较上年跃升 21 位，在中国内地入围企业中排名第 7 位。2017 年 2 月，Brand Finance 发布 2017 年度全球 500 强品牌榜单，中国平

安排名第 79。

二、中国平安高管薪酬激励影响因素分析

1. 高管自身因素

马明哲：中国平安保险（集团）股份有限公司创始人，中南财经政法大学货币银行学博士学位。1988 年 3 月建立平安保险公司，现任公司董事长兼首席执行官。自该公司成立以来，马先生先后任本公司总经理、董事、董事长兼首席执行官，主持公司的全面经营管理工作至今。在成立本公司以前，马先生在招商局蛇口工业区担任社会保险公司副经理。

2. 企业内部因素

吸引、保留和激励人才，支持公司经营目标的实现是平安公司薪酬政策的目的。薪酬政策的原则是导向清晰、体现差异、激励绩效、反映市场、成本优化。本公司员工的薪酬组合，以岗位价值定薪，接轨市场，以绩效定奖金，突出贡献。除薪酬和奖金外，员工亦享有若干福利待遇。同时，基于各子公司或各业务单元的经营特点、发展阶段和市场薪酬水平的不同，薪酬组合结构也可能不尽相同。

2015 年，平安公司建立并实施了核心人员持股计划。此项计划的施行将加强长期价值导向，使核心人员更紧密地与股东、公司的利益保持一致，专注于公司长期业绩的持续增长，更好地促进股东价值提升，促进可持续发展。本公司的薪酬目的和原则是相对长期的、稳定的，而薪酬具体策略和薪酬结构会根据市场的变化与本公司业务发展阶段的不同等原因进行调整及优化，从而支持本公司达成经营目标。全体董事的薪酬待遇由董事会薪酬委员会考虑及建议并由股东大会审议及批准。公司按照业务规划对高层管理人员进行精确的三年滚动计划与年度问责目标，依据目标达成情况，每一年进行两轮严格的问责考查，对高层管理人员进行综合评价。

3. 企业外部因素

2015 年，在经济进入新常态的背景下，世界经济仍延续复苏态势，但各经济体复苏进度分化明显。国内经济整体仍保持平稳，经济韧性好、潜力足、扭转空间大。同时，在经济增长的压力下，进入转型升级和全面深化转型的关键时期。2015 年中国经济供求结构持续优化，外贸形势仍然趋紧，深化改革进入发力期。

行业利润大幅上升。根据保监会数据，2015 年保险业约实现利润 2823.6 亿元，同比增长 38%，创历史纪录。其中四大 A 股上市险企占比超四成。四大保险公司的投资收益创下新高。

分行业统计，传媒、非银金融、商业贸易等八大行业高管薪酬总额增幅超过两成。例如，2015 年业绩亮丽的非银金融行业，15 家已发布年报的公司共为高管支付酬劳 4.38 亿元，加薪幅度达 27.32%；与之相比，银行、采掘行业高管薪酬出现下滑。

三、中国平安上市公司高管薪酬激励现状

表 5.1 显示， 2014 年年薪总额 1090.01 万元。报告期内从公司结算的税后总额 624.46 万元。报告期内结算报酬总额合计应缴纳个人所得税 465.55 万元。2015 年年薪总额 998.95 万元。报告期内从公司结算的税后总额 574.76 万元。报告期内结算报酬总额合计应缴纳个人所得税 424.19 万元。

表 5.1　4 家上市保险公司董事长薪酬　　单位：万元

保险公司	董事长	2014 年薪酬	2015 年薪酬	2015 年变动幅度/%
中国平安	马明哲	1090.01	998.95	降 8.35
新华保险	康　典	521.09	691.59	涨 32.72
中国太保	高国富	381.1	119.6	降 68.62
中国人寿	杨明生	84.84	60.19	降 29.05

资料来源：2014 年和 2015 年各个公司年报（巨潮资讯网）

四、中国平安高管薪酬激励存在的问题

金融高管引起的天价薪酬的舆论，与金融高管人才短缺、金融业快速增长、金融行业对薪酬激励有效性的肯定以及股权激励的实施是密不可分的。

1. 薪酬制度不透明

平安的薪酬披露点到即可，无固定形式，且从招股说明书、年报等资料中，只知管理层的薪酬状况及组成部分，但并不知道管理层的年度奖金怎么与业绩挂钩、薪酬水平如何确定、长期激励安排的依据是什么。

2. 薪酬制定的独立性遭质疑

平安的招股说明书中指出高管薪酬委员会负责研究制定董事与高管考核的标准，进行考核并提出相关建议和意见，研究和审查董事、高管的薪酬方案。高管薪酬的制定流程是：经薪酬委员会提出，后经董事会以及股东大会审批。但由于少数股东持股比例较低，且受资金、时间和精力的限制，缺乏足够的权力参加股东大会，股东大会决议一般采取“搭便车”行为。因此不少人质疑高管自定薪酬的可能。

3. 高管薪酬水平与同业差距过大

中国人寿董事长杨明生 2015 年的税前薪酬为 60.19 万元，较 2014 年降低了 29.05%。中国太保董事长高国富 2015 年的税前薪酬为 119.6 万元，较 2014 年下降了 68.62%。然而由表 5.1 可知，4 家公司的高管薪酬在过去两年相差悬殊。虽然 2015 年马明哲的年薪缩水 8.35%，但平安高管薪酬仍为中国人寿的 16.6 倍、中国太保的 8.35 倍。4 家公司同为中国保险业的巨头，平安高管的薪酬远高于中国人寿与中国太保的高管薪酬，不排除中国人寿的高管薪酬受国有控股背景和政府的公平偏好所限的相关因素。不过四者之间过大的差距让人不得不怀疑平安高管薪酬水平制定的合理性。

4. 薪酬差距过大

高管与一线员工薪酬差异过大，保险业高管人员的太高收入加强了低收入者的不公平感，加大了他们社会心理失衡情况出现的概率，从而减弱了社会的凝聚力。

五、上市公司高管薪酬激励机制的保障措施

1. 健全和完善薪酬激励机制

（1）短期激励和长期激励相结合，把侧重点放在长期激励上面。只有将长短激励制度相结合才能抵消所有者与管理者之间产生的委托—代理理论中出现的一系列问题。

（2）内在与外在激励相结合。按照需求层次理论中所描述的，人在满足现实需求的时候就会不断地追求更高层次的需求。例如，人们从追求物质需求改变到追求精神需求。因此，企业留住人才的重要手段就是为高管人员提供优越的发展平台，让管理者可以体会到实现自我价值带来的满足感和成就感。在具体行动中，为高管们提供一个自由发挥的平台。相关调查表明，当管理者处在自由的平台中，他们容易被激发出更多的积极性和创造性。与此同时，得到上市公司或者是企业信任的高管，对企业比较忠诚，也能为企业或者公司创造出更多的财富价值。

2. 建立规范的绩效考核制度

将高管绩效做出准确的考核是确定高管薪酬水平的重要依据。传统通过岗位、级别等来确定高管薪酬水平的方式，无法准确反映企业高管的努力程度，起不到原有的激励作用。因此，上市公司应将企业高管的薪酬和公司的业绩联系起来，建立一个多指标的绩效考核体系。这个多指标绩效考核体系应包含两个内容，即短期指标和长期指标。

3. 完善高管薪酬激励约束机制

（1）完善公司治理结构。将原有的薪酬委员会进行完善，使薪酬委员会能独立对高管薪酬体制进行实施与控制，保证薪酬委员会的独立性与专业性。防止出现上市公司“内部人控制”的情形。

（2）提高上市公司或企业高管薪酬的透明度、细化信息披露制度。在西方发达国家，上市公司的信息披露制度已经非常完善，信息透明度高，披露信息具体。它们的信息披露制度可以对上市公司或者企业的高管起到监控或者约束的作用。相比于西方的发达国家，我国对高管薪酬信息的披露内容较少、不够细化。所以，提高高管薪酬信息透明度的重要方法就是细化上市公司高管人员薪酬披露的内容，制定标准化的信息披露模式。这样更有利于外部的监督与约束。

（3）完善上市公司或企业高管的人才市场。要真正实现薪酬对高管人员的激励作用，就要对现有的高级管理者的任命制进行彻底改变。加入全新的竞争机制和淘汰机制，把高管薪酬与企业绩效挂钩，增强管理层自身的压力和动力，真正发挥薪酬激励应有的效应。

要求：

1. 案例企业进行财务激励面临哪些影响因素？
2. 面临这些影响因素，案例企业采用什么应对措施？

第六章

企业业绩评价

业绩评价作为一种管理控制手段，是将已发生的结果和预先确定的标准进行对比，判断现在状况的好坏。通过对企业业绩的评判，可以为所有者、经营者和其他利益相关者下一步有效决策提供依据。在本章中，首先介绍业绩评价与业绩评价系统。其次介绍了业绩评价的理论与方法，并在此基础上，分析了财务业绩评价指标与非财务业绩评价指标的相关内容，介绍了 EVA、CVA、平衡计分卡等较为先进的业绩评价工具。最后介绍了综合业绩评价。

【重要概念】 业绩评价 EVA CVA 平衡计分卡 业绩评价系统

第一节 企业业绩评价概述

一、业绩评价与业绩评价系统

（一）业绩评价的内涵与功能

业绩（performance），亦称绩效。企业业绩是指一定经营期间的企业经营效益和经营者业绩。企业经营效益主要体现在盈利能力、资产营运能力、偿债能力和发展能力等方面；经营者业绩主要体现在经营者在经营管理企业的过程中对企业经营、成长、发展所取得的成果和所做出的贡献[9]。

关于业绩评价（performance evaluation）的定义，典型的有以下几种观点：财政部统计评价司认为，“业绩评价是指运用数理统计和运筹学方法，采用特定的指标体系，对照统一的评价标准，按照一定的程序，通过定量定性对比分析，对企业一定经营期间的经营效益和经营者业绩，做出客观、公正和准确的综合评判”[10]。张蕊认为，“企业经营业绩评价是为了实现企业的生产经营目的，运用特定的指标和标准，采用科学的方法，对企业生产经营活动过程及其结果做出的价值判断”[11]。孟建民认为，“效绩评价是对企业占有、使用、管理与配置经济资源的效果进行的评判”[12]。张涛和文新三认为，“企业绩效评价是评价理论方法在经济领域的具体应用，它是在会计学和财务管理的基础上，运用计量经济学原理和现代分析技术而建立起来的剖析企业经营过程，真实反映企业现实状况，预测未来发展前景的一门科学”[13]。

业绩评价在本质上是一种管理控制手段，它是将已发生的结果和预先确定的标准进行对比，判断现在状况的好坏，供管理者在采取下一步管理活动时参考。对比标准不同，判断好坏的标准就不同，得出的结论也完全不同，其信息的功能自然也不同。以不同标准为比较基础的业绩评价为管理者进行决策提供不同的信息，具有以下三个基本功能。

1. 激励与约束功能

业绩评价具有激励与约束功能，对于评价下属单位经理人员的工作成绩，进行调配、提升、奖励等决策提供有力的支持，具有重要的参考价值。正是在这个意义上，管理者可将业绩评价视为一种最有用的人力资源管理工具。

2. 资源再配置功能

将竞争对手的有关指标作为企业业绩评价的标准，对企业的战略分析及资源的合理配置非常有用。成功的企业应在其所在行业或产品线具有竞争优势，对于大型企业集团和跨国公司，往往同时经营不同的行业或同一行业内几个不同的产品线，这就要求在其涉及的所有行业都具有一定的竞争优势。这时，将企业所涉及的行业或产品的业绩水平与相同行业的主要竞争对手进行对比，可以使企业认清自己在哪些行业或产品具有竞争优势。并根据这些信息，重新对不同行业与产品线进行战略分析及采取相应的战略措施，对原有资源配置进行重新调整。从不具备竞争优势或不可能拥有竞争优势的行业或产品线撤出，增强其他行业及产品线已有的竞争优势，或重新选择经营方向。

3. 战略管理功能

在当今日益激烈的市场竞争环境中，越来越多的企业开始重视战略管理，通过制定和实施企业战略，使企业以长远眼光看待目前的经营活动，根据外界环境及自身特点，采取独特的竞争策略，形成竞争优势，并取得经营上的成功。业绩评价在战略管理中发挥着重要作用，战略管理可大致分为战略设计与战略实施两大阶段，在战略设计阶段，业绩评价可以发挥项目再评估功能和资源再配置功能，为形成最优战略提供信息；在战略实施阶段，业绩评价可以发挥其人事管理功能，以激励各级人员努力实现战略目标。业绩评价是联系战略管理循环的纽带。

（二）企业业绩评价系统

企业业绩评价系统作为企业整个管理控制系统中一个相对独立的子系统，由评价主体、评价对象、评价目标、评价指标、评价标准和评价报告六个基本要素构成。

1. 业绩评价主体与评价对象

根据不同的业绩评价主体和评价对象，可以将业绩评价分为四个基本层面。

（1）政府管理部门从行政管理和社会公众利益代表的角度对企业进行的社会贡献评价。评价的内容主要包括企业所提供的税金、就业机会，以及对职工的社会福利保障、环境保护等责任义务的履行情况。

(2) 潜在投资者从投资决策角度对于企业业绩的评价。投资者在决定其资本的投向时，要对备选投资对象的经营成果、财务状况、未来发展能力进行全面衡量、比较。尽管股权投资和债权投资在选择投资对象时评价的重点有所不同，但总的来说这一类评价是以企业价值为分析、比较的对象，评价的目的是为投资决策提供依据，因此也叫企业价值分析。

(3) 企业所有者对于企业经营业绩的评价。这一层面的业绩评价是所有者从委托代理的角度对其所投入企业的资源的保值增值情况的关注，是对作为代理人的企业经营者在企业价值创造中的贡献的评价，它经常是将企业作为一个整体进行评价。

(4) 企业经营者对企业内部各部门的管理者的评价。在授权管理的企业组织中，较高层的管理者需要根据授权经营的下属部门的责任和权限来选择适当的业绩评价方式，以形成有效的约束和激励机制。这一层面的业绩评价作为企业内部控制系统的有效组成部分，一直受到企业经营者的关注，长期以来不仅形成了较为完善的责任会计理论和方法，而且仍然在不断地发展。

2. 业绩评价目标

业绩评价系统的目标是整个系统运行的指南和目的所在，它服从和服务于业绩评价主体。

不同的企业业绩评价主体具有不同的评价目标。如上所述，政府部门评价企业业绩的目的是重点考察各企业社会责任的履行情况，而企业经营者对各分支机构的评价更多的是作为企业战略管理的一部分，业绩评价系统的目标是为管理者制定最优战略及实施战略提供有用信息。在战略制定阶段，通过业绩评价反映各部门的优势与弱点，有助于企业最佳战略的制定；在战略实施阶段，业绩评价的反馈信息有助于管理者及时发现问题，采取措施以保证预定战略的顺利实现。因此不同的业绩评价主体决定着评价的不同目标。

3. 业绩评价指标

业绩评价系统的指标是根据评价目标对评价对象的相关方面进行衡量。如政府管理部门的社会贡献评价主要通过社会贡献率、人均利税率、就业增长率等指标来衡量；而作为战略管理工具，业绩评价系统关心的是评价对象与企业战略成败密切相关的方面，即所谓的关键成功因素，而它们则具体表现为评价指标。关键成功因素有财务方面的，如投资报酬率、销售利润率、每股盈余等，也有非财务方面的，如企业产品质量、科技力量、售后服务水平等。所以业绩评价指标也分为财务评价指标和非财务评价指标。如何选择业绩评价指标，使其能够准确反映企业的关键成功因素，是企业业绩评价系统设计中最重要的问题。

4. 业绩评价标准

业绩评价标准是指判断评价对象业绩优劣的基准。业绩评价标准具有规划、控制、考核等功能，评价标准的选择取决于评价的目的。确定企业经济效益评价标准，应当从全局利益出发，力求有充分的科学根据。经济分析采用这样的评价标准，对于发现问题，找出差距，得出正确结论有着十分重要的意义。企业业绩评价系统中常用的标准通常有以下五种。

1）公司的战略目标与预算标准

战略目标与预算标准也称计划（目标）标准，是指本企业根据自身经营条件或经营状况制定的预算标准。企业内部分析利用预算指标可以考核评价企业各级、各部门的经营业绩，但是在制定预算指标时，人们对客观事物认识过程的限制或者人为因素的影响，有时对可能利用的一些有利因素未能估计和预测，以致失去客观依据。因此，在经济分析时必须检查预算标准的质量，对那些脱离实际的预算标准在分析过程中加以调整。

2）历史标准

历史标准是指以企业过去某一时间的实际业绩为标准。根据历史标准可以查明被评价对象的经营业绩比过去是有所改善还是正在恶化。如果现在比过去情况有所改变，则应根据已发生的变化来调整过去的历史标准，以便正确进行比较。采用历史标准具有较强的可比性，不足之处在于它只能说明被评估企业或部门自身的发展变化，在外部环境变化巨大时，仅用历史标准是不能做出全面评价的。

3）行业标准或竞争对手标准

行业标准或竞争对手标准是指某些评价指标按行业的基本水平或竞争对手的指标水平来确定，是业绩评估中广泛采用的标准，有些行业为了能够正确进行比较，按企业规模和经营条件制定出不同类型企业的标准作为评价的依据。尽管企业的情况不完全相同，但将这些标准作为比较的基础，对评价企业在同行业中的地位和水平还是有一定参考价值的。

4）经验标准

经验标准是依据人们长期、大量的实践经验的检验而形成的。例如，流动比率的经验标准为 2∶1、速动比率的经验标准是 1∶1，等等。西方一些学者认为经验标准是人们公认的标准，不论哪一个企业或任何时期都是适用的。其实，经验标准只是对一般情况而言，并不是适用于一切领域或任何情况的绝对标准。以流动比率为例，因行业或时期不同而各异，第二次世界大战后日本流动比率就比战前大幅度降低，而且各行业降低幅度也不一样。因此，财务评价在应用经验标准时，必须结合具体情况进行判断。

5）公司制度和文化标准

在业绩评价中，经常使用一些非财务指标，这些指标的标准往往表现在公司的规章制度中，还有一些融合于企业文化判断中。

以上五种标准均各有利弊，预算标准是最具适用性的，但是预算的确定、客观、公正是前提。在业绩评价时可以综合利用各种标准从不同角度对企业经营成果进行考核，以保证对企业经营业绩做出公正合理、准确可信的评价。另外，标准的选用与评价对象密切联系，也直接影响评价的功能。一般说来，当评价对象为管理者时可采用年度预算标准，而评价对象为企业时，最好采用资本预算标准和竞争对手标准。为全面发挥业绩评价系统的功能，企业也可在同一系统中同时使用这五类不同的标准。

5. 业绩评价报告

业绩评价报告是企业业绩评价系统的输出信息，也是业绩评价系统的结论性文件。业绩评价报告的文字与格式应当简洁、清楚、便于理解，应突出关键的问题与原因，提高效率。业绩评价报告是业绩评价人员以业绩评价对象为单位，通过会计信息系统及其他相关信息系统，获取与评价对象有关的信息，经过加工整理后得出业绩评价对象的评价指标数据，再与预先确定的评价标准进行对比，分析差异产生的原因、责任及影响，得出评价对象业绩优劣的结论后形成的。其格式与写法因不同的评价对象与内容而不同，不应有统一的规定。

以上五个要素共同组成完整的业绩评价系统，它们之间相互联系、相互影响。不同的目标决定不同的对象、指标和标准的选择，其报告的形式也不同。

二、业绩评价的原则

在综合业绩考评中，无论是评价体系建立还是具体评价指标设定，都必须考虑下述原则。

（一）战略性原则

企业在构建业绩评价体系时必须考虑战略性原则，具体要求包括如下三个方面。

1. 注重财务指标与非财务指标间的平衡

一般认为，大多数责任中心如子公司或分部等，都有多重具体目标，其中只有一部分能从财务角度进行表述，如经营利润、投资报酬率等，而其具体目标在本质上则是非财务性的。财务指标易于从会计报告中取得，因而容易被计量并取得“唯一标准”的地位。但事实上，很多非财务性指标在管理中更易被员工与管理者所接受，更易被理解和量化，因此低层管理者和员工更容易受到激励而去实现业绩目标，可见非财务指标对企业管理业绩评价是至关重要的。

2. 注重盈利性指标与流动性指标、结果性指标与过程性指标间的均衡

在用财务标准衡量企业管理业绩时，不能只看到其盈利性，而必须充分了解资产的质量及其流动性。同样的道理，对于指标评价而言，不能只是进行定期的结果指标评价，而必须辅助于过程性指标进行评价，如果只对结果考核而放弃对过程的追踪评价，则很可能使企业冒很大风险，最终赌注可能会因此而落空。

3. 注重长期利益与短期利益、整体利益与局部利益的协调

在业绩评价过程中，不可避免长期与短期、整体与局部这两对矛盾，为此需要评价主体从战略的角度来评价管理业绩，在这一层面上，评价是主观的，它反映评价主体的主观意志和战略目的。

（二）可控性原则

组织的分权及管理环境的多变，在业绩评价实践中，管理者当且仅当对其可控事件与可控成本负责。所谓可控，是指直接受管理者控制的事件与区域，这一区域可以是成本中心，也可能是利润中心，从总部看则是投资中心。在业绩评价过程中区分可控与不可控，是出于对管理者责任范围限定的需要，它是相对的。成本中心的可控对象是其成本，管理者只对其成本负责；利益中心的可控对象是其利润，管理者只对现有资产规模的使用效能与实现的盈利负责，等等。

（三）协调性原则

协调性是指在评价管理业绩时要注重评价体系与评价指标间的协调性。不协调会在很大程度上损害甚至抵消业绩评价的功能，因而是管理所不允许的。因此，它要求评价主体必须站在战略角度，从宏观上对管理业绩进行评判，做到目标的唯一性，考核的唯一性，只有这样才能使得管理业绩评价作为目标与激励的桥梁，发挥其应有的功能与作用。

（四）公正与公平原则

业绩评价本身是主观的行为，但主观的行为必须以客观的事实为依据，只有这样才能公正、公平。为了保证业绩评价的客观性，一方面应该强化业绩评价的市场性，因为相对而言市场是最公正公平的，因此增加市场本身对业绩的评价不失为一种可行的方法，它要求在评价指标设计上加大市场的含量，减少人为的水分；另一方面在市场不能完全作为评价依据时，需要从内部机制设置上保证评价的公正与公平。因此，在企业集团董事会内部，不能由担任董事会成员的管理者来参与对自身的评价，而必须选择具有独立身份的外部董事来对管理者进行评价，这是问题的关键所在。

三、业绩评价的分类

从根本上说，企业业绩评价一直是现代经济学和管理学理论与实践亟须解决而又很难解决的一个问题。之所以这样，原因之一就在于业绩评价的多样化。因此，要研究业绩评价问题，还需要搞清业绩评价的分类。根据不同的分类标准，可将业绩评价划分为不同的类型和不同的层次。

（一）根据业绩评价主体不同的分类

根据业绩评价的主体不同，可将业绩评价划分为外部评价和内部评价两大类型。

外部评价就是由企业外部的有关评价主体对企业业绩做出的评价，内部评价就是企业内部的有关评价主体对企业业绩做出的评价。根据利益相关者理论，企业除了股东以外，还有其他的利益相关者。利益相关者是通过契约与公司形成特定经济关系，期望从公司经营中获取回报，或者尽管没有契约关系，但其利益受公司经营影响，因此利益相关者需要通过各种机制对企业经营和管理施加影响，其中业绩评价系统就是其中之一，因此不同利益相关者都可能成为企业业绩评价的主体。具体到一个企业而言，其外部评价主体包括中小股东和潜在的投资者、潜在的和现有的债权人、政府有关部门、供应商和客户、社会公众等；内部评价主体包括大股东、各级管理者和基层职员等。

需要注意的是，内部评价和外部评价的评价依据不同。内部评价所依据的是企业的战略规划和战略计划，利用的是企业内部所产生的各种管理信息，包括财务信息和非财务信息；而外部评价则受信息获取方式的限制，主要以企业公开披露的财务信息和市场信息为主。因此，内部评价通常要比外部评价更为精确。

（二）根据业绩评价客体不同的分类

根据业绩评价的客体不同，可将业绩评价分为整体评价、部门评价和个人评价三个层次。

整体评价就是对企业整体业绩进行评价；部门评价就是对企业中的各个部门业绩进行评价，包括对业务部门和管理部门的评价；个人评价就是对个体业绩进行评价。从管理学角度看，业绩即组织期望的结果，是组织为实现其战略目标而展现在不同层面的有效输出。一个组织要实现其战略目标，需要将其目标进行层层分解，落实到部门和个人，也就是说只有部门和个人的业绩目标实现了，组织业绩目标才有可能得以实现。

（三）根据业绩评价内容不同的分类

根据业绩评价的内容不同，可将业绩评价分为财务评价和非财务评价。

(1) 财务评价主要是对企业的财务状况进行评价，并且主要是利用财务指标，其评价的内容具体又细分为盈利能力状况、偿债能力状况、营运能力状况和增长能力状况等方面。

(2) 非财务评价主要是对企业的非财务表现进行评价，其评价的内容主要包括客户、内部业务流程、员工和创新等。

（四）根据业绩评价范围不同的分类

根据业绩评价范围的不同，可将业绩评价划分为综合评价和单项评价。

(1) 综合评价就是指对企业在一定时期的生产经营各方面的情况进行系统全面的评价。综合评价的目的是找出企业生产经营中带有普遍性的问题，全面总结企业在这一时期的成绩与问题，为协调各部门关系，搞好下期生产经营安排奠定基础或提供依据。

(2) 单项评价是指根据评价主体或评价目的的不同，对企业生产经营过程中某一方面的问题所进行的较深入的评价。单项评价能及时、深入地揭示企业在某方面的财务状况，为评价主体提供详细的资料信息，对解决企业的关键性问题有重要作用。

第二节 业绩评价理论与方法

一、业绩评价要素

业绩评价作为管理控制系统的一个子系统，其本质上属于一个由各个要素组成的具有整体目的性和内在联系性的综合体。一个典型的业绩评价系统应该由评价主体、评价客体、评价目标、评价指标、评价标准、评价方法、评价报告等基本要素组成。管理控制系统中业绩评价的评价主体和评价客体基本明确，评价主体主要是公司董事会和各级管理者，评价客体是各级管理者。

（一）评价目标

评价目标是与评价主体和评价客体相联系的一个内容，因为不同的评价主体对于同一评价客体存在不同的需求，不同的评价客体又存在不同的情形。评价目标与组织目标相关，但更多的是依赖于战略目标的分解，体现为影响战略实现的关键成功因素。对于现代企业而言，其评价目标也趋于多元化，既包括财务目标，又包括非财务目标；既要追求股东价值最大化，又要考虑关键利益相关者的要求。

（二）评价指标

评价指标是指对评价客体的哪些方面进行评价。从业绩评价演变的进程观察，评价指标的变化趋势具有三种特征：①评价指标的表现形式已经从过去的单一指标逐渐过渡到多元的指标体系；②评价指标的计算基础已从当初仅仅只有会计基础财务指标逐渐发展成为各种基础皆有；③评价指标的反映内容已经从过去的关注财务结果逐步进化到目前的关注驱动财务结果的非财务活动。

（三）评价标准

评价标准是判断评价客体业绩优劣的基准。评价标准最初是以实际的业绩水平为准来评判的，也就是采取绝对基础。随着组织背景的逐渐变化，采用绝对基础作为评价标准的做法也逐渐被以相对基础（选择别的参照物为基础）作为评价标准的做法所替代，而后相对基础的评价标准，又由最开始的历史标准逐渐产生了预算标准和行业标准。因此就目前而言，业绩评价系统最为常用的三类标准是预算标准、历史标准和行业标准（包括竞争对手标准）。在选择何种类型的评价标准时，除了主要考虑战略计划和评价目标以外，还需要注意：①区分绝对基础和相对基础评价标准；②区分不同相对基础评价标准（主要是历史标准、行业标准和预算标准三种类型）；③区分个人基础和集体基础评价标准。

（四）评价方法

评价方法解决的是如何评价的问题，即采用一定的方法运用评价指标和评价标准，从而获得评价结果。没有科学合理的评价方法，评价指标和评价标准就成了孤立的评价要素，也就失去了本身存在的意义。目前在实践中应用比较广泛的评价方法主要有三类：单一评价方法、综合评价方法、多角度平衡评价方法。单一评价方法就是应用一个最综合的指标评价经营业绩，以控制评价客体评价目标的实现，以经济增加值（EVA）方法为典型代表。综合评价方法就是运用一系列指标从不同角度或侧面评价经营业绩，具体又可以分为指标分解评价方法和指标综合评价方法，前者以杜邦财务分析体系和帕利普财务分析体系为代表，后者包括综合指数法、功效系数法等。多角度平衡评价方法本质上也属于指标综合评价方法，但是由于这一类型的方法与传统的评价方法相比，更多的是注重不同类型指标之间的平衡关系，强调不同类型指标之间的因果关系或互动关系，并且在评价指标设计、评价程序确立等方面具有一定的创新，因此单独列为一类方法，其中又以平衡计分卡（balanced scorecard，BSC）和业绩三棱柱（performance prism）为典型方法。

（五）评价报告

评价报告实际上属于业绩评价系统的输出信息，也是业绩评价系统的结论性文件。评价主体以评价客体为对象，通过管理控制信息系统，获取与评价客体有关的信息，通过加工和整理计算评价指标，将评价指标实际数值与预先设置的评价标准进行对比，分析差异产生的原因、责任及影响，从而得出评价结论，最终形成评价报告。评价报告的编制应按评价指标计算、差异计量与分析、评价结论形成、奖惩建议等步骤进行，但其关键步骤在于评价指标计算和差异分析。

业绩评价系统各要素之间存在相互依存相互支持的关系，具体表现在：评价目标是业绩评价系统的指南和目的，它决定了评价指标的选择、评价标准的设置、评价方法的确立和评价报告的编报。评价目标从定性和定量两个维度又分解为评价指标和评价标准，即评价指标反映评价目标的具体内容，评价标准反映评价目标的具体水平。评价指标和评价标准相互影响。评价指标和评价标准是形成评价方法的基础，其类型的选择会影响评价方法的确立。评价方法不仅是对评价指标和评价标准的具体运用，而且是对实际业绩是否达到评价目标的判断过程和处理过程。评价报告是整个业绩评价系统的输出信息，是对业绩评价系统其他要素的最终反映和综合体现。当然，评价报告的深度、广度与可信度要取决于评价指标、评价标准和评价方法的科学性。

二、业绩评价程序

业绩评价需要遵循一定的程序。业绩评价程序是指业绩评价系统的实施步骤，包括设计、应用、调整等方面。合理的程序是从组织方面为业绩评价系统的设计和应用提供保障。一般而言，业绩评价程序包括以下基本步骤。

（1）确定评价目标。评价目标包括财务目标与非财务目标，财务目标实际上就是公司预算总目标。

（2）分析评价客体。对评价客体进行分析，并对评价客体进行分类，最重要的目的在于明确责任。不同的评价客体在公司价值创造中承担着不同的责任，因此需要区别评价。

（3）建立评价指标体系。通过战略规划和战略计划，将评价目标进行逐层分解细化。财务目标通过预算进行层层分解，逐步落实到各级管理者岗位，成为部门预算控制目标。

（4）设置评价标准。根据战略目标，主要参考历史数据和行业数据，结合市场预测，最终确定各评价指标的具体水平，即设置评价标准。对于财务目标而言，就是形成各级管理者的预算控制标准，使之执行战略时具有行动的依据。

（5）选择评价方法。在评价指标和评价标准确定之后，需要采用一定的方法运用评价指标和评价标准，才能获得评价结果。公司可以根据自身实际情况采用合适的评价方法。对于多元财务目标的业绩评价，通常采用的是综合指数法、功效系数法等。

（6）收集并整理评价数据。没有基础数据，就难以与预先设定的评价标准进行对比，就无法进行正确的业绩评价。会计信息系统需要为财务目标的业绩评价提供基础财务数据。

（7）形成评价报告。应用所选择的评价方法，利用评价数据，将评价指标的实际结果与评价标准进行对比，计算出业绩评价的最终结果，并提交评价报告。财务业绩评价结果计算和评价报告编制需要由公司财务部门负责。

（8）调整业绩评价系统。如果公司的外部环境和内部环境发生了根本性的变化，或者根据业绩评价系统运行结果发现存在不合理之处，那么需要对现行的业绩评价系统进行调整。

第三节　财务业绩评价指标

一、传统财务业绩评价指标

企业业绩评价系统中最常用的评价指标是基于财务报表的财务评价指标。根据企业不同的评价重点，可选用具有不同功能的财务指标。

1. 盈利能力指标

1）利润

利润是企业业绩评价中最常见的评价指标。利润通常被定义为收入减成本之差，但由于企业实务中的“收入”和“成本费用”具有不同的含义，因而产生了多种不同的利润计算方法。

（1）毛利＝销售收入－销售成本

（2）部门边际贡献＝销售收入－变动成本（含变动费用）

（3）部门可控营业利润＝边际贡献－可控固定成本

（4）部门营业利润＝可控营业利润－不可控固定成本（含总部分配的管理费用）

（5）部门净利润＝单位营业利润×（1－所得税税率）

【例 6-1】 某公司的某一生产部门的季度数据如下：部门销售收入 1000 万元。销售成本 700 万元，已销商品变动成本（含变动间接费用）550 万元，部门可控固定间接费用 80 万元，不可控固定成本（含总部分配的管理费用）140 万元。假设所得税税率为 30%。求得

毛利＝1000－700＝300（万元）

部门边际贡献＝1000－550＝450（万元）

部门可控营业利润＝450－80＝370（万元）

部门营业利润＝370－140＝230（万元）

部门净利润＝230×（1－30%）＝161（万元）

使用不同方法计算所得的利润指标具有不同的评价意义，相应反映管理者不同的战略取向。从部门经理的可控性角度考虑，方法（1）至方法（5）的扣减额逐渐增加，部门经理的可控性逐渐降低，对其积极性以及激励作用的负面影响逐渐增强。若从对企业总部贡献的角度考虑，方法（1）至方法（5）则逐渐增大，分别可满足管理者对不同评价对象的评价要求。其中最能反映各部门在权限和可控范围内有效利用各种资源，不断提高经济效益的能力和业绩的利润指标是可控部门利润。相对而言，部门营业利润和部门净利润指标都隐含了部门无法控制的成本费用，过分强调这些指标在业绩评价中的作用是不合适的。

评价经营业绩采用利润指标的优点是简单易行，取数方便。与现行会计报表数据的一致性，使计算结果易于各方面理解和使用，所以在现阶段具有较强的适用性。但是随着企业财务目标从会计利润向企业价值的转化，这类评价指标的局限性日益明显：①在权责发生制下，会计账面利润与财务实力（现金流量）并不是完全相关，通过调整会计政策虚增会计利润会导致业绩评价的结果出现错位，极易受到利润失真的制约；②会计利润是个短期财务指标，只可能促使经营管理者谋求短期利润增长，无法引导他们关注企业未来的增长、重视技术创新和新产品开发；③会计利润的计算没有考虑企业投资规模、融资成本和机会成本，从财务角度分析，会计利润是不完整的。

2）投资报酬率

投资报酬率（return on investment）也称投资利润率，是投资所获报酬与其对应的投资之间的比率。它是被投资者关注最多的、对企业具有重大影响的指标，也是常用的业绩评价指标之一。其基本公式为

$$投资报酬率＝利润额/投资额\times 100\% \tag{6.1}$$

在企业实务中对于“投资”与“报酬”的含义也有多种理解。如“投资”指的可能是总资产或净资产，也可能是账面价值或考虑通货膨胀因素后的调整值；而“报酬”则可能具有息税前利润、税前净利润或税后净利润等多种形式。由此，不同含义的投资与报酬结合所计算出的投资报酬率种类更多，每种计算方法各有其特殊意义，可体现管理者不同的战略意图和评估目的。

投资报酬率的广泛使用源于其优点。①它比较简单而客观，它是在已有会计资料的基础上计算出来的，有利于不同规模部门之间以及不同行业之间的比较；②可以对所有子公司均采用这一指标，不但便于比较，而且具有公平性；③外界分析家通常使

用这一指标来评价整个企业的盈利能力，所以将其作为内部评价指标可促使各部门与企业整体的经营目标保持一致；④采用投资报酬率指标，其评价基准相对易于制定，可直接利用平均资本成本、机会成本等。总之，运用投资报酬率作为评价指标，尤其是用于评价那些拥有较大投资决策权的投资中心的经营业绩，有利于其责任人关注所费与所得的关系，促进企业整体投资效益的提高。

当然，投资报酬率指标也有明显的不足：部门经理面对该评价指标，可能放弃高于资金成本而低于目前部门投资报酬率的投资机会，或者减少现有的投资报酬率较低但高于资金成本的某些资产，从而通过加大上述公式中的分子或减少分母来提高这一比率，使部门业绩获得较好的评价，却损害了企业整体的利益。

3）剩余收益

剩余收益指标是采用绝对数指标来分析实现利润与投资之间的联系，该指标能够克服使用比率指标评价部门业绩带来的次优化问题。其计算公式为

$$\begin{aligned}\text{剩余收益} &= \text{部门利润} - \text{部门资产应计报酬} \\ &= \text{部门利润} - \text{部门资产} \times \text{资金成本率} \qquad (6.2)\end{aligned}$$

剩余收益的主要优点包括：①可以使业绩评价与企业的目标协调一致，引导部门经理采纳高于企业资金成本的投资方案，克服了投资报酬率指标的不足；②剩余收益指标允许使用不同的风险调整资金成本。因为不同的投资对应不同的风险，要求按其风险程度调整其资金成本，所以不同行业部门的资金成本不同，甚至同一部门的资产有可能属于不同的风险类型。在使用剩余收益指标时，可以对不同部门或者不同资产规定不同的资金成本率，增加剩余收益这一指标的灵活性。而投资报酬率评价指标并不区分不同资产，无法分别处理风险不同的资产。因而剩余收益指标的这一特点特别符合现代财务理论的要求。

但是，剩余收益指标是绝对数指标，不便于不同部门之间的比较。因为规模大的部门更容易获得较大的剩余收益，而它们的投资效率可能并不很高。因此，很多企业在使用这一评价指标时，事先建立与每个部门资产结构相适应的剩余收益预算，然后通过实际与预算相对比来评价部门业绩。不少人认为剩余收益不是报告给股东的净利润，所以对经理人员来说，这个指标不如利润或分公司税前利润那样为人们熟悉和重视。

2. 现金流量指标

1）应用现金流量指标进行业绩评价日益广泛

现金流量指标作为业绩评价指标正日益为企业所广泛采用，原因有如下几点。

（1）在部门经理可以控制和影响投资基数时，使用现金流量指标可以避免因使用投资报酬率或剩余收益指标可能带来的机能失调行为。

（2）使用现金流量指标有利于统一事前预算与事后评价的口径，在一定程度上缓解投资决策的评估方法和投资决策结果的评价方法之间存在的矛盾。企业在评估投资项目时，往往以现金流量为最重要的衡量因素，众多指标（如净现值、内含报酬率、回收期等）都是以现金流量为基础计算的，而在评价投资结果时，重点却往往转移到了会计

收益或以会计收益为基础的衡量指标上。基于不同基础的评价指标自然会产生不同的评价结果，这就导致了事前评估与事后评价的矛盾，改为以现金流量来评价投资结果显然更为合理。

（3）采用现金流量指标有利于促进部门经理注意提高其经营活动的经济价值和经济利润。经济价值通常是指未来现金流量的净现值，而经济利润则是指不侵蚀经济价值而在一定期间可消耗的数额。经济利润的计量是以机会成本为基础的，使用现金流量指标可以近似地反映机会成本，从而为企业业绩评价系统提供较真实的部门经济运行情况信息。

2）以现金流量为基础的业绩评价指标

（1）现金回收率的计算公式为

$$现金回收率=营业现金流量/总资产 \tag{6.3}$$

公式中“营业现金流量”是年现金收入与现金支出的差额，“总资产”指所有生产经营用资产的历史成本的平均值。尽管在计算现金回收率时未遵循权责发生制，但经验表明企业的现金回收率是稳定的，并且从长期来看净现值与现金净流入总量相等，因而可以作为业绩评价的标准。

如果各年的现金流量相同，则现金回收率为回收期的倒数。对于长期资产，例如寿命在 15 年以上的资产，现金回收率近似于内含报酬率，即接近实际的投资报酬率。因此，该指标可以检验投资评估指标的实际执行结果，减少为争取投资而夸大项目获利水平的现象。

现金回收率作为一个比率指标，与投资报酬率相似，也会引起部门经理投资决策的次优化，即当现金回收率高于资金成本而低于部门现在的现金回收率时，部门经理会拒绝该项投资。

（2）剩余现金流量的计算公式为

$$剩余现金流量=营业现金流量-部门资产\times 资金成本率 \tag{6.4}$$

剩余现金流量可以弥补现金回收率的缺陷，使用剩余现金流量评价部门业绩，可以促进部门经理在决策时能和企业的整体目标保持一致。

3）传统财务评价指标的缺点

上述各种指标无论其具体计算公式和功能如何，其共同特点都是以会计核算资料及财务报表信息为主要依据。虽然这些数据较易获得和较为规范，有利于企业业绩评价的顺利进行，但这种传统的以财务报表信息为基础的业绩评价的缺点也是明显的。

（1）会计核算资料及财务报表信息失真会导致业绩评价的不真实。会计方法选择的不同，财务报表信息的可比性是相对的，再加上各种报表粉饰手段的应用，使财务报表失真现象较为严重，从而影响到以此为基础的业绩评价的客观性。事实上，财务报表信息失真和业绩评价以财务报表信息为基础之间存在一定程度的互为因果关系，尽管财务报表信息失真有各种原因，但如果业绩评价仅以此为依据，无疑会使这种现象更为普遍和严重。

（2）以财务报表信息为基础的业绩评价仅仅关注过去已实现的业绩，而忽略未来的发展能力，这样不仅使业绩评价不能真实反映投资者利益，而且在一定程度上鼓励了经营者的短期行为，影响企业战略意图的贯彻和实现。企业发展中研究开发费用投入不足、机器设备更新投入不足等问题，都反映了这种传统业绩评价方法的缺陷，而这些问题的存在对于企业集团的长远发展来说是极为不利的。

（3）仅仅关注于财务信息会使业绩评价存在片面性。事实上，这是和上述第（2）点缺陷相联系的。企业的经营业绩、未来发展能力不仅体现于财务成果，而且反映在技术领先、品牌效应、内部管理、企业形象等各个方面，这些发展是对企业的长远发展和未来竞争能力至关重要的。以财务信息为基础的业绩评价的片面性同样会误导经营者行为，损害投资者利益。

（4）忽略了对企业在市场中的竞争地位及其变化的评价。尽管财务成果是通过外部市场实现的，但在以财务报表信息为基础的业绩评价中，一般都是与已实现财务成果、被评价单位上期，或预算要求的成果相比较，因而使业绩评价相对内部化，不能真正地反映经营者的业绩。例如，在整体市场飞速发展的时期，如果评价对象的增长幅度低于整体市场的增长幅度，则意味着其相对竞争地位的下降；反之在市场萎缩阶段，情况则正好相反。而内部化的业绩评价并不能反映这种相对竞争地位的变迁，容易造成对经营者评价的不公正。

正是由于财务评价指标存在上述缺陷，企业的业绩评价实务中出现了一些新的非财务评价指标。

二、经济增加值

（一）经济增加值的内涵

1993年9月，Stern & Stewart咨询公司在《财富》杂志上提出了经济增加值（economic value added，EVA）指标，其定义为：公司经过调整的净营业利润减去其现有资产经济价值的机会成本后的余额。以公式表示如下：

$$\begin{aligned}\text{EVA}&=\text{税后营业利润}-\text{加权资本成本}\times\text{投入资本}\\&=(\text{投资资本收益率}-\text{加权资本成本})\times\text{投入资本}\end{aligned}\tag{6.5a}$$

其中，

$$\begin{aligned}\text{税后营业利润}&=\text{息税前利润}\times(1-\text{所得税税率})\\&=\text{EBIT}\times(1-T)\end{aligned}\tag{6.5b}$$

$$\begin{aligned}\text{投资资本收益率}&=\text{投资报酬率}\times(1-\text{所得税税率})\\&=\text{息税前利润}\times(1-\text{所得税税率})\div\text{投资资本}\end{aligned}\tag{6.5c}$$

EVA 的基本理念是收益至少要能补偿投资者承担的风险，也就是说，股东必须赚取至少等于资本市场上类似风险投资回报的收益率。实际上，EVA 理念的始祖是剩余收入（residual income）或经济利润（economic profit），并不是新观念，作为企业业绩评估指标已有 200 余年的历史，但 EVA 给出了剩余收益可计算的模型方法。

表 6.1 列出了《财富》杂志按 1998 年销售额等指标排名的 500 家大公司的经济增加值， EVA 结果与传统的销售收入、税后利润、资产规模或股票市值等指标排名大相径

庭，引起了较大反响。

表 6.1　1998 年《财富》500 强企业经济增加值状况

公司名称		通用汽车	美国电话电报公司	IBM	英特尔	可口可乐	微软	通用电器
销售额/百万元	金额	1 613	536	816.7	262.7	188.1	144.8	1 004
	排名	1	10	6	40	73	109	5
税后利润/百万元	金额	29.6	64	63.3	60.7	35.3	44.9	93
	排名	29	3	5	6	19	11	2
资产规模/百万元	金额	2 574	595.5	861	314.7	191.5	223.6	3 559
	排名	12	52	38	91	142	126	5
资本成本/%		9.4	9.9	12.8	15.1	12.1	14.2	13.8
资本收益/%		4.4	5.6	10.5	42.7	36.3	52.9	17.3
投入资本/百万美元		75 345	70 408	66 420	21 436	10 951	8 676	59 251
经济增加值/百万美元		–4 120	–2 892	–1 561	4 821	2 615	2 781	1 917

（二）EVA 计算的主要变量

公司每年创造的经济增加值等于税后净营业利润与全部资本成本之间的差额。其中资本成本既包括债务资本的成本，也包括股本资本的成本。在实务中经济增加值的计算要相对复杂一些，这主要是由两方面因素决定的。

一方面是在计算税后净营业利润和投入资本总额时，需要对某些会计报表科目的处理方法进行调整，以消除根据会计准则编制的财务报表对企业真实情况的扭曲；另一方面是资本成本的确定需要参考资本市场的历史数据。各国的会计制度和资本市场现状存在差异，经济增加值指标的计算方法也不尽相同。

经济增加值的计算结果取决于三个基本变量：税后净营业利润、资本总额和加权平均资本成本。

1. *税后净营业利润*

税后净营业利润是指在不涉及资本结构的情况下公司经营所获得的税后利润，即全部资本的税后投资收益，反映了公司资产的盈利能力。税后净营业利润等于税后净利润加上利息支出部分（如果税后净利润的计算中已扣除少数股东损益，则应加回），亦即公司的销售收入减去除利息支出以外的全部经营成本和费用（包括所得税费用）后的净值。

除此之外还需要对部分会计报表科目的处理方法进行调整，以纠正会计报表信息对真实业绩的扭曲。

2. *资本总额*

资本总额是指所有投资者投入公司经营的全部资金的账面价值，包括债务资本和股本资本。其中债务资本是指债权人提供的短期贷款和长期贷款，不包括应付账款、应付单据、其他应付款等商业信用负债。股本资本不仅包括普通股，还包括少数股东权益。因此资本总额还可以理解为公司的全部资产减去商业信用负债后的净值。

同样，计算资本总额时也需要对部分会计报表科目的处理方法进行调整，以纠正对公司真实投入资本的扭曲。在实务中既可以采用年初的资本总额，也可以采用年初与年末资本总额的平均值。

3. 加权平均资本成本

加权平均资本成本是指债务资本的单位成本和股本资本的单位成本，根据债务和股本在资本结构中各自所占的权重计算平均单位成本。除经济增加值外，实践中经常使用的概念还有单位资本经济增加值和每股经济增加值，这三个指标组成了经济增加值指标体系。

单位资本经济增加值＝经济增加值/资本总额

＝税后净营业利润/资本总额－加权平均资本成本 （6.6）

其中， 税后净营业利润/资本总额称为投入资本收益率

每股经济增加值＝经济增加值/普通股股数

经济增加值的具体计算见表6.2。

表 6.2 经济增加值的计算 单位：万元

项目	A公司	B公司
息税前利润/万元	5 000	6 500
所得税税率/%	30	30
税后净利润/万元	3 500	4 550
占用资金总额/万元	28 000	42 000
负债资本/万元	16 800	16 800
股权资本/万元	11 200	25 200
负债资本成本/%	10	9
股权资本成本/%	16	14
加权资本成本/%	12.4	12
资本成本总额/万元	28 000×12.4%＝3 472	42 000×12%＝5 040
经济增加值/万元	28＝3 500－3 472	－490＝4 550－5 040

经济增加值也可以利用下式计算：

EVA＝税后营业利润－（股权资本比例×股权资本成本率＋债权资本比例×债权资本成本率），结果一致。如A公司经济增加值＝3500－（11 200×16%＋16 800×10%）＝28（万元）。

从表6.2可以看出，尽管损益表上两家公司都是获利的，而且B公司的账面利润还大于A公司。但是当以经济增加值来计量它们的业绩时，结果就发生了差异，B公司的经济增加值是负数。只有以经济增加值来评价业绩，才能抑制企业过度扩张资本规

模，不断降低资本成本，为股东创造更多的价值。

（三）EVA 计算的报表项目调整

1. 资本化费用

资本化费用是对公司未来和长期发展有贡献的支出，发挥效应的期限并非只是这些支出发生的会计期，全部计入当期损益显然不合理，而且计入当年费用容易打击管理者对此类费用投入的积极性，不利于公司长期发展，因此需要调整；另外，为了保证对此类费用的支出有合理的回报，需要其在一定的受益期间内收回这些投入。

而公认会计准则对这类费用的处理方法是当期全部计入损益。因此，调整的方法应该是：将此类费用资本化，并按一定受益期限摊销。这样，可以鼓励管理人员对这些有益于公司长期发展和提升公司发展后劲的费用的投入。

2. 营业外收支

营业外收支主要包括：资产处置带来的收益或损失，重组费用，不可抗力带来的损失等。经济增加值 EVA 和税后净利润 NOPAT（net operating profit after tax）衡量的是营业利润，因此所有营业外的收支、与营业无关的收支及非经常性发生的收支均应剔除在经济增加值 EVA 和税后净利润 NOPAT 的核算之外，以保证最终核算结果能够真正反映公司的营业状况。另外，将营业外收支在当期 EVA 业绩中剔除的同时，还需对其资本化处理，使其与公司的未来收益或损失相匹配，由股东永久性承担。具体的调整方法是：将当期发生的营业外收支从 NOPAT 中剔除，并资本化处理，并需考虑以前年度累计资本化的影响；同时调整对现金营业所得税的影响。这样，就使得 EVA 的结果中只体现营业业绩，从而剔除了非营业活动对管理层业绩评判的影响。

3. 财务费用

财务费用包括汇兑损益、负债债务之利息支出。对于非责任性、不可控的汇兑损益，由于属于公司正常运营以外发生的损失或收益，公司并不能将此损益作为考核的一部分，因此，不将其剔除会影响公司 EVA 业绩的公正性。至于负债债务之利息支出，它属于资本成本的一部分，应从税后净利润 NOPAT 的计算中剔除，统一在资本成本中核算。具体的调整方法是：当期发生的汇兑损益从税后净利润 NOPAT 中剔除，资本化处理，并需考虑以前年度资本化累计的影响；调整对现金营业所得税的影响。同时，将负债债务的利息支出从税后净利润 NOPAT 的计算中剔除，并对现金营业所得税进行调整。汇兑损益调整使得 EVA 的结果真实体现了营业业绩，并剔除了汇兑损益对管理层业绩评判的影响；而负债债务之利息支出的调整使得税后净利润 NOPAT 的计算中真实体现了营业成本，将资本所有人对预期回报的要求在资本成本一项中计算，从而清楚地衡量了管理层的业绩。

4. 会计准备

会计准则要求，企业应为将来发生的费用提取准备金，如存货跌价准备、坏账准备等。EVA 倡导者认为，准备金的提取拉大了会计利润与现金流量的差距。而且，提取准备金往往是企业管理者操纵会计利润的常用手段之一。在我国，根据现行《企业会计制度》的要求，需要提取八项会计准备，即坏账准备、存货跌价损失准备、短期投资跌价损失准备、长期投资变现损失准备、固定资产减值准备、无形资产减值准备、在建工程减值准备、委托贷款减值准备。会计准备的计提是基于会计的保守和谨慎性原则，将并未发生、今后或然发生的一部分费用提前计入损益，因而不能真实地反映公司的营业状况，并且由于会计制度的变化和会计方法的灵活性，容易引起会计操纵和对营业状况的不真实反映。具体的调整方法是：计算税后净利润NOPAT时，把会计准备冲回，即按实际坏账发生额、实际存货跌价损失发生额、实际资产减值发生额和实际投资贬值损失发生额等计入相应的会计期间。计算资本时，按应收账款、存货原值、短期投资和长期投资以及固定资产、无形资产账面值等计入资本（提取会计准备前的数值）。

5. 无报酬要求资产、非营业性资产

无报酬要求资产、非营业性资产主要包括在建工程、非营业现金等。对此类资产需从资本总额中减除，不为其计算资本成本：在建工程在转为固定资产前不产生收益，因此对其计算资本成本会导致此项资本成本无相关的收益相匹配；非营业现金为公司营业中的现金溢余，其不参加营业价值创造，故需要将其从资本总额中剔除。具体的调整方法为：将在建工程和非营业现金从资本总额中剔除，不计算相关的资本成本；对非营业现金的相关收益也从NOPAT中减除。对在建工程的调整，可以鼓励管理层对在建工程的投资，因为在在建工程转为固定资产前不计资本成本；对非营业现金的调整，则可以剔除非营业现金对管理层业绩的影响。

6. 无息流动负债

无息流动负债属于流动负债，并且不担负资本占用费用，流动资产减除无息流动负债即净营运资产，它是维持公司正常经营所需的流动资金，因此，无息流动负债需从资本总额中减除。将无息流动负债从资本总额中减除可以鼓励管理层合理管理净营运资产，避免占压过多的流动资金。

7. EVA 营业所得税

EVA 营业所得税是指按税前净营业利润（NOPBT）或息税前利润 EBIT（earnings before interest and tax）乘以公司现行税率计算出来的所得税，它与公司损益表中的所得税费用的差异需要进行调整。这些差异主要是来自对 NOPBT 的收支调整项所带来的税收影响。具体的调整方法为：从损益表中的所得税出发，将各项税前收支调整对所得税的影响加上去。该项调整能真实核算营业所得税，从而反映管理层真实的 EVA 业绩。

8. 经营租赁

经营租赁也是一种融资行为，因此，也应按融资租赁的核算方法对其进行处理。具体的调整方法为：按融资租赁的处理方式对经营性租赁进行调整，确定租赁资产和租赁长期负债的金额及每期还款中经营成本费用和利息支出的数额，分别计入经营成本和资本成本。该项调整可以鼓励管理层合理安排经营租赁活动，在满足经营活动的同时尽量减少融资的成本。

9. 商誉

商誉是指公司在购买其他企业时，支付的价款高于被收购企业可辨认资产减去负债后的公允价值。各国对商誉的会计处理方法是不同的，有些国家，如美国，要求将其资本化并随后对之进行摊销。其他一些国家，特别是英国，则要求立即将商誉冲入储备。根据 EVA 的观点，这两种方法都是错误的，商誉的摊销无论是在购入发生时完成，还是在以后的摊销期内逐步完成，都从资产负债表上减去了收购方对目标项目的一部分投资，因此也就相应地减轻了管理者的负担，他们可以不必再为那一部分投资去赚取相应的报酬。换句话说，任何商誉的减少都会低估成本，如果不对其进行调整，就会高估 EVA。在 EVA 指标体系中，商誉被认为是类似股东权益性质的资本，它发挥效用的时期为未来所有的会计年度，需要公司未来的盈利与之相匹配，因此，不应将其摊销或计入费用。EVA 原理认为，商誉代表购买企业的一笔投资，该企业的管理人员必须为这笔投资创造有竞争力的收益。因此，商誉不应该被冲销，而应作为企业的一项资本长期存在。也就是说，任何当期及前期摊销的商誉都应该加回到投入资本，而当期摊销商誉所产生的费用则加回到营业利润中去。

具体的调整方法可以表示为

损益表调整：

	净利润	X
＋	商誉摊销	Y
	NOPAT	Z

资产负债表调整：

	未调整的资本	M
＋	累计摊销的商誉 调整后的资本总额	N
		C

按照思腾思特中国公司的方法，当企业确定了需要调整的权益等价物后，税后净利润（NOPAT）与资本投入额（NA）就可根据以下公式计算求得

$$NOPAT = NOP + ATINT + AEE$$

$$NA = TA + EE$$

式中，NOP 为公司经营活动的净利润；ATINT 为扣除所得税等价物后的利息费用；AEE 为公司确定的需调整的权益等价物在本年度的增加额（减少时应减去）；TA 为企业总资产的账面价值；EE 为企业确定调整的权益等价物。

10. 研发（R&D）、营销、培训费用

研发（R&D）、营销、培训费用：在新会计准则处理中，列入当期费用或资本化；EVA 处理中，作为投资，认为是一种消耗性的资产。先资本化，之后分期摊销。对 NOPAT 的调整：①对当期发生额计入当期费用的，调增税后净经营利润。②资本化的，对分期摊销额，调减税后净经营利润（不考虑税，在研发等费用发生时已在当期得

到了避税的利益）。对累计未摊销额，调增投入资本。

11. 对外质量担保、对外提供担保、未决诉讼等预计负债

对外质量担保、对外提供担保、未决诉讼等预计负债：在新会计准则处理中，列为当期费用，计入营业外支出、销售费用；在EVA处理中，以收付实现制原则确认（避免对利润的人为操纵）。对 NOPAT 的调整：①对质量担保等确认的当期预计负债税后增加额，调增税后净经营利润；②对质量担保等引起的预计负债的税后减少额，调减税后净经营利润。不调整投入资本。

12. 递延税款

在新会计准则处理中，递延税款分为递延所得税资产与递延所得税负债。在 EVA 处理中，按实际缴纳的所得税计算EVA。对NOPAT的调整：①递延所得税资产增加额，调减税后净经营利润。②递延所得税资产减少额，调增税后净经营利润。③递延所得税负债增加额，调增税后净经营利润。④递延所得税负债减少额，调减税后净经营利润；投入资本的调整递延所得税负债余额，调增投入资本。

13. 折旧

在新会计准则处理中，折旧分为直线法和加速折旧法；在EVA处理中，按偿债基金法计算经济折旧（使得资本投入的回报率等于经济回报率）；因折旧方法不同，但折旧总额相等，故不调整投入资本。

14. 战略性投资

战略性投资指鼓励经理人员根据企业的长期发展需要进行战略性投资，不必担心对短期盈利的影响。调整方法是投资带来效益前在临时账户上搁置。

（四）EVA 对传统财务指标的改进

在理论上，与传统的财务评价指标比较，EVA 具有一些显著的优点。

（1）EVA 考虑了资本成本，将利润和资产占用以机会成本的方式联系起来，以一种较易理解的方式促进经营者对投资效益、资产利用给予充分的关注，只有在经营收益超过所占用资产的机会成本后才能带来EVA的增加，从而有助于沟通具体投资项目决策和股东财富最大化之间的联系，促进经营战略和经营决策的协调。

（2）EVA 在不同程度上将业绩评价由内部化推向市场化。当考虑所占用资产的机会成本时，在计算中就必然考虑到投资的市场机会；在采用资本资产定价模型确定资本成本时，必然要考虑相对于市场一般风险的企业风险；采用 EVA 指标时，资产占用按市场价值计算，从而综合考虑了现有经营效益和未来发展能力。这些考虑都使业绩评价中的市场化程度增加，从而促进了业绩评价的全面和公正。

（3）为了弥补 EVA 本身的上述缺陷并解决传统奖金计划易导致的盈余操纵和投资短期化行为，EVA 设置了其独特的激励系统——“奖金账户”。其做法是，将奖金计酬与奖金支付分隔开来，根据 EVA 计算的当期奖金计入经理的奖金账户，其期初余额为累计尚未支付的奖金数额；本期奖金的支付即按期初余额加上本期应付奖金之和的

一定比例支付（如 1/3），其期末余额逐次结转下期，若期末余额为负，则本年不支付奖金，由以后年度支付奖金。

当然，EVA 指标也存在一些缺陷，如指标的数据收集和计算方面有一定困难，而且，对于净营业利润及资产价值的调整需因企业而异，在一定程度上增加了指标计算的工作量，影响了指标在不同企业间的可比性。

（五）EVA 财务管理系统

公司要想更好地运用 EVA 理念，必须全方位地实施 EVA 财务管理系统，我们常常用四个 M 来归纳 EVA 财务管理系统的实质内涵，它们分别是反映价值的业绩计量系统（measurement）、管理流程和决策工具（management）、基于价值的激励系统（motivation）和追求价值的经营理念（mindset）。①反映价值的业绩计量系统是指利用 EVA 对公司业绩做出最准确、最恰当的评价，为此，在计算 EVA 的过程中，要对传统的会计数字进行一系列调整，使业绩评价结果尽量与经济状况相吻合。②管理流程和决策工具是指 EVA 的真正价值在于公司可以把它作为财务管理体系的基础，因为 EVA 财务管理系统密切关注股东财富的创造，并以此指导公司决策的制定和营运管理。从 EVA 的角度来看，提升公司价值有三条途径：一是更有效地经营现有业务和资本，提高经营收入；二是投资预期回报率超出资本成本的项目；三是出售对别人更有价值的资产，或提高资金使用效率，加快资金流转速度，把资金沉淀从现存营运中解放出来。③基于价值的激励系统是指 EVA 可以作为一种很好的激励制度，使管理者在为股东着想的同时也像股东一样得到报偿。④追求价值的经营理念是指 EVA 使得公司的营运功能从同一基点出发，为公司各部门员工提供了一条有效沟通的渠道，自动引导和鼓励管理人员与普通员工为股东的利益思考和行事。

三、现金增加值

现金增加值（cash value added，CVA），也是价值管理的一种方法。现金增加值概念由瑞典学者 Erik Ottosson 和 Fredik Weissenrieder 于 1996 年提出，目的是从股东角度持续衡量公司价值。公司在进行投资项目决策时，一般采用净现金流量折现的方法估算项目的投资价值，然而公司在经营该项目时，往往采用会计方法衡量项目价值，这给股东从财务报表中直接获得数据与项目预期的现金流量价值进行比较带来了一定的困难。为了便于管理层从投资者角度持续衡量公司价值，CVA 模型应运而生。目前，这一模型在欧洲公司使用较为广泛，世界第二大啤酒公司 SAB Miller 就率先使用现金增加值报表，公开披露其价值产生及利益分配信息。

（一）CVA 的基本原理

CVA 是一种净现值模型，它将 NPV 计算周期化，即按年、季度、月等时间段计算周期性的 NPV，而不仅仅只选取某个完整的期间计算 NPV。CVA 模型包括经营现金流量（operating cash flow，OCF）和经营现金流量需求（operating cash flow demand，OCFD）这两个现金项目。经营现金流量为除去折旧的息税前利润（EBIT）、营运资本变动和非战略性投资三项之和。经营现金流量需求表示为满足投资者对公司战略性投资的财务需求而需要的那一部分现金流量。根据公司的每一项战略投资可以计算出OCFD，而公司每一项战略投资的OCFD的总和构成了公司的资本。OCFD是以适当资本成本折现的现金流，它本质上是年金，但在实际中按每年的实际通胀率计算。OCF和OCFD的差值即为CVA。CVA指标没有以百分比的形式来衡量投资者的资本机会成本，而是用现金来表示投资者的资本机会成本。OCF是在战略投资之前、非战略投资之后的现金流量，它必须大于OCFD。OCFD并不能预测未来的OCF是多少，它只是未来现金流量的一个不变衡量点。在投资的经济使用年限中，OCFD是固定的。不难看出，一个时期的现金增加值是对公司该期间产生的现金流量是高于或低于投资者的需求的最好估计。

测算整个公司的CVA只需将一项战略投资项目扩展到多项即可，一家公司的OCFD等于各个期间每项战略投资OCFD的总和，其中投资额包括每一项仍在经济寿命期内的投资项目。如果增加了股东价值，该公司的净现值和CVA一定是正的。

$$\text{NPV}=\text{PV}(\text{OCF}1,2,\cdots,n)-\text{投资}=\text{PV}(\text{OCF}1,2,\cdots,n)-\text{PV}(\text{OCFD}1,2,\cdots,n) \quad (6.7)$$

（二）CVA中的重要概念

1. 战略投资与非战略投资

公司的初始投资总额可以分为战略投资与非战略投资两部分。战略投资旨在为股东创造新价值，如公司扩张。因此，公司中能够创造价值的现金支出将被视作战略投资。战略投资可以投资于有形资产或无形资产，如投资新产品或新市场。非战略投资则旨在维持由战略投资所创造的价值，非战略投资本身不产生新价值，仅用于保证初始战略投资产生预期价值。传统观念中关于现金支出是作为投资还是作为费用的争论在现金增加值模型中没有意义。管理层理解并决定战略投资的方向非常关键，这将对公司整个战略计划产生影响并控制公司的经营策略。公司在投资过程中会产生相应的费用，CVA模型中战略投资构成资本，购置新办公桌椅之类的非战略投资将被视作成本。但在会计系统中，资本由购买办公桌椅之类实物的支出构成，却并不计算对于无形资产的战略投资。战略投资能够产生新价值，应当是公司决策者关心的重点。然而在公司日常经营中，非战略投资决策发生的频率远高于战略投资决策，传统的管理会计使管理层在控制和评价非战略投资上浪费了大量宝贵时间，也扭曲了管理层对业务的理解。

2. 会计中的资本成本与CVA模型中的资本成本

公司进行长期战略投资时若采取资本收益率核算，在投资初期一般都是亏损的，随着时间的推移逐渐盈利，尤其是当期初的战略投资额远高于随后的非战略投资额时，导致后面年份的资本使用率非常低。若该项目产生现金流的年份超出期初预计的经济寿命，会计上仍然会继续计算其投资收益率。这样就使会计投资收益率成为一个变动的指标，作为绩效考核的指标有失妥当。事实上，大多数项目在投资初期盈利能力较强，随着时间的推移，维持成本增加，盈利能力逐渐下降，生产效率逐渐降低，同时来自竞争产品的新技术的发展也降低了产品的市场价格。与此相对应，大多数项目的投资初期 CVA 指数均大于 1，投资后期 CVA 指数逐渐降低，经济寿命终结时，产生现金的能力也较低，CVA 指数随之变小，这个结果便于投资者理解商业逻辑。

（三）CVA 的计算公式

根据现金增加值定义，其计算包括两个部分：OCF 与 OCFD。OCF 只需要算出项目经营产生的现金流，即可以将营业利润调整为现金项目，其中根据现金增加值的特点，非战略投资计为现金成本，作为费用扣除；或者采用直接计算的方法，从经营收入的现金项目开始，减去各项现金费用，得到经营现金流。OCFD 的计算分为三步：①确定各战略项目每项仍在使用的战略投资的初始投资；②估计每项战略投资的经济寿命；③确定各项战略投资每个时期（年/季度/月）必须产生的名义现金流，计算该项战略投资期初净现值为 0 时，投资以后各期名义现金流。

根据以上所述计算现金增加值，如果一项战略投资的 OCF 大于其 OCFD，则说明该公司的战略投资项目当年增加公司的价值；反之，则说明战略投资是亏损的。详细的计算步骤如下。

销售收入－成本＝营业利润±营运资本变动－非战略性投资＝经营现金流量（OCF）－经营现金流量需求（OCFD）＝现金增加值（CVA）。

现金增加值就是从股东角度衡量的公司战略投资产生的价值，也可以用现金增加值指数（CVA index）来表示。

现金增加值指数＝经营现金流量（OCF）／经营现金流量需求（OCFD）（6.8）

现金增加值指数与盈利能力指数（PI）相似，现金增加值指数大于 1 时，现金增加值为正数。

（四）对 CVA 指标的评价

目前我国许多公司披露的财务信息可靠性都比较低，管理层一般不愿意采用财务信息进行投资决策，究其原因主要是投资利润目标并没有关系到投资计划和投资战略对公司的经营利润和成本带来的影响，也就是说两者之间是脱节的。现金增加值模型可以将公司的投资利润目标与公司的投资计划和投资战略紧密结合起来，可以用于公司的任何层次，公司的 CVA 就是所有战略投资项目的 CVA 之和，因而能够促使公司管理层致力于获得准确的经营财务信息，这样将能极大地提高公司财务信息的可靠性。

第四节　非财务业绩评价指标

随着企业经营环境的日益复杂、多变，很多管理者都认识到了财务评价指标的局限性，在实务工作中越来越多地使用非财务评价指标。各个企业的战略规划、经营规模、市场环境、所属行业、采用的生产技术与管理技术差别很大，因此所采用的非财务评价指标也各不相同。目前，采用较多的非财务评价指标主要有以下几个。

（一）市场占有率

市场占有率即某公司或某生产线在其市场中所拥有的份额。它主要被许多生产型企业作为对其子公司或经理人员进行业绩评价的重要指标。

（二）产品质量与服务指标

产品质量与服务指标包括产品废品率、返修率、退货率和客户满意度等。

产品废品率是指废品量与产品总量的比率，比率越高证明产品质量越低，反之则越高；返修率是指保修期内实际返修产品数量与修理产品数量之比，比率越高说明产品质量越低，反之则越高；退货率是指单月单店顾客退货数量与单月单店销售数的比率，比率越高产品质量越低，反之则越高；客户满意度是指客户对其明示的、通常隐含的或必须履行的需求或期望已被满足的程度的感受，满意度越高说明服务质量越高，反之则越低。

（三）生产率指标

生产率指标常用一定量的投入和产出比率来表示。生产率水平可以用同一劳动在单位时间内生产某种产品的数量来表示，单位时间内生产的产品数量越多，劳动生产率就越高，反之，则越低；也可以用生产单位产品所耗费的劳动时间来表示，生产单位产品所需要的劳动时间越少，劳动生产率就越高；反之则越低。

（四）人力资源指标

在信息技术及科技日新月异的今天，人力资源的重要性甚至已经超过有形资产。因此，很多企业将职工对其所在部门的满意程度、职工培训与发展计划、劳动力流动状况、职工晋升等有关人力资源的指标作为考核部门经理人员业绩的重要依据。

（五）可信赖程度和交货效率

可信赖程度是指企业对客户的订货是否按期及时发货，如果企业不能按时发货，一方面可能使企业失去这笔业务，另一方面可能使企业的声誉受到影响，企业应保证及时供货，使客户对其保持高度的信赖。该因素可以用及时发货次数百分比这一计量指标来反映。

对交货效率的评价可以从循环时间这一角度来考察，循环时间指的是从订单签订到将货物交给客户所需要的时间，这一时间越短越好。

（六）员工积极性

不能对雇员的生产技术水平、劳动积极性及培训情况等方面做出评价是传统的业绩评价方法受到批评的一个重要原因。如果公司员工生产积极性不高，在公司中没有荣誉感，则整个企业的业绩在一定程度上会受到影响。一般而言，对雇员情况进行评价的重要指标是员工流动率即月中离职人数与平均雇佣人数的比率。这一比率高，表明企业员工的思想不稳定，对企业没有信心，企业应根据这一指标的变化，仔细分析原因，使企业员工保持旺盛的生产积极性。

（七）创新能力

企业的创新能力指的是企业在生产和改进现有产品时，开发和创造适应市场需要的新产品的能力。企业在开发新产品方面付出的代价及所取得的成果，是评价企业创新能力的主要资料。利用这些资料，可以对企业过去、现在及未来的创新能力进行评价，并根据评价结果，采取适当地增加投入或加强市场调查等方面的措施，来提高企业的创新能力。

财务指标和非财务指标在企业业绩评价中各有优劣。若只注重财务指标，则易于造成企业的短期行为，影响企业的长远发展。若过分注重非财务指标，企业很可能因为财务上缺乏弹性而导致财务失败。事实上，企业财务业绩和非财务业绩都是企业总体业绩不可缺少的组成部分，理想的业绩评价指标应是财务指标和非财务指标的有机结合。

企业可选用的非财务评价指标还有很多种，如增长性、安全性、履行社会责任等。

企业在选择非财务评价指标的过程中，可参考以下原则。

1. 全面性原则

无论业绩评价的对象是何种类型，对其关键的成功因素及企业战略实施的关键因素均应加以全面考虑并进行评价。

2. 预警性原则

为克服财务指标反映的时滞性，应采用适当具有预警性的非财务指标，以增强对未来发展趋势的判断，为战略决策提供信息。如许多企业采用的市场份额指标对评价单位的竞争力就是一个较早的预警指标。

3. 量化原则

非财务评价指标使用中最大的缺陷与难点在于它的量化比较困难，有些甚至不可能被量化。但评价指标的量化对其至关重要，可增强其客观性及可理解性。因此，非财务评价指标的设计应尽可能量化或选用可替代的量化指标。

第五节 综合业绩评价

一、传统综合业绩评价模式

从 20 世纪末开始，陆续出现了一些各具特色的以非财务指标为主的综合业绩评价系统，本章讨论其中有代表性的三种。

（一）德鲁克以重组为核心的观点

彼得·德鲁克（Peter Drucker）在 1995 年前后写了大量文章，说明企业组织收集其主要竞争对手信息的重要性。同时，他还强调，“每一个企业组织，都需要一个核心能力：重组”。因此，他把注意力主要集中在帮助企业记录和评价其重组方面。根据德鲁克的观点，评价一个企业改革的出发点不能仅从其自身业绩出发，而应仔细评估其所处行业在一定时期内的重组，以及企业在重组中的地位和作用，他强调业绩评价系统必须首先突出管理部门的思想意识，通过设计一系列特定性质的问题，提醒雇员注意真正需要重视的方面，再提供一个内在的组织机构，使雇员能够重视并发现这些方面可能存在的问题。德鲁克的观点虽然没有形成一个完整的理论模型，但他对竞争与改革的理解为非财务指标进入业绩评价系统提供了基础。

（二）霍尔的“四尺度”论

罗伯特·霍尔（Robert Hall）认为评价企业的业绩需以四个尺度为标准，即质量、作业时间、资源利用和人力资源。

1. 质量尺度

霍尔把质量分为外部质量、内部质量和质量改进程序三种。外部质量是指客户或企业组织外部的其他人对其产品和服务的评价，它是产品和服务的精髓，具体指标包括客户调查情况、服务效率、保修及可靠性等；内部质量代表企业组织的运营质量，包括总产量、生产能力、检验比率以及残品和返工率等；质量改进程序是企业组织采用的确保高水平的内在和外在质量的程序或一系列的公式化步骤。需要注意的是，今天的质量改进就是明天的内在、外在质量。

2. 作业时间尺度

霍尔认为作业时间是把原材料变为完工产品的时间段，具体包括工具检修时间、设备维修时间、改变产品和工序设计的时间、项目变更时间、工具设计时间和工具建造时间等。

3. 资源利用尺度

资源利用尺度用以计量特定资源的消耗和与此相关的成本，如直接人工、原材料消耗、时间利用和机器利用情况。前两项指标是制造产品和提供劳务的直接成本，后两项既包括直接成本因素，又包括间接和机会成本因素。

4. 人力资源尺度

霍尔提出企业需要有一定的人力资源储备和能恰当评价与奖励雇员的管理系统。

霍尔把质量、时间和人力资源等非财务指标导入企业的业绩评价系统，并认为企业组织可以通过对上述四个尺度的改进来减少竞争风险。该理论在人力资源开发方面没有提出更具体的建议，这也是其缺陷所在。

（三）克罗斯和林奇的等级制度

凯尔文·克罗斯（Kelvin Cross）和理查德·林奇（Richard Lynch）提出了一个把企业总体战略与财务和非财务信息结合起来的业绩评价系统。为了强调总体战略与业绩指标的重要联系，他们列出了一个业绩金字塔。在业绩金字塔中，公司总体战略位于最高层——由此产生企业的具体战略目标，并向企业组织逐级传递，直到最基层的作业中心。通过业绩金字塔可以看出，战略目标传递的过程是多级瀑布式的，它首先传递给单位水平层面，由此产生了市场满意度和财务业绩指标。战略目标再继续向下传给企业的业务经营系统，产生的指标有客户的满意程度、灵活性、生产效率等。前两者共同构成企业组织的市场目标，生产效率则构成财务目标。最后，战略目标传递到作业中心层面。它们由质量、运输、周转时间和耗费构成。质量和运输共同构成客户的满意度，运输和周转时间共同构成灵活性，周转时间和耗费共同构成生产效率。

由此，业绩信息渗透到整个企业的各个层面。当这个信息向组织的上层运动时，目的是逐级汇总，其最终目的是使高层管理人员可以利用该信息为企业制订未来的战略目标。克罗斯和林奇的业绩金字塔着重强调了组织战略在确定业绩指标中所扮演的重要角色，反映了业绩目标和业绩指标的互赢性，揭示了战略目标自上而下和经营指标自下而上逐级重复运动的等级制度。这个逐级的循环过程揭示了企业持续发展的能力，为正确评价企业业绩做出了意义深远的重要贡献。业绩金字塔最主要的缺点是，在确认组织学习的重要性上是失败的，而在竞争日趋激烈的今天，对组织学习能力的正确评价尤为重要。因此，虽然这个模型在理论上是比较成型的，但实际工作中采用率较低。

二、平衡计分卡

20 世纪 90 年代初期，罗伯特·卡普兰与戴维·诺顿创建了一套旨在扩展管理者关注点的新的管理方法——平衡计分卡。

平衡计分卡的产生基于当时两大背景：一是人们对传统财务评价指标的不满和批评日渐增多，要求增加能够反映企业未来盈利潜力的战略性指标；二是人们对战略的关注点已从战略规划逐步转向了战略实施，因为很多企业都存在计划书中的战略与正在实施的战略相去甚远的问题，因此如何通过与战略密切相关的指标将组织的战略意图导入组织的不同层级，以保障战略被正确的领会与实施，成为当时众多企业的迫切需求。平衡计分卡的概念一经提出就受到了理论界、企业界及咨询业的广泛认同和接受。一个设计优良的平衡计分卡能够满足企业组织的使命、战略和内外部环境的需要。许多企业已开始采用平衡计分卡作为其业绩评价标准，如苹果电脑、Rockwater 公司、新西兰电信公司等。

（一）平衡计分卡的基本原理

针对传统的以财务指标为主的业绩评价系统，平衡计分卡强调非财务指标的重要性，通过对财务、客户、内部作业、创新与学习四个各有侧重又相互影响方面的业绩评价，来沟通目标、战略和企业经营活动的关系，实现短期利益和长期利益、局部利益与整体利益的均衡，如图 6.1 所示。

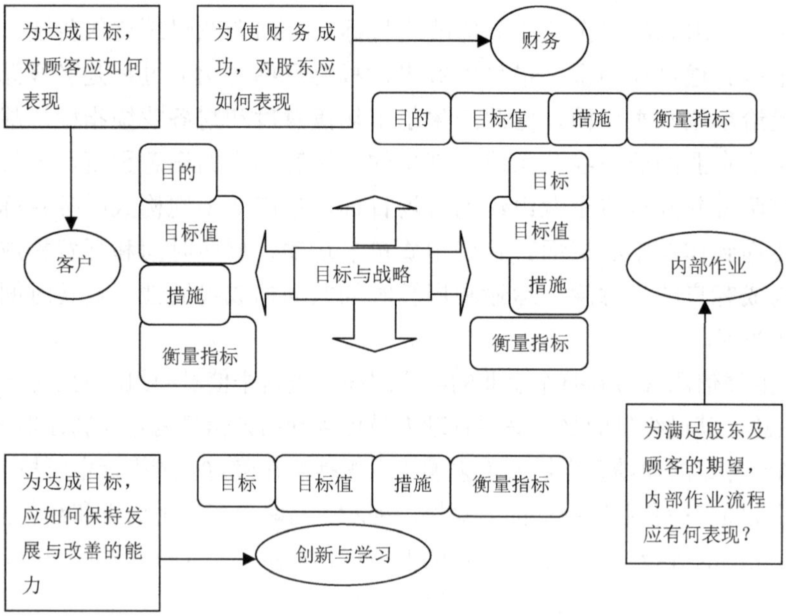

图 6.1 平衡计分卡的基本原理

每个企业的战略目标不同，所采取的具体战略不同，所涉及的关键因素不同，导致其各自的平衡计分卡的具体内容和指标都不相同。一般而言，组织整体战略目标往往非常概括、抽象，因此设计平衡计分卡的首要任务就是将组织整体战略目标分解为更为具体的、可执行的、易于衡量的行动目标。早期的平衡计分卡所提供的分析框架就是从财务、客户、内部作业及创新与学习四个角度将整体战略进行分解，如从股东角度分解出企业增长与收益战略，从客户的角度分解出企业价值创造和产品差异性战略，等等。而近期由罗伯特·卡普兰和戴维·诺顿所倡导的以企业战略执行图为基础的分析框架则更具操作性和逻辑性。所谓战略执行图就是全面、明确勾画出企业战略目标与日常经营活动目标之间逻辑关系的一个框架图，它是一种自上而下的战略描述方式，不同的企业应根据自己的战略或目标来绘制相应的执行图，以明确企业各项活动之间以及与目标之间的逻辑关系。

在明确了目标与行动的因果关系，并将总目标分解为各个层次的子目标以后，可以按照平衡计分卡提供的四个层次寻找关键成功因素和相应的关键绩效指标，最终形成平衡计分卡指标体系，以衡量和监控目标的完成情况，并及时根据环境的变化对目标进行适当的调整。

1. *财务方面*

财务衡量在平衡计分卡中不仅占据一席之地，是一个单独的衡量方面，而且是其他几个衡量方面的出发点和落脚点。一套平衡计分卡应该反映企业战略的全貌，从长远的财务目标开始，然后将它们同一系列行动相联系（这些行动包括财务、客户、内部作业和创新与学习），最终实现长期经营目标。

处于生命周期不同阶段的企业，其财务衡量的重点也有所不同。在成长阶段，企业要进行数额巨大的投资，因此，其现金流量可以是负数，投资回报率亦很低，财务衡量应着重于销售额总体增长百分比和特定客户群体、特定地区的销售额增长率；处于维持阶段的企业应着重衡量获利能力，如营业收入和毛利、投资回报率、经济增加值；在收获阶段的财务衡量指标主要是现金流量，企业必须力争实现现金流量最大化，并减少营运资金占用。

2. *客户方面*

在客户方面，核心的衡量指标包括市场份额、老客户回头率、新客户获得率、客户满意度和从客户处获得的利润率。这些指标存在内在的因果关系：①客户满意度决定新客户获得率和老客户回头率；②新客户获得率和老客户回头率将决定市场份额的大小；③前四个指标共同决定了从客户处获得的利润率；④客户满意度又源于企业对客户需求的反应时间，其间的关系如图 6.2 所示。

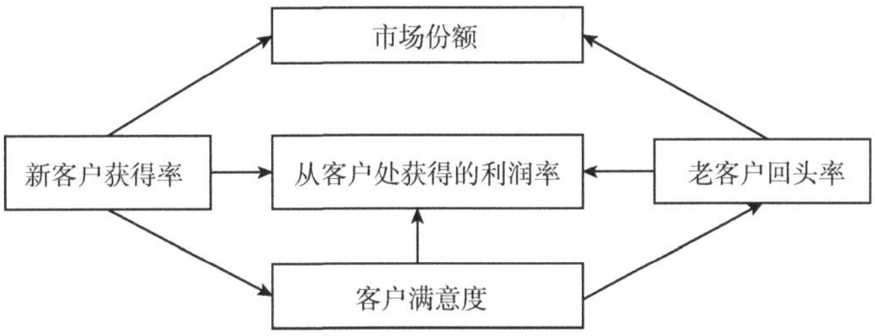

图 6.2　客户关系

指标设计中最根本的指标是关于客户满意度的衡量。客户方面的衡量指标可分为过程指标和结果指标两类。所谓过程指标是指如果成功地实现，就会支持其他行动指标的指标。对于客户而言，主要关心的是高质量、低成本和及时供给等。而结果指标是指对于一个组织的战略目标而言最关键的指标体系。对客户而言，主要有客户满意度、市场份额等，两者有时是重复的。对于财务管理人员来说，关键是要找到二者之间的联系，以便找到一个合适的过程指标组合来实现最优的结果指标。

表 6.3 列出了一般客户效绩衡量指标。

表 6.3　一般客户效绩衡量指标

过程指标			
成本	质量	及时性	
客户购买成本	退货率	可靠的营销	快捷的营销
客户分销成本	评价机构的结果	准时销货比率	订货时间
客户安装成本	市场调查反映	产品中断次数	完成合同时间
客户维修成本			产品生产周期

结果指标		
客户忠诚度	吸引新客户能力	市场份额
老客户回头率	新客户比率	占总额的百分比
背叛客户人数	新客户人数	占客户总消费的百分比
挽留客户成本	吸引客户成本	占总产品百分比

3. 内部作业方面

内部作业指的是企业从输入各种原材料和客户需求，到企业创造出对客户有价值的产品（或服务）过程中的一系列活动，它是企业改善其经营业绩的重点。内部作业指标的主要经营过程是创新、经营和售后服务。企业要想成为市场中最具竞争实力的企业，就必须创新，讲求质量，缩短产品的生产周期。创新指标与企业产品或服务的设计和开发费用的衡量有关，主要有新产品开发所用时间、新产品销售收入占总收入的比例、损益平衡时间等。经营以及衡量指标主要用于衡量企业的经营过程，涉及的具体指标有循环时间指标、质量指标和成本指标；售后服务主要包括质量保证书、维修服务、退换货的处理和支付手段的管理，它的具体指标有产品退货率、产品保修期限和产品维修天数等。

内部作业表明，业绩指标的传统方法与平衡计分卡存在两个基本的不同点。

（1）传统方法是监督和改进现在的经营过程，而平衡计分卡是在为达到企业财务目标和客户要求而必须做好的方面确定全新的过程。

（2）传统的业绩指标系统着重于交付今天的产品和服务给今天的客户的过程，未考虑生产全新的产品和服务来满足未来客户的需要，而平衡计分卡则把创新过程结合到了内部经营过程上，它在内部经营过程方面结合了长波型的创新循环和短波型的经营循环的目标和指标。表 6.4 列出了内部作业的评价指标。

表 6.4 内部作业的评价指标

	创新过程	营业过程	售后服务过程
成本指标	每项新产品研发成本	单位成本水平	每次服务成本
	研发成本回报率	组别成本水平	产品退货率
		生产线成本	
质量指标	每次设计的修改天数	每百万废品数	对客户首次要约回应次数
	新产品销售收入百分比	客户服务差错数	消费者调查反映
及时性指标	研发时间	投产准备期间	订货、交货时间
	设计周期	生产周期	产品保修期限
			产品维修天数

4. 创新与学习方面

在创新与学习方面，最关键的因素是人才、信息系统和组织程序。企业管理观念的转变使人力资源在企业中的作用越来越受到重视。过去企业管理的观念是：公司应使工人出色地完成具体工作，公司的管理人员规定工人的工作任务，并制定出相应的标准和监督体制，确保工人能按计划完成任务，工人的任务是干活，而不是思维。然而在最近几十年中，这种管理哲学发生了重大变化。人们认识到，公司若想超越现有的业绩，取得学习和成长的收获，获得未来持续的成功，那么仅仅墨守公司上层制定的标准经营程序是不够的，还必须尊重、重视和尽可能采纳第一线员工对改善经营程序和业绩的建议和想法，因为他们离企业内部的工序和企业的客户最近。此外，要促进企业的学习和成长，还必须加强员工的培训，改善企业内部的信息传导机制，激发员工的积极性，提高员工的满意度。

表 6.5 列出了创新与学习的评价指标，包括过程指标和结果指标两部分。

表 6.5　创新与学习的评价指标

过程指标			
	雇员能力	信息系统	组织结构能力
成本指标	人均在岗培训费用	计算机系统投入成本	评价和建立交流机制费用
	人均脱产培训费用	研发费用占系统总费用比率	统一各部门行动目标费用
	新等级或资格证书数	相对竞争者的信息系统能力	信息覆盖比率
质量指标	受培训职工比率	接触个人电脑的员工比例	每个员工提出建议的数量
			被采纳建议的比例
			采纳建议后的成效
时间指标	年均受培训时数	个人电脑的平均生命周期	团队工作时间与个别工作时间比
	完成某一任务受培训时数	系统更新所需时数	传达信息或接受反馈的平均时间

结果指标		
雇员忠诚度	雇员满意度	雇员生产力
雇员离职率	雇员满意度	人均产出
雇员平均工作年数	雇员获提升概率	人均会客时间（服务业）
女性管理者人数	管理者的内部提升与外界聘用比率	人均新设想或专利
雇员平均年龄	工作团队成员彼此的满意度	雇员被客户认知度

（二）平衡计分卡的核心理念与特点

运用平衡计分卡管理企业，必须首先把握平衡计分卡不同于其他业绩管理方法的独特之处，即其核心管理理念。平衡计分卡最初是以一种新的实现了财务与非财务指标平衡的综合业绩评价系统而出现的，因此对于平衡计分卡的“平衡”，很容易被简单地理解为财务指标与非财务指标的平衡，另外从平衡计分卡所提供的四个评价角度来看，其“平衡”也会被直观地理解为企业主要利益相关者（如股东、客户、员工等）目标的平衡。

平衡计分卡的核心理念应该是因果关系的平衡，而财务与非财务指标以及利益相关者目标的平衡，只是因果关系平衡的结果和表现形式。所谓结果指标与原因指标的平衡是指平衡计分卡的指标体系不是从几个不同角度分别设计各自的指标然后汇合而成，相反，它们是按照鲜明的因果关系链条顺次出现的。因果关系链条的起点是财务角度，也是出资者的角度，企业首先关注的是，出资者的期望是什么？如何用财务指标来衡量？接下来从客户角度设定能够保证实现出资者目标的指标和目标，然后选择能够实现出资者和客户目标的内部流程及作业的关键业绩指标和目标，最后是选择能够管理、实施先进流程与作业，进而实现出资者和客户期望的员工的业绩指标和目标。平衡计分卡所包含的这种层层递进的因果关系也就是企业战略与战术的关系、目标与手段的关系。平衡计分卡正是通过这一独特的设计思想而具有了明确的战略、目标导入和执行的功能，因此设计平衡计分卡一个极为重要的内容就是找出各项组织活动之间明确的因果关系，并对其进行管理。

作为综合业绩评价系统，平衡计分卡的特点和意义主要体现在以下几方面。

1. 平衡计分卡将目标与战略具体化，加强了内部沟通

平衡计分卡的设计首先要分析企业目标和基本战略对于经营活动各方面的基本要求，并由此确定各方面工作的重点，有利于保证目标与战略在具体经营活动中的体现。另外，从业绩评价体系构建的方法上加强了内部沟通，也就使各个层次的具体职员能更好地理解企业的目标和战略，有助于促进内部决策目标的一致。

2. 平衡计分卡以客户为尊，重视竞争优势的获取和保持

平衡计分卡将客户的服务满意程度作为单独的一个方面来加以考核，并通过内部作业、学习与创新来保证和促进这一业绩，不仅从观念上促进了企业内部各个层次对于客户“价值”的重视，而且提供了贯彻企业竞争战略的具体方式。通过“客户服务业绩”方面几个指标的设计，既清楚地反映了企业对于客户特性的基本认识，也明确地表达了不同的竞争战略：价格竞争或服务质量竞争。而关于“内部作业”的考核指标设计，提供了具体地获取和保持这种竞争优势的途径：与客户保持更密切的关系、更快更好地满足客户的要求等。

3. 平衡计分卡重视非财务业绩计量，促进了结果考核和过程控制的结合

平衡计分卡在业绩评价体系中综合运用财务指标和非财务指标，有效地促进了结果考核和过程控制的结合，使业绩评价更具业绩改进意义。资本收益率、现金流量、项目盈利能力的提高无不需要从其他三方面的具体改进中获取。事实上，越来越多的企业开始重视非财务指标在业绩评价中的应用。除了以上提及的非财务指标外，还有产品退货率、客户抱怨次数、废品率、存货周转率、各项存货平均持有时间、准时交货率、一定时期新产品推出数量等。具体考核指标要根据特定行业及所考核环节的生产经营特征来选择。这些指标往往和同行业的竞争对手相比较，使竞争优势的分析进一步具体化。

4. 平衡计分卡利用多方面考核所具有的综合性，促进了短期利益和长期利益的均衡，特别强调激励机制

企业战略目标往往具有长期性，而财务业绩评价，特别是采用单一指标进行业绩评价时，往往容易使具体的经营管理人员更多地关注短期利益，不重视甚至损害长期利益。平衡计分卡利用非财务指标与财务指标的结合，以及几个方面综合考核所具有的相互制衡作用，促进了短期利益和长期利益的均衡。

传统的业绩评价系统通常强调企业希望管理者和员工做什么，然后利用评价结果证实其是否采取了这些行动，整个系统强调对行为的控制。而平衡计分卡强调的主要内容是目标，鼓励管理者和员工创造性地完成目标，即该业绩评价系统强调的是激励。这样一方面可以简化指标体系的设置，只以成功经营企业需关注的关键问题为设计依据，抓住企业发展的核心，减轻企业管理者过重的信息负担；另一方面还能发挥管理人员和企业员工的能动性，有效激励其提高企业业绩的积极性。

复习思考题

一、简答题

1. 简述企业业绩评价的主要功能。
2. 简述企业业绩评价系统的要素。
3. 企业开展业绩评价时，应该遵循哪些原则？
4. EVA 计算的报表调整项目有哪些？
5. 平衡计分卡的优点体现在哪些方面？

二、论述题

1. 论述传统财务业绩评价指标存在的缺陷。
2. 论述传统财务业绩评价指标在当前企业业绩评价工作中的不适应性。
3. 论述非财务业绩评价指标的评价重点。
4. 论述非财务业绩评价指标的发展沿革。
5. 论述平衡计分卡的发展历程。

案例分析

BP 集团平衡计分卡业绩评价体系设计

一、公司背景

BP 集团有限责任公司是某一线城市公共服务类骨干企业，该市中心城区排水和再生水设施特许经营企业，总资产为 500 亿元，员工 4300 人。

随着我国经济发展进入新常态、生态文明建设加快推进、水污染防治行动计划深入实施、政府和社会资本合作（PPP）大力推行、新环保法下环境保护监管不断加强，我国水务行业处于大有作为的重要战略机遇期、发展窗口期、深度变革期，“十三五”期间将迎来更大、更快、更好的发展。

（一）BP 集团 SWOT 分析

1. 优势

稳固的市场优势、强大的融资能力、优秀的设施运营能力、领先的研发实力、大量 PPP 项目获得良好的经济收益，给集团今后发展拓宽道路。

2. 劣势

（1）间接融资较为单一，多为银行贷款，不能完全解决巨额的贷款需求。

（2）受政府干预较多。BP 集团作为一个国有独资企业，公司进行任何项目的运作，都需相关部门批准，这严重制约公司的发展。

（3）融资能力有待提高。排水行业是资金密集型行业，项目初始投入很大，少量资本的投入根本不可能占据足够的市场。

（4）管理水平有待提高。国有企业的通病是市场意识薄弱，管理相对混乱，尤其是垄断行业。BP 集团与已有上百年历史的国外大型水务公司相比，管理上的差距比较明显。

（5）公关和宣传力度较差。BP 集团在形象公关方面缺乏经验，也没有良好的宣传策划，尤其是媒体的宣传力度不够，导致政府和公众对集团的工作缺乏了解。

3. 机会

（1）再生水市场发展潜力巨大。

（2）我国经济发展过程中长期“环境欠账”的短期释放与水资源的短缺给污水环保企业带来经济增长契机。

（3）随着国企改革进程不断加快，BP 集团正处于改制的关键阶段，面临更多的发展机遇与挑战，快速做出产业升级，谋求发展。

（4）政府垄断水务市场的格局正在被打破，带来更多行业生机。

4. 威胁

（1）国际竞争形势日益严峻。数家国际一流的水务公司无一例外全部进军中国，他们在资本、技术方面具有强大优势，对于本土企业具有强大的冲击力。

（2）国内大量民间资本涌入水务企业抢占市场。在中国内地和香港的上市公司中，约有 40 家公司主营业务与水务有关，其中 23 家涉猎于排水和污水处理。

（3）生产成本不断上涨，制约企业盈利增长。污水处理业务的药剂、水电和人工成本逐年提高，经营成本增加，制约企业盈利增长，难以达到计划目标。

（4）存在被收购风险，BP 集团作为区域性水务公司，日污水处理能力仅为 303 万吨。其中一家竞争对手，日污水处理能力为 4000 万吨，毛利率高达 53%，曾多次表示整体收购 BP 集团的夙愿。

（5）BP 集团内部管控不到位，存在漏洞。

（二）集团发展使命与愿景

（1）发展使命。加快实现雨水、污水“全收集、全处理、全回用”。

（2）企业愿景。努力打造成为创新驱动、产融一体、综合环境服务、世界一流的环保产业集团。

（三）业绩考核

（1）KPI（key performance indicator）问题。对人员的绩效考核，还是粗线条，只是年终同级别人员之间互相打分，而且也没有根据贡献决定分配，无实际作用。对部门的绩效考核，只是单纯地对营业利润这一单一指标进行考核，总部对部门下达的营业利润指标也只是根据历史数据平均值进行设定，随着变动成本的不断上涨，各部门对此都有所抱怨。

（2）职工薪酬问题。受到国有企业的限制，企业员工工资按等级标准划分，并未与绩效相互挂钩，员工工作积极性有待提高。企业领导正在决定对管理层实行股权激励计划。

（3）预算管理。总的来说，BP 集团的预算系统在整体上还是符合公司需要的，特别是各种费用的预算，控制得比较得力，细分清晰明确。然而，预算制度仅是固定预算法，而非弹性预算。

（四）未来发展趋势

BP 集团除履行与该市水务局签订的协议外，还将与合作伙伴一起完成从事业单位性质的市政国企转为市场化的水务公司的改革。因 BP 集团长期处于市政系统和财政直补模式下，是否能在短时间内实现市场化转型成为行业关注的焦点。此后，集团旗下的绝对控股子公司——BP 水环境发展有限公司还将谋划进军国内外市场和资本市场，高管正在研讨，准备进行 IPO（initial public offerings）上市以拓宽目前仅有的贷款与发行公司债券的融资渠道。

二、BP 集团平衡计分卡构建

对 BP 集团进行深入了解之后，绘制 BP 集团战略地图，建立平衡计分卡业绩评价体系，分配指标权重，明确责任部门和责任人。

（一）发展使命细化

所谓使命就是本组织区别于其他类型的组织而存在的根本原因或目的。通过使命可以检查平衡计分卡设置的目标与指标是否与组织的使命保持一致。

BP 集团现今发展使命：加快实现雨水、污水“全收集、全处理、全回用”，现将其进行细化，其主要职责是：

完善和优化污水与雨水管网系统，实现雨污分流；开展管网普查，及时消除隐患；通过管理水平和装备水平的提升提高管网安全运行的保障能力、综合调度指挥能力以及应急反应能力。

提高污水处理厂的处理能力，对污水处理厂进行全面升级改造，进一步提升污水处理厂运营管理水平，加大污泥无害化处置能力。

加快污水处理厂升级改造配套再生水管线工程的建设，提高再生水使用比率，促进水资源综合利用；切实增强再生水供应安全、进一步提高客户服务水平、积极推动污泥资源化利用。

拓宽集团市场，加强公关宣传，提升集团形象。

改善该市湖泊、河道水质，提高公众满意度，改善市民生活质量。

获取更多融资，完善水处理产业链，打造一流环保企业集团。

（二）设定战略目标

1. 战略目标设定原则

战略目标表明了组织使命，体现了组织的具体期望。首先，一个好的战略目标必须具备可接受性。其次，为了使战略目标能对组织经营活动的结果给予准确的衡量，战略目标还必须是具体的、可检验的。最后，战略目标还应当是可实现的并具有挑战性。

2. 确定战略目标

BP 集团总体战略目标为：进行集团的整体股份制改造，实现真正的企业运作模式，合理地调配包括资本、人力等资源，尽早实现该市雨水、污水 100%收集处理。与此同时，充分抓住与 S 集团成立 C 水务公司以及控股连云港自来水公司的机遇，稳步扩大在排水和自来水业务的市场占有率，并把握好现今在该市的垄断局面。维护并进一步提高公司的核心竞争力，通过企业文化战略的实施，使集团得到快速、健康的发展，在不久的将来，成为中国水务公司的领导者。

根据 BP 集团战略目标和平衡计分卡构建框架，经过整合，确定战略目标，见表 6.6。

表 6.6 BP 集团战略目标分解

维度	战略目标
财务	获取更多扩张资金、增加新的收入点、加强成本费用控制
客户与市场	提高公众满意度、扩大在排水、水处理业务的市场占有率、拓宽中水业务合作伙伴
社会与环境	改善水质、做好城市防汛工作、达到政府监管要求
内部业务流程	确保安全生产，污水、污泥和再生水处理质量达标、提高生产效率
学习与成长	加强信息收集、创造良好的组织环境、增强污水处理技术

3. 形成战略地图

利用因果联系，构成战略的各个元素就被联系起来并且被置于平衡计分卡相应的各个方面。建立战略地图的作用就是为了辨别战略实现的关键驱动因素，同时寻找成果产出的途径以满足广大公众的需要。BP 集团的战略地图指出了一个目标是如何依赖于另一个目标的，同时形成了作业与产出最终结果的战略线索。如图 6.3 所示。

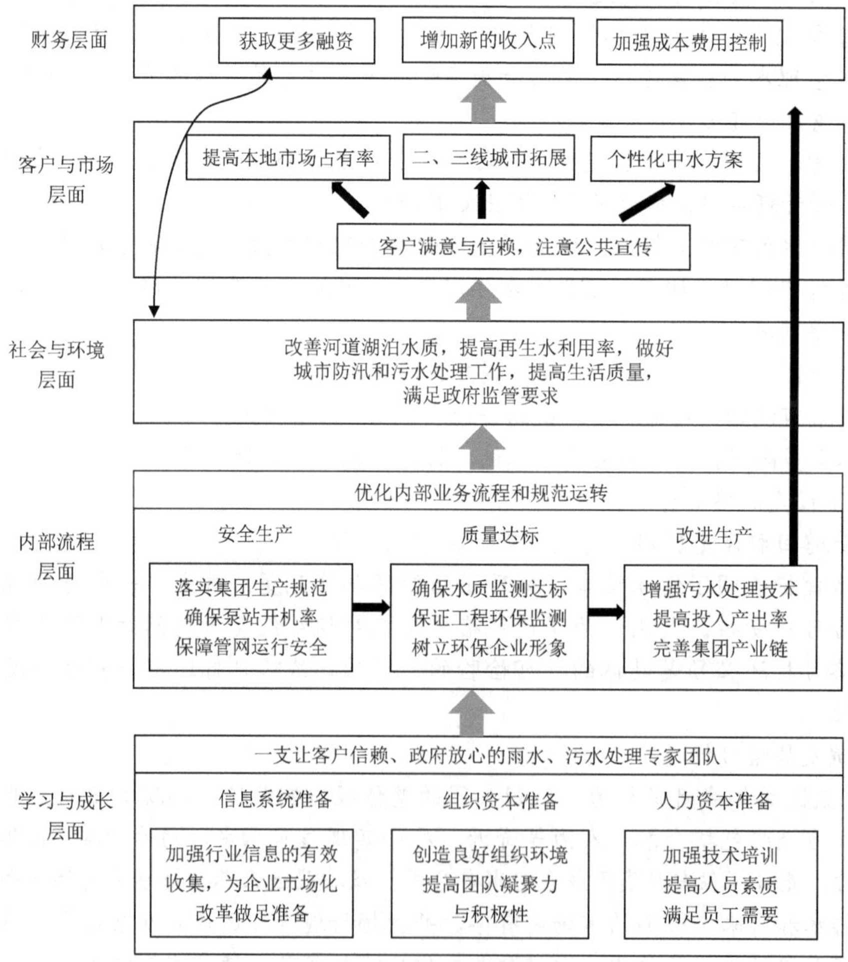

图 6.3 BP 集团战略地图

（三）分解指标，分配指标权重

为使战略目标便于实施，需要将目标进行量化，将其分解成可以用数值衡量的指标。应尽量选择那些能反映战略目标的结果性指标。

指标权重的分配按下列原则：各指标或目标权重比例应该呈现明显差异，避免出现平均分配权重比例的状况。对组织战略重要性高的指标或目标权重高，对评估影响直接且影响显著的指标或目标权重高，权重分配在同级别、同类型岗位之间应具有一致性，又兼顾每个岗位的独特性。

根据前面的战略地图，构建BP集团的平衡计分卡业绩评价指标，见表6.7。

表6.7　BP集团业绩评价指标

维度/%	战略主题	衡量指标	权重/%
财务	融资渠道	融资金额增长率	6
	收入增长	达标排放尾水的出售率	3
		可资源化污泥出售率	3
		单位利润率	2
		污水处理费实收率	2
		财政拨款增长率	2
	成本控制	预算经费控制率	4
		生产成本变化率	4
客户与市场	客户满意	公众对污水治理、市政排水满意度	3
	开拓市场	本地排水、再生水市场占有率	5
		外地项目中标数量	3
		中水、再生水定制客户增加数	3
	公关宣传	公关吸引合作项目数量	2
社会与环境	水质改善	河道、湖泊流域治理合格率	2
	防汛工作	排水处置及时率	4
	服务百姓	服务人口增加数量	3
	政府监管	是否满足政府制定要求	6
内部流程	安全生产	是否存在违规操作情况	2
		泵站开机率	2
		排水管网、蓄水池等设施完好率	4
	质量达标	污水处理综合达标率	6
		水厂四周噪声监测合格率	1
		污泥无公害处置率	3
		在建项目质量验收合格率	3
	改进生产	研发强度	3
		吨水耗药、耗电量	5
		运行负荷率	2

续表

维度/%	战略主题	衡量指标	权重/%
学习与成长	信息系统	外部信息获取满意度	3
	组织资本	团队凝聚力建设情况	2
		达到胜任能力的领导比率	2
	人力资本	人均培训时间	3
		基层员工满意度	2

（四）设定目标值

在进行指标权重分配并最终确认考核指标后，就可以开始为每个目标设定目标值了。目标值是指某项指标应达到的、最基本的完成标准。目标值一般可根据组织的年度计划、财务预算及职位工作计划来确定。确定目标值时首先可参考过去相类似指标完成的平均水平，并根据情况的变化予以调整；其次可参照一些行业、国家及国际标准来确定，还应参考上级相关指标所设定的目标值；最后结合组织战略的侧重点，服务于组织关键目标的实现。

（五）明确责任部门和责任人

只有将集团的业绩目标落实到部门和个人，才能最终使集团的战略“落地生根”。与此同时，将会充分调动企业员工积极性。明确责任部门的重要依据是部门使命与职能对业绩指标体系的驱动力；明确责任人的重要依据是岗位责任和职位的说明书。

（六）建立监控分析机制

在建立好BP集团平衡计分卡后，应建立监控分析机制，采用红绿灯形式进行直观监控。当某一指标严重偏离目标，执行状态很不理想，则应标注红色；若指标偏离预定目标，但在控制基线内，需引起关注，标注黄色；符合预期计划，达成预定目标，则标注绿色。并将其颜色直接反映在战略地图上，红绿灯直观显示设定指标、公司战略目标与行动方案的执行状态，从而通过色彩使集团更加容易发现当前发展中存在的不足，及时调整与改进，做出下一步的行动方案，更具体有效地制订下年度的经营计划。

资料来源：金鑫. BP集团平衡计分卡业绩评价体系设计[D]. 北京：北方工业大学. 2017

要求：

1. 本案例的平衡计分卡相关指标是否可实施？员工是否明白应该采取何种行动对指标结果产生正面影响？

2. 相关指标是否可以量化？是否有稳定的数据来源来支持指标或数据构成？数据处理是否引起绩效指标计算的不准确？

3. 相关指标是否可低成本获取？有关指标的数据是否可以直接从标准报表上获得？

第七章

企业并购财务管理

并购是指在市场机制作用下企业为了获得其他企业的控制权而进行的产权重组活动。并购成功与否，直接关系到企业能否获取必要资源，优化资源配置，发挥资源、文化、科技、人才等优势的乘积效应，进而提升企业竞争力。在本章中，首先介绍了按不同标准划分的不同类型并购。其次在此基础上，介绍了确定并购价格的方法和并购中具体支付方式的选择，着重阐述了如何进行目标企业价值评估。最后进行了并购的风险分析和成本效益分析。

【重要概念】 并购 并购价格 价值评估 并购风险

第一节 企业并购概述

一、企业并购的相关概念

收购与兼并、合并常作为同义词一起使用，统称为“购并”或“并购”，泛指在市场机制作用下企业为了获得其他企业的控制权而进行的产权重组活动。

按《中华人民共和国证券法》相关条款规定，收购是指持有一家上市公司发行在外的股份的 30%时发出要约收购该公司股票的行为。收购在法律意义上是指购买被收购企业的股权和资产。所以收购的对象一般有两种：股权和资产。收购股权与收购资产的主要差别在于：收购股权是购买一家企业的股份，收购方将成为被收购方的股东，因此要承担该企业的债权和债务；而收购资产则仅仅是一般资产的买卖行为，在收购目标公司资产时并未收购其股份，收购方无须承担其债务。

兼并是公司合并形式的一种，指一家企业以现金、证券或其他形式（如承担债务、利润返还等）投资购买取得其他企业的产权，使其他企业丧失法人资格或改变法人实体，并取得对这些企业决策控制权的投资行为，在我国公司法中，称之为吸收合并。公司法规定的另一种合并形式为新设合并，指两个或两个以上公司合并设立一个新的公司，合并各方的法人实体地位都消失。

收购与兼并、合并投资有许多相似之处，一方面，基本动因相似，要么为扩大企业市场占有率；要么为扩大经营规模，实现规模经营；要么为拓宽企业经营范围，实现分散经营或综合化经营。总之，都是增强企业实力的外部扩张策略或途径。另一方面，收购与兼并、合并都以企业产权为交易对象，都是企业重组的基本方式。

当然，收购与兼并、合并也存在区别：①在兼并中，被合并企业作为法人实体不复存在；而在收购中，被收购企业可仍以法人实体存在，其产权可以是部分转让。②兼并后，兼并企业成为被兼并企业新的所有者和债权债务的承担者，是资产、债权、债务的一同转移；而在收购中，收购企业是被收购企业的新股东，以收购出资的股本为限承担被收购企业的风险。③兼并多发生在被兼并企业财务状况不佳、生产经营停滞或半停滞之时，兼并后一般需调整其生产经营，重新组合其资产；而收购一般发生在企业正常生产经营状态，产权流动比较平和。

二、企业并购的类型

企业并购的形式较多，可按照不同的标准划分为不同的类型。

（一）按并购双方的行业关系分类

按并购双方的行业关系，企业并购可划分为横向并购、纵向并购和混合并购。

1. 横向并购

横向并购是指一个企业与同行业其他企业之间的并购。例如，两家石油公司的并购等。这可以消除重复建设，提供系列产品，巩固企业在该行业的优势地位，扩大企业规模，使企业在该行业市场领域内占有垄断地位。横向并购是资本主义市场经济生产集中和生产社会化过程中最早的一种企业并购形式。在19世纪后期和20世纪初期，横向并购是企业并购高潮中的主要并购形式，西方第五次并购浪潮也是以横向并购为主。这种并购的基本条件简单，风险较小，并购双方容易融合，易形成产销的规模经济。因此，横向并购是企业并购中的常见方式。但由于这种并购容易破坏竞争，形成高度垄断的局面，因此，许多国家都密切关注并严格限制此类并购的发生。

2. 纵向并购

纵向并购是指在生产工艺和经营方式上有相互关联的企业的并购，是生产经营上互为上下游关系的企业之间的并购，如纺织厂与印染厂的并购。纵向并购有利于组织专业化生产，实现产销一体化，加强企业对销售和采购的控制，也较少受到各国反垄断法规的限制。纵向并购是西方第二次并购高潮的主要形式。

3. 混合并购

混合并购是指处于不同行业、产品属于不同市场的企业之间的并购。如钢铁企业并购生物制造企业。混合并购可以通过分散投资、多元化经营降低企业风险，达到资源互补、优化组合、扩大市场范围的目的。此外，混合并购又能避开反垄断的控制。在西方企业第三次并购浪潮中，混合并购成为企业并购的主流。混合并购中又有三种形态：①产品扩张型并购，即相关产品市场上企业间的并购，其目的是利用本身的技术优势，扩大产品门类；②市场扩张型并购，即一个企业为扩大其竞争地盘而对尚未渗透的地区生产同类产品的企业进行并购，其目的在于利用本身或目标企业的市场优势，扩大市场的销售额；③纯粹的混合并购，即那些生产和经营彼此间毫无关联的企业间的并购。通常所说的混合并购主要指第三种纯粹的并购。其主要目的在于减少长期经营一个行业所带来的风险，实现多元化经营战略。

（二）按并购双方是否友好分类

按并购双方是否友好，企业并购可划分为善意并购和敌意并购。

1. 善意并购

善意并购是指并购企业与目标企业通过友好协商确定并购诸事项而完成并购活动的并购方式。它一般先由并购企业确定目标企业，然后设法与目标企业的管理当局接洽，商讨并购事宜，在双方均可接受的条件下签订并购协议。善意并购可以避免因目标企业抗拒而带来的支出，有利于降低并购活动的风险与成本，使并购双方能够充分交流和沟通信息。但是，并购企业为了换取目标企业的合作，可能会牺牲自己的部分利益。此外，双方的协商谈判、讨价还价需要较长的时间，可能会降低并购活动的部分价值。

2. 敌意并购

敌意并购是指并购企业在收购目标企业时，虽然遭到目标企业的抗拒，仍然强行收购，或者不与目标企业进行协商，突然直接提出公开收购要约的并购行为。敌意并购的优点是并购企业完全处于主动地位，并且并购行动时间短、节奏快，可有效控制并购成本。但敌意并购会招致目标企业的抵抗，甚至设置各种障碍，而且由于无法获知目标企业的实际运营财务状况等重要条件，给企业的估价带来困难。此外，敌意并购容易导致股市的不良波动，甚至影响企业发展的正常秩序，各国政府都对敌意并购予以限制。

（三）按并购交易是否通过证券交易所分类

按并购交易是否通过证券交易所，企业并购可划分为要约收购和协议收购。

1. 要约收购

要约收购是指并购企业通过证券交易所的证券交易，以高于市场的报价直接向股东招标的收购行为。当并购企业通过证券交易所的交易，持有一个上市公司（目标公司）已发行股份的 30%时，继续增持股份的应依法向该公司所有股东发出公开收购要约，按法律规定的价格以货币付款方式购买股票，获取目标公司股权。要约收购直接在股票市场上进行，受市场规则的严格限制，风险较大，但自主性强，速战速决。敌意收购多采取要约收购的方式。

2. 协议收购

协议收购是指并购公司不通过证券交易所，直接与目标公司取得联系，通过谈判、协商达成协议，据以实现目标公司股权转移的收购方式。协议收购易取得目标公司的理解与合作，有利于降低收购活动的风险与成本，但谈判过程中的契约成本较高。协议收购一般属于善意收购。目前，国内外发生的并购活动多为协议收购。

（四）按并购的实现方式分类

按并购的实现方式，企业并购可划分为现金购买式并购、股票置换式并购和承担债务式并购。

1. 现金购买式并购

现金购买式并购包括两种情况：一是并购企业以现金购买目标企业的股权或股票；二是并购企业以现金购买目标企业的全部资产。采用这种并购方式，将会加大并购企业在并购中的现金支出负担，但一般不会影响并购企业的资本结构。

2. 股票置换式并购

股票置换式并购是指并购企业用其股权换取目标企业的股权或资产。有两种形式：①以股权交换股权，是指并购企业向目标企业的股东发行其股票，以换取目标企业的大部分或全部股票，以达到控制目标企业的目的。通过并购，目标公司或者成为并购公司的分公司或子公司，或者解散并入并购公司。目前世界上大多数的并购交易都采用此种方式。②以股权交换资产，是指并购企业向目标企业股东发行其股票，以换取目标企业的资产，并在有选择的情况下承担目标企业的全部或部分债务。采用股票置换式并购虽然可以减少并购企业的现金支出，但要稀释并购企业的股权结构。

3. 承担债务式并购

承担债务式并购是指在目标公司资产负债相等，或者资不抵债的情况下，并购企业以承担目标企业的部分或全部债务为条件，取得目标公司的资产所有权和经营权的并购行为。采用这种并购方式，可以减少并购企业在并购中的现金支出，但有可能影响并购企业的资本结构。

（五）按是否利用被并购企业本身资产来支付并购资金分类

按是否利用被并购企业本身资产来支付并购资金，企业并购可划分为杠杆并购和非杠杆并购。

1. 杠杆并购

杠杆并购于20世纪60年代首先在美国出现，是美国第四次并购浪潮的主要形式，之后风行于欧美，是指通过并购企业的财务杠杆来完成并购交易的一种并购方式。在实质上，杠杆并购是收购公司主要通过借债来获得目标公司的产权，并且从目标企业资产的经营收入中偿还负债的收购方式。在这种并购中，并购企业不必拥有巨额资金，只需要准备少量用以支付并购过程必需的律师、会计师等费用的现金，以目标企业的资产及营运所得作为融资担保和还贷资金，便可并购任何规模的企业。

杠杆并购与其他并购方式相比较，有以下几方面特点。

（1）收购公司用以收购的自有资金与完成收购所需的全部资金相比微不足道，通常前者占后者的10%～15%。

（2）收购公司的绝大部分收购资金是通过借债而来，贷款方可能是金融机构、信托基金、个人，甚至可能是目标公司的股东。

（3）收购公司用以偿付贷款的款项来自目标公司的资产或现金流量，也就是说目标公司将支付其自身的售价。

（4）资本结构发生变化。使用债务杠杆进行并购的企业，其资本结构呈倒三角状，在三角形的顶端，是对公司资产有最高求偿权的银行借款，中间层的是垃圾债券的夹层债券，其次才是收购方的投资。

（5）并购交易中所涉及人员的变化。在杠杆并购之前的并购交易中，由并购双方经理人员基于各自公司的需求直接达成交易；而杠杆并购需由交易双方以外的第三者充任“经纪人”，并由他在并购交易的双方起促进和推动作用。

杠杆并购有一种特殊表现方式——管理层收购（management buy-outs，MBO），管理层收购起源于美国，在20世纪80年代的第四次兼并收购浪潮中达到了顶峰。在第四次兼并收购浪潮中，出现了多家专门设计管理层收购的公司，加上垃圾债券的广泛运用，把杠杆并购和管理层收购推向最高峰。1980～1989年这10年间，美国发生杠杆并购事件中约有一半是各种形式的管理层收购。

管理层收购是指当目标公司受到收购公司的袭击时，目标公司的管理层利用杠杆并购这一工具，通过大量的债务融资收购本公司的股票，从而获得公司的所有权和控制权，以达到重组本公司并获得预期收益目的的一种并购行为。

管理层收购具有以下几个特点。

（1）收购主体为目标公司的管理层，他们往往对目标公司非常了解，并有很强的经营管理能力，通常他们会设立一家新公司，以新公司完成对目标公司的收购。

（2）通常公司的管理人员以该公司的资产或未来的现金流量作为抵押来筹集资金。因而收购资金的绝大部分为债务融资，只有很少的一部分为管理层的自有资金。

（3）管理层收购通常以继续经营原有业务为前提去取得经营权。

（4）收购的后果为管理层完全控制目标公司。通过收购，企业的经营者变成了企业的所有者，实现了所有权与经营权的重新统一。

随着管理层收购的日益发展和成熟，另外两种管理层收购形式又出现了：一种是由目标公司管理者与外来投资者或并购专家组成投资集团来实施收购，这样使MBO更易获得成功；另一种是管理者收购与公司员工持股计划（employee stock ownership plans，ESOP）或职工控股收购（employee buy-out，EBO）结合，通过向目标公司员工发售股权，进行股权融资，从而免于纳税，以降低收购成本。

2. 非杠杆并购

非杠杆并购是指并购企业不用目标企业自有资金及营运所得来支付或担保支付并购价格的并购方式。但是，采用这种并购方式并不意味着并购企业不用举债即可承担并购价格，在实践中，许多并购都是利用贷款来完成的。

此外，按并购双方所在的地区，可分为同地域并购和跨地域并购两类。按并购企业是否隶属同一所有制形式，可分为同种所有制企业间并购和不同种所有制企业间并购。按并购双方所在国家或地区，可分为国内并购和跨国并购。按涉及被并购企业的范围，可以分为整体并购和部分并购。

三、企业并购的动因

（一）发挥协同效应

协同效应（synergy）是指两个公司完成并购后，其实际价值得以增加。其依据是当两个公司在最优经济规模之下运作时，并购后可以受益于规模经济。产生规模经济的一个因素是不可分性，不可分性可以存在于人员、管理费用或设备之中。尤其存在于那些诸如高度竞争的钢铁行业，这些行业的设备需耗费巨大的资本，只有当公司规模达到一定程度时公司才有能力获得这些设备，并从中获得规模经济效益。

人和机器的专业化也可以导致规模经济，组织成本也因对相关活动的协调而降低。通过减少重复活动，降低经营成本，兼并后，在生产经营、行政管理、调查研究、原料采购和产品推销等方面，都可以统一协调、组织，减少重复的固定成本，节约人、财、物的耗费。

横向并购比纵向并购更可能获得规模经济，而混合并购更容易获得财务上的协同效应。当筹措资金的数额越大，作为单位交易成本一部分的新股发行成本将随之降低，因此，在资本市场上筹措大量资金比较有利，而且，两个公司的现金流量在时间上不完全一致，也使不能偿付债务的风险得以降低。

（二）降低生产能力

在20世纪80年代早期的经济衰退期间，降低生产能力成为当时一个很流行的并购动因。其目的不是开拓新的市场，而是使传统工业合理化。1984年10月，联邦德国的克劳克纳和克鲁普两个钢铁公司宣布合并，希望把每年的成本降到2.5亿马克。该合并计划包括把雇员裁减至3000名，把钢坯生产能力限制在100万吨，把轧钢能力限于200万吨等调整措施。为了帮助钢铁工业的这一调整，政府设立了一个30亿马克的基金。像这种有计划的产业合理化兼并通常会得到政府的帮助。

（三）管理层利益驱动

当经理人员不拥有或只拥有极少量公司股份的时候，一般情况下存在明显的代理问题。管理层可能会追求自身的目标，如更多的收入、更少的工作，而不是股东们要求的利润最大化。从而，对股东来说，产生了一个代理成本。代理问题的一种变形是管理层努力扩张企业，因为他们的薪金、津贴和地位通常随着企业规模的扩大而提高。也有些学者认为，管理层追求的是企业增长的最大化，甚至认为管理层的目的就是个人收入最大化。并购的威胁可能对代理成本产生相反的影响，因为并购方可能会因并购而减少一些浪费。

管理层的并购动因往往是希望提高公司在市场上的统治地位和保持已有的市场地

位。以下三个方面可能是公司经理对兼并感兴趣的原因：①当公司发展得更大时，公司管理层尤其是作为高层管理人员的总经理的威望也随之提高，这方面虽然很难做定量的计算，却是毋庸置疑的；②随着公司规模的扩大，经理人员的报酬也得以增加；③在并购活动高涨时期，管理层希望通过兼并的办法，扩大企业规模，使公司能在瞬息万变的市场中立于不败之地或抵御其他公司的兼并，所以，在一定程度上，兼并别人能带来安全。

（四）谋求增长

一家公司并购另一家公司更深层的动因可能是谋求增长。目标公司可能处于成长性行业，这往往会吸引进攻公司。此外，兼并一个公司而获得增长可能要比在新的领域内开拓而获得发展花更小的成本和更少的时间。托宾 Q 值是公司股票的价值与其资产的重置价值的比率，在美国，这一比率通常在 0.5～0.6。所以，以溢价收购一个公司可能比投资于新的资产更受欢迎。

（五）获得专门资产

为了获得专门的资产也常是并购的动因。例如，制造商可能为了保证原材料供应而进行纵向并购。并购也可能是因为目标公司有一支有效的管理队伍或优秀的研究与开发队伍可以利用，这常用在公司的产品或市场扩展得非常快，而专门知识相对缺乏的情况下。在某些特殊的情况下，某一个优秀的人才甚至也会成为并购的动因。

（六）提高市场占有率

市场占有率的提高和利润增加之间存在明显的相关关系。寻求一个较小的细分市场很有好处，它可以排斥竞争者。这种动因与寻求规模经济的动因类似，因为提高市场占有率必然要求提高产品产量，这有助于降低单位产品的成本。与国内不同的是，在国外，市场占有率提高到一定程度可能会受到有关反托拉斯管理部门和公平竞争机构的审查与管制。

（七）降低经营风险

通过收购其他行业中的公司，实行多角化经营，可以提高回报，降低风险。公司的经营环境是不断变化的，任何一项投资都有风险，企业把投资分散于不同的行业，实行多元化经营。这样，当某些行业因环境变化而导致投资失败时，还可能从其他方面的投资得到补偿，这有利于降低投资风险。不过，这种多元化经营对于股东来说不一定有很大的意义，因为他们完全可以通过自己的证券组合来降低经营风险。

（八）获取价值被低估的公司

公司以低于目标公司经营价值的价格获得目标公司，以便从中谋利，这也是并购的动因之一。采用这个方法的条件是并购公司对目标公司资产的实际价值比目标公司对其自身更了解。目标公司可能拥有有价值的土地或完全保有的地产，而这些在其会计账簿上却采用经过折旧的历史成本反映，过低地估计了这部分资产的价值，并购公司收购后可以把它以实际价值出售，从中盈利。另一种变形的方式可能是收购一个暂时不能盈利的公司，停止其引起亏损的活动，对其进行重整，再出售其可盈利的部门，以从中渔利。

（九）避税

许多国家的税法和会计制度经常会使那些具有不同纳税义务的企业仅仅通过收购便可获利。例如，衰落产业中的一个亏损企业被另一产业中的厚利企业收购，它们的利润就可以在两个企业之间分享，并可大量减少纳税义务。逃避税赋也成为一个重要的并购动因。

（十）投机

追求规模经济、垄断利润等并购活动动因的解释在说明并购活动的波动时出现了困难，1969 年，戈特提出了经济失调兼并论。该理论认为，各股东拥有信息的不完全和对信息评估的不同，导致股东对股票价值有不同的判断。其原因在于经济失调。例如，技术和股票价格变化过快，当技术变化过快时，产品生命周期缩短，公司过去的资料难以说明未来的变化，股票价格的变化反映了过去与当前之间的失衡，这是由于投资者的期望与市场保持一致需要一段时间。结果是当股票价格频繁变动（不论这种变动是上升还是下降）时，并购活动将增加。如果戈特的理论成立的话，可以通过契机从高涨的兼并市场上获得巨额的资本收益。另外，投资银行、商业银行和咨询公司也总是竭力促成兼并，以便从中渔利。同样地，公司内部，尤其是并购公司内部的管理层也愿意通过并购来保证他们获得投资收益。

在一些特殊的经济政治环境中，或集权经济，或市场体制不完善的国家，出现过出于一定的政府意图而使若干企业进行并购。例如，20 世纪 80 年代初，我国的一些地方国有企业亏损严重，破产制度因种种原因不能有效实行，许多亏损企业和劣势企业在政府的安排下，被一些经营效益较好的大企业收购。在大多数情况下，这不是企业、至少不是并购企业的意愿，因为这并不符合它们的利益。虽然这一并购的原因在某些国家某些时期的并购活动中占有重要的比重，但从世界范围来看，并不常见。

第二节　并购中价格的确定

公司并购价格是指在公司并购中运用一定方法对目标公司的资产（包括无形资产）、股权、收益能力等进行评价估算所得出的价格总额。并购价格的高低直接关系着并购成本的高低和并购的成败，也直接关系着反并购策略的成败，因此，有效评估并购价格至关重要。评估公司并购价格，通常采用的是资产评估方法。资产评估方法很多，不同的方法有着不同的适用对象，所得出的价格结果也不同。所以，选择适当的评估方法是有效确定并购价格的关键环节。在国际社会，通用的资产评估方法主要有收益现值法、重置成本法和现行市价法三种。其中，收益现值法简称收益法，重置成本法和现行市价法简称资产法。

一、收益现值法

收益现值法又称现金流量法，是指通过估算被评估资产未来各年的预期收益并将其折算成现值而得出资产价格的方法。它适用于对目标公司的整体资产（包括无形资产）价格进行评估。若以 PV 代表收益现值（资产价格），以 I_i 代表第 i 年的收益（净现金流量），以 C_i 代表第 i 年的折现系数（复利现值），则收益现值法计算公式可表述为

$$\mathrm{PV}=\sum_{i=1}^{n} I_i C_i \tag{7.1a}$$

其中，

$$C_i=\frac{1}{(1+r)^n} \tag{7.1b}$$

在式（7.1b）中，r 为折现率；n 为时间。若各年收益相等，折现率也相等，当 $n\to\infty$ 时，式（7.1a）可简化为

$$\mathrm{PV}=I/R \tag{7.2}$$

式（7.2）称为直接资本化公式，其中，I 为年收益；R 为折现率。

根据目标公司的资产剩余寿命状态，收益现值法可分为限期收益现值法和永续收益现值法两种。

1. 限期收益现值法

限期收益现值法的假定前提是目标公司的资产剩余寿命仅为有限的几年，这些年内的预期收益，包括税后利润和不付现金的费用（如折旧金、递延资产摊销等）。其计算方法是以对目标公司各年预期收益的现值除以社会基准收益率（或行业平均净资产收益率）。若 I 代表社会基准收益率（或行业平均净资产收益率），假定目标公司的剩余资产寿命为 3 年，则计算公式可表述为

$$\mathrm{PV}=\frac{\sum_{i=1}^{3} I_i C_i}{I} \tag{7.3}$$

2. 永续收益现值法

永续收益现值法的假定前提是目标公司的剩余资产寿命是长久的，每年的预期收益只包含税后利润，折旧金、递延资产等用于固定资产的更新，从而使固定资产能够长久地为收购者带来收益。永续收益现值法有两种计算方法：一种是整体计算法，如式（7.1a）所示；另一种是分段计算法。

分段计算法将目标公司的资产寿命分为前期和后期两段，它假定后期每年有固定的年金收益，且时间无限长。若假定前期为 5 年，以 I_i 代表前期第 i 年的收益，C_i 代表前期第 i 年的折现率，I_j 代表后期第 j 年的收益，C_j 代表后期第 j 年的折现系数，C_1 代表后期第 1 年的折现系数，则分段计算法可用公式表述为

$$\mathrm{PV}=\sum_{i=1}^{3} I_i C_i+\sum_{j=1}^{n} I_j C_j C_1 \tag{7.4}$$

收益现值法是将目标公司的获利能力作为确定收购价格依据的评估方法，它考虑到货币的时间价值、资产的未来预期收益等因素，能够较真实准确地反映目标公司资产的资本化价格，所以是一种较为科学可靠的方法。但是，这种方法以科学准确地预测未来收益为前提，而这是比较困难的。

二、重置成本法

重置成本法，是指通过在确定目标公司资产的现时完全重置成本的基础上扣除资产的实体性贬值、功能性贬值和经济性贬值而得出资产实际价格的方法。其计算公式是

$$资产实际价值=重置成本-（实体性贬值+功能性贬值+经济性贬值） \quad (7.5)$$

1. 重置成本

重置成本，是指按照现行价格重新购置或建设一个与目标公司资产状况相同的全新资产所需的完全成本。它可分为复原重置成本和更新重置成本两种。①复原重置成本，是指按照现行价格，使用与目标公司相同的材料、设计标准、建造方法、生产工艺等，重置一个全新状态的资产所需的全部成本。②更新重置成本，是指运用新型材料、技术标准和方法，构建一个与目标公司资产功能相同的全新资产所需的全部成本。在可得到两种重置成本的场合，一般选择更新重置成本较为适宜。

2. 实体性贬值

实体性贬值又称有形损耗，是指资产因使用和自然原因所造成的价值损耗。在评估资产的实体性贬值中，通常运用成新率法。成新率法，是通过评价资产的新旧程度，对实体性贬值进行计算的方法。其中，资产的新旧程度可通过资产评估人员对资产实体前主要部位进行技术鉴定来确定。若以 PN′ 代表资产的成新率，T 代表资产总使用年限，t 代表资产尚可使用的年限，则可用公式表述为

$$\mathrm{PN}'=t/T\cdot 100\% \quad (7.6)$$

确定了资产成新率后，可计算出资产的实体性贬值。若以 B 代表重置成本，L 代表实体性贬值数额，则计算公式可表述为

$$L=B(1-PN') \quad (7.7)$$

3. 功能性贬值

功能性贬值，又称无形损耗，是指因科学技术进步、劳动生产率提高等原因所导致的资产功能价值减少。若以 F 代表功能性贬值数额，G 代表年产值，PC 代表生产成本超支额，t 代表资产尚可使用的年限，C 代表折现系数，则可用计算公式表述为

$$F=G/\mathrm{PC}\cdot t\cdot C \quad (7.8)$$

其中，生产成本超支额指的是运用原资产生产单位产品所支出的成本与运用新资产生产同一数量产品所支出的成本之间的差额。

4. 经济性贬值

经济性贬值是指内部管理、技术等原因或外部原因（如需求减少、原材料价格上

升、利率提高、收费增加等）所造成的资产运作达不到设计收益而发生的资产价值损失。经济性贬值的计算比较复杂。

三、现行市价法

现行市价法，又称市场价格法，是指运用现行市场价格对目标公司资产做出评价的方法。若目标公司为上市公司，可直接用其股价进行评估；若目标公司为非上市公司，则可选用若干个参照对象的市场价格进行评估。其中，在评估上市公司资产价格过程中，应充分估计因收购所引发的股价上升幅度和由此导致的股份价格总额增加的数量，否则，收购成本将大大超出资产的评估价格，使收购失败。

第三节　并购中支付方式的选择

公司并购的支付工具和公司并购的具体模式密不可分，不同的并购模式有不同的支付工具。一般将公司并购分为四种模式，即出资购买资产式并购、出资购买股票（股权）式并购、以股票（股权）换取资产式并购和以股票（股权）换取股票（股权）式并购。相应地，支付工具包括现金支付（也可演变为资产、对其他公司的股权等投资）、股票（或股权，主要是指本公司的股票或股权，如增发新股等）支付、综合证券（综合以上方式及公司债券、认股权证、可转换债券、无表决权的优先股等）支付。

一、现金支付方式

现金支付是并购方通过支付一定数量的现金来购买目标企业的资产或股权，从而实现并购交易的一种支付方式。延期支付包括分期付款、开立应付票据等卖方融资行为。现金支付在实际并购重组的操作中也演变为以资产支付、股权支付等形式，如资产置换、以资产换股权等。这里需要说明的是，以拥有的对其他公司的股权作为支付工具（长期投资）仍属于现金支付的范畴，而不属于股权支付的范畴，股权支付方式则特指换股、增发新股等方式。

现金支付方式的操作要注意两个方面：一是做好税务筹划，遵守2000年5月16日国家税务总局发布的〔2000〕84号《企业所得税税前扣除办法》和2000年6月21日国家税务总局发布的〔2000〕118号《国家税务总局关于企业股权投资业务若干所得税问题的通知》等税务规范。二是做好财务风险预测，现金支付中的财务风险包括短期现金流风险、中期或长期的现金流风险和跨国并购中的汇率风险。

二、股权支付方式

股权支付是指收购方通过换股（如吸收合并）或增发新股的方式，从而达到取得目标公司控制权、收购目标公司的一种支付方式。股权支付的特点包括：①并购公司不需要支付大量现金；②收购完成后，目标公司的股东成了并购公司的股东；③对上市公司而言，股权支付方式能够实现目标公司上市；④对增发新股而言，增发新股改变了原有的股权结构，导致了原有股东权益的“淡化”，股权淡化的结果甚至可能使原有的股东丧失对公司的控制权。股权支付的影响因素有以下几点。

1. 并购方的股权结构

股权支付方式的一个突出特点是它对原有股权比例会有重大影响，因而并购公司必须首先确定主要大股东在多大程度上可以接受股权的淡化。

2. 每股收益的变化

增发新股可能会对每股收益产生不利的影响，如目标公司的盈利状况较差，或者是支付的价格较高，则会导致每股收益的减少。虽然在许多情况下，每股收益的减少只是短期的，长期来看还是有利的。但不论如何，每股收益的减少仍可能给股价带来不利的影响，导致股价下跌。所以，并购公司在采用股票收购方式之前，要确定是否会发生这种不利情况，如果发生这种情况，那么在多大程度上是可以被接受的。

3. 每股净资产值的变动

每股净资产值是衡量股东权益的一项重要标准。在某种情况下，新股的发行可能会减少每股所拥有的净资产值，这也会对股价造成不利影响。如果采用股票收购方式会导致每股净资产值的下降，并购公司需要确定这种下降是否会被原有股东接受。

4. 财务杠杆比率

发行新股可能会影响公司的财务杠杆比率，所以并购公司应考虑到是否会出现财务杠杆比率升高的情况，以及具体的资产负债的合理水平。

5. 当前股价水平

当前股价水平是并购公司决定采用现金收购或是股权收购的一个主要影响因素。一般来说，在股票市场处于上升的过程中，股票的相对价格较高，以股权作为出资方式可能更有利于并购公司，增发的新股对目标公司也会具有较强的吸引力。不然，目标公司可能不愿持有，即刻抛空套现，于是情况进一步恶化，导致股价进一步下跌。因此，并购公司应事先考虑本公司股价所处的水平，同时还应预测增发新股会给股价波动带来多大影响。

6. 当前股息收益率

新股发行往往与并购公司原有的股息政策有一定的联系。一般而言，股东都希望得到较高的股息收益率。在股息收益率较高的情况下，发行固定利率较低的债权证券可能更为有利；反之，如果股息收益率较低，增发新股就比各种形式的借贷更为有利。因此，并购公司在收购活动的实际操作中，要比较股息收益率和借贷利率的高低，以决定采取何种出资方式。

7. 股息或货币的限制

在跨国并购中，如果并购公司要向其他国家的居民发行本公司的股票，就必须确认本国在现在和将来都不会限制股息的支付或外汇的支付。外国居民在决定接受股票收购方式之前，也需要得到这种确认。

8. 外国股权的限制

一方面是对本国居民持有外国公司或以外币标值的股权证券实行限制；另一方面是对外国公司直接向本国居民发行新股实行限制，注意在跨国并购中采用股票收购方式有时会遇到某些法律上的障碍。

9. 上市规则的限制

对于上市公司而言，不论是收购非上市公司还是收购上市公司，都会受到其所在证券交易所上市规则的限制。有时，在并购交易完成以后，并购公司（上市公司）自身发生了一些变化，很可能要作为新上市公司重新申请上市。这样一来，并购公司就可能会因某种原因自此失去上市资格。所以，作为并购公司（上市公司）在决定采用股票收购方式完成并购交易时，要事先确认是否与其所在证券交易所上市规则的有关条文发生冲突。若有冲突，还可考虑请求证券监管部门予以豁免。

三、综合证券支付方式

综合证券支付方式是指并购企业支付的对价除现金、股权外，还可能包括公司债券、认股权证、可转换证券、无表决权的优先股等多种支付工具组合在一起的支付方式。这样可以取长补短，从而满足并购双方的需要。

（一）公司债券

公司债券作为一种出资方式，必须满足许多条件，一般要求它可以在证券交易所或场外交易市场上流通。与普通股相比，公司债券通常是一种更便宜的资金来源，而且向它的持有者支付的利息一般是可以免税的。它对买方而言的一个好处是，可以把它与认股权证或可转换债券结合起来。

（二）认股权证

认股权证是一种由上市公司发出的证明文件（或股权证券），赋予它的持有者一种权利，即持有人有权在指定的时间内即有效期内，用指定的价格认购由该公司发行的一定数量（按换股比率）的新股。值得注意的是，认股权证本身并不是股票，其持有人不能视为公司股东，因此不能享受正常的股东权益（如分享股息派发、投票权等），对公司现行经营政策也无法左右。购入认股权证后，持有人所获得的是一个换股权利而不是责任，行使与否在于他本身的决定，不受任何约束。

对收购公司而言，发行认股权证的好处是，可以因此而延期支付股利，从而为公司提供了额外的股本基础。但由于认股权证上认购权的行使会涉及公司未来控股权的改变，因此，为保证现行公司股东的利益，公司在发行认股权证时，一般要按控股比例派送给股东。股东可用这种证券行使优先低价认购公司新股的权利，也可以在市场上随意将认股权证出售，购入者则成为认股权证的持有人，获得相同的认购权利。

一般而言，收购公司在发行认股权证时，必须详细规定认购新股权利的条款，如换股价、有效期限及每认股权证可换普通股的股数（换股比率）。为保障持有人的利益，此等条款在认股权证发出后，一般不能随意更改，任何条款的修订，需经股东特别大会通过方能算数。

投资者之所以乐于购买认股权证，主要原因是：①投资者对该公司的发展前景看好，因此既投资股票，也投资认股权证；②大多数认股权证比股票更便宜，一些看好该公司而无能力购买其股票的投资者只好转买其认股权证，而且认购款项可延期支付，投资者只需出少数款额就可以把认股权证转卖，并从中获利。

（三）可转换债券

可转换债券向其持有者提供了一种选择权，在某一给定时间内可以某一特定价格将债券换为股票。可转换债券发行时应事前确定转换为股票的期限，确定所转换股票属于何种类型股票和该股票每股的发行价格（兑换价格）等。

从收购公司的角度看，采用可转换债券这种支付方式的好处是：①通过发行可转换债券，公司能以比普通债券更低的利率和较宽松的契约条件出售债券；②提供了一种能以比现行价格更高的价格出售股票的方式；③当公司正在开发一种新产品或一种新的业务时，可转换债券也是特别有用的，因为预期从这种新产品或新业务所获得的额外利润可能正好是与转换期相一致的。

对目标公司股东而言，采用可转换债券的好处是：①具有债券的安全性和作为股票可使本金增值的有利性相结合的双重性质；②在股票价格较低的时期，可以将它的转换期延迟到预期股票价格上升的时期。

（四）无表决权的优先股

优先股虽在股利方面享有优先权，但不会影响原股东对公司的控制权，这是这种支付方式的一个突出特点。

四、影响支付方式的因素

（一）法律法规约束

企业并购不仅受反垄断法律的约束，而且各个国家的公司法、商法、证券法等都对企业并购做了明确的限定和要求，尤其是证券法对企业并购支付方式影响较大。例如，我国证券法对于上市公司并购和并购上市公司都做了明确规定。

（1）我国证券法对于通过增发新股或定向配售股票以交换被并购企业股东持有股票的发行条件做了明确规定，如发行前三年连续盈利、最近三年财务会计文件无虚假记录等，增发或配售股票在经过股东大会同意后，还要履行政府部门相关批准程序，比较复杂。只有全部符合条件者才能采取换股方式并购。

（2）我国证券法规定了收购上市公司的公告制度：通过证券交易所的证券交易，投资者持有或者通过协议、其他安排与他人共同持有一个上市公司已发行的股份达到 5%时，应当在该事实发生之日起三日内，向国务院证券监督管理机构、证券交易所做出书面报告，通知该上市公司，并予公告；在上述期限内，不得再行买卖该上市公司的股票。这种限定使并购方将企业并购从秘密操作转为公开行为，其目的在于保护中小股东的利益，但往往造成股价上升，加大了并购成本。

（3）我国证券法明确规定了要约收购和全面要约收购的豁免条件，如当投资者收购一个上市公司发行在外的普通股达到 30%时，应自该事项发生之日起 45 个工作日内向该公司全体股东发出全面收购要约，按下列价格中较高的一种价格购买股票：一是要约发出前 12 个月内收购要约人购买该股票所支付的最高价格；二是要约发出前 30 个工作日内该股票的平均价格。收购要约期满，收购人持有的被收购公司股份总数达到该公司已发行股份总数 75%以上的，该上市公司股票应当终止上市交易。这种限定使得通过“借壳上市”在证券市场融资的企业有可能取得事与愿违的效果。

（二）资本市场、并购市场发育程度

一个国家资本市场、并购市场的发育程度以及直接融资、间接融资所占比重的大小对并购支付方式影响较大。资本市场的发育程度直接影响到并购的融资方式、支付方式和并购规模；并购市场的发育程度则直接影响到企业是采取并购方式还是选择直接投资方式。美国的资本市场发达并以直接融资为主，因而采取换股并购的案例较多。日本资本市场虽然也较为成熟，但以间接融资和直接投资为主。融资渠道的不同直接影响到了企业并购规模和并购的付款方式。1999 年，整个亚洲并购交易额为1620 亿美元，仅相当于美国 1998 年并购交易额的 1/10。我国直接融资市场起步较晚，间接融资市场受政府行为约束较大，并购市场才刚刚起步，总体来说资本短缺，融资成本较高。

直接融资不但要支付股权资本成本，而且还要受到股票发行规模、严格的发行条件和昂贵的股票发行费用的约束和限定。间接融资市场仍为“卖方市场”。正是由于资本市场、并购市场发育得不成熟，融资渠道较少，并购企业往往对于并购支付方式没有任何可供选择的余地，直接限制了企业并购的规模，进而影响到并购对于改善企业资源配置、提高企业竞争力的积极作用。例如，在我国上市公司中，如果一个上市公司的流通股比例不足 50%，则很难在证券市场通过收购一个上市公司流通在外的普通股的形式取得控股地位。只有在流通股超过 50%或不足 50%但第一大股东持股比例较低的上市公司，才能通过直接收购方式取得相对控股地位，否则，只是持股，不是并购。这也是造成我国在真正意义上收购上市公司的股票以及换股并购方面的案例很少的主要原因。

（三）并购企业的财务状况和资本结构

受信息不对称因素的影响，并购企业往往更为了解本企业的财务状况和发展潜力。如果并购企业拥有充足的自有资金和稳定的现金流量，同时存在本企业的股票（实际价值）被市场低估的情况，并购企业更愿意选择现金支付方式。因为在本企业股票市价偏低的情况，采取换股并购方式需要增发股票，有可能导致每股收益被摊薄，不但对本企业股东明显不利，而且对本企业的业绩（每股收益）也产生较大的影响。反之，

如果并购企业财务状况不佳，目前或不远的将来企业资产的流动性较差，而且存在本企业的股票（实际价值）被市场高估的情况，并购企业更愿意采取换股方式进行并购，因为现金支付不仅要受到即时支付能力的限制，也要受到并购后能否迅速获得稳定的现金流量的影响，否则必然会影响到并购后企业下一步的发展，同时采取换股方式可以使目标企业股东与并购企业共同承担并购后企业可能出现的风险。

并购企业并购前后的资本结构也对支付方式产生重大影响。如果并购企业资产负债率较高，财务风险较大，并购企业往往采取换股方式并购，以降低负债水平、优化资本结构。同时，一个企业保持适当的财务杠杆比率可以获得更大的息税后收益。如果并购企业发展潜力较大，而且通过对目标企业有效的重组和整合可以取得更大的盈利增长空间，并购企业往往愿意通过举债的方式，以取得的现金作为支付工具，这样可以通过适当的财务杠杆降低资本成本，分享更多的并购后收益。

（四）并购企业股东的要求

并购企业股东关注的是控制权不被剥夺和每股收益的增加。现金支付方式虽然不影响并购企业主要股东的持股比例，可以继续保持其控股地位，但以自有资金支付可能影响到并购企业下一步发展以及并购后企业的有效重组整合，进而影响股东的长期利益。以举债方式取得巨额现金则使并购企业面临还本付息的压力，承担巨大的财务风险，同时也增加了股东的风险。换股并购则改变了企业的股权结构，可能摊薄每股收益和每股净资产。换股并购是以增发新股的方式完成并购过程，增发新股意味着总股本的增加以及参与利润分配股份的增加，如果并购后企业的“蛋糕”没有做大，必然摊薄每股收益。如果并购企业股权分散，主要股东持股比例偏低而又要保持其在并购后企业中的相对控股地位，并购企业的主要股东就不可能选择换股并购的方式。但换股并购可以使并购企业免于面临巨大的融资压力和即时支付的限制，有利于并购后企业的有效整合和快速发展。因此，并购企业股东必须在短期利益和长远利益之间做出选择。在难以选择的情况下，并购企业股东更愿意要求采取混合支付的方式。一般情况下，并购后企业面临的风险越大，并购企业股东越愿意采取换股并购方式；并购后企业面临的风险越小，并购企业股东越愿意采取现金支付方式。

（五）目标企业股东的要求

目标企业股东同样需要在保留部分控制权与取得现金收入之间做出选择。受信息不对称因素的影响，目标企业股东更能了解目标企业的实际价值和发展潜力。如果并购企业支付的并购交易价格高于目标企业的实际价值，则目标企业的股东往往选择转手变现的方式尽快脱手，不分担并购企业由于“支付过多”可能存在的风险。这种情况下，如果采取换股方式成为并购企业的股东，目标企业的股东就必然分担并购企业由于“支付过多”而可能带来的不利后果。反之，如果并购企业支付的并购交易价格低于目标企业的实际价值，而且目标企业股东充分相信通过并购双方的重组与整合可以取得更大的未来收益，则目标企业股东更愿意接受换股并购方式，以换取并购企业的部分股权，分享并购后企业未来增加的收益。因此，转手变现较为保险，但不能分享企业未来新增的收益；换股并购可以分享并购后企业未来成长新增的收益，但也同时分担了并购后企业由于经营管理不善以及内外环境变化可能带来的风险。

一般情况下，并购后企业风险越大，目标企业股东越愿意接受现金支付方式；并购后企业风险越小，目标企业股东越愿意接受换股并购方式。但问题的关键是目标企业股东能否正确把握未来经济发展趋势、能否正确衡量目标企业的实际价值，以及能否正确预测并购双方的重组和整合所带来的增量收益。在难以预期的情况下，目标企业股东更愿意接受混合支付方式。一个特例是，如果并购企业股权分散，而目标企业股权相对集中，通过换股方式则反而有可能使目标企业以单一股东或几个股东联合的方式取得并购后企业的相对控股权。

（六）企业管理层的要求

支付方式的不同分别对并购企业管理层和目标企业管理层产生不同的影响。并购企业管理层期望通过并购使其可控制的企业规模扩大，获得更大的发展和运作空间，提高企业业绩，提升企业股价以及管理层的个人收入水平，并通过这些获得个人心理上的满足和个人价值的实现。但这些只是并购效果的直接表现。支付方式对并购企业管理层的影响主要在于如何既能保持其在经营管理方面的控制权和资源的分配权，同时又尽可能地减少股东（尤其是新股东）对其权力的监督和制约。若以换股方式并购，尤其是在管理层持有本企业股份的情况下，增发新股则会稀释他们对企业的所有权甚至控制权（在管理层持股比例较大的情况下），可能导致更多的外部投资者监督并干预其经营活动。因此，并购企业管理层持有本企业的股权比例越大，企业未来发展机会越多，他们越愿意选择以现金方式支付。但采用现金支付的不利后果是：所得现金需要对外融资，而债务资本及其成本是硬约束，需要按期还本付息并承担相应的财务风险，并购企业管理层面临的压力较大。而股权资本及其成本则是软约束，股利支付的多少取决于税后利润的大小，但在换股方式下，并购企业管理层要接受更多的外部投资者的监督和约束。因此，并购企业管理层必须在两者之间进行选择。

目标企业管理层则更加关注自身在并购后企业中的地位和发展机会。在换股并购方式下，目标企业股东可以其在并购后企业中持有的股权为条件与并购企业讨价还价，要求以适当的人事安排增强其在并购后企业中的发言权和知情权。但在现金支付的方式下，目标企业管理层的个人地位和发展机会则完全取决于其个人能力以及并购企业对于并购之后目标企业未来发展的计划和安排。

（七）税收安排

对于并购企业而言，以借款或发行债券的方式筹集现金作为支付工具，其利息成本可以在税前列支，而股权资本成本则必须在税后列支，不能收到合理避税的效果。对于目标企业股东来说，若并购公司向目标公司股东支付现金，则必须在收到现金后立即缴纳所得税；若采取换股方式，则可通过推迟收益确认时间延迟缴纳所得税。因此，只有当以现金支付的并购交易价格足以弥补目标公司股东在税收方面的损失时，现金支付才是可以接受的。但通过换股方式延迟纳税是有条件的，如美国国内税务署（Internal Revenue Service，IRS）规定，一项并购只有在同时满足下列条件下，才能延迟纳税：①并购必须是出于商业目的，而不仅仅是出于税务动机；②并购完成后，并购后的企业必须以某种可辨认的形式持续经营，即不能出售被并购企业的主要资产；③在被并购企业股东收到的“补偿”中，至少有 50%的部分是并购企业发行的有表决权的股份。根据上述规定，现金支付是不符合延迟纳税条件的。在这种情况下，当目标企业股东收到的现金超过所转让股份的购入成本时，就必须缴纳资本利得税。只有在主要以普通股支付并且在满足其他条件的情况下，这项并购才是“免税”的。

第四节　并购中目标企业的价值评估

应用一定的方法评估目标公司的价值，不但可以为并购是否可行提供价格基础，而且也是企业并购中确定并购支付成本的主要依据之一。一般来说，企业并购中，评估目标企业价值的基础主要有四种：资产价值、现金流量、企业收益和股票市价。相应地，其评估方法主要有：资产价值基础法、贴现现金流量法、市盈率模型法和股票市场价值法。

一、资产价值基础法

资产价值基础法是通过对目标企业的每项资产和负债进行评估，以两者之差（净资产价值）来估算目标企业的方法，其关键是选择合适的资产评估价值标准。目前，资产估价标准主要有：账面价值、重置成本、现行市价和未来现金流量现值。因为资产估价标准不同，资产价值基础法又可以细分为账面价值法、重置成本法、现行市价法（清算价值法）、未来现金流量现值法。

（一）账面价值法

账面价值法是直接根据目标企业资产负债表上的资产总额减去负债总额等于该企业的净资产（企业的账面价值）这一等式来评估企业价值的一种方法。

这种估价方法直接根据资产的账面数据，简单易行，能加快交易速度，减少交易成本，但没有考虑现实资产的市价波动和未来收益状况，缺乏科学性和有效性，只是一种立足于过去的静态的评估方法。因而，在实际应用时，还应对资产、负债的各个项目做必要调整，才能找到买卖双方均可以接受的企业目标价值。这种估价标准只适用于该资产的市场价格变动不大或不必考虑其市场价格变动的情况。

（二）重置成本法

企业资产的重置成本是指以目前的价格水平重新建造一个与被评估资产完全相同或类似的资产的成本，它可以高于或低于账面价值。重置成本法是指在资产重置成本的基础上，减去负债来评估企业价值的方法。

这种方法立足于现在时点，未考虑资产的未来收益状况，不利于并购投资决策，仅适用于并购者以获得资产为动机的并购行为。

（三）现行市价法

现行市价法，又称清算价值法，是指在企业出现财务危机而破产或停止清算时，把资产拍卖出售的价值，它是站在企业随时会清算的角度来评估企业现有各项资产的净值。在企业清算时，其资产一般压价才能出售，因而，清算价值一般低于账面价值。

这种方法只适用于目标企业作为一个整体已经丧失增值能力或者并购企业并购的目的在于获得某项特殊资产的情况。此时，目标企业的价值就为企业的清算价值，即清算资产偿还债务以后的剩余价值。

（四）未来现金流量现值法

资产价值是通过资产在未来使用期内所产生的净现金流量按一定的折现率进行折现的价值（资产未来经济价值的现值）。它是基于未来的一种估价方法，既考虑了现实资产的价值，又考虑了资产的未来收益状况，是较科学的资产估价方法。然而某项资产的未来现金流量较难预测。

二、贴现现金流量法

贴现现金流量法，亦称为拉巴波特（Rappaport）模型，是由美国西北大学阿尔弗雷德·拉巴波特创立的。贴现现金流量法，是以目标企业的未来“自由现金流量”的折现值估算企业价值的方法，这种方法可以确立最高可接受的并购价格。其一般估价模型为

$$V=\sum_{t=0}^{n}\frac{\mathrm{FCF}_t}{(1+\mathrm{WAAC})^t}+\frac{V_n}{(1+\mathrm{WAAC})^n} \tag{7.9}$$

式中，V为目标企业的评估价值；FCF_t为目标企业第t年的自由现金流量；WAAC为贴现率；V_n为预测期末目标企业的变现价值；n为预测期。

在贴现现金流量法的实际运用中，必须确定以下几个要素。

1. 并购后预计目标企业未来各年的自由现金流量（FCF_t）

自由现金流量是指在并购后，目标企业为维持持续经营而进行固定资产投资和营运资本投资之后，可实际用于对所有投资者进行收益分配的现金流量。根据拉巴波特建立的预测模型，某一年度的自由现金流量计算公式如下

$$\mathrm{FCF}_t=S_{t-1}\cdot(1+g_t)\cdot P_t\cdot(1-T_t)-(S_t-S_{t-1})(F_t+W_t) \tag{7.10}$$

式中，S为年销售额；g为销售额增长率；P为销售利润率；T为所得税税率；F为销售额每增加1元所需要追加的固定资产投资；W为销售额每增加1元所需要追加的营运资本投资。

从上述模型可知，自由现金流量实质上就是企业税后净利与企业追加投资净额之差。FCF的大小影响着企业价值，FCF越大，企业价值越大；反之，就越小。

2. 估计贴现率（WAAC）

贴现现金流量法一般选择目标企业的加权平均资本成本作为其贴现率。它既表明筹资者为筹措资本所付出的代价，也表明投资者对其投入资本要求的最低报酬，其计

算公式如下

$$WAAC=\sum K_j W_j \tag{7.11}$$

式中，K_j为第j种筹资方式下的个别资本成本；W_j为第j种个别资本占全部资本的比重（权数）。

【例 7-1】 甲公司拟在 2012 年初收购目标公司乙公司。经测算，收购后有 6 年的自由现金流量。乙公司 2011 年的销售收入为 200 万元，固定资本 15 万元，运营资本 12 万元。收购后前四年的销售额预计每年增长 10%，第 5、6 年的销售额保持在第 4 年的水平。销售利润率（含税）为 5%。所得税税率为 30%，固定成本增长率和运营成本增长率分别为 15%和 5%，加权资本成本为 12%。求目标企业的价值。

根据上述资料，计算结果见表 7.1。

表 7.1 乙公司预计自由现金流量表 单位：万元

年份	2012	2013	2014	2015	2016	2017
销售额	220.00	242.00	266.20	292.82	292.82	292.82
销售利润	11.00	12.10	13.31	14.64	14.64	14.64
所得税	3.30	3.63	3.99	4.39	4.39	4.39
增加固定资本	2.25	2.59	2.98	3.42	3.94	4.53
增加运营资本	0.60	0.63	0.66	0.69	0.37	0.77
自由现金流量	4.85	5.25	5.68	6.13	5.58	4.96

因此，乙公司的价值是：

$$\begin{aligned}V=&4.85\times PVIF_{12\%,1}+5.25\times PVIF_{12\%,2}+5.68\times PVIF_{12\%,3}+6.13\times PVIF_{12\%,4}\\&+5.58\times PVIF_{12\%,5}+4.96\times PVIF_{12\%,6}\\=&4.85\times 0.893+5.25\times 0.797+5.68\times 0.712+6.13\times 0.636+5.58\times 0.567\\&+4.96\times 0.507\\=&22.14（万元）\end{aligned}$$

因此，甲公司购买乙公司的最高出价是 22.14 万元，如果购买价格超过该价格，这一并购活动从价格上讲就不够合理。

总之，贴现现金流量法以自由现金流量预测为基础，充分考虑了目标公司未来创造现金流量能力对其价值的影响，在日益崇尚“现金至尊”（cash is king）的现代理财环境中，该方法最完善、最合理。但是这种方法的运用需要大量的假设和判断，并且合理预测未来现金流量和选择贴现率的困难与不确定性都将影响估算目标企业价值的准确性。

三、市盈率模型法

市盈率模型法，亦称收益法。是根据目标企业的收益和市盈率来确定企业价值的一种评估方法。它主要适用于对上市公司的并购，尤其是采用股票并购方式。其估价模型为

$$目标企业价值=目标企业估价收益指标\times 标准市盈率 \tag{7.12}$$

应用市盈率模型法对目标企业估价一般考虑以下因素。

（一）确立目标企业估价收益指标

一般情况下，可以应用如下三种方法估计目标企业收益。

（1）采用目标企业最近一年的税后利润，该标准最贴近目标企业的目前状况。

（2）采用目标企业最近三年的税后利润的平均值，该指标可消除企业经营中的波动性，较适合于经营活动具有明显周期性的目标企业。

（3）假设并购后发生协同效应，并购后的目标企业和并购企业有同样的资本收益率，据此推算出税后利润。其计算公式为

$$目标企业税后利润=目标企业资本\times并购企业的资本收益率 \tag{7.13}$$

该标准更注重目标企业被并购后的未来收益状况，更适用于并购决策。

（二）选择标准市盈率

市盈率，是指企业价值与预计未来每年收益之商，通常等于每股市价与每股收益之商。它可以反映投资者愿意为取得公司的获利能力付出多大的代价，即高的市盈率表明投资者对该上市公司的前景抱乐观态度；认为该公司股票未来的预期投资收益可能会迅速增长，因此愿意支付更多的投资成本；反之亦然。一般来讲，一个预期收益增长率快的公司，其股票的市盈率就较高；反之，一个前途暗淡的公司，其股票的市盈率就较低。

通常可选择的标准市盈率有三种。

（1）并购时点目标企业的市盈率。

（2）目标企业所处行业的平均市盈率。

（3）与目标企业具有可比性的企业的市盈率。

采用收益法估算目标企业价值，是以投资为出发点，着眼于未来经营收益，较适用于证券市场进行并购的情况，然而收益指标的选择具有主观性，并且我国资本市场尚不完善，不能提供较合理的市盈率等，这些都影响该方法的应用。

【例 7-2】 丙公司拟横向兼并同行业的丁公司，丙公司为上市公司，丁公司为非上市公司。假设双方公司的长期负债利率均为 8%，所得税税率均为 40%。丙公司按现行会计政策对丁公司的财务数据进行调整后，双方的基本情况见表 7.2、表 7.3。

表 7.2　丙、丁公司 2016 年 12 月 31 日的简化资产负债表　　单位：万元

资产	丙公司	丁公司	负债与股东权益	丙公司	丁公司
流动资产	1000	500	流动负债	500	200
			长期负债	600	150
长期资产	2000	300	股东权益		
			股本	1200	300
			留存收益	700	150
			股东权益合计	1900	450
资产总计	3000	800	负债与股东权益合计	3000	800

表 7.3 丙、丁公司 2016 年度的经营业绩及其他指标 单位：万元

指标	丙公司	丁公司
2016 年度经营业绩：		
息税前利润	500	100
减：利息	48	12
税前利润	452	88
减：所得税	180.8	35.2
税后利润	271.2	52.8
其他指标：		
资本收益率	20%	16.67%
利润增长率	25%	18%
近三年的平均利润：		
税前	300	60
税后	180	36
市盈率	20	15

注：资本收益率＝息税前利润/（长期负债+股东权益）

并购双方处于同一行业，从并购企业的角度出发，预期目标企业未来可达到同样的市盈率是合理的，所以丙公司可以选择其自身的市盈率为标准市盈率。在此基础上，若选用不同的估价收益指标，分别运用公式计算目标企业——丁公司的价值如下。

（1）选用目标企业最近一年的税后利润作为估价收益指标：

丁公司的价值：52.8×20＝1056（万元）

（2）选用目标企业近三年税后利润的平均值作为估价收益指标：

丁公司的价值：36×20＝720（万元）

对于经营有明显周期性的目标公司的估价一般采用这种方法。

（3）假设目标企业被并购后能够获得与并购企业同样的（长期）资本收益率，以此计算出的目标企业在并购后的利润作为估价收益指标：

丁公司的资本额：长期负债+股东权益：150＋450＝600（万元）

并购后丁公司的资本收益：600×20%＝120（万元）

减：利息＝150×8%＝12（万元）

税前利润＝108（万元）

减：所得税＝108×40%＝43.2（万元）

税后利润＝64.8（万元）

丁公司的价值＝64.8×20＝1296（万元）

（4）通常盈利水平低的目标企业在被并购后不可能一下子达到并购企业的盈利水平，一般需要一段增长的时间。假设目标企业在并购后获得了并购企业的盈利增长水平，以目标企业三年来的平均税后利润经一年后增长的数字作为估价指标：

丁公司三年来的平均税后利润＝36（万元）

加：并购后一年内盈利增长额：36×25%＝9（万元）
一年后丁公司的税后利润＝45（万元）
丁公司的价值＝45×20＝900（万元）

四、股票市场价值法

股票市场价值法是利用目标企业股票的市场价格来估算企业价值的方法，计算公式为

$$上市公司市场价值＝每股市价×发行在外的普通股股数 \tag{7.14}$$

在有效的资本市场上，股票价格反映了市场对该公司未来收益与风险的预期，是投资者对企业价值的客观评价。因而，这种方法最为市场化、最为简单，但其运用前提是存在一个有效的资本市场，且上市公司的所有股份都能够流通。

综上所述，企业并购中选用的估价方法不同，其结果也有所差异，但对评估方法的选择应主要根据并购的动机和运用的前提而定。在实际工作中，应该交叉运用各种方法，从多角度评估目标企业的价值，综合评判，以降低估价风险。

第五节 并购的风险分析

企业在并购过程中，除了要关注其各种收益、成本，更要重视并购过程中的各种风险。

一、营运风险

营运风险是指并购方在并购完成后，可能无法使整个企业集团产生经营协同效应、财务协同效应、市场份额效应，难以实现规模经济和经验共享互补。通过并购形成的新企业可能因规模过于庞大而产生规模不经济，甚至整个企业集团的经营业绩都被并购进来的新企业所拖累，从而形成营运风险，造成营运失败。

二、信息风险

在并购中，双方往往处于信息不对称的地位，并购企业掌握真实与及时的信息，可以提高并购企业行动的成功率。但实际并购中有许多并购者因信息不足，贸然行动而失败的案例不少。

三、融资风险

为了完成并购，企业需要筹集大量的资金，从而带来了相应的融资风险。与企业并购相关的融资风险具体包括：资金是否及时、足额，融资方式是否适应并购动机，现金支付是否会影响企业正常的生产经营，因融资改变企业资本结构所带来的风险，

杠杆并购的偿债风险等。

四、反收购风险

通常情况下，被收购的企业对收购行为往往持不欢迎和不合作态度，尤其在面临恶意并购时，它们可能会不惜一切代价采取各种反收购措施，进行反收购活动，从而对收购方构成相当大的反收购风险。

五、法律风险

出于对中小股东的保护及对垄断的担心，各国法律一般都对并购、重组有着较为严格的要求。各国关于并购的法律法规一般都通过增加并购成本而提高并购难度。如我国目前的收购法规就要求：收购企业持有一家上市企业 5%的股票后即必须公告并暂停买卖，以后每递增 5%还要重复该过程；持有 30%股票后还必须发出全面收购要约。显然，这套程序使收购成本增加，并购风险加大。

六、体制风险

在我国，国有企业资本营运过程中相当一部分企业并购行为，都是由政府部门强行撮合而实现的。政府目标和企业目标的差别，使政府对并购后的企业的经营管理和发展战略的研究不一定深入，从而让并购一开始就潜伏着风险，而且企业在并购中未能完全行使市场主体的权利，不属于市场行为，使企业并购偏离资产最优组合目标，如我国 1994 年康恩贝并购凤凰。

七、政治风险

政治风险是指企业在并购过程中可能受到来自政府的干预、政局动荡、政策变化等方面的风险，是跨国并购面临的最大风险之一。因而，并购企业应在并购前充分预测并购活动在多大程度上和政府有关，政府是否会干涉并购等问题，要注意目标企业的经营管理、盈利状况在多大程度上依赖于政府行为。例如，美国石油公司的并购活动就和中东局势密切相关，其政治风险就比较高。

第六节　并购的成本—效益分析

一、企业并购的成本分析

企业并购的成本包括并购完成成本、整合与营运成本、并购退出成本和并购机会成本。

（一）并购完成成本

并购完成成本是指并购过程所发生的直接成本和间接成本，直接成本是指并购直接支付的费用，如被并购企业的并购价格等；间接成本是指并购过程中所发生的其他相关费用，包括债务成本、交易成本和更名成本。

（1）债务成本。债务成本是指在承担债务式并购、杠杆并购等情况下，并购之初可能并不直接支付并购费用，但是必须为按计划偿还的原有债务支付本息。

（2）交易成本。交易成本是指并购过程中发生的收集、策划、谈判、文本制作、资产评估、法律鉴定、公证等中介费用，发行股票中所要支付的申请费、承销费等。

（3）更名成本。更名成本是指并购成功后，并购公司还要支付重新注册费、工商管理费、土地转让费以及公告费等支出。

（二）整合与营运成本

整合与营运成本是指并购后维持被并购企业健康发展而需支付的长期营运成本，主要包括整合改制成本和注入资金成本。

（1）整合改制成本。整合改制成本指取得对被并购企业的控制权后，必然需要对被并购企业进行重组或整合，如调整人事结构、改善经营方式、整合经营战略和产业结构以及重建销售网络等。为此，需要支付派遣人员进驻、建立新的领导班子、安置多余人员、剥离非经营性资产、淘汰无效设备、进行人员培训等有关费用。

（2）注入资金成本。注入资金成本是指并购企业要向被并购企业注入优质资产，投入启动资金，为被并购企业打开市场增加市场调研费、广告费和网点建设费等。

整合与营运成本具有长期性、动态性和难以预见性，所以并购决策中应特别关注该项成本能否达到最低。

（三）并购退出成本

并购退出成本是指一个企业在通过并购实施外部扩张时，一旦扩张不成功而进行撤退的最低成本。退出成本的高低是退出成败的关键。

（四）并购机会成本

并购机会成本是指企业选择并购行为势必会丧失其他一些投资机会，这些投资机会所带来的收益就是并购的机会成本。其计算可以用并购平均占有资金额与必要报酬率或银行存款利率相乘。一般地讲，并购机会成本越大，其并购活动的相对收益越小或相对损失越大。

二、企业并购的收益分析

并购收益现值是指由于并购给企业带来的收入上升、成本费用下降、纳税减少、风险分散等各方面收益的现在价值，具体表现为并购后新公司的价值与并购前各公司价值之和的差额。例如，A 公司并购 B 公司，两个公司的企业价值分别为 V_A，V_B，并购后形成新企业的价值为 V_B，则并购收益现值 $S=V_{AB}-(V_A+V_B)$，若 S 大于零，则表示并购在财务方面具有协同效应。

企业是否进行并购主要取决于并购给企业及其股东带来的净收益，而净收益等于并购收益现值减去并购成本现值之差。当并购的净收益大于零时，并购活动在经济上才是可行的；反之，则不可行。

复习思考题

一、简答题

1. 企业并购主要有哪些类型？
2. 什么是杠杆收购？其主要特点是什么？
3. 什么是股权支付方式？其特点有哪些？
4. 影响并购支付方式的因素有哪些？
5. 企业并购的成本有哪些？

二、论述题

1. 简述企业并购动因与并购效应之间的关系。
2. 如何应用不同方法进行目标企业价值评估？
3. 价值评估结论的合理性通常取决于用来估算未来经济收益的预测和假设，在考虑预测和假设时应该注意哪些问题？
4. 为什么我国大多数上市公司并购选择采用股权支付的方式？股权支付与现金支付的主要区别有哪些？
5. 如何进行并购的成本—效益分析？

案例分析

青岛海尔与通用电气案例分析

中国家电企业的发展始于20世纪80年代，高速成长于90年代，步入21世纪后逐渐进入成熟期，如今面临市场趋向饱和、生产加工能力过剩、市场竞争加剧、盈利水平下降等现状；与此同时，世界家电行业同样也面临国际市场饱和的局面。近年来海尔、美的、康佳等中国家电企业均采用国际战略同盟的方式，在全球范围内积极开展国际化经营，不断地提高其品牌的世界知名度与国际竞争力。因此，对于世界家电巨头来说，中国市场作为全球市场最重要的组成部分，前景十分诱人，大幅度地渗透中国市场已成为它们眼下最紧迫的任务。2002 年之前，中国家电企业的战略联盟即使有些尝试也只是刚刚开始，而联盟形式多为合资，联盟中的外国企业大多以进入中国市场为目的，合作双方的经营能力不对等、知识多为单向流动。然而，在这之后，中国家电企业开始与跨国家电巨头开展一系列平等、共享经营资源的合作。例如海尔与三洋、爱立信以共享经济资源、市场为基础而结成战略联盟；TCL 集团与松下电器、飞利浦在销售渠道资源共享、关键零部件供应等方面结成战略伙伴关系；康佳与韩国三星在 PDP 器件的供应、新产品开发等方面的深度合作。在已结成的国际战略同盟中，最典型的案例首推青岛海尔与通用电气。

一、行业背景

1. 海尔集团

海尔集团是在 1984 年成立的青岛电冰箱总厂基础上发展起来的，它引进了德国利勃海尔电冰箱生产技术，现已成为一家集科研、生产、贸易及金融领域于一身的综合性大型企业。集团旗下有两大上市公司分别是青岛海尔和海尔电器。而参与此次并购的是由海尔集团控股 41%的青岛海尔。海尔集团是世界白色家电第一品牌，中国最具价值品牌之一。海尔大型家电品牌零售量已第七次蝉联全球第一，同时，冰箱、洗衣机、酒柜、冷柜也分别以大幅度领先第二名的品牌零售量继续蝉联全球第一。海尔在全球建立了 29 个制造基地、8 个研发中心、19 个海外贸易公司，全球员工总数超过 6 万人。海尔在全球拥有十大研发中心、21 个工业园、66 个贸易公司、143 330 个销售网点，用户遍布全球 100 多个国家和地区，已发展成为大规模的跨国企业集团。目前已从传统制造家电产品的企业转型为面向全社会孵化创客的平台。在互联网时代，海尔致力于成为互联网企业，颠覆传统企业自成体系的封闭系统，变成网络互联中的节点，互联互通各种资源，打造共创共赢新平台，实现攸关各方的共赢增值。

2. 美国通用电气（GE）

美国通用电气（GE）公司创立于 1892 年，是一家多元化的科技、媒体和金融服务公司，致力于为客户解决世界上最棘手的问题。GE 的产品和服务范围广阔，从军火、飞机发动机、发电设备、水处理和安防技术，到医疗成像、商务和消费者金融、媒体，GE 致力于通过多项技术和服务创造更美好的生活。客户遍及全球 100 多个国家和地区，在全球拥有员工近 31.5 万。GE 现有 6 个产业部门：基础设施、工业、医疗、商务金融、消费者金融、NBC 环球。因此，GE 是全球市值最大的提供技术和服务业务的跨国公司，也是在公司多元化发展中逐步成长为出色的跨国公司。GE 是自道·琼斯工业指数 1896 年设立以来唯一至今仍在指数榜上的公司。GE 连续 7 年被著名的财经日报《金融商报》评为全球最受尊敬的公司。GE 的品牌口号是“梦想启动未来”（imagination at work）。GE 致力于不断创新、发明和再创造，将创意转化为领先的产品和服务。GE 由四大业务集团构成，每个集团都包括多个共同增长的部门。GE 的业务推动着全球经济发展和人们生活条件的改善。GE 的 4 个全球研发中心吸引着世界上最出色的技术人才，超过 3000 名研究人员正努力创造新一代的技术。GE 家电是北美领先的家用电器公司，其总部设在美国肯塔基州路易斯维尔。该公司拥有约 1.2 万名员工，其中约 96%都在美国。

二、并购过程及结果

海尔与 GE 有很长一段时间的交往历史，早在 20 世纪 90 年代初，GE 首次进入中国市场，海尔便是其收购对象之一。2008 年 5 月底，通用电气（GE）董事长兼 CEO 伊梅尔特宣布，按照一贯所遵循的“数一数二”原则，GE 将出售旗下的家电部门。受制于美国以及全球经济的影响，GE 家电部门的增长步伐明显放缓，拖累了 GE 所制订的年增长必须高于 10%的目标。GE 转手家电部门的消息一出，立即成为全球媒体关注的焦点，而此次 GE 首次公开出售家电业务，海尔自然是竞标者之一。

伊梅尔特表示，对 GE 家电感兴趣的公司很多，三星、LG、美的、伊莱克斯等都表示"密切关注"。海尔最强有力的挑战者可能就是来自韩国的家电商 LG 和同是中国的美的集团。2008 年 5 月，LG 电子 CEO 南镛表示，公司正在考虑收购通用电气（GE）家电部门。

2008 年 8 月，LG 电子宣布了新的战略规划。按照这一规划，到 2010 年，LG 洗衣机和冰箱业务的销售收入均将超过 50 亿美元。届时，这两项业务将超过主要竞争对手惠而浦和伊莱克斯，成为全球第一。这显然与海尔形成了直接对抗。对于并购扩张，LG 也显然并不排斥。为了促成其成为多个领域内的跨国性企业之一目标，GE 家电业务对于 LG 而言，是一个良机。

早在 2014 年，GE 与伊莱克斯达成交易之前，就有消息称三星、LG、海尔参与了竞购。然而在2014年9月，GE以33亿美元的高价将家电业务销售给伊莱克斯。当时，通用电气和伊莱克斯公司共同宣布，该项收购交易得到双方董事会批准，并预计到 2015 年完成各项交易手续。海尔在此次竞购中与之失之交臂。

让人出乎意料的是在 2015 年 7 月，美国司法部以伊莱克斯收购 GE 将让数以万计的美国人面临家电产品价格上升风险为由，反对双方结合，这项收购协议告吹，使得通用电气不得不重启销售家电业务的计划。机会的大门又一次向海尔开启。

然而海尔想要拿下 GE 并非易事，原因是海尔的竞争对手不仅有来自国外的如三星、LG 这些电子巨头，还有来自本土的中国企业的竞争。美的就是本次最大的竞争对手。2011 年，美的收购开利拉美空调业务 51%股份，美的、开利双方将联合经营和拓展拉丁美洲地区空调业务。

2016 年 1 月，海尔、美的与美国通用集团商讨收购该公司的家电业务，并参与 GE 家电业务新一轮的收购出价。美的与 GE 有 15 年合作关系，双方在多个品类上保持了良好的合作开发关系。其间，美的也有两起较大的收购动作，即美的收购日本东芝和收购德国工业机器人制造商库卡公司。2016 年 3 月，在 2016 年中国家电及消费电子博览会上，美的热水器事业部与全球水处理及工艺过程处理的技术引领者——美国 GE 共同签署战略合作框架协议。这意味着美的热水器事业部的专业净水能力坐稳梯队顶尖地位。

就在海尔与美的竞购 GE 家电业务如火如荼之际，美的集团董事局主席何享健表示，美的最终还是放弃收购通用白电产业。他解释道："我们的企业文化和通用的区别太大，GE 家电本身也是很大的国际化企业，而我们对国外并购还没有多少经验，整合 GE 家电成本太高。"没想到最后关头惜败海尔，由此成就了海尔的蓝色梦想，一场旷日持久的海外并购终于降下帷幕。

青岛海尔于 2016 年 6 月 6 日，就整合通用电气家电业务的交易签署所需的交易交割文件，支付总额约为 55.8 亿美元，全部价款已向通用及相关主体支付完毕。这标志着，通用家电与青岛海尔的战略联盟关系正式建立。

青岛海尔对通用家电实施并购后，盈利能力将随着资源的优化整合而得到提升。

具体的财务指标见表 7.4。

表 7.4 青岛海尔并购前后财务状况对比 单位：元

指标	并购前	并购后
总资产	7 596 067	15 290 534
总负债	4 355 841	11 480 000
股东权益	3 240 226	3 807 140
销售收入	8 974 832	10 500 500
净利润	592 209	714 905

资料来源：青岛海尔和通用家电 2016 年公司年报数据

从表 7.4 中我们可以看到，青岛海尔销售收入和总资产在联盟协议签订后均有所增长。究其原因我们可以发现销售收入及净利润增长缓慢主要是因为规模扩张的贡献不再那么强烈，企业资本规模的扩张速度也逐渐趋于平缓。与此同时总资产却是联盟前的两倍，说明青岛海尔对 GE 收购的整合开始发挥效应，在销售收入增长缓慢的情况下，依靠对收购公司的整合，发挥规模经济效应、提高收入产出比例，使总资产指标有了快速的增长。

三、启示

（1）经济全球化是经济发展到一定阶段的必然产物，是资本积累和追逐资本价值增值的必然趋势。财务管理应有效地与财务战略联盟相结合，从长远考虑提高企业的竞争力，改变传统的“闭门造车”的财务理财方式。青岛海尔与 GE 家电联盟，从短期来看是出于改善 GE 家电目前增长缓慢、销售不稳定状态，但从联盟实施后的效果来看，GE 家电财务指标有所增长，而青岛海尔则出现了资产盈利双增长的情况，这些都说明青岛海尔—GE 家电联盟的方法是行之有效的。在进行财务分析中，我们发现青岛海尔的资产负债率在联盟后较联盟前并没有太大变化，而在当初签订协议时，外界多数认为青岛海尔斥巨资收购 GE 家电会使其负债过多而导致资产负债率过高，事实证明这一观点与实际不一致。

（2）曾担任英国首相的本杰明 · 迪斯雷利说过，“没有永远的朋友，也没有永远的敌人，只有永远的利益”。如何在激烈竞争的环境下生存与发展，是每个企业集团必须研修和考虑的问题。是在残酷的商场拼个你死我活最终两败俱伤，还是和谐地成为盟友共享全球资源共同发展，很显然在当今这个形势下，竞争对手绝对有合作的机会。青岛海尔与 GE 家电都是家电行业的龙头企业，强强相争，必然导致两败俱伤。而“蛇吞象”式的跨国并购虽然拥有技术、品牌等战略型资源寻求的动机，但会导致品牌影响力降低和高端人才流失，这是与青岛海尔企业理念相背道而驰的。青岛海尔选择了强强联合这一形式，既可建立强者之间的优势互补，又可实现自我价值。

（3）在行业进入大调整、大转型、大整合时期，就要求龙头企业集团加快企业并购、战略合作和国际化发展的步伐，科学规划生产布局，加大投资力度，积极进行产品创新，巩固现有市场地位。随着青岛海尔与 GE 家电战略合作的推进，青岛海尔在经历了资本投资阶段、收购整合阶段，与 GE 家电的合作将进入第三个阶段。第三个阶段的合作重点将与前两个阶段有很大的区别，其战略联盟的重点应该是第三个阶段的合作。而第三个阶段的合作给双方带来的收益才是双方合作最根本的动机。通过青岛海尔收购日本三洋分享销售渠道我们可以得到一个启示，就是双方第三个阶段的合作将是渠道的联合与相互倚重。在未来的合作中 GE 家电将向青岛海尔开放美国甚至是在国际市场的销售渠道，青岛海尔也会向 GE 家电开放其中国市场的销售网络，为双方产品迅速、批量、规模化投放提供渠道支持。

（4）财务战略联盟是社会经济水平发展到以资本为主要特征时代的产物，是需要以比较完善的资本市场为依托的。从海尔与 GE 联盟的前因后果中，我们不难得出这一结论。通过青岛海尔与 GE 家电联盟的研究我们可以发现，所谓财务战略联盟从本质上讲不外是战略联盟发展到资本经济的产物，是对以往技术联盟、营销联盟、生产联盟等形式的升华。随着中国市场的逐步开放与发展，在外资进入中国的态势有增无减的形势下，这种以资本为主要手段的联盟形式将会越来越多。

资料来源：龙怒. 生态关系视角下的企业战略联盟研究[M]. 杭州：浙江大学出版社，2016

要求：

1. 此次并购的类型是什么？
2. 试分析此次并购的动因。
3. 试进行此次并购的成本—效益分析。

第八章

财务流程再造

本章在介绍流程再造、财务流程再造的含义及基本思想之后，提出了强化财务的造血机制、重构企业财务工作流程、健全财务机制、改善财务职能、增强企业的抗风险能力等财务流程再造的目标。结合传统的会计业务流程及其缺陷，从宏观和微观两个方面建构了财务流程再造策略，与之相配合，系统介绍财务流程再造方法中的 ABC 成本法、标杆瞄准法。

【重要概念】 财务流程再造　流程再造策略　ABC 成本法　标杆瞄准法

第一节　流程再造的基本思想和操作步骤

一、流程再造的基本思想

“再造”一词是20世纪80 年代末由美国著名的管理学家迈克尔·哈默发明的，用来形容用信息技术彻底对企业业务过程的改造，以实现企业业绩的快速增长。1990 年，哈默博士在《哈佛商业评论》上发表一篇名为《再造：不是自动化，而是重新开始》的文章，率先提出了企业再造的思想。1993 年，哈默在与钱皮合著的《再造企业：企业改革宣言》一书中，明确提出了企业业务流程再造的概念，并在此后的许多著作中，进一步诠释了企业再造理论，丰富和发展了企业流程再造理论。

流程再造，全称也叫业务流程再造（business process reengineering，BPR），意指对现有的流程做根本性的重新思考和彻底性的翻新，目的是在成本、质量、服务和速度等方面取得戏剧性的改善，使企业能最大限度地适应以“客户、竞争、变化”为特征的现代企业经营环境。在这个定义中，“根本性”“彻底性”“戏剧性”“流程”是四个关键词。“根本性”，指的是再造带来的并非微不足道的改善或进步，而是要使组织绩效实现大幅度的突破；“彻底性”，指的是再造要抛弃现有的架构和流程，完全不顾现存的结构与流程，重新发明完成工作的另类方法，不是改善，不是提升，不是修补；“戏剧性”，指的是再造不同于渐进式改革及连续性改善，它犹如陷于泥沼中的组织，必须有非常不同于以往的作用，才能在绩效表现中有明显的突破；而“流程”是再造的核心，是指企业集合各类原料，制造客户所需产品的一连串活动。

1. 流程再造的产生背景

世界科学技术日新月异，国际市场竞争加剧，突飞猛进的技术革命给企业市场环境和竞争格局带来了根本性的变化。与此同时，基于劳动分工、科学管理和一般管理理论三大学说的传统企业组织形式的弊端日益明显。这些因素的变化为企业变革提供了足够的动力、发挥空间和发展潜力，并成为促成20世纪90年代以来风靡全球企业界的业务流程再造运动的原动力。而90年代后期以来突飞猛进的信息技术变革及其普遍应用，更成为业务流程再造成形、成熟并步入实践领域的加速器。

2. 流程再造的基本内涵

根据行政学家哈拉基密的总结，流程再造有以下几个方面的内涵。

（1）在崭新的信息技术的支持下，试图大幅度地改善管理程序。

（2）放弃陈旧的管理方法和程序，另起炉灶，重新开始。

（3）评价、再评价基本的管理程序，保证每一步都能够有价值。

（4）确定管理程序的所有组成部分对于组织核心任务来说，是否必要，是否有助于任务的完成。如果程序要素和最终目标的联系并不清楚，而且过去的经验表明，这程序并未受到任何挑战，那么就可能有必要重新确定组织任务或者领导观念。

（5）渐进的方法无效时，系统地寻求剧变的方法，从而达到有效地甚至突破性地改善管理程序效率的目的。

（6）尽可能地减少甚至消除进入管理过程不同阶段的文件资料，力图及时把握管理过程本身的信息。

（7）把注意力集中在过程和结果上，注重发展，不注重任务或组织功能。在可能的情况下，希望每一个人，或者由合格成员组成的小组来完成某一过程中所有的任务。

（8）在方法上以结果为导向，以小组为基础，注重客户。再造观念要求在特定工作过程中严格衡量绩效、详细分析绩效评估的变化和变化的速率。它要求所有雇员对整个过程负责，并要求高层管理人员随时干预整个管理过程。

由此可见，流程再造追求的是一种彻底的重构，而不是追加式的改进。简单地说，它的含义就是“重新开始”。它的意义并不在于对现有的事物进行修修补补，也不是不触动基本结构而做一些渐进式的变革。改革不是搞拼拼凑凑，不是搞大杂烩，也不是给现行制度配备应急装置，使它运作得较好些。企业再造的真正含义是要抛弃长时间来所运用的工作程序，重新探索为使公司推出新产品、新服务，向客户提供价值所必需的那种经营活动。改革一家公司意味着要把旧的制度扔在一边，重新开始。它含有这样的意思：回到出发点，开辟一条做好企业经营工作的最佳途径。

3. 流程再造的基本原则

流程再造的基本原则如下。

1）以客户为导向

以客户为导向意味着企业在判断流程的绩效时，是站在客户的角度考虑问题，对工作过程、管理过程的重新认识、再设计都以更有效地满足客户的需求为出发点，凡是无法为客户创造价值的活动，均为流程再造改革的内容。

2）以流程为中心

传统企业在分工的架构下，强调“功能部门”而非“流程”，强调各部门完成各部门的工作，而非个体完成整合的工作。流程再造则强调打破部门及组织的界限，以流程为工作单位，重新设计工作及组织架构。

3）以人为本的团队式管理

依据泰罗的科学管理理论，工作越独立，完成任务的效率就越高。在基于这种理论建立起来的现代企业中，完成工作的基本单位是人，每个人只负责一项具体的任务，而在面向流程的企业中，大量的具体任务被联结起来成为一个完整的流程。在这样的环境下，流程的工作已不可能由个人来完成，更主要的则是依赖于工作团队的分工协作来完成。

4）信息科技的运用

有效运用信息科技是流程改造中重要的一环。信息技术一项重要的功能是能突破时间及空间制限，适时、适地将信息传递给使用者，使得流程中的信息流及物流迅速地传达。

5）按过程流向进行组织设计

再造学说认为最有效的组织应按业务流程进行组织设置，围绕着完成工作集中各方面的职能人员，化“分工”为“合工”。这样，原先分开的各个工序被组合成一个业务流程小组，因为减少了衔接、协调和冲突，从而大大缩短了流程周期。

二、流程再造的操作步骤

流程再造的操作主要经过以下几个步骤。

1. 战略决策

战略决策阶段是项目策划阶段，常被称为流程再造建立“宏观模式”阶段，变更的必要性及可行性都要经过严格的检查。其主要工作有如下方面。

1）建立企业愿景

在对企业的现状进行客观评价的基础上，对企业未来的发展愿景进行展望，告诉人们“企业是什么，企业为什么存在”，并确保组织中的每一个人对其都有正确的理解和认识。

2）确保管理层的支持

可以通过一系列的研讨会，或借助咨询顾问，对有关业务流程再造的相关知识进行深入的宣传，统一高层管理人员的思想，加深其对流程再造的理解和支持。

3）挖掘流程再造的良机

在决定流程再造对象之前，上层管理者要根据企业战略战术对企业的经营状况做宏观的分析，得到一系列将要进行的业务流程再造项目的备选流程。

4）确认使用信息技术的机会

要正确识别企业应有的信息技术环境，使其能更有效地支持企业的战略目标。

5）结合企业战略，选出流程再造的项目

在充分地评估和分析各个备选流程之后，最终选出进行流程再造的候选流程。

2. 制订再造计划

制订再造计划阶段标志着流程再造工程的正式开始，其主要任务有如下方面。

1）成立再造团队

在得到了高层管理者的认可和支持后，管理层可以委任一个流程再造负责人对整个流程再造活动的运作和结果负责。而项目负责人的第一个任务就是组成一个流程再造工作小组，其职责是分析现有的流程，并负责设计和执行新的流程。

2）制订工作计划

流程再造工作小组的第一项任务是，根据对核心流程的进一步分析，制定再造项目的日程表，确定再造的计划，大致描述项目的资源需求、预算、历程以及要达到的目标。

3）制订再造目标和评估标准

在确定目标时，需要设置高水平的“延伸目标”，通常“延伸目标”是以世界一流标准为基础的，或以行业领导者所设立的“标杆”来确定的。另外，还要提供判断项目成功与否的流程属性标准。

3. 诊断分析现有流程

诊断分析现有流程的主要工作有如下两方面。

1）记录现有流程

记录现有流程即对现有流程进行文字性描述，或者说“文档化”的工作，包括对活动、控制、资源、业务规则和信息流等方面的描述，以及对其相互关系进行表达。

2）分析现有流程的弊端

分析弊病的重点应放在确认不需要的活动、活动中的“瓶颈”以及不必要的官僚步骤等方面。

4. 重新设计流程

流程的重新设计包括对各种改造方案的选择，要寻找既能实现企业战略，又与人力资源、组织变革相结合的方案，并尽量将岗位和工作流、信息管理和技术几方面搭配合适，最终完成新的社会—技术系统的设计。这个阶段的任务主要包括大胆提出方案、明确流程设计的原则、人力资源结构的设计、选择信息技术平台、宏观模拟新流程。

5. 实施流程再造

在完成了流程的设计后，就应该对现有的流程进行重构了。主要工作包括如下方面。

1）改善管理

改善管理即根据新设计的流程方案，制订新组织设计方案，内容包括业务单元的重新组织，组织与岗位重构，岗位转换，通过训练和教育程序向留下的员工授权以及改进工作质量，等等。

2）建立并运行新的信息体制技术

在建立详细的系统分析指标的基础上，要仔细检测每一个工作步骤，确保新系统的协调，然后便安装应用数据库和用户界面，并检验新的变化与已有系统的贴合程度。

3）重新组建

重新组建工作着重于向新的组织结构过渡，工作包括组织再造、人员裁减、组建团队、工作交替以及职工培训等。

6. 不断更新改进

一次流程再造项目的实施并不代表公司改革任务永远完成，整个企业的绩效需要持续改善，这种持续改善实际上就是不断对流程进行分析、评估和改变。

第二节 财务流程再造的目标

企业财务流程再造是一项系统工程，其基本目标是提高企业财务管理的效率，从而提高企业整体的运作效率。具体而言，包括以下几个方面。

一、强化财务的造血机制

资本是企业的血液，也是财务管理的对象。一个企业应主要依靠自身的积累实现企业资本的不断扩张，而不是主要依靠外部投资者经常性的资本投入。这就像一个健康人是靠自身的造血机制来维持生命，而不是靠输血、输液来维持生命。根据美国1962～1981年公司保留盈余与外部长期资本筹集的一项资料[14]，3/4的公司保留盈余融资额大于外部融资额。因此，财务管理再造的目标应使企业的资本周转循环顺畅，这就要求企业强化投资决策，减少决策失误，减少资本的闲置和低效使用状况，强化应收账款管理，实施“惊险的跳跃”，增收节支，多留利润。

二、重构企业财务工作流程，健全财务机制

企业可考虑将筹资职能专门化，设立专门筹资机构，负责筹资的决策分析、筹资计划及其实施、日常管理等工作。应该建立和完善企业内部决策支持系统、专家咨询系统与内部协调系统，建立健全科学投资决策体系，提高投资效率。通过国家政策和企业内部机制，在分配和积累两个方面进行科学决策，保证企业健康协调发展。

三、改善财务职能

财务职能是指财务管理本身所具有的功能。企业财务的基本职能是组织、协调和控制。在企业财务工作中，人们往往重视其中的一部分职能而忽视其他职能。例如，我国的

很多企业特别重视协调“勾兑”与银行的关系，重视引资“圈钱”的资本来源组织，忽视资本投放的科学决策、使用和存量调整等控制职能的发挥。因此，再造应将财务职能作为一个完整的系统进行模块整合，以使财务职能得以优化，更好地发挥财务的作用。

四、增强企业的抗风险能力

在市场经济环境下，企业外部环境始终处于变动之中，要求企业必须具有较强的环境适应能力和抵御风险能力。

增强企业抵御风险能力，一是对未来的企业外部环境特别是财务环境的变化进行预测分析，并制定相应的财务对策；二是企业应该主业突出，切忌盲目投资，在此基础上贯彻“一业为主，多种经营”的方针，以规避风险；三是要重视人力资源的开发、投资、激励和保护，重视无形资产的投资和保护，不断进行技术创新，提高企业核心能力以获得超额利润。规模较大的企业应成立环境研究中心对未来财务环境的变化做些预测，并制定相应的财务对策。

五、提升财务管理人员的整体素质

通过在职培训和继续教育等方式，切实提高企业财务管理人员的整体素质。没有业务精通、勤勉敬业的财务管理人员，就没有财务再造的成功。

六、提升企业财务的协调能力

盈利能力与偿债能力既有统一性，又有矛盾性。财务管理再造的目标应使两者趋于协调统一，减少冲突矛盾。在实务工作中，牺牲偿债能力换取盈利水平的事情经常出现。例如，忽视对客户的信用调查而盲目发货，或将短期贷款用于长期项目上，等等。这些行为必将给企业带来较大风险，从而最终影响企业的长期盈利能力。另外，有些企业甚至是上市公司把股东的股本通过配股、增发股票等方式取得后却没有较好的投资项目，从而导致股东的每股净利下降，这种高流动性也是财务管理所忌讳的。

七、增强财务的全面控制能力

财务管理的基本要求就是能对企业经营和资金运作过程中各项能以货币计量和反映的活动进行全过程与全方位的系统控制，而这种控制能力与企业财务管理流程的有效性具有直接关系。其中，最基础的是企业会计信息系统控制的流程再造，其次是企业财务管理机制的流程再造，最后是企业财务管理人员的再造。如果能将整个企业的财务管理流程按照企业一定经营管理战略的目标要求和企业具体管理特点相结合，仔细研究财务管理流程中各个环节的特性和作用，并对其进行系统整合，就能真正有效地发挥财务管理在企业整个经营活动中的控制能力。

第三节 财务流程再造策略

一、会计业务流程再造

网络经济时代最大的特征是信息传递的迅速、及时和准确，企业会计报表的半年呈报或年度呈报已不能适应网络时代的要求，实时联机报告系统既是需要又成为可能。全球经济环境下大规模的会计信息使用者投资策略呈现多样化和个性化的趋势，管理者、投资者以及相关利益集团希望可以随时通过在线访问获取企业最新的、历史的会计信息，以便做出正确的决策，减少风险。另外，从会计信息呈报的内容方面看，投资者要求从看重财务信息扩展到财务信息与非财务信息并重，从着重呈报最终经营成果信息扩展到呈报企业的背景信息和前瞻性信息，但目前的会计业务流程并不能满足上述要求。因此，用信息技术重新设计会计业务流程，是满足企业内外会计信息使用者的需求、提升企业核心竞争力的重要研究议题。

（一）传统的会计业务流程及其缺陷

会计业务流程，即会计循环，是报告企业为编制特定会计期间的财务报表而必须经过的全部过程。传统的会计业务流程顺序为："识别所需记录的经济业务→登记日记账→过入分类账→编制会计报表。"这种会计业务流程具有如下特点。

（1）会计信息系统是一个开环系统，会计信息的产生是会计原始数据在会计信息系统中单向运动的结果。

（2）会计信息使用者得到的会计信息是经过加工处理后的高度综合的信息。

（3）会计业务流程中任何一个环节的错误将对整个会计信息加工结果产生影响。

传统会计业务流程已越来越难以满足企业管理和决策的需要，其缺陷主要表现在以下几个方面。

（1）传统会计业务流程着眼点于会计核算，无法与企业的其他业务流程相互集成和实现共享资源，造成不必要的人力、时间浪费。

传统的会计信息系统需经过一系列顺序的循环活动、会计核算严格按照既定的顺序，一层层地进行。这种会计流程虽然在内部牵制方面发挥一定的作用，但是会延长时间，降低会计报告的及时性，且使会计内容信息单一化。

（2）传统会计业务流程是建立在劳动分工论基础上的，与网络时代对会计核算、管理和决策的要求相距甚远。

时下流行的电算化会计信息系统虽然替代了手工操作，但财务会计流程自动化仅仅是手工财会工作的翻版，并未改变传统会计信息系统结构的本质，大部分电算化商品软件一般将会计信息系统分解为原材料核算子系统、工资核算子系统、销售核算子系统、固定资产核算子系统、成本核算子系统、报表编制子系统等相对独立的模块，各模块下再进行细分，形成一个名副其实的"金字塔"式结构。因此，各核算子系统之间彼此分割成为一个个独立的信息孤岛。会计数据传输往往是滞后的、零散的，这种财务会计流程并没有改变传统会计信息系统结构的本质，也没有消除其缺陷。

（3）难以满足管理需要。财务部门只是记录经济业务的资金流信息，并不采集业务活动的全部数据，同一经济业务的相关数据被分别保存在财务管理人员和非财务管理人员手中，财务管理人员手中只有描述业务事件的子集数据，这样就忽略了大量管理信息，导致会计信息系统与其他系统数据有可能不一致或信息隔阂和信息重复。

（4）无法满足实时控制的需要。传统会计信息系统所反映的资金流信息往往滞后于物流信息，财务账目和财务报告上的数据体现的不是当前时点的余额，以至于企业无法从效益角度对经营生产活动进行实时控制。会计数据通常是在业务发生后采集的。会计数据加工是将滞后采集的数据进行排序、过账、汇总、对账等。财务报告不能直接利用，必须经过若干后台加工才能提交到使用者手中。在经济环境瞬息万变的今天，信息的实时性决定了它的有效性和控制力度，会计信息的滞后性不能使管理者从会计信息系统中得到所需的信息，降低了会计信息的相关性，失去了其应有的价值。不管是手工的会计业务流程，还是这种会计电算化方式的会计信息系统，其实质仍然是事后算账，并没有充分发挥网络的优势，无法实现事前支持、事中控制、事后分析。

（二）会计业务流程的改进

会计业务流程在实践中的不足，可以借鉴其他学科中的先进理论来加以改进。最主要的有业务流程再造理论和供应链管理理论。业务流程再造即对企业业务流程做根本性的再思考和彻底的重新设计，以达到成本、质量、服务和速度等现代关键业绩指标的大幅改进。从本质上说，业务流程再造是从客户需求出发，以业务流程为改造对象所进行的系统分析和设计；它以企业的战略目标为依据，以网络技术等信息技术为优化手段，对流程进行改造，可以使企业的经营绩效得到极大的改善。业务流程再造理论启示我们：①可以利用会计业务流程与其他业务流程的协同关系，在保证不和其他要素相互冲突与抵触的情况下，针对各个要素的特征，实施整合策略，实现系统要素的协同效应；②将会计业务流程再造从再造具体的信息处理过程向更高层次的再造拓展，以便从整体构建其实施过程，支援具体再造工作，可建立以下三个实施层次以保证会计业务流程再造的施行：会计观念再造、会计业务流程再造和会计组织机构再造。

供应链管理理论在业务流程再造理论的基础上更为具体化，它把企业“三流”（资金流、物流、人流）中的物流作为研究对象，从具体的操作方式上加以阐述，可操作性更强。它要求再造后的会计业务流程能够支持业务协同的工作方式，能够支持远程业务处理，能够对信息需求做出迅速反应。以业务流程再造和供应链管理理论为借鉴，新的会计流程要以会计信息使用者为导向，以信息技术为基础，对会计的观念（理性基础）、会计信息处理流程、会计的组织机构进行根本性的再思考，并以集成化的方式，面向对象并行地进行重新设计。

会计业务流程再造实施的三个层次相互作用、相互关联。只有在观念上提高认识、做好准备，才能为会计业务流程再造和会计组织再造奠定成功的基础。会计业务流程再造是会计流程重建的主要方面，同时它还为会计组织重建打下基础并创造条件。会计组织与会计业务流程紧密结合，共同保证会计目标的实现。

（三）将流程再造思路应用于会计信息系统

基于事件驱动的会计信息系统流程再造对于会计业务流程来说，目标是针对传统会计流程中的不足与缺陷，大幅度提高会计信息的相关性、及时性，节约会计成本。为此，仿造企业其他业务流程再造，会计业务流程再造是以会计业务流程为对象，以会计信息使用者的信息需求为驱动力，采用决策模型、网络数据库技术和面向对象的计算机技术，由决策模型驱动，呈报标准的数据源信息，以达到上述再造的目标。

和传统的会计信息系统账表驱动有所不同，新的会计流程应用流程再造的思想是：将实时信息处理嵌入业务处理过程中，企业在执行业务活动的同时，将业务数据输入管理信息系统中，通过业务规则和信息处理规则，生成集成信息，基于这种模式构建的会计信息系统称为“事件驱动”的会计信息系统。事件驱动（event driven）是一种计算机术语，是指当某一特定事件要求代码进入工作日，程序才开始执行。应用到会计上，对会计源数据信息不进行进一步的顺序性加工处理，当决策者需要某项专用信息时，只要驱动相关专用信息代码，随时可以满足要求。在事件驱动的方式下，可以把信息使用者所需要的信息按使用动机不同划分为若干事件，为每一种事件设计相应的“过程”处理程序模型，当决策者需要某种信息时，根据不同事件驱动相应的“过程”处理程序，从而得到相应的信息。

这种基于事件驱动的会计信息系统的特点如下。

(1) 实现了源数据仓库的共享。系统结构将使物理上分散的企业的多个数据库在逻辑上集中，支持不同层次、综合性的信息需求。按业务事件规则对业务数据进行综合采集和存储后，可建立共享的综合业务数据库。经过标准编码的源数据信息，可以满足企业外部所有的信息使用者使用，使数据真正做到同出一源，实现共享。

(2) 业务流程、财务会计流程、管理流程之间能够紧密合作，各部门“信息孤岛”的不协调和低效状态可以得到缓解。信息处理规则能够打破职能壁垒，根据信息使用者的决策需求进行信息加工；会计也可以根据自己的规则进行信息加工，输出财务会计报表。

(3) 适时财务报告，提取信息与企业处理信息同步。信息处理与业务活动的执行过程是同步的，将各业务事件的会计控制规则嵌入，能够实施会计的事中控制，系统能够将违反规则的活动实时地向负责人发送异常情况报告，或者阻止舞弊活动的执行，系统预防风险的能力大大提高。

当人们发现互联网已经成为生活的一部分时，传统的会计信息系统也不可逆转地受到其冲击，企业只有主动地认识并采取行动，才能给会计业务创造无限的生机和活力。

会计业务流程重建的研究还有相当多的技术问题需要解决。这些技术问题并不是纯粹的计算机技术问题，而是封闭而低效的会计理论与开放而高效的计算机技术相结合而产生的一系列问题。例如，如何高效率地获取企业经济活动的原始数据？如何高效率地处理经简单加工后的原始数据？如何高效率地提交企业经济状况的报告？其中最关键的是如何高效率地获取企业经济活动的原始数据。因为它是会计信息系统数据处理的起点，是后续处理以及提供报告的基础，也是一个技术上的难点。

二、财务管理人员再造

新财务流程的实施，对财务管理人员的整体素质和业务能力提出了更高的要求，同时财务管理人员的管理方式和考核方法较以前也有大的改观。

新的财务流程中对财务部各岗位分工明确、责权清晰，每个财务管理人员均可以按照流程规定完成本职工作，并可以相互协调合作，加强了公司内部控制和监督。然而，从公司全局出发，财务部作为核心的职能部门，其人员对公司的忠诚度、工作积极性、稳定性也是不容忽视的。所以，对财务管理人员的管理本着“严格管理，有情领导”的原则，制定了一套系统的管理办法。

（一）必要的岗前培训和继续教育

作为合格的财务管理人员，除了国家规定的财务制度和会计准则外，企业自身的行业特点和特殊的操作模式也是必须掌握的。财务管理人员不但在上岗前要经过培训，而且，在新财务流程制定出台后还需要加强理解，熟练运用。因此，企业财务部必须制定每季度的培训和再教育计划，以不断提高财务管理人员自身修养。

（二）财务管理人员的职业发展设计

财务管理人员的职业发展设计，就是要为员工的近期及远期职业发展确立目标。

（1）短期目标。通过工作中的积累和培训，在一至两年内完全熟练掌握公司财务运作流程，成为经验丰富的财务管理人员。

（2）中期目标。通过工作中的积累与学习，获得全国会计技术资格考试认可的初级资格或中级资格证书，成为助理会计师，再至会计师。

（3）长期目标。为自己以后的职业生涯做好铺垫，通过进一步参加培训和深造成为公司具有丰富实践经验和理论知识的高级人才。

（三）培养财务管理人员的全局意识和团队精神

新的财务流程的突出特点便是将财务部与公司其他职能部门紧密连接，故财务管理人员的全局意识和团队精神至关重要。

加强财务管理人员的自我管理能力和学习能力。使其每个人实现自我学习、自我管理，这样便于公司的统一调配与管理。创造和谐向上、沟通合作的工作氛围。组织团队活动，加强员工间的相互了解。

三、融资机制再造

目前企业融资机制存在的主要不足有：融资方式单一、融资渠道狭窄、所有权融资与债务融资不分、融资成本观念淡薄，等等。因此，再造健康的融资机制不仅要健全国家金融体制，完善商业银行的管理，不断建立健全资本市场的各项功能，更要明确企业的产权关系，健全企业法人治理结构，使资金能够在社会再生产的价值链中有序、快速、健康地流动。

（一）大力发展资本和其他要素市场

积极推进资本市场的改革开放和稳定发展，扩大直接融资。建立多层次资本市场体系，完善资本市场结构，丰富资本市场产品。规范和发展主板市场，推进风险投资和创业板市场建设。积极拓展债券市场，完善和规范发行程序，扩大公司债券发行规模。大力发展机构投资者，拓宽合规资金入市渠道。建立统一互联的证券市场，完善交易、登记和结算体系。加快发展土地、技术、劳动力等要素市场。规范发展产权交易。积极发展财产、人身保险和再保险市场。稳步发展期货市场。

（二）建立健全现代产权制度

产权是所有制的核心和主要内容，包括物权、债权、股权和知识产权等各类财产权。建立归属清晰、权责明确、保护严格、流转顺畅的现代产权制度，有利于维护公有财产权，巩固公有制经济的主体地位；有利于保护私有财产权，促进非公有制经济发展；有利于各类资本的流动和重组，推动混合所有制经济发展；有利于增强企业和公众创业创新的动力，形成良好的信用基础和市场秩序。这是完善基本经济制度的内在要求，是构建现代企业制度的重要基础。要依法保护各类产权，健全产权交易规则和监管制度，推动产权有序流转，保障所有市场主体的平等法律地位和发展权利。

（三）完善公司法人治理结构

按照现代企业制度要求，规范公司股东会、董事会、监事会和经营管理者的权责，完善企业领导人员的聘任制度。股东会决定董事会和监事会成员，董事会选择经营管理者，经营管理者行使用人权，并形成权力机构、决策机构、监督机构和经营管理者之间的制衡机制。

融资机制的再造，除了需规范企业财务关系外，还必须做到以下几点。

1. 大力发展资本市场，确立与完善筹资机制

发展社会主义市场经济，从企业筹资方面来看，是要发挥市场机制在筹资与资金配置中的基础性调节作用。企业筹资，其主要渠道应是资本市场，包括信贷资本市场与有价证券市场。

作为信贷资金市场，关键在于利率机制的形成和运转，这就需要改革银行制度，发展商业银行，使资金能顺利进入市场，并通过利率机制的调节性作用，形成利率—资金供求—竞争和风险等资金市场要素间的有机联系和运动；作为有价证券市场，则应以市场调节为基础，辅之以必要的宏观调控与法制管理，使之逐步走向法制化与规范化，与信贷市场组成一个统一的资金市场，为企业合理有效筹资创造市场条件。

2. 促进企业改革筹资组织结构，促进产业与银行有机结合

（1）财务与会计机构分设，既能强化财务筹资功能，又可加强会计信息和管理功能。另外，我国大型国有企业也可考虑把筹资职能专门化，设立专门筹资机构，负责筹资的决策分析、筹资计划及其实施、日常管理等工作。

（2）特大型企业集团组建企业银行或与金融资本融合成长，不仅可为银行开辟财源，

减少贷款风险，更可为企业保驾护航、固定筹资渠道、扩大资金来源、克服资金短缺。

3. 改善企业资本结构，减轻企业债务负担

虽然负债具有一定的财务杠杆作用，但债务资本的比例过高，则会增加企业的财务风险。因此，改善企业资本结构，会降低企业的财务风险，减轻企业的债务负担。

四、投资机制再造

当前企业投资方面存在的主要问题是科学投资决策机制尚未形成、投资效益差、缺乏责任机制、存在地方政府强迫兼并亏损企业等问题。应进一步确立企业的投资主体地位，实行谁投资、谁决策、谁收益、谁承担风险。国家只审批涉及经济安全、环境资源、整体布局的重大项目、政府投资的项目及限制类项目，其他项目应由审批制改为备案制，由投资主体自行决策，依法办理用地、资源、环保、安全等许可手续。对必须审批的项目，要合理划分中央和地方权限，扩大大型企业集团投资决策权，完善咨询论证制度，减少环节，提高效率。健全政府投资决策和项目法人约束机制。国家主要通过规划和政策指导、信息发布以及规范市场准入，引导社会投资方向，抑制无序竞争和盲目重复建设。

企业投资机制的再造是一个系统工程。它既牵涉到企业外部环境的改变，也牵涉到企业内部条件的创造。

1. 外部环境

从外部环境来讲，主要包括如下内容。

（1）取消企业行政级别和企业家政府官员待遇，大力发育人才市场，着力提高企业家的综合素质。目前，国务院已经下令军队、公检法和政府机关不得经商。这说明我国政府已经在实实在在推进政治体制改革。官商不能结合，这是一个历史教训。对企业家所要求的素质与对政府官员要求的素质相去甚远。建立人才市场，有利于发现人才，找到适合于各类所有者资本增值目的的最佳经理人选。同样，大型国有企业资本经营者的人选也可从中发现并为国有资本的增值目的服务。在经理人才上，应该是优质优价的。最优秀的经理人才可能价格很高，使私人所有者望而却步。而大型国有企业所有者却有雄厚的实力，能够将最优秀的经理人才挖到手，并在经营中大显身手，使国有资本增值速度快于私人资本增值速度，这样，我国的基本政治经济制度才能得以长久维持。因此，必须认识到，经理人才市场是社会主义市场经济的重要组成部分，必须抓紧建立并尽快使之完善。

（2）构建严密有效的外部监督体系。经营者受所有者委托经营一家企业，如果法人治理结构不完善，外部监督体系不严密，经营者会想方设法增加自身效用而不为所有者卖命。例如，外部独立审计监督非常严厉，经营者做假账的风险很大，就会将注意力放在提高投资效益上。

（3）关心、爱护企业家，保护其合法权益。企业家是社会难得的人才，是社会宝贵的财富。作为企业所有者必须关心和爱护企业家，坚决维护企业经营者的合法权益，

对诽谤、诬蔑、打击的言论和行为要认真查处。要为经营者创造公平的竞争环境，为了得到真正优秀的经理人才，必须改变“伯乐选马”的旧体制，实行“赛马选马”的用人体制。同时，为了鼓励大型国有企业的经营者为国家和社会创造最大限度的投资利润率，必须设计好奖惩制度，如以认股权、与税后净收益挂钩的资金激励经营者。

（4）完善企业的破产制度。市场经济是竞争经济，有竞争，必然有优胜劣汰。只有进一步完善企业的破产制度，使经营不善的企业时时有破产的压力，破产企业的管理者将面临失业，失去职业优势，才会全力以赴搞好经营管理，投资决策才会不断科学化。同时其他企业投资于该破产而没有破产的企业，形成投资效益低下，甚至大幅度贬值，赊销给该破产企业的应收款项易变成呆账、坏账，造成劣势企业拖垮优势企业的局面，不利于市场经济资源的优化配置。为了减少破产企业和其相关企业的损失，提高我国大型国有企业的综合竞争能力，进一步规范和完善破产制势在必行。

2. 内部条件

内部条件创造包括如下方面。

（1）会计信息系统建立和会计人员职能的充分发挥。会计信息系统应能及时提供经营者决策所需信息，会计工作应从算账向对历史信息多角度全方位加工转换。规范化、电算化是会计发展的方向，提供及时、有用、准确、多元化信息是未来会计人员的中心任务。只有这样，会计信息对企业决策正确性的支持才会起到最大的作用。

（2）财务管理人员对外部环境变动的研究、预测和分析。企业财务管理人员对外部环境变动的研究、预测和分析是经营者投资决策正确与否的重要因素之一。国家的政治、经济、法律、外交等环境，企业的供应环境、销售环境、技术环境、竞争环境等始终处于变化中，财务管理人员必须深入研究这些参数的变动范围和趋势及对企业的现金流量产生怎样的影响，从而为经营者的投资决策提供重要的意见与建议，回避可能出现的重大风险，争取最大限度的投资效益。

（3）建立企业内部决策支持系统、专家咨询辅佐系统和内部各部门配合系统。企业决策的科学化、民主化至关重要。因此，决策必须程序化，必须广泛听取各方面的意见，依靠集体智慧，杜绝个人主观臆断。我国大型国有企业必须建立企业内部决策支持系统、专家咨询辅佐系统和企业内部各部门配合系统，使企业的人力资源、物力资源、资本资源、智力资源和其他资源共同为经营者决策服务，并认真贯彻执行决策指示和相关制度，以提高企业的投资效益。

（4）决策者自身素质的提高。经营者个人素质的高低，往往对一个企业投资效益的影响很大。因此，提高决策者素质刻不容缓。一般而言，决策者应具备改革创新、以人为本、务实搞活、社会服务、国际合作、面向未来等观念，忠心、诚实、豁达、果断等品质，判断、开拓、经营、公关等能力。我国大型国有企业的经营者还应有政治使命感、历史责任感，把国有资本的投资效益搞上去。

五、企业收益分配机制再造

当前我国企业收益分配方面存在的问题主要有：分配不公，主要是国有股、法人股与个人股在分红问题上待遇并不一致；分配政策变化大，不连贯，现金分红和送配股都无章可循；股利分配和公司经营业绩脱钩，没有股价目标，盲目攀比；在利润分配上不注意积累，使企业丧失长远发展能力，或过度注意积累不注意股东眼前利益；收益确认不够稳健，资本未能保全；收益分配违反国家公司法等法律、法规；经营者、高层管理者和科技人员的奖励最少；企业的所得税负较重，企业与国家的分配关系变动频繁，等等。

鉴于以上问题，对我国企业收益分配机制的再造应从以下几个方面展开。

（一）收益分配格局规范化

首先，政府要在深化改革、推进政资分开方面做出积极姿态。作为社会管理者，政府应给国有企业提供与其他类型企业相同的纳税义务，即公平的税务环境。其次，要清理收费环境，制止不合理收费。最后，国有资产中介公司在收益分配方面要根据国家产业政策，对全资制和参资企业收益的征缴有一个总体规划，对某一具体企业的收益收缴数额保持相对稳定。收益分配格局规范化有利于国有企业的资本规模在总体上保持一个适当的增长速度，从而确保国有资本对国民经济命脉产业的控制能力。

（二）完善相关法律法规，进一步保护债权人和中小股东利益

相关法律法规应防止企业过度积累或借积累之名而无可分利润的“假账”行为。对送红股应要求在年报中披露转作股本的可分配利润的用途和投资方向、效益等方面信息；对于不分配红利的公司，应要求其陈述不分配原因，以增强透明度。

（三）完善对经营者的激励与约束机制

我国企业经营者的激励和约束机制不健全是造成一部分企业“庙穷方丈富”，而另一部分企业“庙富方丈怨”的重要原因。西方国家用资本市场机制、优胜劣汰的市场机制、人才市场机制、与企业经营成果特别是股票价格紧密挂钩的奖惩制度来激励与约束经营者，值得借鉴。激励机制与约束机制是一个有机整体，不可偏废。

（四）再造利润分配制度要符合国际惯例

随着我国对外开放的深入发展，国内企业与国外资本的融合进一步加剧，利润分配方面尽可能按照国际惯例办事。按照股权比例和约定比例（契约）分配是两种常见的分配方式。这两种分配方式基本上属于按资分配范畴。从当前和未来发展趋势看，我国企业的分配形式将是多元化的。按劳分配、按资分配、按智分配相结合将是我国企业未来利益分配的主旋律。

（五）兼顾三者利益

在许多企业的利润分配中出现了过度向个人、法人、小集团利益倾斜的现象。同股同权、同股同利原则尚未得以彻底贯彻和遵循。国有股、法人股的流通问题随着股改逐步得到了解决，兼顾了非流通股股东与流通股股东的利益。这些都有利于公司股权结构的稳定和治理结构的改善，最终促进企业的长期发展。

（六）确保可分配利润的稳健性和真实性

当前我国企业的利润计量不稳健、利润虚假比较严重。要从根本上改变这种状况，一方面，应该改革现行会计制度，扩大稳健会计原则在企业财务会计中的运用范围和标准；另一方面，应加快会计师事务所的改制步伐，强化注册会计师的责任和风险意识，使他们严格执业，从而大大减少假账的生存空间。国家应加强对会计信息质量的管理力度，强化企业最高当局对会计信息真实性所负的法律责任，大力追究和惩处做假账的企业管理人员。

第四节 财务流程再造的方法

企业进行财务流程再造，通常可以采用价值链分析法、ABC 成本法、标杆瞄准法。本节着重介绍 ABC 成本法和标杆瞄准法。

一、ABC 成本法

ABC 成本法（activity based costing）又称作业成本分析法，主要用于对现有流程的描述和成本分析，ABC 成本法和价值链分析法有某种程度上的类似，都是将现有的业务进行分解，找出基本活动。ABC 成本法着重分析各个活动的成本，特别是活动中所消耗的人工、资源等。

（一）ABC 成本法的含义

1. 动因

动因是驱使一种活动或一组活动的原因。它也是管理者常规的思维方法。例如，当一位管理者到车间去查询一个产品的加工状态时，马上会自然地反映出来，做了什么，为什么这样做，这样做有何意义……这里，我们将“做”称为活动，将“为什么要做”称为动因，将“有何意义”称为动因分析。

2. 动因与业务流程关系

每个企业中都存在多个业务流程，每一个业务流程都有特定的目标性和明确的任务及相对应的组织形式。在一个业务中可能有一种活动或多种活动。例如，库存发放材料活动的目的是依据领料单上的物料品种、需求量发放原材料给生产班组。在该库存发放材料的业务流程中只有发料的活动。又如采购业务活动的目的是依据采购单要求，按时、按量地采购原材料，及时送到检验部门进行质量检查，将检验合格的原材料送到仓库保管，而在该采购业务流程中，有采购、送检、入库活动。

3. 动因的类型

从企业增值的角度出发划分业务流程中的动因，可分成三种类型。

(1)直接增值的活动称为有效动因，如车间班组(又称工作中心)加工产品的活动。

（2）辅助增值的活动称为辅助动因，如车间归集车间各班组的日生产情况的活动。

（3）非增值的活动称为无效动因，如部门将车间的生产统计结果再按车间归集汇总、统计、传递厂领导的活动。

4. 动因与成本的关系

（1）有效动因，如人工费用等与加工某个产品有关，它可以量化的成本动因要素包括加工时间及人工成本等。

（2）辅助动因，如物料控制、检验等活动。它的活动不能完全地分配到某个产品，而是部分分配到产品上去，这类活动的成本动因要素包括编制产品的加工订单量、销售订单量、合格量等。

（3）无效动因，如部门的管理活动。它的活动比较复杂，很难量化，如生产管理、质量管理、设备管理等活动，此类活动所消耗的资源情况需要通过财务会计分摊到产品成本中，这种分配常常掩盖了产品成本的真实情况。

（二）ABC 成本法的应用要点

1. 管理目标

运用 ABC 法的管理思想与 ERP/MRPⅡ信息系统给企业造就了一个良好的成本信息平台，它为企业提供了一个多业务流程的活动视图。成本信息的可视性将不断地强化业务流程中的增值活动，弱化非增值活动。在企业中，成功地捆绑信息系统与业务流程是推行成本动因管理的基本条件；选择适合的成本动因要素，分配到产品上去，使产品在生产过程中实时地报告成本状况，是 ABC 成本法控制活动的主题。

2. 应用意义

在全球市场经济的环境下，企业进行生产的目的是获取最大的利润。企业的利润取决于它的收益和成本，而产品的成本是多样化的，除了材料成本、人工成本，还有各类管理成本。然而，由传统的成本管理演变过来的管理理念，使人们更多地关注材料采购成本和材料设计成本，而降低材料采购费和材料设计费是很有限的，它将给最终产品带来质量风险。随着信息技术的成功应用，对企业的管理成本即各种管理活动所引起的成本动因分析与控制将是未来的管理目标。

3. 应用思路

每种业务都要消耗企业的各种资源，资源消耗得越多，产品的成本就越高。业务流程活动的成本值包括三个部分，即有效动因消耗的成本、辅助动因消耗的成本和无效动因消耗的成本。

设一个企业的企业流程总成本值为 E，业务流程成本值为 B，有效动因成本值为 a，辅助动因成本值为 b，无效动因成本值为 c。

一个企业的全部业务流程成本值等于它的所有业务流程成本值 B_1，B_2，…，B_n 的总和：

$$E=\sum (B_1+B_2+\cdots+B_n)$$

而一个业务流程的成本值 B_n 中，可能包含多个有效动因成本值 a_1，a_2，…，a_i，或多个辅助动因成本值 b_1，b_2，…，b_j，或多个无效动因成本值 c_1，c_2，…，c_k。

它的逻辑表达式（非数学表达式）为

$$B_n \in \begin{Bmatrix} a_1, a_2, \cdots, a_i \\ b_1, b_2, \cdots, b_j \\ c_1, c_2, \cdots, c_k \end{Bmatrix}$$

其中，∈表示包含于；$n=1\sim n$；$i=1\sim i$；$j=1\sim j$；$k=1\sim k$。

因此，一个业务流程的成本值 B_n 等于多个有效动因的成本值再加上多个辅助动因的成本值再加上多个无效动因的成本值的和。

$$B_n=\sum a_i+\sum b_j+\sum c_k$$

上式中，有效动因成本值 a_i 和辅助动因成本值 b_j，是由产品的加工工艺定额确定的，也就是由工程设计确定的，是比较严谨的，它们是不可以随便调整的。因此，如果要降低业务流程成本值 B_n，只能调整无效动因成本值 c_k 。前面定义过无效动因是与产品增值无关的活动，所以调整或弱化无效动因是重组业务流程的重点。

（三）具体运用分析

1. 重组前的业务流程

一个典型的传统的产品加工订单业务流程一般有五六个步骤。

(1) 编制加工订单。编制加工订单活动一般在产品销售合同生效以前，用于生产前的准备工作，做生产能力预测。

(2) 下达加工订单。一旦加工订单被加工部门确认下达给车间工作中心，再撤销加工订单便是违反合同的事情，所以下达的订单是一定要生产的。

(3) 加工。产品已投料并正在生产中。

(4) 完工汇报。当产品按期完成后，工作中心必须将生产完成的数量、合格数量、废品数量等情况向车间报告。

(5) 车间统计。车间每天都要将各工作中心的生产情况汇总统计报表给生产部门，其目的是将车间的任务完成情况转告生产部门。

(6) 部门统计。生产部门将各车间的生产情况再次汇总统计报表给厂部，其目的是将生产部门的任务完成情况转告厂部。

在上述业务流程中，第(1)、(2)步是加工前的准备活动，为辅助动因；第(3)、(4)步是产品的制造活动，为有效动因；第(5)、(6)步属于统计和信息传递活动，为无效动因。

2. 重组业务流程

当企业已经运行信息系统时，将上述流程中的第(5)、(6)步交给信息系统完成，上述的业务流程便可以调整为以下四个步骤。

(1) 在信息系统中编制加工订单。

(2) 在信息系统中下达加工订单。

（3）将完工情况输入信息管理系统中。

（4）车间、部门通过信息系统监控制造情况，动态地控制制造质量。

对于调整后的业务流程，第（1）、（2）步是辅助动因，第（3）步是有效动因，第（4）步是新活动。新活动在产品的加工过程中通过信息系统分析、控制物流、减少物料的库存量，并通过控制物流，达到控制资金流、减少投资风险的目的。与原来的业务流程相比，企业管理从单纯的信息收集与统计活动转移到信息分析与信息控制活动中，从简单的信息处理到重组业务流程，使企业从高成本运作转变为高利润运作。

二、标杆瞄准法

（一）标杆瞄准法的含义

标杆瞄准法简称标杆法，是一个用来制定过程、成本和绩效指标并将其与相似的组织进行比较的有效工具，借助这个工具可以进行持续的改进、发现并最终实现“最佳实践和最佳价值”。

（二）标杆瞄准法的起源与发展

最早采用标杆法的是美国Xerox（施乐）公司。20世纪70年代末期，Xerox公司在复印机市场上失去了领导地位，于是在1979年Xerox公司开始对其制造成本实施标杆法，当该公司发现它的竞争对手的售价为其制造成本，便开始针对制造活动进行产品质量及特性的改进。在制造活动标杆法获得成功后，Xerox公司将这种方法应用于各企业单位、供应商及产品研发方面，此举使公司在小型复印机市场居于优势地位。

标杆法在日本企业中业已实施了多年，加拿大、欧洲等企业也相继采用标杆法。

（三）标杆瞄准法的主要原则

标杆管理的理念简单，但实际执行上却不容易，因为这牵涉到模仿对象的选定、理念到实际的落差等诸多不易控制的因素。因此，执行时需要遵循以下主要原则。

1. 设定正确的努力目标

标杆管理的应用范围很广，从策略规划到质量管理，都可以利用标杆管理的方式达成，企业在运用时，务必将目标界定清楚。

2. 挑选理想的标杆类型

理想的标杆类型不限于特定产业，可能是竞争者、不同产业中的佼佼者、熟悉的供应商，甚至关联企业等，只要该组织有卓越的地方，就可以成为学习的对象。

3. 有效地收集标杆类型的信息

选定标杆类型后，在参观访问前，应多阅读一些这个公司的基本资料，如报纸杂志的相关报道、产业调查资料、书籍等，才能掌握对方的具体情况。

4. 将所有收集的信息运用于执行上

执行是标杆管理中最难的一部分，决心及耐力虽然重要，但组织是否拥有“学习机制”则是重中之重。理想的“标杆管理”推行模式，应建构在常态组织上，由一个小组不断地发掘问题，寻找标杆类型，拟订及开展活动，才能贯彻不断求新求进的精神。

（四）标杆瞄准法的类型

1. 内部标杆

很多类型或规模并不相同的组织都可以在向内部提供服务的同时进行标尺对比，因为往往有几个业务单位从事相同的任务，或者一个组织有许多分支机构或业务单位，而每个分支机构或业务单位又有自己的支持性职能部门，如财务、人事、培训、采购、设备管理以及结算部门，只要有在内部进行比较的可能，就会优于在外部进行比较。

2. 外部数据库

目前有很多主要由咨询公司提供的外部数据库。利用这些数据库，可以在各个行业之间、各个职能部门之间、各个过程之间和其他方面进行比较，其中包括变量和有用指标间的比较。需要特别关注的一些变量和指标有如下方面。

（1）参加组织的数量。

（2）进行比较的阶段。

（3）这些指标是否可以按组织的规模以及产业部门进行分解？

（4）所分析的信息及分析的程度，请注意，那些仅仅停留在表面的指标是无法帮助发现过程中的重要差别的。

（5）什么样的数据能够进行反馈？更新的频率如何？

（6）是否能够提供了解其他可比较的组织的途径？

（7）它的费用如何？

3. 协作性的标尺对比

协作性的标尺对比可以分为两类。

（1）同一行业内的标尺对比。现在大量的协作创新不断涌现，实现“最佳价值”的公共部门急剧增加，标尺对比成为公共部门的一种理念。这一现象同样出现在私有部门。但信息的交换却通常由第三方谨慎地控制着。一个已实施多年的典型例子是陶尔哈姆莱茨实施的伦敦地区的过程标尺对比。

（2）行业外的标尺对比。协作通常很难发生在同一行业内部，因为行业内相互竞争的压力使协作很难发生。在内部标尺对比中所讨论的各种支持性过程，将超越公共和私有部门范围的界限，在更多的组织中开展标尺对比。行业外的标尺对比方法可以被视作不同的业务部门所共有的相似的业务问题。

4. 竞争性的标尺对比

在竞争性的组织中，进行标尺对比则显得困难重重。有时，可以在某些公共领域找到一些信息，否则，便需要一种不同寻常的方法。Xerox 公司的做法如下。

（1）进行一项比较分析实验，邀请竞争对手的工程师，并对他们的绩效进行衡量，然后对竞争对手的产品及售后服务进行检查和分析。

（2）购买10台首次投入市场的佳能牌个人复印机，并把它们赠送给客户，用以分析和检查客户的反应。

（3）研究日本的存货管理方法，把自动售货机的数量从5000台减到了300台。

（4）将自己与柯达（Kodak）、IBM和贝尔公司（Bell）进行比较，比较所用的衡量标准从观念到生产产品的平均时间等。

（五）收集数据的方法

用于标尺对比的数据收集方法，按照成本、数量和所收集数据精确度的不同而有所区别，但方法的取舍必须服从标尺对比的目的。这些方法包括以下几种。

（1）运用交流小组、标尺对比俱乐部等。

（2）由赞助商支持并用于公开发表的咨询和学术研究。如由英国特许管理会计师协会研究基金赞助，由里兹大学负责实施的一个项目，曾经对英国500家公司实施平衡计分卡的情况进行了比较。

（3）像Xerox公司的例子中所讨论的一样，进行反向思维。

（4）对公司进行访问。若计划周详则可能获益颇丰，否则便会很快流于观光浏览。

（5）问卷调查。

（6）写信或电话调查。

（7）借助各种内部资源，包括销售和技术代表、采购人员和供应商、送货的司机、标价、调查、访问客户和工厂、竞争性分析、图书馆数据库。

（8）借助公共领域的资源，包括商业宣传和展览、用户群、专家分析报告、年度报告、记录、研究报告、报纸和新闻发布、购买者须知、政府信息、目标群体、互联网。

标杆瞄准法可用在设立改革的目标和远景、确定流程再造的基准等方面。在许多行业都有一些成功的企业，这些企业的做法可以为行业中的其他企业所效仿。因此，也可以将这些企业一些具体的财务指标作为其他企业的标杆。例如，丰田汽车的投资回报率（ROI）曾被作为日本汽车行业的标杆。

第五节 财务流程再造应用前景

据最近的一项调查显示，在欧美的600多家大型企业中，有70%的企业正在推行企业流程再造计划，在未进行企业流程再造的企业中，也有一半企业正在着手考虑有关事项。企业流程再造逐渐受到企业管理部门的重视，基于财务管理的特殊地位，财务流程再造必然成为企业流程再造的重要组成部分，为企业业务流程再造提供更多支持，提升企业核心竞争力。

企业的票据工作是企业管理的基础工作，对票据的简化及流程的改革是一项重要的工作，据国外报道，在处理票据的流程中，90%的时间是在传递、审核、签字，可以说，预防措施极为严格，但问题仍层出不穷。福特公司是一家美国大型汽车制造厂，因现代企业均是采用专业化协作，故其 70%以上的零配件来自其他协作厂。在福特，对协作厂资金往来的处理形成了拥有 500 人的大型部门，为了提高效率，准备采用计算机技术，将人员减少到400人。但在对日本的汽车生产企业马自达进行考察后，福特发现对方的同一个部门只有5个人。福特意识到，冗员众多的原因不在于采取什么技术，而是应付款的流程出了问题。在对流程分析后，发现在具体工作中，大量的精力及时间均放在了对3张以上票据的传递及对十几项核对项的审核和校对上了，导致了一个流程需要执行2周。为此，公司决定先考察票据、报表、公文的走向，简化合并票据，将票据部门之间的接触点减少到最少的程度，建立标准作业程序，减少工作环节，减少调整及纠错工作。在可能的情况下，采用自动化技术传递票据，缩短传递时间、加工流速。这样，福特公司改变了思路，从简化流程开始，采用计算机技术传递票据，将核对项减少至3项，使整体的流程得以大大改善，时间缩短为2小时，人员精简为125人。著名的IBM公司再造了IBM信用公司的贷款流程。在再造前，整个贷款流程需要 16 个经办员，流程平均需时 6 个工作日，如果遇到某些障碍，贷款流程甚至会需要两个星期。IBM 公司发现了问题所在，精简机构，再造流程，使用通才。从此，客户贷款的申请表不再需要在各部门之间传阅，整个流程的耗时只需要一个半小时。与上述两家公司相同，欧美许多企业也通过企业流程再造取得了喜人的成绩。例如，通用汽车公司、AT&T、意大利BAT、德国西门子公司，等等。

亚洲国家的一些公司也开始重新审视企业的流程。我国台湾地区的宏碁公司成功地进行了流程的再造。它采用“主从架构”（client service）进行组织结构再造；倡导新的经营哲学“全球品牌，结合地缘”，进行经营理念的再造。亚洲的其他公司纷纷接受这一思想，其中涌现了一些像泰国的泰华农民银行、中国台湾的永大机电工亚公司等成功案例。我国的联想、用友等公司每年都要调整业务流程和组织结构，以期保持领先地位，获得持续发展。海尔集团在 1999 年实施了业务流程再造，把原来直线职能式的管理变为对市场负责的机制。海尔实行了内部“市场链制度”，把外部市场竞争效应内部化，即每个人都有一个市场，下道工序的员工就是自己的用户。原来每个部门都有一个上级，现在所有部门的上级都是市场，所有人都从对上级负责转变为对市场负责。

我国企业管理水平较为落后的现状决定了企业流程再造在我国企业将大有用武之地。我们应该意识到，只有将企业流程再造作为一项系统工程来认识和操作，才有可能增强其适应力和竞争力，解决企业自身发展战略与管理模式问题，解决企业的可持续发展问题。

复习思考题

一、简述题

1. 流程再造的基本思想是什么？
2. 行政学家哈拉基密如何阐述流程再造？

3. 流程再造主要经过哪几个步骤？
4. 通过财务流程再造，应该达到怎样的目标？
5. 如何对融资机制进行再造？

二、论述题

1. 财务流程再造方法包括哪些？
2. 如何理解 ABC 成本法？
3. 如何理解标杆瞄准法？

案例分析

电网企业财务共享服务中的流程再造

一、引言

依据国际财务共享服务管理协会的定义，财务共享服务是依托信息技术，以财务业务流程处理为基础，以优化组织结构、规范财务流程、提升流程效率、降低运营成本或创造企业价值为目的，基于市场化视角为内外部客户提供专业化生产服务的分布式管理模式。

（一）建设企业财务共享服务模式支撑财务职能转型

企业财务共享服务模式的构建是一项系统工程，意味着企业财务职能的巨大转型，以及对原有管理模式、工作习惯形成冲击。因此，现代化的高绩效企业在构建财务共享服务模式的过程中，应以流程再造理论为基础进行分析，通过企业财务管理流程再造，使财务管理人员从传统的财务运作职能中解放出来，专注于发掘为企业创造价值的机会，成为企业的战略、业务合作伙伴。同时，依托信息技术的发展及应用，将那些具有规模经济和范围经济属性的财务业务放到财务共享服务中心进行集中处理，财务共享服务通过在一个或多个地点对人员、技术和流程的整合，从而实现对企业管理成本的节约、知识能力的积累和内外部客户服务质量的提高以及新技术的运用，为企业集团内的不止一个业务单位（分、子公司或业务部门）提供明确的财务活动支持，有效推动企业财务职能转型[15]。国网上海市电力公司（以下简称“上海电力公司”）顺应国内外先进财务管理变革趋势，主动借鉴国内外先进财务管理经验，基于历年财务信息化的建设成果，结合公司提出的探索和建立财务共享服务中心的构想思路，把信息化建设作为财务共享服务中心建设的突破口和重要支撑，通过企业内部财务管理流程再造，进一步优化、升级财务信息一体化平台，提升财务系统的智能化、自动化、集成化水平，实现系统之间的全面融合，提升财务管理水平，同时支撑财务共享服务中心的高效运营。

（二）财务共享服务模式建设运行的重要支撑

依据国际财务共享服务管理协会的定义，以流程再造为基础的信息技术应用是企业实现财务共享服务模式的重要支撑与保障。结合上海电力公司的实践经验，可以归纳为以下四个方面。

（1）财务共享服务中心的整体目标依赖流程再造及信息化实现。财务共享服务模式需通过整合、优化关键业务，应用高效的信息化系统，改变传统的工作方式，达到提升效率、释放人员、提高质量的目的，从而实现财务共享服务对业务的全面、高效覆盖。

（2）财务共享服务中心的变革需要信息系统同步调整。流程梳理是共享变革的关键，所以只要流程上有调整，必然会触及信息系统的同步调整以及相关系统权限的调整。

（3）财务共享服务中心的内部管理依赖信息系统的实施。财务共享服务与传统核算集中的区别在于其“服务”的属性，其中对于服务质量、运营绩效的监督管理更离不开信息化手段的支撑。

（4）财务共享服务中心的劣势需要依靠信息系统规避。传统模式下基层财务与业务部门在同一地点办公，在业务沟通等各方面具有一定优势。因此，在企业选择财务共享服务模式后，需要以关键财务流程再造为基础，通过先进的信息技术（如电子化凭证、电子签批等技术）有效规避其劣势（如流程层级变长、共享财务与本地业务地域脱离等），最大限度地发挥共享服务模式的优势，保障企业财务共享服务中心的高效运行。

二、财务共享服务模式下的财务流程再造

企业财务共享服务模式构建的过程实质上就是财务流程再造的过程。因此，上海电力公司基于流程再造理论，对核心财务流程进行分析，分三阶段开展关键财务流程再造：第一阶段，通过梳理再造三大类标准化财务付款流程，分别为业务部门发起的基于订单的付款标准化流程、业务部门发起的一般付款标准化流程、财务部门发起的付款标准化流程，全面支撑包括购电与售电业务、收款与付款业务、成本费用业务、应付职工薪酬业务、物资管理业务、工程管理业务、资产管理业务、投资与融资业务、税务管理业务、总账及其他业务等在内的 12 大财务日常管理业务。第二阶段以标准化的财务流程为基础，依托信息化技术实现对公司下属 18 家业务单位的全面覆盖。通过对标准财务流程的实践、管理与应用，在逐步实现公司财务集约化管理的过程中，对于相应的标准化财务流程进行持续优化，全面满足公司的集约化管理需求，从而进一步为财务共享服务模式的构建夯实基础。第三阶段，实现财务标准流程的集中化统一管理，通过信息化技术的全面有效应用，建立适合电网企业运营、满足其管理要求的财务标准化流程。其中针对财务支付流程，通过设计支付全过程闭环流程，打通系统中支付业务的断点，实现支付全过程在线闭环，提升工作效率，并应用虚拟打印技术，生成付款凭证及银行回单影像，简化实物流转过程，有效监督流程进度。上海电力公司通过以上三阶段的财务流程再造及优化，实施标准流程与业务规范，将财务理念、财务制度延伸和固化到业务前端，有效提升了核算质量，理顺了各单位对政策、制度实际操作的多样性理解，规避了原来基层财务在账务处理上的“习惯性违章”行为。并通过集中化统一管理实现“同一业务、同一模式、同一流程、同一核算”，原始单据审核通过率由 80%提高到 95%，为建立财务共享服务信息化平台夯实了业务流程基础。

三、财务共享服务信息化平台建设框架

上海电力公司通过财务核心流程再造，实现财务流程的标准化、集约化、集中化管理。根据上海电力公司的财务共享服务信息化平台建设需要，基于内部的需求分析及实地现状调研结果，从核心工具、管理工具和效率工具三个层面进行平台架构。其中：核心工具由核心处理系统［包含 SAP（systems applications and products in data processing）系统、财务管控系统以及资金管理系统］和报销及支付系统等构成；管理工具包括绩效管理工具、派工系统、服务请求管理工具以及问题管理和知识管理工具；效率工具包括电子影像工具（含电子档案）、电子签批工具、智能识别工具、自动化工具，以及工作流解决方案。同时，针对公司的具体需求与共享规模，如派工分配、服务请求管理等一般是多职能共享中心（如财务、人力资源、IT 共享并存的后援支持中心）或全国性、地域性的共享中心才涉及的应用，结合自身情况进行分析，做出合理的框架规划。上海电力公司以集团结算、SAP 系统为基础，辅以相应的管理工具及效率工具，构建财务共享服务信息化平台框架，实现组织全覆盖、业务全范围、流程全在线，支撑财务共享业务及满足内部管理的需求。

四、财务共享服务信息化平台构建

（一）需求分析及总体评估

针对财务共享服务信息化平台建设的需求分析及总体评估，应从支撑共享变革需求和探索共享服务应用这两个层面出发，对企业的信息化基础、业务流程效率、流程结果质量、内部管理效果等方面进行全面分析总结。上海电力公司在建设财务共享服务信息化平台的过程中，以此为基础，从基础前提、提升效率、质量控制、内部管理四个方面对财务共享服务信息化平台建设需求进行分析及评估，并将需求总结如下。

1. 基础前提

这方面包括以下五项需求：统一基础信息标准、全面覆盖共享核算业务、建立统一报销及支付平台、满足权责发生制预算及月度现金流预算控制要求，以及支持“不见单”支付管理要求。

2. 提升效率

这方面包括实现电子单据全寿命周期管理、支持增值税集中认证、满足业务全过程在线处理、支持报表自动出具、实现业务集成自动生成、支持员工自助查询，以及建立高效集成的资金管理系统七项应用需求。

3. 质量控制

这方面需满足以下四项需求：原始凭证在线及时追溯查询、规范前置业务与提升规范化水平、提高共享模式下的核算质量，以及降低共享机械化重复操作风险。

4. 内部管理

这方面需要满足共享运行绩效实时展示与监控，以及提高财务系统灵活性、支持业务扩展两项需求。经过近几年持续深入的信息化建设，依托国家电网公司基于集约化管理背景下已有的信息化技术，上海电力公司已经具备了比较坚实的信息化基础。如在标准化方面，已经实现了会计科目统一、会计政策统一、信息标准统一、成本标准统一；在业务管理方面，通过推行“五集中”“三加强”，财务管理集约高效，业财融合水平不断提升；在技术基础方面，公司统一的财务核算系统已经实现全覆盖，高效的报表合并系统能够一键式生成财务报表，通过全链条闭环的预算管理系统，实现预算编制、控制在线处理等。经过细致的分析评估，针对上述财务共享服务信息化平台建设的需求，上海电力公司已经基本具备支撑共享模式变革的信息化条件。

（二）财务共享服务信息化平台建设的路径

上海电力公司基于上述信息化基础，提出了以现有核心系统（集团结算系统、SAP系统）为基础，通过合理的流程调整与优化，辅以影像管理及运营管理等功能开发以及与现有系统功能的全面整合，充分利用已有的信息化基础，开展财务共享服务信息化平台建设。

（三）财务共享服务信息化平台的主要功能

结合原有信息系统功能以及新建的管理工具及效率工具，财务共享服务信息化平台主要具有以下 10 项功能。

1. 影像管理功能

上海电力公司的共享服务采用单据保存在基层单位的方案，如果没有影像管理系统，需要人为来回传递单据，存在传递不及时、丢失风险高、回退流程长、运输成本高的问题。因此，公司将影像管理系统作为财务共享服务中心信息化建设的关键，通过与系统流程紧密融合，支持“不见单”支付的管理要求。

2. 二维码功能

为了满足线上线下融合，解决线上单据与线下单据无法有效关联的问题，公司引入“二维码+扫描枪”模式。在打印申请单时，便嵌入二维码作为唯一关键字，后续通过扫描二维码关联并查询所有信息，实现线上线下业务融合。

3. OCR

OCR（optical character recognition）即智能识别功能。在该功能上线之前，税务认证流程与核算流程无法实现信息共享，核算处室完成单据制证后，需要把发票重新提交税务专责进行扫描认证，可能存在重复扫描、信息无法融合、认证结果无法在线记录等问题。因此，在扫描过程中嵌入 OCR 智能识别功能，有利于实时获取认证信息，并在影像管理系统的增值税发票模块进行统一管理。

4. 电子签批功能

针对线下签字存在审批处理不及时、无法掌握审批节点、月度现金流预算无法准确预测等问题，上海电力公司上线电子签批功能，并将此作为支付融合功能的关键节点。只有领导审批后的支付业务，才能纳入下月月度现金流预算，这样大大提高了月度现金流预算的准确性，同时实现最后一步线下处理操作的线上处理。通过上线电子签批功能，上海电力公司进一步优化了业务流程，减少了流程步骤、简化了操作手续、前移了支付审批程序，全面提升了支付融合水平。同时，上海电力公司对签批管理功能的安全性进行了专项研究论证，签批管理模块支持电子印章与手写签名模式。具有双密码、可追溯、强认证、防篡改等特点可以有效保障电子签批的安全性。

5. 运营绩效功能

通过影像管理系统实现对单据处理平均时间、审核通过率、单据处理及时率、提交订单数量、退单量、全流程业务审核流转天数、单据处理完成量等指标的统计，展示财务共享服务中心的运营绩效，同时作为共享服务工作质量的评价依据，加强绩效管理，提升公司运营水平。在二期优化过程中，公司在前期绩效指标的基础上开展财务综合监控平台建设，首先从“导向性、全面性、可比性”三个角度，对财务共享服务中心指标进行优化，最终共优化指标39个；其次将指标纳入财务综合监控平台，分大屏以及PC端界面设计，共设计一级展示界面7个，实现指标动态、实时、多维展示。

6. 质量管控功能

在平台功能建设过程中，从确保财务共享服务质量的角度出发，借助信息系统功能，重点加强系统固化控制，防范由于机械性、重复性操作而导致的核算质量下降风险。具体包括：固化签批审批权限、固化审批节点控制；将原始凭证扫描嵌入流程，加强单据标准化；建立凭证交叉复核机制等。

7. 银行回单功能

在上线银行回单功能之前，上海电力公司从支付申请到资金支付已经实现全过程在线处理，但是银行实际支付结果尚未实现信息集成，全过程闭环存在缺口。上海电力公司将付款成功后银行返回的信息导入影像系统后，通过“虚拟化打印”生成电子回单，实现与支付申请单的自动关联。业务部门人员可以查询到回单信息、支付日期、对方公司的名称与账号。使资金支付链形成由始至终的闭环控制，实现了对资金最终环节的控制。

8. 电子档案管理

通过上线影像管理系统，初步实现了电子档案全寿命在线管理：一是采集管理，主要通过两种方式（扫描和虚拟化打印）实现。在扫描方面，除了申请单、审批单、发票，上海电力公司进一步拓展应用范围，实现保函的电子化管理；在虚化打印方面，实现银行回单与会计凭证的虚拟化打印。二是建册管理。根据实物建册，在影像管理系统中同步进行建册，与实物档案保持一致。三是实现了借阅管理和移交管理功能，在系统中记录了借阅及移交的相关信息。

9. 银企直连功能

公司通过自行开发企业银行直连电子结算系统，和多家银行的主机系统相连，与企业内部的ERP（enterprise resource planning，企业资源计划）等系统紧密集成，支撑了共享资金业务高效处理。在收入业务集成方面：一是支撑电费及用户工程业务集成高效处理。依托财务共享服务模式，通过流程再造，实现银行实时传递明细至营销系统。二是对于其他类收入业务，资金在本部直接归集，本部按单位分派后，各单位按实际业务进行清账处理。在支付业务集成方面：一是实现了所有业务本部集中支付，采用银行存款中间科目核算方式，提高核算、反映的及时性；基于银行存款中间科目余额即可区分已审批制证但实际未支付的业务。二是在工资支付方面，与人力资源紧密集成，通过加密方式实现带包业务在线支付。

10. 会计引擎建设

为了提升财务与业务集成过程透明化、可视化、可配置化水平，上海电力公司开展了会计引擎建设，实现对各系统之间集成过程的统一监控，确保业务信息规范、透明地转换为财务信息，加强对集成数据的统一管控，并支撑未来业务管控，形成统一的集成标准及配置规则。

五、财务共享服务信息化平台的特色与应用成效

（一）财务共享服务信息化平台的特色

上海电力公司通过流程调整、功能优化和系统整合，特别是在原有系统和功能条件下，进一步融合了影像管理系统与电子签批等辅助工具，构建了集“存、通、融、智、询、转”为一体的财务共享信息化平台。该平台的特色包括以下内容。

（1）系统平台交互全贯通，通过影像管理系统与 ERP 系统、集团结算系统、税控系统进行贯通集成，实现一键申请，多系统流转。

（2）线上线下业务融合化，实现线上流程与线下凭证精确融合，财务凭证与前端业务有效融合。

（3）软件硬件平台智能化，公司通过融合智能识别软件自动识别发票信息，使用高效扫描硬件实现单据快速扫描，通过双屏显示工作模式提高工作效率。

（4）会计稽核查询便利化，将业务单据、电子影像、会计凭证形成全链式关联关系，以“二维码”为唯一关键字，实现快速查询、便利稽核。

（5）原始凭证流转电子化，减少纸质单据流转的不可控因素，真正实现“不见单”制证，预计全年减少纸质单据传递近 40 万份，减少单据运输约 3800 车次。

（6）原始凭证存储数字化，完善全生命周期电子化存储，实现凭证管理易获取、易归档、不易泄露，提升财务规范化水平，丰富了内部控制稽核手段。

（二）财务共享信息化平台的应用成效

财务共享服务信息化平台的应用全面理顺了公司会计核算业务流程，实现了影像流、信息流、业务流“三流协同”，取得了较高的经济效益与管理效益，提升了公司经营水平。一是通过不见单支付，将原始单据保存在基层单位，减少纸质单据传递，大大节约了凭证的运输成本，提高了业务处理的经济性。二是全面实现了不见单支付模式，减少了业务办理的不可控因素，提升了财务共享服务中心业务办理的效率和质量，保障了业务流程的高效性。三是实现原始凭证在线追溯查询，自动识别相关关键点，确保业务合规，并通过在线签批，进一步固化审批机制，确保了业务管理的规范性。

六、经验总结

上海电力公司经过多年的财务信息化建设和应用，总结出如下经验。

（1）夯实财务信息化基础是前提。上海电力公司从 2015 年 1 月启动财务共享服务信息化平台建设，2015 年 6 月份实现全面上线应用，建设时间短、应用成效高，这主要得力于历年来财务信息化建设的成果。在这之前，上海电力公司在国家电网公司的统一领导下，已经基本建成了横向集成、纵向贯通的一体化财务信息工作平台。因此，各单位开展财务共享服务信息化平台建设之前，必须充分评估现有管理基础和信息化基础，做好充分准备。

（2）加强系统之间的集成融合是关键。大型集团的业务需求复杂多样，市场上的各类套装系统也互有优劣，目前很难找到一款系统能全面满足企业的所有需求。因此，需要合理界定企业内部不同系统的功能定位，同时加强系统之间的集成融合，构成支撑公司管理需求的一体化平台。

（3）提升财务管理水平是核心本质。不管是否建立共享服务中心，财务信息系统建设应用的核心本质还是提升财务管理水平，其主要手段是通过信息基础加强财务信息反映的及时性、准确性、全面性、完整性，提升财务处理效率，并加强财务管控能力。数字化时代已经到来，财务信息化逐渐从支撑管理向引领公司管理变革转变。在“云大物移智”等新兴技术蓬勃发展的背景下，未来如何将新兴技术与公司管理需求有机结合，为企业管理层提供准确的信息支撑、前瞻性的洞察分析、及时的决策建议，这是未来财务信息化建设关注的重点，也是财务管理转型的关键所在。

资料来源： 葛巍，杭纯. 电网企业财务共享服务中的流程再造与关键技术实践，财务月刊，2017（10）

要求：

1. 结合本案例，简述财务共享服务模式建设运行的重要支撑表现在哪些方面。
2. 结合本案例，简述如何进行上海电力公司的财务共享服务信息化平台构建。
3.本案例有哪些启示？

企业财务制度设计

企业财务制度是企业财务行为的基本规范，是企业从事财务活动、处理财务关系的基本准则。企业只有拥有一套科学的、完整的财务制度，才能发挥企业的自主权，才能实现自主理财、科学理财，才能在市场竞争中处于有利的地位。而科学地设计企业财务制度是发挥财务制度作用与功能的前提条件。本章主要阐述了企业财务制度设计的有关内容，包括财务制度的内涵，财务制度的特点，财务制度设计的概念、主体、意义；财务制度设计的要求和原则；财务制度设计的种类、方法和程序等。

【重要概念】 财务制度　财务制度设计　自主设计　委托设计

第一节　企业财务制度概述

一、财务制度的内涵

制度是要求大家共同遵守的规则或行动标准。制度是人为制定的，而不是自然形成的，它要与特定环境相适应，与集体行动联系紧密，具有强制性和约束性。财务制度是规范和约束财务主体及处理财务关系的一系列规则和程序，包括财务治理结构与财务法规、准则、办法等。

财务制度按制定主体不同可分为广义财务制度和狭义财务制度。

广义财务制度是由国家权力机构和有关政府部门以及企业内部制定的用来规范企业同各方面经济关系的法律、法规、准则、办法及其企业内部财务规范的总称。这一内涵包括如下内容。

（1）财务制度制定的主体有国家和企业。国家制定宏观财务制度，如《企业财务通则》、行业财务制度等；企业制定的是微观财务制度，即企业内部财务制度。不同层次的财务制度体现的是不同主体的利益。

（2）财务制度的本质是财务管理者意志的体现，表现了财务主体在财务管理上的能动性，是处理财务关系、约束自身财务活动的基本原则与规范。

（3）财务制度总是与特定的环境（条件和时间）相联系，因此，它发挥作用的范围是有限的（一定的空间和时间）。

（4）财务制度随着财务管理环境的变化而发展。面对复杂多变的外部环境，财务制度的设计与选择对理财主体具有决定性意义。

狭义财务制度又称为企业财务制度，是由企业管理当局制定的用来组织企业财务活动、规范企业内部财务行为、处理和协调企业内外财务关系的具体规范。

企业生产经营过程中的筹资活动、投资活动和分配活动称为财务活动。其中，筹资活动是财务活动的起点；投资活动是筹资的目的和归宿；分配活动是将企业的收入和收益在各利益主体之间进行分配，通过分配，实现各利益主体之间的利益均衡。

财务活动过程中形成的企业与各相关利益主体之间的资金、利益关系称为财务关系。企业的财务关系主要有：企业与出资者之间的财务关系，企业与债权人之间的财务关系，企业与国家之间的财务关系，企业与客户之间的财务关系，企业内部各部门之间的财务关系以及企业与员工之间的财务关系。企业组织财务活动、处理财务关系的一系列管理工作就是财务管理。

企业财务制度这一内涵的内容包含如下方面。

（1）明确财务主体的具体范围。既要明确企业内部财务管理的级次，明确企业内部各经营单位之间及其与企业财务部门的关系，又要明确企业与联营单位、投资与被投资单位、内部承包单位等的财务管理关系。

（2）合理划分企业内部财务管理的岗位，明确各自相应的责任。具体包括确立财务管理体制，设置财务管理机构，财务管理岗位的设立、内部分工，各岗位责权及其相互衔接关系。

（3）选择财务管理的内容与方法。具体包括货币资金、存货、固定资产、销货与收款、工资、筹资、投资、收益分配等的管理与牵制办法和程序以及折旧方法、存货计价方法、费用提取标准等的选择。

（4）规定财务管理与内部责任单位的衔接关系。具体包括责任中心的划分、责任核算、责任控制、责任奖惩等。

（5）规定财务规划与财务评价的方法与程序。具体包括企业进行财务规划和财务评价的程序、方法、内容，各经营单位在规划和评价中的具体工作与责任等。

我国经历了从计划经济体制向市场经济体制的过渡，1993 年，财政部颁布了《企业财务通则》和分行业的企业财务制度，构建了以《企业财务通则》为主导、以行业财务制度为主体、以企业财务制度为基础的三个层次的财务制度体系，一直沿用至今。

（一）《企业财务通则》

《企业财务通则》由我国财政部制定、国务院批准，以财政部部长令形式颁布，属于部门规章的范畴。《企业财务通则》是设立在中华人民共和国境内各类企业财务活动必须遵循的基本原则和规范，是财务制度体系中最基本的财务法规，在财务法规制度体系中起着主导作用。《企业财务通则》的制定与实施是我国市场经济发展的需要，也是我国财务制度与国际通行财务制度相衔接的需要。

《企业财务通则》是财务法规的一个重要组成部分，是企业财务工作的统一依据。

《企业财务通则》对全国的财务工作、全国范围内的财务行为具有行政或法律上的约束力，是联结国家财经法规、财务政策与企业财务活动的中介。

《企业财务通则》是制定行业财务制度和企业财务制度的根据。各行业财务制度和企业内部财务制度都要在《企业财务通则》确定的共同原则与规范的基础上，结合行业与企业特点，制定出行业财务制度和企业内部财务制度，从而保证财务制度的系统性、科学性、完整性和逻辑性。

（二）行业财务制度

《企业财务通则》是我国各类企业进行财务活动所必须遵守的原则和规范，反映国家对各类企业进行财务活动最一般的要求。但是，不同行业的企业，在资本筹集、资产占用、成本与费用开支、营业收入与利润构成等方面有着不同的特点。为了使《企业财务通则》的规定便于全面贯彻实施，还必须结合各行业特点，制定若干具体的财务规定。这些分行业的财务规定，就是行业财务制度。

行业财务制度是根据《企业财务通则》的规定和要求，结合各行各业的特点及特定的行业管理要求制定的财务制度，其基本原则与《企业财务通则》一致，其内容则是《企业财务通则》的进一步具体化。目前，我国的分行业财务制度包括工业、商品流通、运输、邮电、金融、旅游和饮食服务、农业、对外经济合作、施工和房地产开发、电影和新闻出版 10 个行业的财务制度。

行业财务制度是《企业财务通则》的原则规定与各行业财务活动特点相结合的产物，在整个财务制度体系中起补充作用，是各企业进行财务活动时应遵循的具体规定。我国目前的行业财务制度也由财政部制定，这有利于与《企业财务通则》保持一致性。

（三）企业财务制度

企业财务制度是由企业管理当局依据《企业财务通则》和行业财务制度的规定，结合企业生产经营特点和管理需要自行制定的具体规范，是企业进行财务活动的依据，也是规范财务行为、处理财务关系的具体规章，在整个财务制度体系中起着基础作用。

二、财务制度的特点

财务制度的特点包括以下几方面。

(1) 财务制度可分为正式财务制度和非正式财务制度。正式财务制度是人们有意识创造的财务行为法则，如《企业财务通则》以及有关的财务法规就是一种正式的财务制度。而非正式财务制度是人们在长期交往中无意识形成的，具有持久的生命力，如财务管理人员在处理财务活动和协调财务关系中所形成的职业道德等。

(2) 财务制度与人的行为、动机有着内在的联系。任何一项制度都是人的利益及其选择的结果，所有的人都是在现实制度所赋予的制度条件中进行各种活动的，任何社会经济活动都离不开制度，财务活动也是如此。不管是融资活动、投资活动，还是资金运营活动、分配活动都必须在一定的制度约束下开展。

（3）财务制度反映的是一种合约关系。制度往往反映的是一种合约关系，不管这种关系是正式的还是非正式的，是显性的还是隐性的，是自愿履行的还是强制履行的。财务制度的合约关系规定每个人在财务行为中的权利与义务，规定了人们在财务行为中能做什么与不能做什么，违反制度将受到什么样的惩罚，遵守了可以得到什么样的补偿以及衡量人们是否违反了这些规则的标准。

（4）财务制度的本质是财务管理者意志的体现，反映了财务主体在财务管理上的能动性，是组织财务活动、处理财务关系的基本原则与规范。

（5）财务制度总是与特定的条件和时间相联系，因此，它只能在一定的时间和空间范围内发挥作用。

（6）财务制度随理财环境的变化而发展，因此，面对复杂多变的理财环境，财务制度的设计和选择对理财主体具有决定性的意义。

三、企业财务制度的架构和分类

（一）企业财务制度的架构

企业的财务活动与财务关系是基于一定企业制度而形成的。在现代公司法人治理结构中，公司财务是分层管理的，各财务管理主体及其相对应的职责与权利各不相同。股东大会是出资者所有权的主体，行使财务管理的监督权；董事会是法人财产权的主体，行使财务管理的决策权；公司总经理是公司经营指挥权的主体，行使财务管理的部分决策权与执行权；公司财务负责人（财务总监或财务经理）是公司财务日常管理权的主体，行使财务管理的执行权。基于公司所有权、决策权、执行权三权分离的法人治理结构和监督权、决策权、执行权三权分治的财务管理模式，在企业财务制度上形成了以下三个层次的架构体系。

1. 出资者的财务制度规范

出资者以股东大会和董事会决议的方式，依法行使公司重大财务事项决策权和监督权。在现代企业制度下，企业出资者与企业经营者出现分离，而经营者作为独立的理财主体，排斥包括所有者在内的任意干扰。因而，所有者有必要对经营者的财务行为进行约束，以保证资本的安全与增值。这就形成了出资者的财务制度规范，主要明确股东会在何时、何种状态下，对何种财务事项进行何种决策。从财务决策的角度来看，出资者的权利有三项：选择经营者、重大决策和资本收益。具体又可细化为多个决策事项，如资本投入、财务预算、利润分配、重大投融资、并购、分立、清算等。

2. 经营者的财务制度规范

经营者是以董事会和经理层为代表的高管层，依据公司章程和授权条款，行使对公司重大财务事项的决策权。因此，经营者的财务制度规范主要包括董事会和总经理两个层面。

（1）董事会的财务制度规范。其主要规范两个方面问题：一是董事会的财务权限，二是董事会对总经理的财务约束与激励机制。

（2）总经理的财务制度规范。总经理既是公司重大决策的执行主体，又是日常经营管理事项的决策主体，应在财务制度中明确总经理在财务预算、财务决策、财务审批、签订合同、提供对外担保等日常经营管理活动中的财务权限和财务责任。

3. 财务经理的财务制度规范

财务经理的职责定位于公司财务决策的日常执行上，他行使日常财务管理权，对公司的日常财务运作进行管理和协调，主要包括以下事项和内容。

（1）建立适应企业发展和管理需要的财务管理模式。

（2）明确公司各部门及各利益主体在财务管理方面的权限和职责。

（3）做好财务管理的各项基础工作。

（4）建立企业财务管理的各项管理制度。

财务分层管理思想及其财务管理的主体安排是和现代企业制度密切联系的，它从公司法人治理结构的角度来看待公司的财务问题，形成了出资者、经营者、财务经理三者相互衔接与制衡的财务制度体系。

（二）企业财务制度的分类

企业财务制度可以从不同角度，按照不同的标准划分为不同的种类。

（1）按照管理的内容可分为财产物资和货币资金收支的管理及清查盘点制度、岗位责任制度、财务管理基本业务程序制度。

财产物资和货币资金收支的管理及清查盘点制度，规定各项财产物资的购入、收发、销售、盘盈、盘亏、毁损、报废的有关手续与管理制度，固定资产、低值易耗品、包装物的使用、维护、修理制度，货币资金的收付手续和牵制制度，定期和不定期的财产盘存制度。

岗位责任制度，通过公司章程和内部岗位责任制，明确划分公司中股东大会、董事会、厂长经理、财务部门和各职能、营业部门的财务管理职权，建立既能确保各部门自主工作，又能相互约束、步调一致的制度，实现财务管理的高效、有序运转。

财务管理基本业务程序制度，包括明确财务计划（预算）的编制、调整办法和程序；资金、成本费用、销售、利润预测的操作、结果反馈程序；资本金管理办法；负债的审批、登记、归还、计息的处理办法。应收账款的登记、核对、清理，应收票据的保管制度；投资方案、投资项目的可行性分析程序、立项审批、管理考核。成本费用计算与分摊办法，费用开支审批程序。销售价格管理、货款结算程序，销售退回、折扣、折让的管理权限；目标利润的制定与管理办法，营业外收支的管理制度和利润分配办法；财务分析的内部指标体系、分析方法、分析结果与组织报告程序。

（2）按照财务管理的环节可分为预算与计划制度、控制与分析制度、考核与评价制度和监督与检查制度。

预算与计划制度是用来规范财务预算和财务计划编制程序、方法等方面事项的制度。

控制与分析制度是明确财务控制与分析的程序、内容和方法的规范，以保证财务预算与计划的完成。

考核与评价制度用来制定考核与评价指标、标准、奖惩措施等一系列规范。

监督与检查制度用来明确财务监督与检查的程序、标准、组织等内容。

总的来说，这类制度主要用来确定企业财务活动的目标和方向，规范企业的财务行为，明确企业各部门的责、权、利关系，选择理财手段，对理财结果进行分析评价，确定奖惩的具体规则，提高企业财务活动的预见性、计划性和科学性。

（3）按照财务管理的职能可分为内部委托制度与受托责任制度、内部决策制度、内部控制制度和内部结算制度。

内部委托制度与受托责任制度是明确所有者与经营者权利义务，规范经营者财务行为的契约，有利于实现企业价值及股东价值的最大化。

内部决策制度是以激励机制为措施，促使企业内部各部门在执行受托责任时的规范化，避免盲目性和随意性，充分调动企业内部各个层次人员积极性的财务制度。

内部控制制度是为有效实现财务目标而对企业各项财务活动的方式、程序、方法、标准、范围、时间等事项进行控制的财务制度。

内部结算制度是以市场价格为标准，把市场经济的价值规律引入企业内部，使企业内部各核算单位之间采用模拟市场价格进行结算的财务制度。

（4）按照财务制度的性质和功能可分为基本制度、工作制度和责任制度。

基本制度是具有普遍性和根本性的财务制度，如“企业基本财务制度”“成本管理制度”“企业全面预算管理制度”等。

工作制度是有关财务管理的任务、程序、方法等制度，如“现金管理制度”“材料管理及核算制度”“财务会计报告制度”等。

责任制度是公司有关机构、人员工作范围、工作目标、职责、权利和工作程序等方面的制度，如“财务机构设置与职责范围”“财会岗位职责范围与工作标准”“业务审批与报销管理制度”等。

（5）按照财务管理的对象可分为资本金管理制度、资产管理制度、成本费用制度、收入利润制度、财务报告与评价制度。

资本金管理制度主要规范企业资本构成、筹资来源与方式、审批程序、责任归属、权利义务以及资本保值、增值、使用、核算等事项。

资产管理制度主要规范企业货币资金及往来款项、存货、对外投资以及固定资产、在建工程、无形资产及其他资产的管理方法、程序、权限要求和责任等。

成本费用制度主要规范企业内部各支出项目、范围、标准、审批程序、权限与责任等。

收入利润制度主要规范收入利润的预算、控制、货款结算与收回，利润分配的方法、程序、比例以及内部分配的使用范围、标准、审批程序及责任等。

财务报告与评价制度主要规范企业财务报告的种类、格式、内容、报送程序、报送时间，以及财务评价指标体系的建立、财务分析方法的确定、财务指标计算的口径和评价方法等。

第二节 企业财务制度设计的要求和原则

一、企业财务制度设计的内涵

（一）企业财务制度设计的概念

企业财务制度设计是指企业为了规范财务行为、保证财务目标的实现，而运用一定的财务管理理论和方法，依据国家有关财经法规，结合企业具体情况和管理需要，采用文字、图示、表格等形式，对企业组织财务活动、处理财务关系所应遵循的原则与政策、采用的程序与方法、提供的数据与资料以及达到的目标与要求，进行系统规划、明确规定并使之规范化、文本化的管理活动。

（二）企业财务制度设计主体

企业财务制度是财务管理者理财思想和管理意志的体现，表现了财务制度设计主体的主观能动性。改革开放之前，国家作为企业的所有者和社会总产品的分配主体，也相应承担着企业财务制度设计主体的职能，国家通过制定统一的财务制度规范企业的资金投入、资产计价、成本补偿、收益确定、利润分配、基金形成等一系列财务活动和财务关系，使财务制度直接地执行统收统支的职能，成为国家实现社会总产品分配的工具。

随着改革开放的进程，国家进行了一系列的会计改革和财务制度改革，于 1993 年颁布了《企业财务通则》和 10 个行业的财务制度，并在 2006 年 12 月修订了新的《企业财务通则》，同时要求各企业结合其自身生产经营特点和管理要求制定规范本企业财务活动的内部财务管理办法，并明令：必须依据和遵循《企业财务通则》和行业财务制度，既不能超越或突破国家的统一规定，也不能脱离国家财务法规另搞一套。因此，国家作为企业财务制度设计主体，统一制定企业财务制度的格局并没有改变。

随着经济体制改革的深入和现代企业制度的建立与完善，企业拥有充分的自主权，并确立了国有企业出资人制度。相应地，企业财务管理也必然要与市场经济体制的大环境相适应。按照“科学管理、政企分开”的要求，赋予出资人企业财务制度设计主体的地位，将企业财务制度的制定权归属于企业，从制度上将政府职能和出资人职能予以明确划分，将是建立我国新型企业财务制度体系的大势所趋。因此，我国企业财务制度体系的基本格局应围绕着如下思路安排。

（1）国家权力机构是财务法律设计主体，制定公司法、会计法、税法等法律法规作为企业财务制度的主导。

（2）国家财政部门是宏观财务制度设计主体，制定《企业财务通则》作为企业财务制度设计的依据和规范。

（3）国有资产监督管理委员会具有国有企业出资人的身份，是国有企业财务制度设计主体，在法律、法规允许的范围内，制定面向国有企业的出资人财务管理制度。

（4）各企业是微观财务制度设计主体，在法律、法规允许的范围内，自主制定本企业的财务目标、财务战略、财务政策和财务方法并设计制定适合本企业的财务制度。

（三）企业财务制度设计的重要意义

企业财务制度是企业财务行为的基本规范，是企业从事财务活动、处理财务关系的基本准则。企业只有拥有一套科学的、完整的财务制度，才能发挥企业的自主权，才能实现自主理财、科学理财，才能在市场竞争中处于有利的地位。而科学地设计企业财务制度是发挥财务制度作用与功能的前提条件。没有企业财务制度设计，就不会有企业财务制度；而没有企业财务制度，企业的财务管理就会陷入无章可循、无法可依的局面。因此，企业财务制度设计成为市场经济条件下企业财务管理的重要内容，做好企业财务制度设计无论是对国家，还是对企业的发展都具有十分重要的意义。

（1）搞好企业财务制度设计，是企业产权制度改革的必然趋势，也是完善公司治理结构的必然要求。我国实行市场经济体制后，随着改革的不断深入，企业逐步做到了产权清晰、权责明确，并实现了所有权与经营权的分离。随着企业产权的清晰和企业产权结构的多元化趋势，出资者、经营者及员工之间的财务关系有了更加复杂的变化。通过制定科学规范的企业财务制度，可以有效地规范出资者、企业及经营者的财务关系和财务行为，从而实现出资者对经营者的有效制约，经营者对公司财务活动的有效控制和管理。维护出资者、经营者、员工的合法权益，限制和约束经营者的越权行为，充分发挥股东会、董事会、监事会、经理人员各自的职能作用；确保公司远景规划、经营目标、财务预算的实现。

（2）搞好企业财务制度设计，是实现经济一体化的客观要求。随着我国市场经济发展，我国经济逐步融入世界经济之中，成为世界经济的一部分。企业将面临更加激烈的竞争环境，企业的理财环境、理财目标以及财务管理的内容都将发生很大的变化。为了适应外部环境的变化，设计出能够应对世界经济一体化的企业财务制度，规范企业面对财务活动的新任务、新环境，使企业能够在竞争中求生存、求发展，按照市场经济的要求筹措资金、使用资金和进行收益分配，提高企业参与国际市场竞争的能力，已成为企业财务管理的紧迫任务。

（3）搞好企业财务制度设计，是企业抵御财务风险的必要手段。合理的资金筹措和投放是企业财务管理的重要内容。随着金融市场的发展，各种新的金融产品、金融工具以及衍生金融产品不断出现，一方面扩大了企业资金筹措和资金投放的范围；另一方面由于新型金融产品的收益计量、风险控制与银行信贷有很大不同，它们在可能给企业带来巨大收益的同时，也可能给企业带来巨大的风险。因此，通过加强财务制度建设，设计一套科学控制金融风险的财务制度，规范企业的资金运作行为，是企业抵御财务风险的必要手段。

（4）搞好企业财务制度设计，有利于实现财务行为的合理化、规范化。对一个企业来说，投资者、债权人、经营者、员工以及每一个部门都是一个利益主体，它们有着共同的利益追求，也存在利益上的差别。从而在共同利益基础上，形成以集团利益与个体利益、长远利益与眼前利益、整体利益与局部利益以及企业利益与社会利益之间的矛盾。因此，企业只有通过设计激励与约束相结合的财务制度，才能调动和激励各个利益主体的积极性；同时，通过财务制度明确各个利益主体的权力、责任和义务，使企业所有财务活动都在企业财务制度的约束下进行，从而实现企业财务行为合理化、规范化。

（5）搞好企业财务制度设计，有利于深化财务管理的改革，使企业财务管理进入一个新阶段，提升到一个新水平。目前，我国企业的财务制度建设比较缓慢，很多企业的财务制度仍停留在计划经济模式；财务管理在很多企业仍处于次要地位。究其原因，除了传统体制的影响外，一个很重要的原因就是没有将企业财务制度的建设作为财务管理的一项重要内容来抓。财务制度设计适应性差，客观上加剧了企业财务管理无章可循或有章不循的状况。因此，确认设计企业财务制度是财务管理的重要内容，是企业财务管理人员的基本职责之一，不仅可以促使广大财务管理人员深入学习、研究设计财务制度的理论和方法，有效提高财务管理人员的业务素质和财务理论水平。而且，通过设计一套适合企业自身特点和管理需要的财务制度，充分利用价值形式搞好企业经营管理，有利于降低耗费，提高劳动生产率，实现投入与产出、速度与效益的最优化，可以有效强化企业财务活动的自我约束力，有效提升企业管理当局进行财务决策的能力，也有利于企业建立健全自主经营、自负盈亏、自我约束、自我发展的经营机制，使企业的财务管理进入一个新阶段，提升到一个新水平。

总之，随着我国市场经济体制的确立和现代企业制度的建立，以财务管理为主体，自主筹划自身财务活动，自行承担财务风险的新型财务管理模式已经逐步形成。为了规范企业财务行为，强化企业财务的自我约束能力，提高企业财务管理水平，实现企业的健康、稳步发展，设计一套适应企业自身经营特点和管理要求的企业财务制度，已成为企业目前的重要任务。

二、企业财务制度设计的科学依据

要想保证制度的正确性，在制定时必须依据客观规律和客观条件，绝不能主观臆断。财务制度设计的依据可分为理论依据和实践依据。现实中执行的各项制度，从根本上说都是理论与实践结合的产物。因此，财务制度的设计要依赖于财务理论的指导。因为财务制度要解决的是一系列复杂而重要的企业经济关系问题，各企业的经营管理特点和观念不同，解决问题的途径、方式、方法和采取的制度也不相同。不管什么样的企业要解决财务管理问题都要依赖理论的指导，只有在正确的理论指导下，才能真正发现问题，科学地认识、了解和把握问题的全貌与本质，进而制定出正确和有效解决问题的制度。同时只有按照现代财务理论的指导思想，运用当代财务科学所阐明的基本原理及基本方法，才能实现财务制度设计的科学化、民主化，这就是财务理论对于制度设计的重要性。要体现客观条件的要求，具体表现为以下几方面。

（一）企业财务制度设计的前提和基础是企业的生产经营特点和管理要求

不同的企业，生产规模、经营方式、组织形式不同，其财务活动的方式和财务管理人员的素质也不可能完全一致。因此只有在充分考虑其生产经营特点和管理要求的基础上制定的财务制度才具有可操作性，才能将国家赋予的理财自主权落到实处。

（二）企业财务制度设计的出发点和归宿是企业的根本利益和财务管理的目标

财务制度设计的目的是顺利执行财务工作，实现财务目标，进而实现企业目标。企业财务目标是企业财务管理实践所期望的结果，是构建企业财务运行机制的方向和标识，是人们赖以选择各种理财手段的依据和标准。因此企业财务制度的制定必须体现有利于财务目标实现这一基本的要求，否则，财务制度就会失去其生命力。

（三）企业财务制度设计的中心环节是系统的调查研究和科学的分析

通过调查研究，掌握大量的事实材料，并对事实材料进行认真的、科学的研究、分析、综合、判断，弄清问题的主要矛盾、关键环节以及同其他有关问题的有机联系和相互依存关系，进而揭示和掌握问题的本质及发展变化规律，在此基础上制定的财务制度才具有实用性。可见，面对问题的事实材料进行科学的研究分析是设计财务制度的中心环节。

三、企业财务制度设计的要求

企业财务制度是现代财务管理的重要工具，是规范企业财务活动的行为准则。企业财务制度的建立能够有效地规范企业的财务行为，提高企业财务管理水平。科学、合理的企业财务制度，既要符合国家的财经法规，适应市场经济的发展，又要满足企业发展、内部管理及处理各种财务关系的需要。因此，在设计企业财务制度时，一方面必须以国家的法律、法规和财经纪律为依据；另一方面必须充分考虑企业自身的特点和要求。一般来说，企业财务制度的设计应符合如下要求。

（一）企业财务制度的设计要以企业的财务目标为设计目标

企业制定财务制度的目的是加强财务管理、规范财务行为、正确处理各种财务关系，以保证财务管理目标的实现，进而实现企业的总目标。企业财务管理目标是企业价值最大化；建立企业财务制度的重要目的就是使企业的财务活动沿着既定的方针进行，以最终实现企业价值最大化的目标。因此，实现企业财务目标成为设计企业财务制度的基本要求。

（二）企业财务制度的设计要能够正确处理和规范企业的各种财务关系

正确处理和规范各种财务关系是企业财务制度设计的重要任务。企业财务制度涉及企业的各个利益主体，这些利益主体在总体目标上是一致的，但具体目标各不相同，各利益主体之间的冲突时有发生。但是，无论企业各利益主体之间发生何种利益冲突，维护出资者的合法权益总是天经地义的。设计企业财务制度就是要通过一种规定，将企业各个利益主体的主观愿望与客观实际、内部条件与外部环境、眼前与长远、全局与局部等一系列既矛盾又统一的财务关系进行权衡和规范，使企业财务制度成为处理各方面财务关系的基本规范。

（三）企业财务制度的设计应与企业的内外环境及内部管理需要相适应

设计企业财务制度要符合现代企业的发展需要，要实事求是。既要与市场经济和国际惯例接轨，又要符合企业的经营特点和管理需要。要特别重视财务制度的可操作性和适用性。企业财务制度设计的各个方面应当相互协调，具有合力，并保证财务制度能够服从企业整体发展战略和发展规划；在制订财务的具体目标，如筹资目标、投资目标、营运目标时，要努力把所要达到的目标数量化，以尽量消除定性判断所带来的主观随意性，使制度设计建立在可靠的基础之上。

（四）建立完善的财务管理组织体系

财务管理组织体系主要包括设置管理机构与配备财务管理人员。大型企业应设置独立的财务机构；小型企业要设置专职财务管理岗位。要明确财务部门与董事会、经理层的领导关系，特别是明确与会计部门的业务关系。要制定财务管理人员的任职资格和上岗条件，明确每一个财务管理岗位的职责范围与工作标准。建立完善的财务管理组织体系是实现财务目标的组织保证，必须引起各企业的高度重视。

（五）建立科学的财务指标体系

企业在设计财务制度时，要设计一套科学、完整的财务指标体系。科学的财务指标体系应包括以下四个方面的指标。

（1）为国家宏观调控提供服务的综合财务指标，以满足国家宏观调控的需要。

（2）为特定主体如投资者、债权人等提供的财务指标。

（3）为企业决策层提供的财务指标，以利于管理者正确把握财务状况和发展趋势，提高企业经营决策水平。

（4）为加强内部管理而设计的财务指标，特别是在市场经济条件下，企业应建立以企业偿债能力指标为主、营运能力和盈利能力指标为辅的财务风险控制指标体系，并建立企业财务风险的预警体系。

四、企业财务制度设计的原则

企业财务制度设计是企业财务管理的一项基本建设，其质量好坏直接关系到财务功能的发挥。因此，在设计财务制度时，必须以一定的原则做指导。

（一）合法性原则

合法性原则是财务制度设计的最根本原则。它要求企业的财务制度设计必须符合国家的法律、法规和政策，把国家的法律、法规和政策体现到企业的财务制度中去。

企业在设计财务制度时必须以国家颁布的各项财经法规为依据，因为这些法规的目的是要保证社会主义市场经济健康有序地进行，既体现了社会主义市场经济的发展方向，又反映了宏观经济管理的要求。

合法性原则在企业财务制度设计时，主要体现在以下两个方面。

（1）所设计的企业财务制度，必须符合公司法、会计法的要求。这些法律、法规是企业组织财务活动、处理财务关系必须遵守的规范。

（2）所设计的企业财务制度，必须与国家有关法规相协调。我国实行的是社会主义市场经济，市场经济本身带有自发性和盲目性的特点，政府必须通过法律的、经济的手段来对企业进行宏观调控。这就要求进行企业财务制度设计时，要以国家法律、法规和政策作为设计依据；必须使特定主体所采用的财务政策、财务方法符合经济、财务、税收等国家法规。如进行货币资金管理制度设计时，必须遵守国家有关现金管理和结算制度方面的金融法规。设计的企业财务制度不能超越或突破国家的有关规定，更不能违背国家法律法规。

（二）实用性原则

实用性原则也称针对性原则，是指企业在设计财务制度时，必须针对本单位的特点，充分考虑企业自身的生产经营特点和管理要求等方面的具体情况，设计出切合本单位实际情况的财务制度。市场经济中企业是独立的经济实体。一方面企业享有一定程度的自主权，各项法规、政策都不能阻碍企业自主权的发挥，不能束缚企业的手脚；另一方面各个主体在市场中的地位应是平等的，即企业作为一个主体，其享有的权利和承担的义务应当是均等的。这就要求企业财务制度的设计应从企业会计主体出发，本着明确产权关系的基本思想，为企业参与市场竞争、传递管理信息等提供起码的财务环境，以满足企业内部经营管理的需要。

不同企业的生产规模、经营方式、组织形式不尽相同，其财务活动的内容和方式也不可能完全一致，反映的财务关系也各不相同。设计企业财务制度时，必须从实际出发，掌握被设计单位的具体情况，设计出切实可行的财务制度，充分发挥财务管理的职能作用。

（三）适应性原则

适应性原则是指企业财务制度的设计不是一成不变的，应与企业内外环境相适应，应根据企业内外环境变化的情况及财务管理的需要及时加以补充和完善。财务制度设计的适应性可分为以下两个方面。

（1）外部适应性。外部适应性指企业财务制度要适应国家宏观经济、政策、产业发展和竞争对手的发展变化。

（2）内部适应性。内部适应性指企业财务制度要适应企业本身的战略规划、发展规模和企业的现状。

企业要正确把握这两个方面的发展变化，制定适时、适用的财务制度，并将企业财务管理水平向更高、更好的方向发展。

（四）应用性原则

应用性原则是指进行企业财务制度设计要以具体应用为目的，使其具有可操作性。企业财务制度是进行财务活动的具体规范，是处理财务关系的基本依据。与国家颁布的会计法相比，企业财务制度在表达方式上应该尽量浅显，并与企业日常财务活动的实务紧密联系；内容上要更为全面、具体。特别是国家赋予企业的理财自主权，应在企业财务制度中得到具体体现。凡是国家财务法规中可由企业自主选择的财务政策，应结合企业自身的实际情况做出明确规定；国家财务法规中未做规定的有关内容、程序、权限等问题也要做出明确规定。从而使企业财务制度成为指导企业进行财务活动、处理财务关系的操作指南。

（五）成本效益原则

企业财务制度设计的目的是规范财务行为，保证财务目标的实现。但不能因规范财务行为就不讲运行质量和工作效率，而应在满足财务管理要求的前提下使财务制度设计更加简洁明了，更具有操作性。企业财务制度设计的成本效益性原则包括两层含义：一是指在进行财务制度设计时，必须以提高经济效益为中心，在保证质量的前提下，尽量节约设计费用；二是要使设计出的财务制度以尽量小的实行成本取得尽量大的经济效应。

企业财务制度在设计过程中要把财务工作质量放在首位，但同时也要符合成本效益原则，使设计工作中的自身耗费最少，而使设计出的制度所产生的效益最大，财务制度各项规定的实施，应有利于加强经营管理，降低成本费用，增加企业盈利。如果财务制度过于烦琐，在实施时消耗的制度成本大于其运行所能得到的财务制度效应，则说明财务制度设计存在缺陷。因此，企业财务制度设计必须考虑制度成本与效益的关系，以尽量少的制度成本获得尽可能大的财务制度效应，达到成本效益的最优组合。

（六）利益协调原则

利益协调原则是指设计企业财务制度时，应正确处理企业内外各种利益主体之间的财务关系，以使财务活动能够顺利进行，财务目标能够顺利实现。

协调好不同利益主体之间的财务关系，对于企业财务活动的顺利进行和财务目标的最终实现具有十分重要的作用。而协调好各种财务关系的关键是处理好各利益主体的责、权、利关系，贯彻以责任为中心、权力为保证、利益为手段的企业内部经济责任制。在体现利益协调原则上，首先应落实承担责任，然后赋予责任人相应的管理权限，并按照履行责任的情况给予应有的物质利益。

（七）全面性原则

全面性原则是指设计的财务制度应覆盖全部财务活动和财务关系，使每一财务行为、财务事项都有相应的制度条款予以规范。企业的财务活动贯穿于生产经营活动的始终，财务管理也必须是对其全过程的管理，因此，设计的企业财务制度，必须全面规范企业的各项财务活动，使企业财务活动的各个方面、各个环节都有章可循、有法可依，形成一个完整的互相补充、互相制约的财务制度体系。坚持全面性原则，可以确保企业财务活动有序进行，为正确处理各方面的财务关系、全面做好财务管理工作提供客观依据。

（八）统一性原则

统一性原则是指进行企业财务制度设计要充分考虑企业的财务管理体制，要正确处理母公司与子公司、分公司的财务关系。企业财务制度是企业进行财务活动的具体规范，是企业财务管理理念和财务文化的集中体现。因此，应将财务制度的设计权、管理权、审批权集中于母公司，以利于财务政策的一致性。子公司和分支机构则拥有制定具体实施细则的权利，但必须将实施细则报母公司审批和备案。

（九）稳定性原则

稳定性原则是指设计的企业财务制度必须具有一定的连续性和一致性。任何制度都不可能是一成不变的，应随着市场经济的发展变化和企业的不断发展而做出适应性改进。但是，如果制度变更过于频繁，就会造成严重混乱，并影响制度的严肃性。因此，企业财务制度一定要保持相对稳定性，绝不能朝令夕改，摇摆不定，让人无所适从。制度是否变化应由实践来检验：凡是实施一定时期后证明是正确的，就必须坚持下去；凡经过实践检验后证明是不可行的，就必须及时修订甚至摒弃。同时，设计企业财务制度时应注意提高其预见性和前瞻性，这是保持制度稳定性的重要条件。

（十）统筹兼顾原则

统筹兼顾原则是指进行企业财务制度的设计要全面平衡、综合考虑。既要符合财务管理理论，又要有利于企业的财务实务；既要有利于内部控制，又要有利于调动各方面的积极性；既要有绝对的原则性，又要有相对的灵活性；既要满足上层管理需要，又要考虑基层具体需求；既要规范严谨，又要简便易行；既要满足企业财务活动的当前需要，又要适应企业财务活动的发展需要。要根据企业的具体目标、具体任务、具体的理财环境和人员素质高低等因素，设计出适合企业具体应用的财务制度。

第三节　企业财务制度设计的种类和方式

一、企业财务制度设计的种类

按照企业财务制度设计的范围和内容不同，企业财务制度的设计可以分为全面性财务制度设计、局部性财务制度设计和修订性财务制度设计三种类型。

（一）全面性财务制度设计

全面性财务制度设计是对企业财务工作所应遵守的一切规范行为制度的设计。通过设计，构成企业财务制度的基本框架，并产生一套完整的企业财务制度体系。全面性的企业财务制度设计内容复杂，涉及面广，设计难度大，设计质量要求高，头绪比较多，设计时应先总体设计后具体设计。

总体设计是对所设计的企业财务制度内容和范围及其设计工作进行的全面规划。总体设计虽然是一个规划，对某些问题只提出一些原则性意见，但这已确定了所设计财务制度的基本内容，勾画出了这一财务制度的轮廓。因此，应认真做好这一工作。在进行总体设计时，首先应做好调整工作并进行综合分析，提出各种方案和意见，并做出决策。

具体设计是在总体设计的基础之上，采用具体的程序和方法来完成总体设计的要求，用文字表格等形式做出详细具体的规定。这是整个设计工作的中心环节。这一阶段，除了对总体设计中拟订的各项内容进行具体设计外，根据系统性还可能补充总体设计所未能拟订的内容。并将各局部内容进行协调和审议也是保证企业财务制度系统性和各项具体制度内部协调性的要求。

总体设计和具体设计是两个紧密联系的环节，两者在财务制度全面设计中的地位同样重要。可以说总体设计是“纲”，具体设计是“目”。不进行总体设计，就无法具体勾画出企业财务制度的“蓝图”；不进行具体设计，就无法将“蓝图”变为现实，就不能形成企业财务制度。

（二）局部性财务制度设计

局部性财务制度设计是对财务工作的部分规范进行的制度设计，设计内容一般是原有财务制度中不具有的。其原因多是经营规模的扩大、经营范围的拓宽、经营方式的转变和管理要求的提高等。

（三）修订性财务制度设计

修订性财务制度设计是对原有的财务制度加以修改而进行的设计，如固定资产的直线折旧法变为加速折旧法，坏账损失的直接核销法改为备抵法，发出材料计价由加权平均法改为后进先出法等。通过制定，可以更新财务制度的部分内容。

局部性设计和修订性设计，一般涉及面较小，设计内容比较简单，因此，主要是做具体设计。但在设计时，必须与原有财务制度设计的内容协调配套，以便使财务制度更好地运行。

二、企业财务制度设计的方式

企业财务制度设计是一项复杂的系统工程。从本质上讲，一个科学、合理、有效、实用的企业财务制度是理论与实践活动相结合的产物，是管理方法与操作经验的结晶，它的字里行间无不凝聚着制度设计者的智慧和汗水。仅就理论来说，制度设计者除了要熟悉现代财务活动的一般规律、程序、方法外，还必须掌握现代理论和技术等，它们能够为财务制度的设计提供理论和一般方法指导，确保制度设计的科学、有效。就实践而言，主要体现在制度设计者是否具备如下客观条件：一是掌握、了解国家财税法规以及经济发展状况；二是熟悉、理解企业的生产经营特点和管理要求；三是精通财务管理和会计核算，具有丰富的财务与会计实务经验；四是熟悉现代审计理论和方法；五是熟悉内部控制理论和方法；六是了解计算机理论和应用方法；七是有较强的逻辑思维、抽象思维和理解、判断能力；八是有较强的语言表达能力和文字能力。

实际上，能够完全具备上述条件的专家并不多。现实的做法是：根据制度设计的范围、内容、难易程度等具体情况决定制度设计的组织形式。较大范围的财务制度设计应该成立一个制度设计小组，单个制度设计可以由1～2人负责完成。

同时，企业应根据本企业财务管理人员的业务素质、理论知识水平等客观情况决定选择恰当的制度设计方式。一般而言，企业财务制度的设计方式主要有自行设计、委托设计和联合设计三种。

（一）自行设计

自行设计是由本企业的财务管理人员独立进行的设计，从长远的角度看这是企业财务制度设计的主要方式。其优点是：企业财务管理人员了解企业各方面的情况和业务流程，熟悉企业供产销各种业务和人财物各种要素，容易得到企业各职能部门和有关人员的支持与配合，且能够节省设计时间和节约设计费用，便于财务制度的落实和贯彻；其缺点是：设计人员容易受传统习惯的影响，创新不足，不利于借鉴吸收新知识、新经验和新方法。如果同时设计全部财务制度，则时间上不能保证；如果设计人员的学识水平达不到要求，就难以提高财务制度的质量。

（二）委托设计

委托设计是设计财务制度的企业委托、聘请社会上的财务咨询服务机构或其他财务专家为企业设计财务制度。无论是国内还是国外，无论是现代还是将来，为企业设计财务制度都是财务咨询服务机构的一项重要业务。这种设计方式的优点是：设计人员一般为理论水平、技术水平较高的专家，知识面宽、创新意识强、无后顾之忧，且了解国内外业内情况，可以设计出水平较高的财务制度，有利于企业财务管理水平的提高。其缺点是：设计人员不易得到企业各方人员的配合，需要花费较长的调研时间了解企业的基本情况、业务流程和管理需要；设计成本较高；如果设计人员实践经验不足，就会造成重形式、轻内容的设计风格，使设计的财务制度某些内容脱离企业的实际，缺乏实用价值，从而削弱财务制度的指导作用。

委托设计方式适用于企业全面财务制度体系设计或本企业缺乏高水平制度设计团队的情况，特别是新建企业、改制企业和发展较快的企业更适合委托设计方式。

（三）联合设计

联合设计是以企业的财务管理人员为基础，同时聘请设计财务制度的专家进行指导，共同设计企业的财务制度。这样有利于充分发挥自行设计和委托设计的优点，克服各自的缺点，相互配合，取长补短，使企业财务制度更加科学、完善，把财务发展的最新动向和相关知识、企业的实际情况充分体现在企业的财务制度设计之中。联合设计方式适用于各类企业、各种情况下的企业财务制度设计。

第四节 企业财务制度设计的方法与程序

一、企业财务制度设计的方法

制度制定的方法，就是制定制度的机构和人员所采用的应对或解决面临的制度问题的途径和方式。其基本方法包括以下几种。

（一）社会实验法

任何一项新的制度的设计和实施，往往要先做实验，取得经验，再全面推广。社会实验法就是运用实验或运行的手段，取得经验后，再全面推广的财务制度设计的方法。在明确设计的制度内容是什么、应达到什么样的目的及有何要求的基础上，财务制度设计的社会实验，其基本要求和基本特征表现在：①要通过系统而周密的调查，确立制度实验的对象，选择制度实验的模式，制订制度实验的方案和措施，并预测其发展和变化。②在整个制度的实验过程中始终进行目标管理，紧紧围绕财务制度的总目标，及时总结经验，捕捉信息，发现问题，及时修正，以求得制度的有效性和可靠性。③财务制度所要解决的问题具有不同的性质和范围，进行制度设计的具体要求、条件、形式、方法各有不同，在设计时应当根据生产经营特点和管理要求认真进行研究，充分吸收已有的经验，采用先进的办法，使所设计的制度更加完善，更有利于达到财务管理的目标。

（二）系统分析法

系统分析法就是把系统论、信息论和控制论的现代理论、技术、手段，运用于财务制度设计的一种方法。财务制度设计系统分析的基本要求和基本特征表现在：①要把财务管理作为一个“控制中心”，充分发挥财务管理的计划、控制和决策职能，其活动的最终目的就是保证企业经济效益的提高，达到提高目的的主要机制就是发挥财务管理的主导作用。②财务管理系统的结构，由母系统和各子（分）系统所组成（通过划分责任确立），各子系统之间与母系统之间都是相互联系、相互作用的，但又各有相对的独立性。因而，财务制度的设计就必须体现出总制度与各项具体制度的区别和联系，必须从整体的、长远的目标出发制定总制度，又需要从全局出发制定各项具体制度，并正确处理它们之间的各项关系。③财务管理系统所包含的多个子系统，既表现为横向的结构性，又表现为纵向的层次性，这就是企业与企业、企业与国家、企业与内部各部门和职工个人之间的关系。制度设计必须从这些客观实际出发，注重上下、左右协调，达到制度设计和执行的科学性、可行性和协调稳定性。

（三）定性分析和定量分析相结合的方法

财务制度设计的定性分析就是根据财务管理对象的不同性质及其发展变化，决定不同的制度及其发展变化的方法。它主要是以已有的实践经验为基础，研究新的任务和条件，判断制度的正确性、可行性和有效性，以调动财务管理人员的积极性。财务制度设计的定量分析法就是在收集、整理、分析大量的资料和信息的基础之上，就制度的目标选择、方案制订、效果预测、标准确定和模型建立提出意见，并进行计算机模拟，然后选择出最优的制度。定性分析在我国普遍采用，但往往主观随意性大。定量分析可以为制度设计提供可靠的数据，提高制度设计的科学性和操作性，但工作烦琐，且有的影响因素不能量化。因此，在财务制度设计时，应将定性分析和定量分析恰当地结合起来，在定性分析的基础上进行定量分析，使定量分析服务于定性分析。

（四）比较分析法

比较分析法的基本要求在于：对不同国家和地区的财务制度进行比较，对不同时代和时期的财务制度进行比较，通过对财务制度的比较研究，探索制度的本质和发展规律，并在此基础上进行财务制度的设计的一种方法。其优点是：可以做到洋为中用、古为今用、取长补短，并有利于提高制度的实用性。

二、企业财务制度设计的程序

企业财务制度设计无论采用何种设计方式，一般都应按以下程序进行设计。

（一）提出设计项目，确定设计人员

当企业原有财务制度不能满足需要或新建企业需要建立健全财务制度时，就需要对原有财务制度进行补充修订或设计新的财务制度。财务制度设计项目通常是由企业财务部门提出。财务制度设计的种类包括全面设计、局部设计、单项设计和修订设计四种，不同的设计项目具有不同的设计要求。在提出财务制度设计项目时应做到如下三点。

（1）制度设计的目标要明确、具体。

（2）制度设计的内容、范围、涉及的部门和人员要确定。

（3）制度设计项目的提出要切合企业实际，满足管理需要。

对于自行设计的单项制度或小型制度设计项目，应列入财务工作计划，经有关领导批准后立项；对于自行设计的大型制度设计项目，应专题编写项目设计报告，并进行分析论证，经有关领导批准后立项；对于委托设计或联合设计的制度设计项目，还应认真考察设计机构和设计人员的资质，择优确定制度设计机构和设计人员，一旦达成意向后，企业应与被委托机构或设计人员签署委托合同书，明确双方的权利和义务。

（二）访谈查阅，了解企业情况

设计人员接受制度设计项目后，应根据项目设计的目标、范围及内容，从总体上了解、把握与该企业财务制度有关的各种情况。主要包括如下方面。

（1）企业的性质、设立发展过程与发展前景。

（2）企业所处行业的发展情况及本企业在行业中的地位。

（3）企业的经营规模、产品特点与市场情况。

（4）企业的组织结构、管理模式及分支机构情况。

（5）企业的资产状况、财务状况和盈利水平。

（6）企业财务机构设置及财务管理人员现状。

（7）企业主要负责人及财务负责人的管理思想与管理理念。

（8）其他涉及项目设计的事项。

了解以上情况的途径主要有三个方面：①听取企业管理当局的情况介绍；②查阅企业内外的有关信息资料；③对企业负责人、财务及相关部门负责人进行访谈。

（三）调查了解，熟悉业务流程

设计人员应对企业的各种业务活动，包括资金收付、物资采购、产品生产、存货保管、产品销售、资产管理、对外投资、审批程序和审批权限等业务情况进行全面调查了解，熟悉企业生产经营活动的所有业务流程，以便为财务制度设计打下坚实的基础。熟悉业务流程的方法主要有三个：①听取企业有关业务人员的介绍；②查阅企业有关业务流程的资料；③到各部门及生产第一线查看、询问、核实有关业务流程。

（四）分析研究，设计制度纲要

设计人员要把通过访谈、查阅、询问等途径收集到的各种资料进行归类汇总；要对企业的生产经营特点、业务流程、审批程序和管理要求进行深入分析和研究，确定它们之间的相互关系；要归纳总结企业业务流程及管理上的特点、优势和不足；要确认企业现有的管理方法和管理程序哪些可以继续沿用，哪些需要完善改进。同时，对在分析研究中发现的相互矛盾、互不衔接的资料、信息要做进一步的核实与澄清。

设计人员在了解掌握与设计有关的业务活动全貌，发现问题、心中有数的基础上，形成财务制度的总体设计思路和制度纲要。制度纲要是对所设计的财务制度进行的全面规划，要明确财务制度设计的性质、目标和范围，并确定各个分项设计的内容及要求等。

（五）分工负责，实施分项设计

分项设计是设计人员按照各自的设计分工，围绕制度纲要提出的分项设计范围、内容、原则、方法及要求，在详细调查掌握与分项设计有关的具体情况的基础上，采用图示、表格及文字等形式对企业有关财务活动制定出具体规范。

分项设计初稿完成后，要由总设计负责人进行修改以保证所设计制度的规范性、系统性和总体风格的一致性。

（六）制度讲解，征求修改意见

财务制度设计初稿完成后，要通过以下三种方式征求修改意见。

（1）召集与制度运行有关的人员参加专题制度讲解会，由制度设计人用演示文稿的方式详细讲解制度的设计思想和具体规定，并现场解答参会人员的质询和疑问。

（2）将制度设计初稿复制若干份，分别交给企业有关领导和部门负责人，请他们审阅并提出书面修改意见。

（3）召开专门会议，征求有关部门和人员对制度设计初稿的修改意见。

设计人员要根据收集到的修改意见，对制度设计初稿进行系统修改。值得注意的是：收集到的修改意见不一定完全采纳，征求的修改意见是由不同部门、站在不同角度提出的，这些意见往往反映了不同部门的利益，有的带有明显的部门倾向性、片面性和某种目的性。因此，制度设计人员必须将征求到的修改意见进行归类汇总，经过去伪存真、去粗取精、全面平衡、综合考虑的过程，对制度初稿进行全面修改、完善。对于未采纳的修改意见，要向有关人员做出合理的解释，以便使制度顺利实施。

（七）讨论评审，批准制度实施

制度设计初稿经过修改完善后，要按制度审批权限进行讨论审批。制度审批的一般原则是：涉及总体的制度和利益分配的制度，由公司董事会审批；涉及业务流程的制度，由公司经理班子审批；属于财务部门的内部制度，由财务负责人审批。

（八）贯彻执行，不断完善修订

经过法定程序获得批准的财务制度，应按制度规定的生效日期实施。对于内容比较复杂、关系比较重大的财务制度，应由企业财务负责人召开会议进行宣传落实，以确保制度的贯彻执行。经过一段时间的运行后，应对制度的运行情况进行调查、反馈，以确定制度是否适用和有效。对于制度实施过程中存在的问题要及时分析，查找原因，研究对策。对于因制度理解偏差而造成的问题，应通过解释纠正；对于因执行偏差而造成的问题，应通过检查纠正；对于因制度本身缺陷而造成的问题，应通过必要的修订予以纠正。

复习思考题

一、简答题

1. 什么是企业财务制度？
2. 企业财务制度是如何分类的？
3. 设计企业财务制度有何意义？
4. 企业财务制度设计应满足哪些要求？
5. 企业财务制度设计的原则有哪些？

二、论述题

1. 简述企业财务制度设计的方式和种类。
2. 简述企业财务制度设计的程序。
3. 简述企业财务制度设计的方法。
4. 财务制度设计中设计人员应了解企业哪些情况？
5. 财务制度的特点有哪些？

案例分析

宏伟公司低价易耗品管理制度

为了规范、加强低价易耗品的管理与核算工作，正确核算低价易耗品的入库、领用、摊销，确定使用中低值易耗品的数量，确保低值易耗品的安全与完整，特制定本制度。

第一条　本企业的低值易耗品是指单位价值较低、容易损耗的劳动物资。用于生产经营的劳动资料使用年限不超过一年，单位价值在 2000 元以下的为低值易耗品；非经营用的劳动资料，使用年限不超过两年，单位价值在 2000 元以下的为低值易耗品。

第二条　低值易耗品的分类

1. 工具：生产过程中使用的各种通用或者专用工具，如刀具、模具、卡具、装配工具等。

2. 仪器仪表：计量工艺操作过程中使用的各种量具、仪表，如万能表、温度仪表、流量仪表、压力仪表、物位仪表、经纬仪、硬度计等。

3. 管理工具：在管理工作过程中使用的各种家具用具，如办公桌椅、文件柜、打印机、传真机等。

4. 生产或者经营用具：在生产经营中不属于固定资产部分的劳动资料，如货架、手推车、电动机、水泵等。

5. 劳保用品：属于职工劳动保护的用品，如工作服、防护头盔等。

6. 其他用品：不属于以上项目，但属于低值易耗品的资料，如垃圾桶、消防器材等。

第三条　低值易耗品实行分级管理，各车间和部门对所有使用的低值易耗品有保管责任，并设置相应的在用低值易耗品登记簿，会计部门定期与其核对。如发现有损坏等保管不当造成的损失，将由责任者赔偿。

第四条　低值易耗品的采购由使用部门提出申请，会计部门与管理部门审核后，纳入企业统一采购计划进行采购。

第五条　低值易耗品的领用，需填制“低值易耗品领用单”，经主管部门批准后，到仓库领取。

第六条　低值易耗品的报废

1. 低值易耗品的使用部门填写“低值易耗品报废申请单”，由使用部门负责人签字后交主管部门负责人签字，然后才可以报销。

2. 报废的低值易耗品要由使用部门评估残值，然后将其有效残余价值的废料办理入库手续。并填写“低值易耗品报废单”作为低值易耗品减少的依据。

第七条　企业对低值易耗品的清查要建立定期清查制度。年末必须清查一次，对于使用频率较高的低值易耗品可以实行季度清查。

第八条　低值易耗品的账簿设置可以实行二级管理。会计部门设置“低值易耗品数量金额明细账”，使用部门设置“低值易耗品数量账”。

本制度的解释权由财务部门负责。

资料来源：张明霞，侯文哲. 会计制度设计[M]. 北京：科学出版社，2013：197

要求：该制度设计都注意了哪些方面的问题？

附录：

企业财务通则

第一章 总 则

第一条 为了加强企业财务管理，规范企业财务行为，保护企业及其相关方的合法权益，推进现代企业制度建设，根据有关法律、行政法规的规定，制定本通则。

第二条 在中华人民共和国境内依法设立的具备法人资格的国有及国有控股企业适用本通则。金融企业除外。其他企业参照执行。

第三条 国有及国有控股企业（以下简称企业）应当确定内部财务管理体制，建立健全财务管理制度，控制财务风险。

企业财务管理应当按照制定的财务战略，合理筹集资金，有效营运资产，控制成本费用，规范收益分配及重组清算财务行为，加强财务监督和财务信息管理。

第四条 财政部负责制定企业财务规章制度。

各级财政部门（以下通称主管财政机关）应当加强对企业财务的指导、管理、监督，其主要职责包括：

（一）监督执行企业财务规章制度，按照财务关系指导企业建立健全内部财务制度。

（二）制定促进企业改革发展的财政财务政策，建立健全支持企业发展的财政资金管理制度。

（三）建立健全企业年度财务会计报告审计制度，检查企业财务会计报告质量。

（四）实施企业财务评价，监测企业财务运行状况。

（五）研究、拟订企业国有资本收益分配和国有资本经营预算的制度。

（六）参与审核属于本级人民政府及其有关部门、机构出资的企业重要改革、改制方案。

（七）根据企业财务管理的需要提供必要的帮助、服务。

第五条 各级人民政府及其部门、机构，企业法人、其他组织或者自然人等企业投资者（以下通称投资者），企业经理、厂长或者实际负责经营管理的其他领导成员（以下通称经营者），依照法律、法规、本通则和企业章程的规定，履行企业内部财务管理职责。

第六条 企业应当依法纳税。企业财务处理与税收法律、行政法规规定不一致的，纳税时应当依法进行调整。

第七条 各级人民政府及其部门、机构出资的企业，其财务关系隶属同级财政机关。

第二章 企业财务管理体制

第八条 企业实行资本权属清晰、财务关系明确、符合法人治理结构要求的财务管理体制。

企业应当按照国家有关规定建立有效的内部财务管理级次。企业集团公司自行决定集团内部财务管理体制。

第九条 企业应当建立财务决策制度，明确决策规则、程序、权限和责任等。法律、行政法规规定应当通过职工（代表）大会审议或者听取职工、相关组织意见的财务事项，依照其规定执行。

企业应当建立财务决策回避制度。对投资者、经营者个人与企业利益有冲突的财务决策事项，相关投资者、经营者应当回避。

第十条　企业应当建立财务风险管理制度，明确经营者、投资者及其他相关人员的管理权限和责任，按照风险与收益均衡、不相容职务分离等原则，控制财务风险。

第十一条　企业应当建立财务预算管理制度，以现金流为核心，按照实现企业价值最大化等财务目标的要求，对资金筹集、资产营运、成本控制、收益分配、重组清算等财务活动，实施全面预算管理。

第十二条　投资者的财务管理职责主要包括:

（一）审议批准企业内部财务管理制度、企业财务战略、财务规划和财务预算。

（二）决定企业的筹资、投资、担保、捐赠、重组、经营者报酬、利润分配等重大财务事项。

（三）决定企业聘请或者解聘会计师事务所、资产评估机构等中介机构事项。

（四）对经营者实施财务监督和财务考核。

（五）按照规定向全资或者控股企业委派或者推荐财务总监。

投资者应当通过股东（大）会、董事会或者其他形式的内部机构履行财务管理职责，可以通过企业章程、内部制度、合同约定等方式将部分财务管理职责授予经营者。

第十三条　经营者的财务管理职责主要包括:

（一）拟订企业内部财务管理制度、财务战略、财务规划，编制财务预算。

（二）组织实施企业筹资、投资、担保、捐赠、重组和利润分配等财务方案，诚信履行企业偿债义务。

（三）执行国家有关职工劳动报酬和劳动保护的规定，依法缴纳社会保险费、住房公积金等，保障职工合法权益。

（四）组织财务预测和财务分析，实施财务控制。

（五）编制并提供企业财务会计报告，如实反映财务信息和有关情况。

（六）配合有关机构依法进行审计、评估、财务监督等工作。

第三章　资 金 筹 集

第十四条　企业可以接受投资者以货币资金、实物、无形资产、股权、特定债权等形式的出资。其中，特定债权是指企业依法发行的可转换债券、符合有关规定转作股权的债权等。

企业接受投资者非货币资产出资时，法律、行政法规对出资形式、程序和评估作价等有规定的，依照其规定执行。

企业接受投资者商标权、著作权、专利权及其他专有技术等无形资产出资的，应当符合法律、行政法规规定的比例。

第十五条　企业依法以吸收直接投资、发行股份等方式筹集权益资金的，应当拟订筹资方案，确定筹资规模，履行内部决策程序和必要的报批手续，控制筹资成本。

企业筹集的实收资本，应当依法委托法定验资机构验资并出具验资报告。

第十六条　企业应当执行国家有关资本管理制度，在获准工商登记后 30 日内，依据验资报告等向投资者出具出资证明书，确定投资者的合法权益。

企业筹集的实收资本，在持续经营期间可以由投资者依照法律、行政法规以及企业章程的规定转让或者减少，投资者不得抽逃或者变相抽回出资。

除《公司法》等有关法律、行政法规另有规定外，企业不得回购本企业发行的股份。企业依法回购股份，应当符合有关条件和财务处理办法，并经投资者决议。

第十七条　对投资者实际缴付的出资超出注册资本的差额（包括股票溢价），企业应当作为资本公积管理。

经投资者审议决定后，资本公积用于转增资本。国家另有规定的，从其规定。

第十八条　企业从税后利润中提取的盈余公积包括法定公积金和任意公积金，可以用于弥补企业亏损或者转增资本。法定公积金转增资本后留存企业的部分，以不少于转增前注册资本的25%为限。

第十九条　企业增加实收资本或者以资本公积、盈余公积转增实收资本，由投资者履行财务决策程序后，办理相关财务事项和工商变更登记。

第二十条　企业取得的各类财政资金，区分以下情况处理：

（一）属于国家直接投资、资本注入的，按照国家有关规定增加国家资本或者国有资本公积。

（二）属于投资补助的，增加资本公积或者实收资本。国家拨款时对权属有规定的，按规定执行；没有规定的，由全体投资者共同享有。

（三）属于贷款贴息、专项经费补助的，作为企业收益处理。

（四）属于政府转贷、偿还性资助的，作为企业负债管理。

（五）属于弥补亏损、救助损失或者其他用途的，作为企业收益处理。

第二十一条　企业依法以借款、发行债券、融资租赁等方式筹集债务资金的，应当明确筹资目的，根据资金成本、债务风险和合理的资金需求，进行必要的资本结构决策，并签订书面合同。

企业筹集资金用于固定资产投资项目的，应当遵守国家产业政策、行业规划、自有资本比例及其他规定。

企业筹集资金，应当按规定核算和使用，并诚信履行合同，依法接受监督。

第四章　资 产 营 运

第二十二条　企业应当根据风险与收益均衡等原则和经营需要，确定合理的资产结构，并实施资产结构动态管理。

第二十三条　企业应当建立内部资金调度控制制度，明确资金调度的条件、权限和程序，统一筹集、使用和管理资金。企业支付、调度资金，应当按照内部财务管理制度的规定，依据有效合同、合法凭证，办理相关手续。

企业向境外支付、调度资金应当符合国家有关外汇管理的规定。

企业集团可以实行内部资金集中统一管理，但应当符合国家有关金融管理等法律、行政法规规定，并不得损害成员企业的利益。

第二十四条　企业应当建立合同的财务审核制度，明确业务流程和审批权限，实行财务监控。

企业应当加强应收款项的管理，评估客户信用风险，跟踪客户履约情况，落实收账责任，减少坏账损失。

第二十五条　企业应当建立健全存货管理制度，规范存货采购审批、执行程序，根据合同的约定以及内部审批制度支付货款。

企业选择供货商以及实施大宗采购，可以采取招标等方式进行。

第二十六条 企业应当建立固定资产购建、使用、处置制度。

企业自行选择、确定固定资产折旧办法，可以征询中介机构、有关专家的意见，并由投资者审议批准。固定资产折旧办法一经选用，不得随意变更。确需变更的，应当说明理由，经投资者审议批准。

企业购建重要的固定资产、进行重大技术改造，应当经过可行性研究，按照内部审批制度履行财务决策程序，落实决策和执行责任。

企业在建工程项目交付使用后，应当在一个年度内办理竣工决算。

第二十七条 企业对外投资应当遵守法律、行政法规和国家有关政策的规定，符合企业发展战略的要求，进行可行性研究，按照内部审批制度履行批准程序，落实决策和执行的责任。

企业对外投资应当签订书面合同，明确企业投资权益，实施财务监管。依据合同支付投资款项，应当按照企业内部审批制度执行。

企业向境外投资的，还应当经投资者审议批准，并遵守国家境外投资项目核准和外汇管理等相关规定。

第二十八条 企业通过自创、购买、接受投资等方式取得的无形资产，应当依法明确权属，落实有关经营、管理的财务责任。

无形资产出现转让、租赁、质押、授权经营、连锁经营、对外投资等情形时，企业应当签订书面合同，明确双方的权利义务，合理确定交易价格。

第二十九条 企业对外担保应当符合法律、行政法规及有关规定，根据被担保单位的资信及偿债能力，按照内部审批制度采取相应的风险控制措施，并设立备查账簿登记，实行跟踪监督。

企业对外捐赠应当符合法律、行政法规及有关财务规定，制定实施方案，明确捐赠的范围和条件，落实执行责任，严格办理捐赠资产的交接手续。

第三十条 企业从事期货、期权、证券、外汇交易等业务或者委托其他机构理财，不得影响主营业务的正常开展，并应当签订书面合同，建立交易报告制度，定期对账，控制风险。

第三十一条 企业从事代理业务，应当严格履行合同，实行代理业务与自营业务分账管理，不得挪用客户资金、互相转嫁经营风险。

第三十二条 企业应当建立各项资产损失或者减值准备管理制度。各项资产损失或者减值准备的计提标准，一经选用，不得随意变更。企业在制订计提标准时可以征询中介机构、有关专家的意见。

对计提损失或者减值准备后的资产，企业应当落实监管责任。能够收回或者继续使用以及没有证据证明实际损失的资产，不得核销。

第三十三条 企业发生的资产损失，应当及时予以核实、查清责任，追偿损失，按照规定程序处理。

企业重组中清查出的资产损失，经批准后依次冲减未分配利润、盈余公积、资本公积和实收资本。

第三十四条 企业以出售、抵押、置换、报废等方式处理资产时，应当按照国家有关规定和企业内部财务管理制度规定的权限和程序进行。其中，处理主要固定资产涉及企业经营业务调整或者资产重组的，应当根据投资者审议通过的业务调整或者资产重组方案实施。

第三十五条 企业发生关联交易的，应当遵守国家有关规定，按照独立企业之间的交易计价结算。投资者或者经营者不得利用关联交易非法转移企业经济利益或者操纵关联企业的利润。

第五章 成本控制

第三十六条 企业应当建立成本控制系统，强化成本预算约束，推行质量成本控制办法，实行成本定额管理、全员管理和全过程控制。

第三十七条 企业实行费用归口、分级管理和预算控制，应当建立必要的费用开支范围、标准和报销审批制度。

第三十八条 企业技术研发和科技成果转化项目所需经费，可以通过建立研发准备金筹措，据实列入相关资产成本或者当期费用。

符合国家规定条件的企业集团，可以集中使用研发费用，用于企业主导产品和核心技术的自主研发。

第三十九条 企业依法实施安全生产、清洁生产、污染治理、地质灾害防治、生态恢复和环境保护等所需经费，按照国家有关标准列入相关资产成本或者当期费用。

第四十条 企业发生销售折扣、折让以及支付必要的佣金、回扣、手续费、劳务费、提成、返利、进场费、业务奖励等支出的，应当签订相关合同，履行内部审批手续。

企业开展进出口业务收取或者支付的佣金、保险费、运费，按照合同规定的价格条件处理。

企业向个人以及非经营单位支付费用的，应当严格履行内部审批及支付的手续。

第四十一条 企业可以根据法律、法规和国家有关规定，对经营者和核心技术人员实行与其他职工不同的薪酬办法，属于本级人民政府及其部门、机构出资的企业，应当将薪酬办法报主管财政机关备案。

第四十二条 企业应当按照劳动合同及国家有关规定支付职工报酬，并为从事高危作业的职工缴纳团体人身意外伤害保险费，所需费用直接作为成本（费用）列支。

经营者可以在工资计划中安排一定数额，对企业技术研发、降低能源消耗、治理“三废”、促进安全生产、开拓市场等做出突出贡献的职工给予奖励。

第四十三条 企业应当依法为职工支付基本医疗、基本养老、失业、工伤等社会保险费，所需费用直接作为成本（费用）列支。

已参加基本医疗、基本养老保险的企业，具有持续盈利能力和支付能力的，可以为职工建立补充医疗保险和补充养老保险，所需费用按照省级以上人民政府规定的比例从成本（费用）中提取。超出规定比例的部分，由职工个人负担。

第四十四条 企业为职工缴纳住房公积金以及职工住房货币化分配的财务处理，按照国家有关规定执行。

职工教育经费按照国家规定的比例提取，专项用于企业职工后续职业教育和职业培训。

工会经费按照国家规定比例提取并拨缴工会。

第四十五条 企业应当依法缴纳行政事业性收费、政府性基金以及使用或者占用国有资源的费用等。

企业对没有法律法规依据或者超过法律法规规定范围和标准的各种摊派、收费、集资，有权拒绝。

第四十六条 企业不得承担属于个人的下列支出：

（一）娱乐、健身、旅游、招待、购物、馈赠等支出。

（二）购买商业保险、证券、股权、收藏品等支出。

（三）个人行为导致的罚款、赔偿等支出。

（四）购买住房、支付物业管理费等支出。

（五）应由个人承担的其他支出。

第六章 收 益 分 配

第四十七条 投资者、经营者及其他职工履行本企业职务或者以企业名义开展业务所得的收入，包括销售收入以及对方给予的销售折扣、折让、佣金、回扣、手续费、劳务费、提成、返利、进场费、业务奖励等收入，全部属于企业。

企业应当建立销售价格管理制度，明确产品或者劳务的定价和销售价格调整的权限、程序与方法，根据预期收益、资金周转、市场竞争、法律规范约束等要求，采取相应的价格策略，防范销售风险。

第四十八条 企业出售股权投资，应当按照规定的程序和方式进行。股权投资出售底价，参照资产评估结果确定，并按照合同约定收取所得价款。在履行交割时，对尚未收款部分的股权投资，应当按照合同的约定结算，取得受让方提供的有效担保。

上市公司国有股减持所得收益，按照国务院的规定处理。

第四十九条 企业发生的年度经营亏损，依照税法的规定弥补。税法规定年限内的税前利润不足弥补的，用以后年度的税后利润弥补，或者经投资者审议后用盈余公积弥补。

第五十条 企业年度净利润，除法律、行政法规另有规定外，按照以下顺序分配：

（一）弥补以前年度亏损。

（二）提取 10%法定公积金。法定公积金累计额达到注册资本 50%以后，可以不再提取。

（三）提取任意公积金。任意公积金提取比例由投资者决议。

（四）向投资者分配利润。企业以前年度未分配的利润，并入本年度利润，在充分考虑现金流量状况后，向投资者分配。属于各级人民政府及其部门、机构出资的企业，应当将应付国有利润上缴财政。

国有企业可以将任意公积金与法定公积金合并提取。股份有限公司依法回购后暂未转让或者注销的股份，不得参与利润分配；以回购股份对经营者及其他职工实施股权激励的，在拟订利润分配方案时，应当预留回购股份所需利润。

第五十一条 企业弥补以前年度亏损和提取盈余公积后，当年没有可供分配的利润时，不得向投资者分配利润，但法律、行政法规另有规定的除外。

第五十二条 企业经营者和其他职工以管理、技术等要素参与企业收益分配的，应当按照国家有关规定在企业章程或者有关合同中对分配办法作出规定，并区别以下情况处理：

（一）取得企业股权的，与其他投资者一同进行企业利润分配。

（二）没有取得企业股权的，在相关业务实现的利润限额和分配标准内，从当期费用中列支。

第七章 重组清算

第五十三条 企业通过改制、产权转让、合并、分立、托管等方式实施重组，对涉及资本权益的事项，应当由投资者或者授权机构进行可行性研究，履行内部财务决策程序，并组织开展以下工作：

（一）清查财产，核实债务，委托会计师事务所审计。

（二）制订职工安置方案，听取重组企业的职工、职工代表大会的意见或者提交职工代表大会审议。

（三）与债权人协商，制订债务处置或者承继方案。

（四）委托评估机构进行资产评估，并以评估价值作为净资产作价或者折股的参考依据。

（五）拟订股权设置方案和资本重组实施方案，经过审议后履行报批手续。

第五十四条 企业采取分立方式进行重组，应当明晰分立后的企业产权关系。

企业划分各项资产、债务以及经营业务，应当按照业务相关性或者资产相关性原则制订分割方案。对不能分割的整体资产，在评估机构评估价值的基础上，经分立各方协商，由拥有整体资产的一方给予他方适当经济补偿。

第五十五条 企业可以采取新设或者吸收方式进行合并重组。企业合并前的各项资产、债务以及经营业务，由合并后的企业承继，并应当明确合并后企业的产权关系以及各投资者的出资比例。

企业合并的资产税收处理应当符合国家有关税法的规定，合并后净资产超出注册资本的部分，作为资本公积；少于注册资本的部分，应当变更注册资本或者由投资者补足出资。

对资不抵债的企业以承担债务方式合并的，合并方应当制定企业重整措施，按照合并方案履行偿还债务责任，整合财务资源。

第五十六条 企业实行托管经营，应当由投资者决定，并签订托管协议，明确托管经营的资产负债状况、托管经营目标、托管资产处置权限以及收益分配办法等，并落实财务监管措施。

受托企业应当根据托管协议制订相关方案，重组托管企业的资产与债务。未经托管企业投资者同意，不得改组、改制托管企业，不得转让托管企业及转移托管资产、经营业务，不得以托管企业名义或者以托管资产对外担保。

第五十七条 企业进行重组时，对已占用的国有划拨土地应当按照有关规定进行评估，履行相关手续，并区别以下情况处理：

（一）继续采取划拨方式的，可以不纳入企业资产管理，但企业应当明确划拨土地使用权权益，并按规定用途使用，设立备查账簿登记。国家另有规定的除外。

（二）采取作价入股方式的，将应缴纳的土地出让金转作国家资本，形成的国有股权由企业重组前的国有资本持有单位或者主管财政机关确认的单位持有。

（三）采取出让方式的，由企业购买土地使用权，支付出让费用。

（四）采取租赁方式的，由企业租赁使用，租金水平参照银行同期贷款利率确定，并在租赁合同中约定。

企业进行重组时，对已占用的水域、探矿权、采矿权、特许经营权等国有资源，依法可以转让的，比照前款处理。

第五十八条　企业重组过程中，对拖欠职工的工资和医疗、伤残补助、抚恤费用以及欠缴的基本社会保险费、住房公积金，应当以企业现有资产优先清偿。

第五十九条　企业被责令关闭、依法破产、经营期限届满而终止经营的，或者经投资者决议解散的，应当按照法律、法规和企业章程的规定实施清算。清算财产变卖底价，参照资产评估结果确定。国家另有规定的，从其规定。

企业清算结束，应当编制清算报告，委托会计师事务所审计，报投资者或者人民法院确认后，向相关部门、债权人以及其他的利益相关人通告。其中，属于各级人民政府及其部门、机构出资的企业，其清算报告应当报送主管财政机关。

第六十条　企业解除职工劳动关系，按照国家有关规定支付的经济补偿金或者安置费，除正常经营期间发生的列入当期费用以外，应当区别以下情况处理：

（一）企业重组中发生的，依次从未分配利润、盈余公积、资本公积、实收资本中支付。

（二）企业清算时发生的，以企业扣除清算费用后的清算财产优先清偿。

第八章　信息管理

第六十一条　企业可以结合经营特点，优化业务流程，建立财务和业务一体化的信息处理系统，逐步实现财务、业务相关信息一次性处理和实时共享。

第六十二条　企业应当逐步创造条件，实行统筹企业资源计划，全面整合和规范财务、业务流程，对企业物流、资金流、信息流进行一体化管理和集成运作。

第六十三条　企业应当建立财务预警机制，自行确定财务危机警戒标准，重点监测经营性净现金流量与到期债务、企业资产与负债的适配性，及时沟通企业有关财务危机预警的信息，提出解决财务危机的措施和方案。

第六十四条　企业应当按照有关法律、行政法规和国家统一的会计制度的规定，按时编制财务会计报告，经营者或者投资者不得拖延、阻挠。

第六十五条　企业应当按照规定向主管财政机关报送月份、季度、年度财务会计报告等材料，不得在报送的财务会计报告等材料上作虚假记载或者隐瞒重要事实。主管财政机关应当根据企业的需要提供必要的培训和技术支持。

企业对外提供的年度财务会计报告，应当依法经过会计师事务所审计。国家另有规定的，从其规定。

第六十六条　企业应当在年度内定期向职工公开以下信息：

（一）职工劳动报酬、养老、医疗、工伤、住房、培训、休假等信息。

（二）经营者报酬实施方案。

（三）年度财务会计报告审计情况。

（四）企业重组涉及的资产评估及处置情况。

（五）其他依法应当公开的信息。

第六十七条　主管财政机关应当建立健全企业财务评价体系，主要评估企业内部财务控制的有效性，评价企业的偿债能力、盈利能力、资产营运能力、发展能力和社会贡献。评估和评价的结果可以通过适当方式向社会发布。

第六十八条　主管财政机关及其工作人员应当恰当使用所掌握的企业财务信息，并依法履行保密义务，不得利用企业的财务信息谋取私利或者损害企业利益。

第九章　财 务 监 督

第六十九条　企业应当依法接受主管财政机关的财务监督和国家审计机关的财务审计。

第七十条　经营者在经营过程中违反本通则有关规定的，投资者可以依法追究经营者的责任。

第七十一条　企业应当建立、健全内部财务监督制度。

企业设立监事会或者监事人员的，监事会或者监事人员依照法律、行政法规、本通则和企业章程的规定，履行企业内部财务监督职责。

经营者应当实施内部财务控制，配合投资者或者企业监事会以及中介机构的检查、审计工作。

第七十二条　企业和企业负有直接责任的主管人员和其他人员有以下行为之一的，县级以上主管财政机关可以责令限期改正、予以警告，有违法所得的，没收违法所得，并可以处以不超过违法所得 3 倍、但最高不超过 3 万元的罚款；没有违法所得的，可以处以 1 万元以下的罚款。

（一）违反本通则第三十九条、四十条、四十二条第一款、四十三条、四十六条规定列支成本费用的。

（二）违反本通则第四十七条第一款规定截留、隐瞒、侵占企业收入的。

（三）违反本通则第五十条、五十一条、五十二条规定进行利润分配的。但依照《公司法》设立的企业不按本通则第五十条第一款第二项规定提取法定公积金的，依照《公司法》的规定予以处罚。

（四）违反本通则第五十七条规定处理国有资源的。

（五）不按本通则第五十八条规定清偿职工债务的。

第七十三条　企业和企业负有直接责任的主管人员和其他人员有以下行为之一的，县级以上主管财政机关可以责令限期改正、予以警告。

（一）未按本通则规定建立健全各项内部财务管理制度的。

（二）内部财务管理制度明显与法律、行政法规和通用的企业财务规章制度相抵触，且不按主管财政机关要求修正的。

第七十四条　企业和企业负有直接责任的主管人员和其他人员不按本通则第六十四条、第六十五条规定编制、报送财务会计报告等材料的，县级以上主管财政机关可以依照《公司法》、《企业财务会计报告条例》的规定予以处罚。

第七十五条　企业在财务活动中违反财政、税收等法律、行政法规的，依照《财政违法行为处罚处分条例》（国务院令第 427 号）及有关税收法律、行政法规的规定予以处理、处罚。

第七十六条　主管财政机关以及政府其他部门、机构有关工作人员，在企业财务管理中滥用职权、玩忽职守、徇私舞弊或者泄露国家机密、企业商业秘密的，依法进行处理。

第十章　附　　则

第七十七条　实行企业化管理的事业单位比照适用本通则。

第七十八条　本通则自 2007 年 1 月 1 日起施行。

第十章 财务危机管理

国内外学者对财务危机的理解不尽相同，总的来说，财务危机是企业发生严重亏损或持续亏损，无力支付到期债务和费用，直至破产，以及它们之间各种困难处境的总称。在本章，首先介绍财务危机的内涵及其显性表现；在此基础上，对财务危机管理的内外部环境进行了分析，重点介绍了财务危机不同发展阶段的特征表现和常用的财务危机预警模型与方法。然后，系统介绍了财务危机预警系统的功能、构建原则及实施。

【重要概念】 财务危机 财务预警模型 财务危机预警系统

第一节 财务危机管理概述

一、财务危机的内涵

财务危机（financial crisis），又称财务困境，是指企业财务活动面临或处于失去控制或遭受严重挫折的危险与紧急状态。对于这一概念的基本含义，国内外学者的看法并不完全一致。

（一）西方学者对财务危机的理解

西方一些学者早在 20 世纪中上期就已经开始关注企业财务危机的问题，特别是在财务危机预警模型方面的研究，成果颇丰。主要有以下两种。

1. 财务困境论

财务困境（financial distress）的含义有狭义和广义之分。在研究企业财务危机预警时，一般使用狭义的财务危机概念，即财务危机是指企业面临或趋于破产的困难境地；在研究企业财务危机成本时，一般使用广义的财务危机概念，即财务危机是指企业无力支付到期债务，或需付极大努力才能勉强支付到期债务和费用，直至破产，以及它们之间的各种困难处境。

2. 财务失败论

有不少学者将财务危机称为财务失败（financial failure），认为财务危机是企业资金管理技术的失败。企业财务失败主要表现在两个方面：①企业资金存量结构失衡，资金流动性差，其严重的状况是企业存量资产小于负债，即“资不抵债”；②企业现金流量短缺或资金流断裂，无力支付到期债务和费用，其最严重的状况就是破产清偿。“财务失败”论也有狭义和广义之分，上面所述为广义财务失败，狭义的财务失败仅指企业资不抵债或者说破产清偿。

上述两种对于财务危机的表述，其基本含义是一致的：狭义的财务危机是指企业破产；广义的财务危机是指企业无力支付到期债务和费用直至破产，以及它们之间的各种情形。

（二）我国学者对财务危机的理解

我国一些学者从 20 世纪末开始纷纷开展对我国上市公司财务危机预警模型的深入研究，并将上市公司发生严重亏损或连续两年亏损而被证券交易所对其股票交易进行特别处理（ST 公司），作为该公司发生财务危机的标志。他们认为，企业发生财务危机本质上是企业盈利能力实质性削弱的表现，其主要标志是企业发生严重亏损或连续亏损而被列入 ST 公司和*ST 高危公司，即交易所对其股票交易进行特别处理的公司和面临退市的公司。

综上所述，财务危机的基本含义可以概括为三个方面：①财务危机是企业盈利能力实质性削弱，持续经营难以为继的严重状况；②财务危机是企业偿债能力严重削弱，资金周转困难的困难处境；③财务危机是企业持续经营能力丧失或接近丧失即企业破产或接近破产的严峻局势。总之，财务危机是企业发生严重中间亏损或持续亏损，无力支付到期债务和费用，直至破产，以及它们之间各种困难处境的总称。

二、财务危机的显性表现

本章分别阐述亏损型财务危机、偿付型财务危机和破产型财务危机的显性表现。

（一）亏损型财务危机的显性表现

亏损型财务危机的主要表现是企业发生严重亏损或持续亏损。

严重亏损是指企业一个会计年度亏损或一次性亏损的数额巨大，对企业净资产造成严重的侵蚀。亏损数额巨大不能简单地用绝对数额大小来衡量，因为对于经济规模大小不同的两个企业来说，各自用于衡量亏损数额大小的标准是不同的。这里讲的亏损数额巨大，一般是指它对企业现有净资产的侵蚀程度。就一般企业而言，如果初次年度亏损使企业净资产减少 1/3 及以上，应视为严重亏损；就上市公司而言，如果初次年度亏损使公司每股净资产降至 1 元以下，应视为严重亏损。我国上市公司向社会公开募集资金所发行的流通股股票，均为高溢价发行（市盈率 20 倍左右，甚至更高）。因此，一个经营正常的上市公司，通过始发、增发、配发等方式进行高溢价募资，再加上逐年留存收益累计，每股净资产的水平一般都很高。如果这样的公司初次年度亏损能使每股净资产降至 1 元以下，其亏损数额是非常之大的。

持续亏损是指企业连续两年及两年以上发生亏损。企业连续发生亏损，意味着：第一，说明其发生亏损的偶然性因素很小；第二，说明其盈利能力实质性削弱的危险趋势显现；第三，亏损累积会严重侵蚀企业净资产，致使企业财务状况恶化。

（二）偿付型财务危机的显性表现

偿付型财务危机的主要表现形式是企业履行义务受阻，无力支付到期债务和费用或需付极大努力才能支付到期债务和费用。

企业按契约规定的日期、数额和其他条件偿还或支付这些债务与费用，是企业债务链资金正常循环的必要环节，是包括债务链在内的企业资金周转系统正常运行的基础。企业债务的清偿和费用的支付，必须在到期日有足够的资金储备或有同样的资金流入，否则，就会发生无力支付的困难局面。造成这种资金周转困难局面的原因，可能是资金调度和资金收支安排的问题，也可能是出现了意料之外的事变，大多数是企业经营不景气或出现巨额不良资产（呆滞债权或其他难以变现的资产）所致。例如，上海东海股份公司由于背负大股东累计所欠超过 10 亿元的不良债权，致使该公司在 1999 年至 2002 年一度处于无力偿付巨额银行到期借款的财务危机之中。

无力支付或无力偿还是指：①企业只是暂时没有用于支付费用和偿还债务的资金，不是一种持久的现象；②企业尚有一定的信用，尚存在筹集一定资金的可能性；③企业未发生严重亏损或连续亏损；④企业资产负债率很高，但还未到资不抵债的地步；⑤企业资金循环发生障碍（不是资金衰竭），经过一定努力可能予以偿付或可能予以缓解的财务危机。

（三）破产型财务危机的显性表现

破产型财务危机是企业最严重的财务危机。企业破产的基本含义就是破产还债，即以破产方式了结不能清偿的债权债务关系。按照企业破产的原因，一般分为会计破产和技术性破产两种。

1. 会计破产

会计破产是指企业资不抵债即账面净资产出现负数而导致的企业破产。企业资不抵债是企业发生严重亏损或持续亏损，除将企业投资者所享有的净资产（包括原始投资和投资后的内部积累）全部侵蚀外，还侵蚀了债权者的部分权益。债权者为维护自身的权益和减少损失，会被迫申请债务人企业破产或采取其他措施解决债务清偿问题。例如，1996 年郑百文上市后曾进入中国股市 100 强（后来查明该公司财务数据一直在造假），但 1996 年和 1999 年连续发生亏损，累计亏损额近 20 亿元，截至 2000 年 6 月底，公司总资产只有 9.6 亿元，而负债总额则高达 21.75 亿元，资产负债率 216.76%，公司严重资不抵债。1999 年底，郑州市建设银行将该公司的逾期贷款本息 20 多亿元转让给信达资产管理公司。2000 年 3 月，郑百文的最大债主信达资产管理公司向当地法院提出郑百文破产申请。

2. 技术性破产

技术性破产是指企业财务管理技术失败即企业无法偿还到期债务而导致的破产。“不能清偿到期债务”也是一些国家破产法中界定的企业破产标准，我国企业破产法(试行)实质上也是以此为企业破产界限。技术性破产与会计破产的不同之处在于，它不仅仅以“资不抵债”为标志，而主要取决于以下三个因素。

(1) 企业资产和现存状况。如果企业以现有资产清偿债务，在企业资产以整体性固定资产（如发电设备、专门生产线等）为主的条件下，将其变卖清偿后，企业实质上已无法生存，此时企业即便是“资大于债”，也会发生破产倒闭。

(2) 企业的信用状况。如果企业已到了资不抵债的地步，但企业尚存较高的信用，可以通过举新债还旧债，或通过引进新的投资，使企业免于陷入破产的境地。

(3) 企业现有劳动力资源的创利能力。企业现存的职工队伍是不计入企业资产的宝贵资源。在企业资不抵债的情况下，如果企业能通过对外输出劳务或签订劳务合同，以其取得的劳务报酬清偿债务，可使企业不至于陷入破产的境地。

以上所阐述的财务危机的三种显性表现，只是说明财务危机的主要显性特征，界定它们之间的显著差别为：亏损型财务危机的显性标准是“严重亏损或持续亏损”，其上限是指还未发生“资不抵债”；偿付型财务危机的显性标准是“无力偿还到期债务和费用或需付极大努力才能偿付到期债务和费用”，其上限是还不至于“不能偿还债务”；破产型财务危机的显性表现则是“资不抵债”或“不能偿还债务”。实际上，它们之间是相互联系、相互转化的。如果按财务危机显性程度划分，亏损型财务危机、偿付型财务危机是属于持续经营条件下的财务危机，是还不至于威胁企业生存的财务危机；破产型财务危机是企业资不抵债、不能偿还债务或处于清算条件下的财务危机，是威胁企业生存的财务危机。破产型财务危机是最严重的财务危机，它是前两者演变和不断恶化的结果。

三、财务危机的实质

企业发生亏损或持续亏损，企业履行义务受阻和企业破产，实质上是企业财务关系失衡、紧张直至恶化的外在表现。

（一）从企业与投资者之间的利益关系角度看财务危机

企业与投资者之间的利益关系是权益分配关系，企业赖以维系的基础，是投资者投入的资本能保值增值，也就是说，企业要有盈余。如果企业经营不善，发生亏损，投资者不但不能获取投资报酬，而且还要蚀本。当企业发生巨额亏损或连续亏损时，企业与投资者之间的关系骤然紧张起来。如果是上市公司，作为保护股东利益，特别是中小股东利益的证券监管部门和证券交易所，就会采取必要的行动，如对其股票交易实行特别处理(ST)，因此，企业与投资者之间已经紧张的利益关系被外显化为冠以ST 或*ST 为标志的财务危机。非上市公司及其他企业，企业主管部门或股东也会以适当的方式表达出来，如宣布限期整顿、撤换企业管理层等举措。

（二）从企业与债权人之间的利益关系角度看财务危机

企业的债权者，主要是指提供贷款的金融机构和提供商业信用的供应商等。此外，从某方面来说，企业职工和国家税务机关等也是企业的债权者。企业债权者为企业扩大经营和正常周转提供其所需要的资金，从而建立起企业与债权者之间的债权债务关系。这种关系赖以维系的基础是企业按期偿付借款本息、按期支付货款、职工工资和交纳税金等。如果企业无力按期偿还上述债务，就会外化为履行义务受阻的财务危机；如果企业资不抵债或不能偿还到期债务，就会外化为破产型财务危机。

企业与被投资者之间以及与债务者之间财务关系紧张，主要是投资发生损失或不能如期收回债权，这是企业发生财务危机的重要因素之一。

四、财务危机管理的环境分析

财务危机管理的环境分析，实际是要明确在怎样的企业内外部财务状况和经济形势发生变动时，企业最有可能出现财务危机，以及企业应如何根据环境的要求和变化，建立和不断完善企业的财务危机预警系统。

（一）财务危机管理的外部环境分析

外部财务环境对企业的整个经营和财务活动都会造成重要影响，一方面它为企业的顺利发展提供了机遇和可能，形成了外部环节所必需的财务通道，如提供有效的筹资对象和有利的投资项目等；另一方面外部环境又对企业的经营和财务活动提出了制约与挑战，如政府各种宏观金融政策的调整和市场竞争的压力等。面对企业外部多变的财务环境，企业在建立财务危机预警系统时，首先应该以经济环境及其变化为先导，并必须具备一定的适应能力，使企业的财务管理活动和预警控制系统真正能与不断变化的经济环境相适应。

1. 金融环境因素

一定时期国家宏观金融政策的变动，可能对企业财务管理和财务危机预警系统的影响是最大的。如宏观金融利率的变化、货币政策的改变、国家信贷政策的变动、对企业信用要求的严格与否、各种金融交易的严格程度等，都会对企业的财务管理状况和财务预警指标造成直接或间接的影响。

一般情况下，国家宏观金融政策越严格，企业和整个行业的筹资活动与各种资金运作就会越困难，无论是本企业还是其他关联企业，都可能因此而引起短期的财务危机，甚至可能导致公司的破产。

2. 法律环境因素

法律环境对企业的财务管理和预警实际具有十分重要的影响作用，但其往往在关键的时刻才会表现出来，而平时又表现得并非那么直观，所以很多人并没有能真正认识它。其实，企业的财务管理和财务危机预警系统的建立等各类财务活动，无一不是在各种经济法规的制约下运行的，简单地讲，只要是经济类法规都会对企业的财务管理和财务风险分析等造成直接或间接的影响。如《中华人民共和国公司法》《中华人民共和国合同法》《中华人民共和国商标法》《中华人民共和国证券法》《中华人民共和国票据法》《中华人民共和国反暴利法》《中华人民共和国反垄断法》《中华人民共和国反不正当竞争法》等，这些法律法规对企业的财务活动既做出了规定和保护，又做出了相应的制约。企业在制定其各类经营与财务活动标准和建立企业财务危机预警系统时，都必须充分考虑这些法律法规的要求，应该在其规定的合法的范围内运行，一旦超越其范围就可能受到法律的干预和制裁，甚至给企业造成重大的损失。

3. 经济环境因素

经济环境是指当时经济发展状况的各类因素，如当时整个社会的经济发展状况是属于高速增长，还是属于稳定发展或是相对呆滞和收缩的时期，作为企业的高级管理层人员，特别是企业的财务管理人员，应该对当时经济形势的发展有一个正确的认识和把握，要把企业财务政策的制定和财务预警指标的确立等，紧密地与客观经济环境的状况和发展相联系。一般情况下，在社会经济高速发展和社会需求增长较快的环境下，企业应着眼于抓住机遇，促使企业发展，并且不能落后于同行业的其他企业，就可采取相对激进的财务战略和相对宽松的财务预警标准。相反，在社会经济相对萧条时，企业就应该采用稳健财务战略，并实施较为严格的财务预警标准，等等。除了一般经济发展因素外，其他各类经济环境因素的变化和发展都应引起企业的充分关注，并在制定企业财务危机预警系统和标准时予以充分的体现。如地区经济发展的不平衡、国家产业政策的变化、不同消费群体的特点、行业优惠政策的出台、关税的调整、商品质量标准的修订、外汇结算制度的改变等。

4. 税务环境因素

国家税务政策的改变对企业的资金和财务状况将会产生重大的影响。

（1）国家的各类税款对于企业来讲是一种法定责任负债，企业不可能有较长时期的延误，对于企业来讲，其一旦被确认就必须在较短的时期内支付，形成企业百分之百的现金流出，将对企业的资金状况特别是现金流形成直接的压力。

（2）税务成本作为企业经营成本的重要组成部分，合理的税务筹划将对企业的经营和财务产生重要影响。国家和地方政府的税收政策及其改变，都会对企业财务战略和财务危机预警系统的确定造成影响。应该仔细研究哪些税收是可以算进成本的，其本身就有抵税功能，哪些税收国家或地方政府是有一定的优惠政策的，哪些税收与企业的经营规模和范围有关，哪些税收与企业的盈利状况和分配制度有关，等等。

（3）企业的财务管理和预警系统的建立与其税务筹划应该是相关联的，税务成本较低的企业往往财务风险较小，并有较强的市场竞争力，所以其财务危机管理的控制标准往往也会较为宽松。相反，对于税务成本较高，并与国家税务政策有高度相关性的企业，其财务风险和财务的敏感度较强，只要国家税收政策做出调整，就可能对企业的盈亏或财务危机造成重大的影响。

（二）财务危机管理的内部环境分析

财务危机管理的内部环境是指企业内部一定时期对其财务管理和财务预警标准等产生影响的各种因素。内部环境往往与企业的内部经营和财务管理水平与状况，以及企业的内部管理人员及相关的内部管理条件等密切相关。简单地讲，企业财务危机预警系统的建立和完善，必须与企业经营和财务管理的实际状况与相关条件相适应。

1. 企业的经济性质、规模和行业特征

一个企业的经济性质和规模在一定程度上对于市场变动的承受能力和抗风险水平等都会产生重要的影响，我国企业的经济性质具有多样性，规模相差甚大，不同经济性质和规模的企业，在资金来源、贷款能力、筹资渠道、投资规模、资金运作、管理制度、价格政策、税务优惠和利润分配等各个方面都有较大差异。一般来讲，企业的经济性质和股权结构稳定、企业经营达到一定的规模，其经营和财务风险就较小，因为这类企业的资金运作能力强，筹资渠道相对广泛，所以其抗风险的能力相对较强。

另外，企业的行业特征往往对企业财务危机预警系统的建立和及时有效的修正，都具有重要的影响作用。不同行业的经营和财务风险相差很大，对于一些市场稳定，但盈利较低的企业来讲，在市场销售和客户消费倾向没有发生重大变化前，一般企业的经营和财务状况稳定，风险也较小，但当市场消费和竞争对手发生较大变化时，企业就可能面临重大风险，而且这类企业大多抗风险能力较弱。而那些市场多变、竞争激烈和盈利较高的企业，一般对经营和财务管理的要求较高，财务风险也较大。这类企业的资金运作量大，虽然对于小风险具有较强的抵抗能力，但一旦发生致命性风险，就可能落入破产的境地。所以，企业在财务危机预警系统建立之时，必须充分注重企业经营的行业特性及其周期性特征等，企业财务危机预警系统的建立，必须充分结合企业的经济性质、规模和行业特征等，这样才能做到正确和有效。

2. 企业内部经营和财务管理水平

企业在建立其财务危机预警系统时，应该充分研究和把握本企业内部经营与财务管理水平的高低，并对其有一个合理和全面的认识。因为在相同规模的企业中，其内部经营和财务管理水平的差异，往往会导致其财务危机预警系统的建立有较大的差别，内部管理水平较高的企业，其信息系统也较为发达，部门和事项的控制能力都较强，而且出现某些经营和财务问题时的自我调控能力较强，所以这类企业财务危机预警系统的建立应该是很完备的，但其监控指标的标准相对有一定的控制范围，在一定的控制范围内，部门或项目管理者可能有权及时做出调整和改善，往往中层管理者有较大的管理权，这类企业一般是通过制度的完善和监控的系统化来达到企业财务预警的目的，而不在于对财务预警指标必须有确定、具体和严格的标准。

对于企业内部经营和财务管理制度相对薄弱与管理水平相对较低的企业来讲，企业的财务危机预警系统的建立必须是具体和严格的，所有的财务监控指标必须十分明确，而且根据稳健性原则，应对这些预警指标设置得尽可能严格，在充分安全的前提下，才能给予一定的灵活。同时只要财务预警指标出现偏差，作为部门管理者一般不能有直接的处理权，而应及时上报有关主管的高级管理者，而且对于预警指标发生偏差的信息上报时间等，都必须做出明确的规定，这样才能保持有效。

3. 企业管理人员的素质

企业管理人员的素质是影响企业财务危机预警系统建立的重要因素之一，在企业管理制度既定的情况下，人往往是决定企业能否成功的关键因素。

企业管理人员的素质主要包括先进意识、管理能力、控制水平、风险意识、组织能力、协调能力、决策能力和各种沟通能力。企业在建立其财务危机预警系统时，应该对本企业管理人员的素质有一个相对全面和深入的认识，才能保证财务危机预警系统的适用性和有效性。一般来讲，如果企业管理人员的素质较高，风险意识较强，整体控制能力良好，并且对于一些突发性事件的应对能力很强，企业整体的经营和财务管理过程中就已经充分体现了稳健和安全的理念，企业的经营和财务活动本身就在风险的控制之下，所以其预警系统就可以相对宽松，其预警指标的控制范围也可以较大一点，具体状况可由相关管理人员做出判断。相反，如果认为企业经管人员的素质相对薄弱，而且风险意识淡薄，控制偏差和处理突发性危机事件的经验缺乏，企业就应该建立非常严格的财务危机预警系统，并要确定十分严格的控制标准和预警指标等，人才素质的缺陷需要通过严格的制度控制来弥补。

4. 企业经营状况和稳定性

从宏观和市场角度看，除了国家政策、行业特征等以外，企业长期经营状况的好坏及经营的稳定性往往是决定一个企业是否会出现财务危机的重要因素。判断和分析企业的经营状况和稳定性，主要从以下几方面着手。

（1）调查分析企业所生产的产品或提供的劳务等是否属于消费者长期需要的基本产品，而不是某一特定时期生产短暂消费的产品。

（2）调查分析企业一定时期的市场占有率，包括企业能否在一个相对稳定的时期内，根据企业的销售目标，按照既定的价格和数量销售产品的能力。

（3）调查分析企业采购、生产、储备和销售等整个经营过程的稳定性，企业能否在整个生产和销售的经营过程中表现出良好的控制能力。

（4）调查分析这种经营的稳定状况是否能保证企业财务状况的稳定，因为在大多正常情况下，经营稳定的企业才能导致或确保其财务的稳定，但有时也会出现相反的状况，如收款能力极差，企业越销售越亏损，企业的资金越紧张，甚至造成现金失控，等等。

如果企业的产品是社会消费者必需的长效产品，而且长期以来，企业的整个生产经营活动始终保持良好的运行状态，并且在同行业中保持较明显的领先水平，市场占有率也长期稳定和良好，那么，一般可以认为这是一个稳定经营的企业，相对来讲其财务危机出现的可能性就要小得多。但要注意的是，所谓企业的经营状况和稳定性并不是一成不变的，而是动态发展的，如果原来经营稳定的企业变成了经营高度不稳定的企业，那么其原来的财务危机预警系统就可能已不再适用了，需要进行及时修正。

5. 本企业和同行业历史与目前的财务运作状况

与企业财务危机预警系统建立关系最紧密的应该是企业的历史和目前的财务状况，它对企业如何建立有效的财务危机预警系统提出了最直接的要求。所以，当企业高管层和高级财务管理人员决定建立财务危机预警系统时，必须对企业的历史和目前的财务状况有一个充分和全面的了解，通过相关财务指标和企业经营状况等的综合分析，来认识和判断本企业是一个风险极高的企业，还是一个风险较低的安全性企业。

企业历史资料的积累和分析是至关重要的，通过对企业长期财务状况的分析，以及预期企业出现财务风险的原因和相应的处理方法及对策，就能较全面地把握企业可能出现财务危机的特征，以及企业最可能在哪些方面出现财务风险等，再结合企业目前的财务状况和市场发展前景分析，就能对企业的财务危机和预警系统的建立有一个全面合理的判断，并有效地确定公司财务危机管理的重点。

企业除了要了解其本身的历史和目前的财务状况外，还应对同行业历史和目前的财务状况与风险因素等有所了解。因为在一个相同的行业和在市场既定的前提下，这些企业所承受的市场风险具有很大的相似性，所区别的是它们的抗风险能力具有实质性的差异。充分了解企业在与同行业竞争中所具有的优势或不足，有效地建立起适合本企业财务状况和发展要求的财务危机预警系统是十分重要的。

第二节 财务危机的表现特征

国内有学者对于阶段性财务危机的表现特征做了深入研究，采用一定理论研究和归纳推理的方法，提出企业财务危机应该可以划分为如下四个主要阶段，并各自表现出不同的财务危机特征。即财务危机潜伏阶段、财务危机发展阶段、财务危机恶化阶段和财务危机最终阶段。这四个阶段表现的不同特征，可以用图 10.1 来描述。

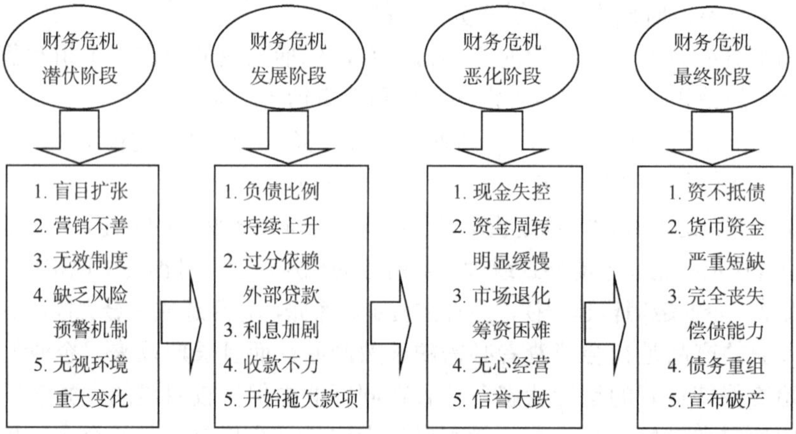

图 10.1 财务危机四阶段特征

图 10.1 中所示的财务危机不同阶段的财务特征，虽然并非在所有的企业中都是如此表现的，但一般讲大部分出现财务危机的企业都是基本相似的，它们具有广泛的普遍性。

一、财务危机潜伏阶段

一般情况下，导致企业财务危机的直接原因，主要是盲目扩张和经营不善。通常，经营不善的企业是不可能有较大程度扩张的，扩张企业往往是以往经营比较成功的企业，其自信心膨胀，低估了环境和形势的险恶与多变，特别是没有对竞争对手的实力和状况等有充分的了解，盲目扩张使企业的资金链失控，从而导致其财务危机的出现。

经营不善永远是企业可能出现财务危机最重要的因素，在财务危机潜伏期中，经营不善的表现形式是多种多样的，而且没有固定的特点，不同的企业在经营不善的具体表现中具有很大的差异化。同时，缺乏良好的管理制度和预警系统，这本身就是企业财务危机潜伏期的重要特征。一般讲，凡企业财务管理制度混乱，缺乏有效的财务预警功能和系统的企业，只要有一定程度上的经营不善或资金运作能力下降，那么企业面临实际的财务危机是必然的。企业因缺乏预警、自控和调节能力，当危机出现时，就会马上陷于重重困难之中。

企业是否具有良好的环境变化的适应能力，往往也是企业是否具备良好的自我调整的抗财务风险能力的重要标志。因为企业是处在一个多变的经济环境之中，特别是企业的市场状况、产品的升级换代速度、关联企业的供货和资金偿付能力、竞争对手的价格政策变动、金融市场的波动、利率和外汇市场的变化、银行信用和利率政策的改变等，都会对企业的财务状况、筹资能力、资金调度能力和偿债能力等产生巨大的影响。如果企业缺乏有效市场适应能力，也未建立必需的风险准备资金，当市场任何一个环境因素发生变化，企业就可能因适应能力较差而导致财务危机的出现。

二、财务危机发展阶段

企业财务危机发展阶段最主要的特征，是其在一个时期中负债比例有较大程度的持续上升，而且这种负债比例的上升，并没有良好的经营项目的盈利能力来保障，主要是因企业资金运作的困难而不断增加负债。企业经营的不善和盈利能力较差，再加上没有良好的收款能力，使得企业对贷款的依赖性越来越强，公司如果没有始终保持一定规模的贷款，企业将无法正常地经营下去。同时，企业的负债比例居高不下和对贷款的依赖性越来越强，势必极大地提高企业的资金成本，这里有两方面的原因：①企业负债比例很高，企业的财务风险不断加剧，银行等信用机构就会大大提高企业借款的利息率，从而极大地增加公司的资金成本；②企业的负债总量不断上升，企业的利息成本占企业经营总成本的比重也不断上升，使其在市场竞争中不能有成本领先等必要的竞争优势，长此以往企业财务危机出现就只是时间问题。

企业财务危机发展阶段的另外两个重要标志是：企业相当一段时期收款不力或者开始较大规模地拖欠银行、金融机构和客户的各种款项。如果不是企业诚信有问题，或者是恶性经营，那么这种状况的出现明显就是企业财务危机发生的一个重要特征。一般讲企业收款不力的原因可能是多方面的，如经营不善、管理制度缺陷、经管人员营私舞弊、客户诚信问题等。而对金融机构和客户各类款项的拖欠，将对企业的经营和信誉等造成重大伤害，使企业在财务危机的发展道路上越走越远，导致企业完全丧失信誉，并完全丧失举债能力，最终走向财务状况恶化的困境。

三、财务危机恶化阶段

企业财务危机进入恶化阶段时，各种财务特征都会明显地表现出来，最直接的表现就是企业现金的严重失控，企业的现金状况明显恶化，一定时期的各项现金净流量全为负值，不但企业不能偿付各项债务和欠款，而且支付公司日常的经营和管理费用都开始发生明显的困难。从企业整个资金运作的角度看，企业的资金周转明显缓慢，明显低于同行业的平均水平，各类资金的积压日益严重，利息费用居高不下，资金链的失控导致企业物流系统的紊乱和失控，进一步造成企业经营管理水平的低下，使企业正逐步丧失其必须具备的盈利能力。同时，财务状况恶化的显现，使企业基本丧失筹资能力，不可能马上通过市场的其他渠道来补充其必需的资金要求，筹资能力的丧失使企业的资金进一步失控。迫于偿债的压力，企业开始用实物、收款权和相关物资进行抵债，所有这一切，如果企业没有良好和有效的改进措施与必要的资金注入，那么公司出现极端的财务困境就将成为必然。

在企业财务危机恶化阶段，在经营管理、内部组织和人员以及企业的社会形象与声誉等方面都表现出明显的特征。一般在企业财务危机恶化阶段，其经营状况也必然是明显恶化的，企业产品的市场退化十分明显，市场占有率大幅度下降，因无法为客户提供完善的服务和保障安全的付款机制等，企业原有的客户也纷纷弃之而去，企业原有的销售网络已不复存在。从企业内部来讲，经营状况恶化和现金的失控，使企业对员工的利益无法保障，企业从管理层到一般员工逐步对公司丧失信心。管理层和员工都出现无心经营、意志丧失和作风涣散的现象，劳动纪律和人事管理的放松和混乱，使企业的生产效率和经济效益进一步低下和恶化，这无疑使正处在财务危机中的企业雪上加霜，如没有重大和有力的整改措施，企业将面临绝境。而企业外部信誉和声誉的不断恶化，往往也是这类财务危机的明显标志，企业原有的合作伙伴已不再对企业有信心，原有的合作事项和协议因种种原因被作废，供应商不可能对企业提供任何赊销业务，银行不断追债并不会为企业提供任何票据承兑等服务，企业的外部市场环境不断恶化。

四、财务危机最终阶段

企业财务危机的最终阶段是其财务危机发展到最后的必然结果，实际是其破产、财务重整或企业重整的表现特征。在此阶段，企业几乎完全资不抵债，一般情况下企业负债比例明显高于同行业其他企业，亏损严重。同时，企业的货币资金严重匮乏，根本没有任何偿债能力，不要说偿还债务，就是日常的费用开支企业也已无法承受，企业开始大幅度裁员，关闭大量不盈利或开支较大的子公司和分支机构，试图较大幅度地降低企业的固定成本。更有甚者，有些企业会变卖其有关资产或出售土地和房产等，使企业能获得一定的现金流量或偿还迫在眉睫的债务，以求渡过难关。

上述方法其实不可能从根本上解决企业陷入财务困境的问题，一般情况下，当企业出现严重财务危机后，如果没有外力的推动以及新资金和管理人员的介入，大多较难在短期内有本质性的改变，所以采取必要的财务重整和企业重组等企业财务危机治理的方法是必然的。

要说明的是，虽然从特征上可以将企业的财务危机分为不同的阶段，并从不同的阶段来分别描述和说明各阶段的财务危机特征，但在实际中，可能很难将这四个阶段做截然的划分，特别是企业财务危机的表现特征，它们可能在各个不同阶段都有相似或互有关联的表现。如现金短缺和资金失控，这可能是企业财务危机不同阶段中都会出现的财务特征，只是其在不同阶段的表现程度不同而已。又如，经营不善和筹资困难等，在各个财务危机的发展阶段，也都会有不同程度的表现。企业财务危机的阶段特征只是相对而言，并不是一个绝对的概念，之所以有必要将其做一定的划分，只是为了在进行企业财务危机问题研究时能更深入和准确地理解与把握不同阶段主要的表现特征和方式。

第三节　财务危机预警模型与方法

本节主要从定性预警分析、定量预警分析和定性与定量结合预警分析三部分对现有财务预警模型与方法进行评析，如图 10.2 所示。

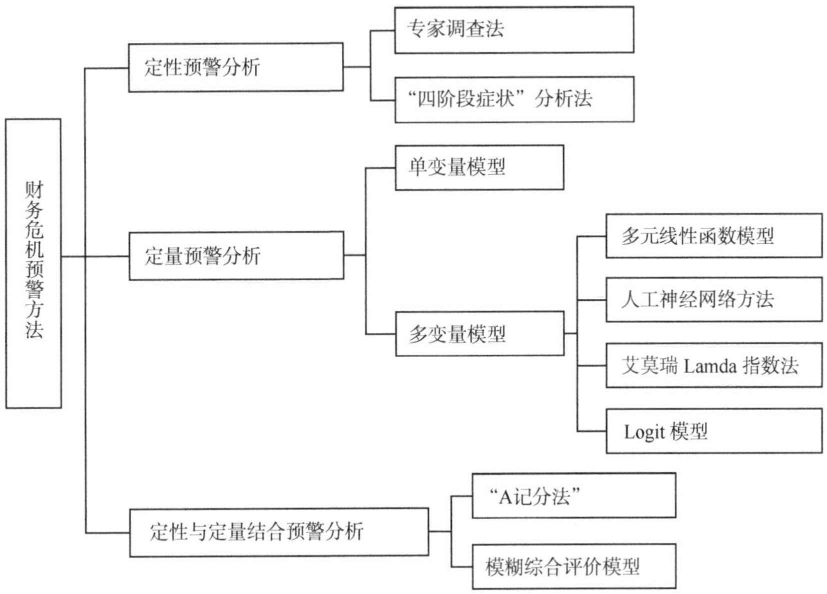

图 10.2　财务危机预警方法分类

一、定性预警分析

（一）专家调查法

专家调查法就是企业组织各领域专家运用专业方面的知识和经验，根据企业的内外环境，通过直观的归纳，对上市公司过去和现在的状况、变化发展过程进行综合分析研究，找出上市公司运动、变化、发展的规律，从而对上市公司未来的发展趋势做出判断。这一方法的成本较高，大部分上市公司只采用其中的标准化调查法，即通过专业人员、咨询公司、协会等，就上市公司可能遇到的问题加以详细调查分析，形成报告文件供上市公司经营者参考的方法。之所以称为标准化，是指他们所提出的问题对所有上市公司或组织都是有意义的、普遍适用的。但这种方法对特定公司来说，无法提供特定的问题，无法暴露那些公司的个性特征。

（二）“四阶段症状”分析法

企业财务运营情况不佳，甚至出现危机必定有特定的症状，而且是逐渐加剧的。企业财务运营病症大体可分为四个阶段，各阶段并发症状可见图 10.1。如企业有相应情况发生，一定要尽快弄清病因，采取有效措施，摆脱财务困境，恢复财务正常运作。这一方法的原理类似于诊断病人，根据病人的症状，如咳嗽、发烧等查找病因，并予以治疗。这一方法直观明了，简单易行，尤其适合上市公司进行自我诊断。

二、定量预警分析

（一）单变量模型

在以前很长的时间内，很少有人把比率分析的方法作为预测企业潜在失败的工具。美国学者 Fitzpatric 发现失败上市公司与非失败上市公司的一些可比较指标有明显区别，最早提出了关于比较两种类型上市公司比率的应用。他的研究为后人使用比率比较的方法预测财务失败起到了启发作用。威廉·比弗（William Beaver）在这一研究上取得了突破性的进展。他最初选了 14 个比率进行实证分析，最终得出能最准确区分上市公司失败与否的比率是现金流量/债务总额，它在上市公司失败前 1 年和前 5 年的比率分别是 13%和 22%，而更常使用的流动比率则分别为 20%和 45%。最后，比弗选用了对于预测财务失败最有效的三个比率：①现金流量/债务总额；②净收益/资产总额；③债务总额/资产总额。比弗在 1968 年美国的《会计评论》上发表了题为“可以预测失败的几种会计手段”的文章，引起了强烈反响。

比弗认为只要上市公司发生了如下事项中的任何一项，就可以将上市公司列为失败上市公司：①破产；②拖延偿还债券；③透支银行账户；④无力支付优先股。在对每一个预测对象进行失败预测时，首先要找一个参照物，也就是从所属行业中选择一个具有相同资产规模的成功上市公司，并比较预测对象与成功上市公司的上述三个比率。当预测对象的上述三个比率在比较中存在明显不利的差距时，就应当对这些比率的连续几年变化给予足够的关注。当发现预测对象三个比率中任何一个处于恶化之中时，就继续考察预测对象流动资产项目之间的关系是否正常。这是因为比弗曾通过计算 79 家发生财务失败前上市公司各年的 13 个财务项目的平均值，发现失败上市公司有较少的现金而有较多的应收账款，并且失败上市公司的存货一般较少。所以在预测财务失败时应特别注意现金、应收账款和存货这三个流动资产项目。比弗的单变量失败预警模型具有重大的理论和现实意义：①他把财务比率用于预测财务失败，而且各比率的预测能力不同而加以区别使用。②他也提到了多比率分析方法和市场价格的信息可能更有效地用于预测目的，这为多变量模型的建立奠定了基础。

在进行上市公司财务预警分析时，单变量比率分析尽管有效，但作用有限，局限性明显：①对于那些作为预测指标来说最重要的比率，分析者得出了不同的结论。②尽管对较长一段时期进行的单变量比率分析可能说明公司正处于困境或未来可能处境困难，但这不能具体证明公司可能破产以及何时会破产。③单变量比率分析得出的结论可能会受到通货膨胀因素的影响。例如，以往的固定资产价值在用于资产周转率分析时，可能会出现越来越误导的结果。看似说明上市公司经营好转的比率若按实际衡量，情况可能恰恰相反。④公司的管理部门认识到公司正面临财务困难时，往往采取粉饰会计报表来掩盖公司实际财务状况。从公司本身的角度来看，在报表上弄虚作假实际上对公司没有一点好处：因为掩盖财务困难，即使对第三方掩盖得再久，也不能自动解决这些困难。

（二）多变量模型

多变量模型是一种综合评价上市公司财务危机的方法。当预测上市公司是否会面临财务危机时，只需将上市公司的多个财务比率同时输入模型中，模型会通过计算得到一个结果，然后根据结果就可以判别上市公司是否会面临财务危机或破产。多变量模型中最早也是最广泛使用的是多元线性函数模式。随着计算机的发展，模拟功能日益被科学研究领域所应用，神经网络也被应用于财务危机的预测。

1. 多元线性函数模式

多元线性函数模型有数种之多，但最早也最有影响力的要数美国的爱德华·I. 奥特曼（Edward I. Altman）于20世纪60年代中期创建的Z值（Z-score）模型。奥特曼使用了33家失败公司和33家成功公司的财务数据，并且挑选了22个财务比率进行实验。在实验过程中使用了一种特殊的软件程序，第一步的结果得到了22个函数，区分成功和失败公司能力最差的函数被淘汰，然后继续运行这个统计软件。这样一次一次重复，每次都去掉一个区分能力最差的比率，最后，奥特曼保留并使用了5个比率。

1968年，奥特曼提出了具有重大影响的Z值模型，如式（10.1）。

$$Z=1.2X_1+1.4X_2+3.3X_3+0.6X_4+0.999X_5 \tag{10.1}$$

其中，Z为判别函数值；X_1～X_5为奥特曼所选的5个比率，它们分别是

X_1＝营运资金/资产总额

X_2＝留存收益/资产总额

X_3＝息税前利润/资产总额

X_4＝权益的市场价值/负债账面价值总额

X_5＝销售收入/资产总额

一般地，Z值越低，上市公司越有可能破产。奥特曼还提出了判断上市公司破产的临界值：当Z值超过2.99时，上市公司被划分为不会破产之列；当Z值低于1.81时，则上市公司被列为破产类。在这两个数字之间的区域被称为“未知区域”或“灰色区域”。然而，作为一个简单的预测目的，2.675的Z值被一致认为是区别破产与非破产上市公司的关键点。

奥特曼的Z值模型在破产前一年的准确率达到了95%，而在破产前两年的准确率降到了72%，而到了第三年以上的准确率不到一半，仅为48%。可见，奥特曼的Z值模型只适用于短期（两年以内）的预测，说明这一模型还很不成熟，后来许多学者根据奥特曼的思路建立了改进的模型，有的模型甚至将预测能力延伸到了7年。但无论如何，奥特曼的成就起到了基石的作用，几乎所有的多元线性模型都源于他的思想：建立一个

能最好地区别失败与非失败公司的变量所构成的线性组合。

从理论上分析，单变量模型与多变量模型的差异体现在如下方面。

（1）着眼点不同。单变量模型过分强调了流动资产项目对上市公司财务危机的影响；而多变量模型则更注重上市公司盈利能力对上市公司财务危机的影响。

（2）二者采用的预测方法不同。单变量模型是以单个财务比率的分析考察为基础的，财务比率按其预测能力有先后顺序之分；而多变量模型则是以多种财务比率的分析考察为基础的，为使该模型的预测能力达到最大限度，一般需要对各种财务比率均进行加权。

（3）预测的内容不同。单变量模型所预测的财务危机包括上市公司的破产、拖欠偿还账款、透支银行账户、无力支付优先股股利等；而多变量模型所预测的财务危机仅指上市公司的破产危机，因而 Z 值模型有时也被称为公司破产预测模型。

（4）受通货膨胀的影响不同。多元线性模型受通货膨胀的影响很小，因此，在进行预测时不需要做费时的调整。这一优点是单变量预测模型所不具备的。但多元线性模型似乎过于“数量化”，而且受制于统计学所固有的一些假设，所以有可能做出错误的判断结果。

2. 人工神经网络方法

神经网络是一种通过试验和对错误的学习来模仿大脑识别能力的技术。它之所以被称作神经网络是因为它的工作机理很像组成人体神经系统的神经细胞。当然，它远远不如生理学上的神经复杂，因此也常常被称为人工神经网络（artificial neutral network，ANN）。自 20 世纪 80 年代中期开始，人工神经网络技术被广泛应用于模式识别、优化计算、智能控制等领域，并取得了突破性的进展。人工神经网络可实现信息的智能化处理，近年来它作为一种强有力的工具在经济、金融、管理领域有着广泛的应用，其中包括财务危机预测研究。M. Odom 和 R. Sharda 第一次把人工神经网络用于财务危机的预测研究，他们使用了三层前馈神经网络，并与传统的多元判别分析进行了比较研究，实证表明，神经网络具有更好的准确性和鲁棒性（Robustness）。在此之后，许多学者运用不同的神经网络模型对企业的财务危机预测进行了研究。

1）多层感知器

多层感知器（multi-layer perceptron，MLP）是一种通用的神经网络结构，广泛应用于二类别的分类问题研究。在财务危机预测研究中，它是应用最广的一种神经网络模型。MLP 在理论上比较成熟，一般采用反向传播（BP）算法。I. Poddig 使用了多层感知器对财务危机预测进行了研究，结果表明它比 MDA（model driven architecture）有更好的预测稳定性。

2）概率神经网络

概率神经网络（probabilistic neural network，PNN）是指神经网络算法利用样本的先验概率 Bayes 定律和最优判定原则对新的输入进行分类，它既具有统计分类的功能又不受多元正态分布等条件的限制。它在运算过程中可读出被分类的新输入的后验概率，对计算结果有一定的解释功能。1999 年 Z. R. Yang 等用 PNN 对美国石油和燃气企业的财务危机发生的可能性进行了预测研究，并与BP神经网络做了比较，表明PNN有较好的预测能力和解释能力。

3）自组织映射神经网络

自组织映射神经网络（self-organizing map，SOM）模拟大脑神经系统自组织特征映射功能，是一种竞争式学习网络，在学习中能无监督地进行自组织学习；在网络结构上，SOM 一般由输入层和竞争层构成两层网络，网络间没有隐含层，两层之间各神经元实现双向连接；在学习算法上，它模拟生物神经元系统依靠神经元之间的兴奋、协调与抑制、竞争的作用来进行信息处理的动力学原理，指导网络的学习与工作。Kimmo Kiviluoto 应用 SOM 对财务危机预测进行了研究，采用的样本规模较大（大于 5000），结果表明 SOM 的预测精度强于传统的多元判别方法，是财务危机预测的强有力工具。

4）玻尔兹曼机理论神经网络

玻尔兹曼机理论（boltzman machine）是一种在 HNNS（Hopfield NN）基础上发展起来的随机型神经网络模型。L. Kryzanowski 等使用其评估了 66 个加拿大公司的财务状况，并用了 14 个财务比率进行分析，结果表明玻尔兹曼机理论是构建神经网络的有效工具，而增加训练样本有助于神经网络预测的准确性。另外，在样本规模较小时，D. Fletcher 等使用了交叉检验（cross-validation）的方法对模型进行了研究，使神经网络的适应性和预测能力有所提高。

以上应用神经网络对财务危机进行预测的研究中，神经网络的结构算法以及样本采集范围、规模及指标的不同，得出的结果不尽相同，同时关于神经网络和 MDA 预测效果的比较也存在不同的意见。神经网络有许多的优点，如对数据分布的要求不高、非线性的数据处理方式、强鲁棒性和动态性等。这些优点使之成为财务危机预测研究中的一个热点。人工神经网络也存在一些缺陷，主要表现为两点，即网络结构难以确定和缺乏解释能力。

3. 艾莫瑞（Emery）Lamda 指数法

艾莫瑞 Lamda 指数法是一种通过近几年现金流量来计算上市公司短期内可能破产概率的模型。这一模型主要考虑上市公司因无现金支付债务而破产，而没有专门考虑盈利能力和营运能力，当然现金流量多少会反映这些因素。这一模型如式(10.2)所示。

$$\text{Lamda 指数}=\frac{\text{现金留存}+\text{期望现金流量}}{\text{现金流量的标准差}} \tag{10.2}$$

其中，现金留存＝现金＋有价证券＋可使用的信用度

期望现金流量＝期望收到或支出的现金净流量

现金流量的标准差＝σ 现金流量

则估计破产的可能性＝1－N（Lamda 指数）

其中 N 代表正态分布，可根据算出的 Lamda 值查看正态分布表，得出结果，现举例说明其应用。

假设已知某上市公司 2012～2016 年的现金流量（表 10.1），以及 2016 年的现金和有价证券是 1000 美元。则

期望现金流量＝900/5＝180（美元）

σ 现金流量$=\sqrt{1\,348\,000/(5-1)}=580.5$(美元)

所以 Lamda 指数=(1000+180)/580.5=2.03

估计破产的可能性=1−N（2.03）=1−0.9788=0.0212 或约等于 2%

表 10.1 某上市公司 2012～2016 年的现金流量 单位：美元

年份	①=实际现金流量	②=①−期望现金流量	③=②×②
2012	100	−80	6 400
2013	700	520	270 400
2014	−600	−780	608 400
2015	800	620	384 400
2016	−100	−280	78 400
合计	900		1 348 000

4. Logit 模型

20 世纪 70 年代以来，大多数关于财务危机的研究采用了 Logit 模型。Logit 模型是采用了一系列的财务比率来预测财务危机发生的概率，然后根据银行、投资者等的风险偏好程度设定风险警戒线，以此分析对象进行风险定位和决策。Logit 模型不要求满足多元正态分布，是解决 0～1 回归问题行之有效的方法。假设财务危机的概率为 P，并假设 ln[P（1–P）]可以用财务比率线性解释，即

$$\mathrm{Ln}[P/(1-P)]=\alpha+\beta x \tag{10.3}$$

$$P=[1+\exp(-\alpha-\beta x)]^{-1} \tag{10.4}$$

把样本数据代入式（10.4）得

$P>0.5$ $X\in$财务危机企业

$P<0.5$ $X\in$非财务危机企业

$P=0.5$ $X\in$任意判别

其中，通过求最大对数似然函数 lnL（α，β）就可求得上式中的参数 α 和 β。Logit 模型没有理论上的临界值，需要根据实际目标来选择，一般取 0.5 作为财务危机发生的临界值。

Logit 模型的优点主要在于不要求多元正态分布和等协方差作为前提假设。其缺点是样本的数量不宜少于 200 个，否则存在参数估计的有偏性；当样本点存在完全分离时，模型参数的最大似然估计可能不存在，故Logit模型的有效性存在问题；Logit模型对中间区域的判别敏感性较强，导致判别结果不稳定。

三、定性与定量结合预警分析

（一）“A 记分法”

“A 记分法”也称管理记分法。该方法首先试图将与上市公司风险有关的各种现象或标志性因素列出，然后依据它们对上市公司经营失败的影响大小进行赋值（表 10.2），最后将一个上市公司的所得数值或记分加起来，就可以知道该上市公司的确切风

险程度。

表 10.2　风险因素及其风险值

风险因素	记分值	总值	临界值
经营缺点		43	10
管理活动不深入	1		
管理技能不全面	2		
被动的经理班子	2		
财务经理不够强	2		
无过程预算控制	3		
无现金开支计划	3		
无成本监督系统	3		
董事长兼任总经理	4		
总经理独断专行	8	45	15
应变能力太低	15		
经营错误	15	12	0
高杠杆负债经营	15		
缺乏资本的过头经营	15		
过大风险项目	4		
破产征兆	4		
危机财务信号	3		
被迫编造假账	1		
经营秩序混乱			
管理停顿			
分值加总	100	100	25

资料来源：杜胜利. 企业经营业绩评价[M]. 北京：经济科学出版社，2012：133

“A 记分法”中对各分值打分的方式是：打分者对有关项目的情况要完全熟悉，对于每一项分值要么是零分，要么是满分，不能记折扣分。例如，评分者肯定上市公司管理技术不全面就记 2 分，如果不能肯定就记 0 分，而不能怀疑不全面而记 1 分。上市公司的总分当然 0 分是最理想的，5 分是临界分。如果上市公司所得分数在 25 分以上，则表明上市公司已处于高风险区，正面临失败的危险。这时上市公司应进一步查找有得分的项目，对存在的问题进行解决；如果上市公司所得分数在 25 分以下，则表明上市公司处于正常风险区。不过上市公司处于高枕无忧的风险安全区应该是 0～18 分，所以上市公司应尽量将总分控制在 18 分以下。18～25 分的区域可以称为“警戒区”。这一方法基于一个前提，即上市公司的失败缘于上市公司的高级管理层。它的原理是：上市公司的经营失败并不是突然发生的，而是有一个过程。上市公司首先发生一些经营上的缺点或不足，如不能加以克服，这些缺点就会导致经营上的错误产生。如果错误还得不到纠正，上市公司就会出现明显的破产征兆，而这时假如上市公司再不悬崖勒马，则下一步必然是上市公司的破产。这一思路给人们分析和判断上市公司风险提供了很好的基础，而且为以后考虑如何治理风险指出了一条道路。因此，许多学者将该方法作为定性分析方法中的首选方法。

“A 记分法”简明易懂、有效，但也有局限性：①不同的评判者对同一上市公司的风险测定结果很可能不一样。特别是对一些分值较大的项目，其观点的不同直接会影响到最终的评判结果；②不同的评判者或分析者，以及不同的上市公司对各风险因素的记分或赋值标准可能不一致。

（二）模糊综合评价模型

上市公司财务运营受到各种内外环境因素的影响，其发展本身就是不确定的、模糊的。正是这种模糊性，在进行上市公司财务预警时，可以采用模糊分析的方法。该方法侧重于总体性、概括性的结果，与人们的日常模糊认识相吻合，往往更容易为人们所接受，而且其效果也是一般精确方法所不能达到的。其模型的建立须经过以下步骤。

1. 确定模糊评判等级评语

这里 $V=$｛很安全，安全，一般，危险，很危险｝，即对财务危机预测各种可能出现的结果所构成的集合，目的是在综合考虑所有影响因素的基础上，从评语级中选出一个最佳评价结果。

2. 建立因素集

建立因素集即把能预测财务危机的主要财务比率构成一个集合，如引用奥特曼提出的 5 个比率

$$U=\{U_1, U_2, U_3, U_4, U_5\}$$

其中，U_1 为营运资金/资产总额；U_2 表示留存收益/资产总额；U_3 为息税前利润/资产总额；U_4 为权益的市场价值/负债账面价值总额；U_5 为销售收入/资产总额。

3. 进行单因素模糊评价

进行单因素模糊评价即从因素集中单独取出一个比率进行评价，以确定评价对象（上市公司）对评价集 V 的隶属程度。例如，有 20%的人认为很安全，30%的人认为安全，20%的人认为一般，20%的人认为危险，10%的人认为很危险，则对 U_1 的评价可得到一个评价集

$$R_1=[0.2\quad 0.3\quad 0.2\quad 0.2\quad 0.1]$$

同理，对 $U_2 \sim U_5$，可分别得一个评价集，依次设为

$$R_2=[0.2\quad 0.3\quad 0.3\quad 0.2\quad 0]$$
$$R_3=[0.15\quad 0.25\quad 0.3\quad 0.2\quad 0.1]$$
$$R_4=[0.3\quad 0.4\quad 0.2\quad 0.1\quad 0]$$
$$R_5=[0.4\quad 0.4\quad 0.2\quad 0\quad 0]$$

由此可得一个模糊关系矩阵 $\boldsymbol{R}$

$$\boldsymbol{R}=\begin{bmatrix} R_1 \\ R_2 \\ R_3 \\ R_4 \\ R_5 \end{bmatrix}=\begin{bmatrix} 0.2 & 0.3 & 0.2 & 0.2 & 0.1 \\ 0.2 & 0.3 & 0.3 & 0.2 & 0 \\ 0.15 & 0.25 & 0.3 & 0.2 & 0.1 \\ 0.3 & 0.4 & 0.2 & 0.1 & 0 \\ 0.4 & 0.4 & 0.2 & 0 & 0 \end{bmatrix}$$

4. 建立权重集 A

一般来说，各个比率的重要程度是不同的，为了反映各因素的重要程度，对每个比率 U_1 应赋予一定的权重 a_i，并且满足 $a_1+a_2+\cdots+a_n=1$。权重集的确定是很重要的一步，它将直接影响到最终结果。一般可以采用集体经验判断法、专家咨询法、层次分析法等，可根据具体情况选用不同的方法。假设通过专家咨询 $U_1\sim U_5$ 权重分别为30%、10%、20%、15%、25%，则权重集为

$$A=\{0.3，0.1，0.2，0.15，0.25\}$$

5. 进行模糊综合评价

通过对单个比率的评价，可以得到一个模糊综合评价的数学模型，表示为 $B=A◎R$，其中◎为模糊算子，采用普通矩阵乘法法则，可得

$$B=A\cdot R\begin{bmatrix}0.2 & 0.3 & 0.2 & 0.2 & 0.1\\ 0.2 & 0.3 & 0.3 & 0.2 & 0\\ 0.15 & 0.25 & 0.3 & 0.2 & 0.1\\ 0.3 & 0.4 & 0.2 & 0.1 & 0\\ 0.4 & 0.4 & 0.2 & 0 & 0\end{bmatrix}$$

$$=\begin{bmatrix}0.3 & 0.1 & 0.2 & 0.15 & 0.25\end{bmatrix}$$

$$=\begin{bmatrix}0.255 & 0.33 & 0.23 & 0.135 & 0.05\end{bmatrix}$$

对 B 进行归一化处理：0.255＋0.33＋0.23＋0.135＋0.05＝1（这里无须调整）。该评价结果表明，有 25.5%的把握说上市公司很安全，33%的把握说上市公司安全，23%的把握说上市公司安全状况一般，13.5%的把握说上市公司危险，而上市公司很危险的可能只占 5%。根据最大隶属原则，可以认为该公司的财务状况“安全”。当然，此例可以看作一个实验样本。在实际应用当中，因素集可选用更多有效的比率，评价集也可根据需要设为 $V=\{$安全，一般，危险$\}$或 $V=\{$破产，非破产$\}$等。

模糊综合评价模型类似于多元线性模型，是通过多个财务比率的综合作用进行预警分析。同时，它也克服了其他定量分析方法所具有的一些缺点，如结果过于肯定、受行业和规模的限制等。模糊财务预警模型对从比率到评定结果这一过程采用了主观评价的方法，因此，它同时也具备定性分析方法的缺点，即对评价者的主观依赖性过大。此外，这一模型的评判结果具有较大的模糊性，无法对该模型的准确率进行检验。至于其是否能够实际运用于上市公司的财务危机预测，还有待实践。

第四节　财务危机预警系统的构建

一、财务危机预警系统的定义

所谓预警系统，是指预先告知一个人、一个组织甚至一个国家已经面临危险情况，即应该注意哪些有可能发生的危机，并提早做出防范措施的体系。预警系统可能

是自然形成的，譬如说人体在体温超过 37.5℃时，身体马上发生不适，应该进行必要的治疗；预警系统也可以是人造的，譬如国际海啸预警系统，一般是把参与国家的地震监测网络的各种地震信息全部汇总，然后通过计算机进行分析，并设计成电脑模式，大致判断出哪些地方会形成海啸，其规模和破坏性有多大。企业经营同样也必须建立一套预警制度，在复杂多变的市场环境和内部不可控因素的条件下，尽可能地预先察觉经营中的危机，并采取有效应变措施，化解风险消除危机。

所谓企业财务危机预警系统（financial distress prediction system），就是通过对企业财务报表及相关经营资料的分析，利用及时的财务数据和相应的数据化管理方式，将企业已面临的危险情况预先告知企业经营者和其他利益关系人，并分析企业发生财务危机的原因和企业财务运营体系隐藏的问题，以提早做好防范措施的财务分析系统。

设立和建立财务预警预报系统，对财务运营做出预测预报，无论从哪个立场分析都是十分必要的。而且预警系统不仅会帮助经营者预防风险，它也是企业各利益关系者关注的焦点。经营者能够在财务危机出现的萌芽阶段采取有效措施改善企业经营，预防失败；投资者在发现企业的财务危机萌芽后及时处理现有投资，减少更大损失；银行等金融机构可以利用这种预测，帮助做出贷款决策并进行贷款控制；相关企业可以在这种信号的帮助下做出信用决策并对应收账款进行有效管理；注册会计师则利用这种预警信息确定其审计程序，判断该企业的前景。

企业财务危机预警系统应该是企业预警系统的一部分，它除了能够预先告知经营者、投资者企业组织内财务营运体系隐藏的问题，还能清晰地告知企业经营者应朝哪一个方向努力，以便有效地解决问题，让企业把有限的财务资源用于最需要或最能产生经营成果的地方。

二、财务危机预警系统的功能

（一）监测功能

应用财务危机预警系统，可以跟踪企业的生产经营过程，将企业生产经营的实际情况同企业预定的目标、计划、标准进行对比，对企业营运状况做出预测，找出偏差，进行核算、考核，从中发现产生偏差的原因或存在的问题。当危害企业财务的关键因素出现之时，可以及时提出警告，让企业经营者早日寻求对策，以减少财务损失。

（二）诊断功能

诊断是财务危机预警系统的重要功能之一。它根据跟踪、监测的结果对比分析，运用现代企业管理技术、企业诊断技术对企业营运状况的优劣做出判断，找出企业运行中的弊端及其病根所在。例如，某企业被发现流动比率过低，经分析是因为该企业急于追求成长，又缺乏整体规划，才导致资金被分散、冻结，出现支付困难，产生财务危机。

（三）治疗功能

借助于财务危机预警系统，能够判断企业弊病之所在，然后对症下药，更正企业营运中的偏差或过失，使企业恢复到正常运转的轨道。例如投资分散而出现的财务危机，企业负责人应果断放弃其中几个投资项目，全心全力经营本业，化解财务危机，待有实力再做新的发展。一旦发现财务危机，经营者既要阻止财务危机继续恶化下去，寻求内部资金的控制之道，也要积极寻求外部财源。

（四）健身功能

通过财务危机预警系统，企业能系统而详细地记录财务危机发生的缘由、处理经过、解除危机的各项措施，以及处理反馈与改进建议，作为未来类似情况的前车之鉴。这类似于人类自身的免疫系统，企业如同细胞，具有自动记忆功能，一旦发生过某类错误或失败，企业能够将其发生的原因总结起来，并根据其危险程度加以分类，转化成企业管理活动的规范，以免重犯类似的错误，从而不断增强企业的免疫能力。

三、财务危机预警系统的构建原则

建立企业预警系统是为了监测、掌握公司的经营信息、财务信息等，以便及时发现问题，并寻求解决方案和防范措施，保持企业持续健康地发展。要实现这个目标，设立企业预警系统必须遵循以下基本原则。

（一）科学性原则

科学性原则是指企业预警的监测方法和监测指标的设计必须科学，必须能够揭示企业运行的内在规律和潜在风险。如果设计方法不科学，就不可能得出科学的结论，那么据此做出的经营管理决策不仅不能起到矫正作用，反而会造成严重的破坏性后果。监测指标设计的科学性原则要求企业预警系统的监测指标能够准确反映财务数据的内在联系，揭示财务运行本质规律，如实反映企业经营管理和财务活动中存在的潜在风险。

（二）系统性原则

系统性原则要求企业预警系统必须把企业作为一个整体来考虑，而不要割裂地去分析企业经营活动和财务运行中的某一个或者某几个方面的问题。因为企业本身就是契约的结合体，是一个有机的系统。企业的财务状况是企业的筹资能力、资本结构、营运资金、投资状况等子系统构成的一个有机整体。这就不仅要求监测指标具有先进性，而且要求监测对象具有完整性和全面性。换句话说，系统性原则要求企业预警系统能够监测企业的方方面面，包括市场营销危机、经营危机、管理危机和财务危机等。而且，预警系统要对各类危机的影响因素都予以充分考虑，做到监测指标不重复、不遗漏，使监测指标体系能够全面真实地反映企业的危机程度。

（三）预测性原则

预测性原则要求预警体系必须具有预测价值，即它应该依据企业经营活动中形成的历史数据资料来分析预测未来可能发生的情况，而不是对企业过去的经营成果和受托管理责任履行情况做出考核评价。所以，监测指标设计必须注意到预警系统与评价体系的本质区别。并且，预警系统应该通过对潜在危机的监测，帮助企业采取有效措施加以防范，把危机消灭在萌芽状态，防患于未然。

（四）动态性原则

财务危机预警系统的设计不仅仅是静态的截面分析，而应该是一种动态的系统。可以实时监控企业的经营状况，分析企业的经营趋势。它要求预警系统把企业的过去与未来联系在一起，把企业的经营活动视为一个动态的过程，在分析过去的基础上，准确地把握未来的发展趋势。

（五）及时性原则

财务预警作为一种警报，即在企业的经营情况及财务状况出现恶化或发生险情之前，能够及时地亮出“黄牌”，给予警示。这就要求，预警系统必须具备及时性，能够及时发现并警告企业经营过程中潜在的问题。如果预警系统不及时，等到危机发生之后才拉响警报，预警已经变得毫无意义，不仅不能起到警示作用，而且会造成严重的经济后果。所以，从某种意义上来讲，及时性是预警系统的灵魂。

（六）实用性原则

财务危机预警系统的最终目的还是要运用于实践，其实用性原则可以从三个方面去理解：①要符合成本效益原则，如果实施预警系统的成本远远大于其收益，就算其精确度再高，也没有多少应用价值；②财务预警系统的设计不能够过于复杂，应该易于理解和掌握，有较强的可操作性；③预警的信号要比较明确，即能够反映企业经营活动过程中最敏感的问题。

四、财务危机预警的组织系统构建

任何财务危机预警系统的功能得到正常发挥，都必须在一定的组织统一的领导下进行。因此，企业首先应建立完善的财务预警组织机构。通过该机构对财务危机预警系统进行人员全面部署，对可能出现的危机信息进行有效的监测，并对已经出现的危机进行快速的处理。常用的财务预警的组织机构设置模式有以下三种。

1. 设置由董事会直接领导下的独立预警部门

该部门由预警信息小组、预警监测分析小组和预警处理小组三部分组成。预警信息小组专门负责财务信息和非财务信息的收集和处理；预警监测分析小组负责对预警模型的建立、更新，财务危机的监测和财务危机预警情况进行反映；预警处理小组专门对所发生的财务危机采取相应的策略并进行危机处理。独立预警部门独立开展工作，但不直接明确，因此有利于细致、深入、持久地开展预警工作，并能保证预警工作的独立性和结论的客观性、公正性。其局限性在于：财务预警部门的财务预警分析工作可能会与企业财务部所进行的财务报表分析、财务控制的工作相重复，造成人、财、物资源的浪费。

2. 设立由财务经理领导下的财务预警分析小组

小组成员可以由专门的财务分析人员、经营管理者、外部市场分析专家兼任。在预警分析小组内部设置信息收集与分析、危机监测、危机处理等岗位，且每个岗位实行专人专职，在人员分工上应发挥专业优势和个人特长。这种组织模式的优点在于：财务预警工作由财务部门直接开展，可以在较短的时间内获得更可靠的财务信息作为预警分析的依据。这种模式的局限性在于：可能使预警过程缺乏独立性，且某些不利于财务部门的信息不能充分有效地披露，导致预警结论缺乏客观性。

3. 设置临时性的预警机构

企业在面临异常的经营波动和财务危机的状态下，可设立财务危机处理小组。这个临时性的机构直接向董事会负责，在财务危机解除后，临时性机构随之撤销。因为是临时机构，可以不设立专门的岗位，其成员由对企业财务状况和经营状况全面了解、对危机的处理有相关经验的负责人及外部应急处理专家组成。这种模式为没有财务预警机构的企业提供了一种补充模式和应急措施，但它不具备日常监控的财务预警功能，因此不是一种真正意义上的财务预警系统，而只是一种危机应对措施。

总而言之，各种组织机构模式各有优缺点，企业应结合各自的实际情况和特征来选择不同的财务危机预警组织模式。不管采用什么模式，都要使财务预警功能充分有效地发挥。

第五节 财务危机预警系统的实施

实施财务危机预警系统，需要确定财务危机警戒区间，进行无量纲处理，以及财务危机预警系统的敏感性分析。

一、确定财务危机警戒区间

财务危机预警系统的关键就在于警戒线（区间）的确定。对于定性预警系统，没有相应的财务指标，可以采取平衡计分卡（具体内容可参考第六章），通过评分体系来确定各指标的实施情况。首先评定出每项指标的得分，然后根据企业自身情况设定各项指标的权重，进行主成分分析，从而得出预警系统的得分。

对于定量预警系统，可以根据以往的财务指标和相关的预测数据来确定公司的警戒区间。一个简便有效的方法就是将企业前三年相关指标的均值作为均衡值，上浮15%作为警戒区间的上限，下浮15%作为警戒区间的下限。譬如，公司前三年的销售利润率为10%、20%、30%，那么公司销售利润率的均衡值为20%，那么公司的警戒区间为（17%，23%）。如果销售利润率低于 17%，则意味着公司的盈利能力处于红灯区，17%～23%是黄灯区，值得引起注意，23%以上是绿灯区，属于正常范围。当然，各行业有其自身的特点，企业可以考虑行业因素，根据行业平均值做出修正。还有一种比较有效的方法就是将行业均值作为均衡值，并上浮 15%作为上限，下浮 15%作为下限。

二、进行无量纲处理

一些财务性指标由于指标的量纲不同，所以需要进行无量纲处理。首先根据企业财务指标所在的区间进行评分，然后，确定各项指标的权重，并最终根据权重和各项指标的得分确定预警系统的综合得分。对于指标权重的确定，可以根据企业实际情况和财务指标的重要性来确定。如果不能明显发现指标间的重要性，可以赋予指标相同的权重。

指标得分值处于不同的区间代表不同的含义。60 分为警戒线，80 分以上为正常区间，则可以将60分以下定义为红灯区；60～80分定义为黄灯区；分值在80分以上，为绿灯区。绿灯区的企业，在该子系统范围内状况良好；黄灯区的企业，需要提请注意；红灯区的企业则表明企业在该子系统内状况很差，亟须采取相关措施进行调整。

三、进行敏感性分析

敏感性分析是指企业的财务指标和非财务指标的变动对预警结果的影响程度。重要指标的变动会对企业产生较大的影响，次要指标的变动则影响较小。

一旦企业进入红灯区，管理层就有必要采取相应措施，进行调整。首先，要明确预警系统出现危机究竟是哪些指标偏低造成的。然后因地制宜进行调整，调整的措施有很多方面，可以是子系统中任何一个指标，也可以是某几个指标。究竟哪种方式更为有效，就需要敏感性分析来解决。譬如，如果是企业安全预警子系统出现问题，可以调整安全边际、安全边际成本、安全边际率、经营杠杆中的任何一个或几个。如果多个财务指标权重一样，那么调整任何一个指标的效果是一样的。但是，如果权重不一样，就有必要在敏感性和调整难度之间进行权衡，选取恰当的调整方式。

四、实施财务危机预警系统应注意的问题

财务危机预警系统在具体实施过程中，应该关注一些相关问题。企业的非财务指标在短时间内变化不是很大，所以短期内定性指标的变化不会很大，只有当企业发生重大事件时，才需要提请高层管理人员注意。而对于定量指标，因为时时刻刻在发生变化，所以要尽可能获得实时财务报表，至少应该以月报为基准，进行实时监控。

在具体的实施过程中，应该做好以下几个方面的工作。

（一）完善内部控制制度

企业预警系统向内部控制制度提出了更高的要求。良好的内部控制制度应该包括法人治理结构完善、组织建设权责分明、交易处理程序适当、信息记录真实、披露及时等内容。完善的内部控制制度一方面是企业财务预警有效实施的重要保证，另一方面也是企业正常运行的有效机制。

（二）协调好财务危机预警系统和其他管理体系的关系

财务危机以预警为目的，不同于企业其他经营管理系统。它们之间的区别，主要体现在以下两个方面。

（1）预警系统是利用企业战略、管理水平、内控、人员以及各种财务指标对采购、生产、销售等各个环节的综合监控，发出预警信号，而财务信息又是企业业务运作的综合反映。企业经营业绩的好坏、经营措施成功与否，都可以通过财务信息直接或者

间接反映出来。因此，预警系统和经营业务是反映和被反映、监控和被监控的关系。经营决策、运营方案、业务是企业营运的实际内容，预警系统则是对企业经营反映的一种形式，二者又是形式和实质的关系。

（2）财务危机预警系统是一种风险控制机制，在企业中相对独立，与企业其他部门不存在行政隶属关系。但是预警系统反映出的问题又需要通过行之有效的行政手段和非行政手段来解决，至少需要一定的行政干预。因此，预警系统不同于行政系统，但又必须依赖于行政系统。

（三）加强信息管理工作，协调好企业内各子系统之间的信息传输

企业预警系统必须以大量的信息为基础，这就要求强有力的信息管理系统向预警系统提供全面的、准确的、及时的信息。加强信息管理工作，要建立信息管理组织机构，配备必要的专业人员，要明确信息收集、处理、储存到反馈各环节的工作内容和要求以及信息专业人员的职责，同时还需要提供必要的技术支持。

企业是一个有机的整体，企业预警系统应该与其他子系统保持和谐的合作关系。应当考虑不同子系统的数据传递和各个子系统对各种数据的不同要求，实现企业数据共享，使各子系统之间的关系变得更加和谐。只有这样，才能建立以财务为中心的信息集中、反馈系统，才能更好地发挥预警系统的作用。

（四）制定出本企业的预警区间

企业的预警区间包括财务指标的安全区间、一般风险区间、重大风险区间，以此确定财务预警信号的重要性。在制定区间指标的过程中，应该考虑行业水平或者社会平均水平、企业特点、产业政策、技术含量、本企业或者同行业的历史经验，要注重科学性和适用性相结合。对不同区间的设置，可以是针对单个财务指标，也可以用预警子系统综合加权。在实施系统的过程中，要不断对系统指标进行评价，淘汰不适用的指标，增加更能反映本企业实际问题的新指标，使预警系统保持先进性和有用性。

（五）建立预警分析、决策、反映、执行的运行机制

企业必须对预警指标进行事前、事中、事后的经常性控制。对企业每一重要的经营决策活动对财务状况造成的影响，要做到预先分析，事中控制，事后反馈。通过分析判断经营存在的风险以及风险程度，为企业决策提供信息支持。

（六）着重解决关键问题

如果企业出现经营风险或者财务风险，需要分析造成这些风险的原因。可以采用解剖麻雀的方法，逐个分析企业运营环节中是否存在问题，如果有，程度如何，应该如何改进。一旦发现了运营中的问题，就需要比较哪些是关键问题，哪些是非关键问题。然后，着重解决关键问题。

在实施财务危机预警的过程中，还需要加强企业管理者对预警系统的认知，这是推行预警系统的先决条件；而且应该将风险控制理念推广到所有员工的意识中去，让风险意识深入人心。

第六节 财务危机的日常防范

财务危机的日常防范，是指应该实现对企业所建立的财务预警控制指标和实际财务状况的有效跟踪，一出现问题就应及时地向有关管理当局报告。在一般情况下，应该从企业的财务监控指标、监管机构建设、部门岗位设置、定期报告制度、主要责任人批复和重大危机事项决策程序等多方面实施有效的日常财务危机防范。有关财务危机预警指标的设计，前面各节已讨论。

一、财务危机预警监管机构的建立

专业化财务危机预警监管机构的建立往往是企业有效实施财务危机预警的重要组织保障。目前在许多企业中，对于财务危机预警不重视，除了未能制定完备的财务危机预警指标体系外，更严重的是在大部分企业中根本没有专门的财务危机预警监管机构，各个部门和职能单位都不明确它们应该关注的问题和所承担的责任，因缺乏有效的监控机制和专门的管理部门，往往造成责任的推诿和功能的混乱，财务部门、业务部门、审计部门和投资管理部门等不能有效实施其应有的监管职能，造成财务危机预警系统的失控，这就给企业留下了财务危机的隐患。所以，企业应该在条件成熟的情况下，成立专门的财务危机监管部门，由专业的高级管理人员负责，监管整个企业的财务状况，并应要求其在规定的时期内及时通报公司的高管层和董事会，这样才能保证企业财务危机预警的有效性。

二、设置相关的职能部门和监管岗位

虽然有的企业也建立了有关财务预警的职能部门，但其实际的财务预警效果却较差，主要原因是在其相关的职能部门没有设置专门的监控岗位，使其财务危机预警系统在实际实施过程中无法获得及时和有效的效果。因为企业是由一个庞大的复杂系统组合而成的，各个不同的职能部门都发挥着其不同的且必不可少的作用，而企业的财务危机可能是任何一个部门的原因所产生的，如生产部门的质量下降或产品款式落后、销售部门的市场开拓不力、采购部门的原料无法及时供应、技术和质量监察部门的疏忽、财务部门的资金失控、审计部门不能及时发现运行的不合理、投资管理部门的投资无效等，都可能使企业直接面临财务危机的困境。这一切，对于一般以财务为主的最终监控指标来讲，需要经过一个较漫长的过程才能发现，但此时企业可能面临完全恶化和无法改变的状况，并给企业造成巨大损失。所以，在企业所有重要的管理职能部门都应该设置专人和专门的岗位，负责对有关经营和财务状况不善的预警，他们负责各自具体的经营和财务活动的各类监控指标，只要其超越其预警标准就应及时通报，引起管理层的充分重视，确保企业经营和财务状况的安全。

三、建立定期报告和主要负责人批复制度

定期报告和主要负责人批复制度，是企业建立有效的财务危机预警制度中的重要保障环节，有些企业虽然建立了相关的财务和经营的监控指标，但因没有专人负责和定期报告制度，即使向上报告了，结果却是既无批复也无整改，不但使制度完全失效，而且会大大损害有关人员的工作积极性，使企业财务监控程序流于形式。

主要负责人批复制度是决定财务危机预警制度有效性的关键，如果只有定期报告但无批复及相应整改意见，就不能使主要负责人高度重视，做到责任明确，处理及时。只有在日常监管中“事事有人管，件件责任清”，才能做到防微杜渐，真正起到财务危机预警的作用。

四、制定重大危机事项应变决策程序

对于财务危机预警日常监管制度，必须是经常性和制度性的，任何人都不能随意改变其基本的监控程序，但对于一些重大的财务危机事项，如超过企业财务危机预警标准一定程度的事件，则不应该由个别人员或个别领导说了算，因为一点小小的偏差就可能给企业造成重大的损失。所以，企业应该制定对于重大危机事项的应变决策程序，明确重大财务危机事项出现时，应该怎样处理相关的问题、怎样启用危机储备资金、通过怎样的方法来及时调整企业的财务和经营战略、谁来负责领导和危机处理事项等。

复习思考题

一、简答题

1. 财务危机的显性表现有哪些？
2. 不同发展阶段的财务危机及其特征是什么？
3. 常用的财务危机预警模型与方法有哪些？
4. 财务预警的组织机构设置模式有哪些？
5. 怎样对企业的财务危机进行日常防范？

二、论述题

1. 试论述财务危机的内涵。
2. 根据我国企业目前所处的内外部情况来看，你认为财务预警系统构建时应该考虑哪些因素？
3. 应该如何进行财务预警指标的选择？
4. 如何进行财务危机预警系统的具体实施工作？
5. 试述实施财务预警系统应当注意些什么。

案例分析

乐视资金链断裂

资金是企业的“血液”和“命脉”，资金链决定企业的生存和发展。根据马克思资本流通中的商业信用理论，可以将资金链定义为整个社会经济体系中各微观经济主体之间的债权债务关系链。因此，资金链具备很强的传递性和影响性。企业一旦出现资金链断裂，轻则导致因缺乏现金流而中断经营，使得企业蒙受巨额损失；重则导致企业深陷财务危机的泥淖从而走向破产倒闭。曾风光一时的巨人集团、德隆集团、三九集团都因资金链断裂而顷刻间灰飞烟灭。足见，资金链对企业的重要性不言而喻。而判断企业资金链断裂与否关键取决于资金供给与需求之间的资金缺口，当资金缺口严重到一定程度时，就会直接导致资金链断裂。2016 年 12 月 6 日，有互联网巨头之称的乐视占据了各大新闻媒体的头条，拖欠手机供应商欠款、乐视体育裁员、高管和员工排长队离职等一系列负面新闻铺天盖地，致使乐视网股价暴跌，公司陷入一场前所未有的财务危机中。而严重的资金缺口是此次危机爆发最直接、最根本的原因。本文从资金链入手，着重探究危机爆发的原因并提出相应的危机应对策略。

一、危机背景

乐视集团(以下简称“乐视”)下的业务主要分为上市业务(乐视视频、影视、云、体育、新媒体、盒子、电视、金融）和非上市业务（乐视手机、汽车、生态农业、电动车、房地产、影业）两大部分。而乐视网信息技术（北京）股份有限公司（股票代码: 300104，以下简称“乐视网”）是乐视旗下的上市公司，核心业务是基于整个网络视频的广告业务、终端业务、会员及发行业务等。该公司成立于 2004 年，并于 2010 年 8 月登陆深交所创业板上市。乐视网的上市成为乐视最重要的融资平台，在资本力量和政治力量的双向驱动下，乐视从一家二流视频网站起家，扩张为拥有三大体系（上市公司乐视网、非上市的乐视生态体系、乐视汽车生态体系），横跨七大生态子系统（内容、大屏终端、手机、汽车、体育、互联网金融、互联网及云），涉及上百家公司的大型集团，其整体估值高达 3000 亿元。

在快速扩张的背后，需要大笔的资金作为支撑。而乐视很多业务都处在发展的初级阶段，所能带来的利润根本无法满足乐视规模扩张的速度。贾跃亭是乐视集团的董事长兼 CEO，从 2013 年开始，通过减持手中股份从市场套现，也通过频繁的股权质押来为公司“输血”，这一系列的资本运作手段，证明乐视在很早以前资金链就已经吃紧。但即便在这种情况下，乐视仍然采用冒进的投资策略，尤其在 2015 年以后表现得尤为疯狂，先后进军房地产、汽车等重资产行业，丝毫没有收缩业务战线的迹象。从 2016 年 11 月初以来，乐视的整条资金链早已成为外界所诟病的重点，但董事长贾跃亭一直强调，在目前乐视的所有业务中，造成资金高度紧绷的只有手机。但实质上手机供应链紧张的原因在于乐视集团对于汽车业务的超前投资，巨大的资金链缺口瞬间波及了乐视的各个业务线。过去所留下的风险和隐患，在 2016 年 12 月 6 日这一天集中爆发，公司再次被推向风口浪尖，乐视网宣布紧急停牌，来缓解暂时的压力。至此，乐视帝国到了“最危险”的时刻。

二、危机成因

资金链断裂导致企业破产的事件频繁发生，已成为当前企业界和学术界关注的重点。有学者运用资金供给与需求所出现的资金缺口原理，提出了识别和预警企业资金链风险的八大指标，并实证检验得到：货币性负债偿还满足率、债务偿还保障率、长期资金需求保障率、资产负债率在识别资金链断裂过程中具有更高的准确率[16]。本文主要运用这四个指标从四个角度对乐视网 2016 年第三季度时的资金链安全程度进行测量（表 10.3），得出的结论是乐视网在 2016 年第三季度时已经陷入严重的资金链断裂危机中，多项指标都在警戒线的边缘徘徊，但并未处于实质上的断裂状态。乐视陷入资金链断裂危机中，固然受到一些外部因素的影响，但是财务上的过度负债、经营活动上的弱“造血”机制、战略上的过度投资才是最深层次的原因。

表 10.3 乐视 2016 年第三季度资金链安全程度测量

检验维度	检验指标	计算公式	数值	临界指标	判断结论
支付资金缺口检验	货币性负债偿还满足率	货币性资产/货币性负债×100%	99.32%	<1	资金链断裂风险极大
债务结构合理性检验	债务偿还保障率	所有者权益/负债总额×100%	52%	<1	存在资金链断裂风险
长期资金缺口检验	长期资金需求保障率	（所有者权益+非流动负债）/非流动资产	1.27	>1	存在资金链断裂风险
资本结构检验	资产负债率	负债总额/资产总额×100%	65.7%	>60%	财务风险高
结论	公司不存在实质性的资金链断裂问题，但是存在较大的资金链断裂风险				

数据来源：乐视网 2016 年度第三季度报表

（一）财务上的高负债水平、弱偿债能力是资金链断裂危机的直接原因

乐视的资金链危机，最早的导火索是部分媒体传乐视手机拖欠上游资金逾 150 亿元，供应商在乐视楼前打横幅要款的消息。但根据乐视网财务报表中的数据显示，可能不仅是乐视非上市板块的手机业务存在资金周转问题，上市公司乐视网也存在资金周转困难和高额负债等问题。从表 10.4 可看到，乐视网的资产负债率由 2011 年的 40.42%上涨到 2015 年的 77.53%，短短的五年时间就累计上涨了约 37 个百分点，尤其在 2015 年公司的资产负债率指标远远大于 60%的警戒线，而 2016 年第三季度末虽有所下降但仍处于 65.72%的高位，说明乐视网的债务偿还能力已经相当弱。再从公司的流动比率和速动比率的变化情况来看，在 2012～2014 年 3 年两项指标都低于 1，流动资产很明显不够偿还到期的债务。而 2015 年以后趋势有所变化，流动比率和速动比率都开始大于 1，这可能是管理层开始发现这一潜在风险，有意识在改善负债结构，补充流动资金，但是债务偿还的压力还是只增不减。披露信息显示，乐视网近期已到期或半年左右将到期的债务共有 11 笔，总金额约为 14.68 亿元。具体包括：2016 年 12 月到期的共 3 笔，金额共计 1.85 亿元，其中有两笔已经于 12 月 7 日到期，金额为 1.5 亿元。2017 年第一季度将到期 2 笔，金额为 2.43 亿元。2017 年第二季度到期 6 笔，金额为 5.9 亿元，且大多集中在 6 月初。2017 年下半年到期 2 笔，金额为 4.5 亿元。可见，高额的负债再加之近期将到期的债务已经让乐视资金链高度紧绷，再加上市场的波动，直接导

致乐视陷入此次资金链断裂危机中。

表 10.4 乐视网的负债水平和偿债能力数据

年份	2011 年	2012 年	2013 年	2014 年	2015 年	2016 年（第三季度）
资产负债率/%	40.42	56.11	58.58	62.23	77.53	65.72
流动比率	1.02	0.80	0.83	0.81	1.22	1.38
速动比率	1.38	0.78	0.77	0.65	1.07	1.20

数据来源：乐视网财务报告

（二）经营活动上的“造血”机制弱是资金链断裂危机的基础原因

企业经营活动的“造血”机制优劣既与企业盈利能力有关又与企业资产变现能力有关。如果企业二者都能兼顾，即便出现了现金缺口，也可通过合理的资金调动来化解。根据乐视网的年报显示（表 10.5），2015 年实现营业收入 130.17 亿元，比上年同比增长 90.89%；2015 年的营业利润为 0.69 亿元，比上年同比增长 43.75%；而营业利润率由 2014 年的 0.7%下降到 2015 年的 0.53%。再看乐视网 2016 年第三季度报告数据(表 10.5），在前三季度的运营中实现营业收入高达 167.74 亿元，比 2015 年同比增长 100.54%；报告期实现营业利润 0.24 亿元，与 2015 年前三季度相比下降了 55.56%。根据以上公开披露的财务数据，发现乐视的营业收入在快速上升，但是盈利能力却在显著下降，到底是什么原因造成乐视网出现这种财务状况呢？

表 10.5 乐视网 2014～2016 年营业收入和营业利润的比较 单位：亿元

项目	2016 年前三季度	2015 年	2014 年
营业收入	167.74	130.17	68.19
营业利润	0.24	0.69	0.48
营业利润率（%）	1.40	0.53	0.70

数据来源：乐视网财务报告

据乐视网年度报告披露（表 10.6），乐视网旗下的控股子公司（占其股份的 58.55%）——乐视致新电子科技（天津）有限公司，在 2014 年创下约 41 亿元的营业收入，但是营业亏损高达约 5 亿元。2015 年又创下约 87 亿元的营业收入，同比增长 111.67%，然而亏损却更为严重，额度高达近 10 亿元，而且这种亏损状态一直延续至今。乐视网年度报告中对乐视致新近两年的这笔亏损进行了解释，主要原因系乐视 TV 超级电视销量大规模增长所致，而公司是在凭借低价硬件销售策略来扩大用户规模，抢占市场份额。截至 2016 年 9 月 30 日，乐视超级电视上市 3 年累计销售达到约 850 万台，因乐视网的终端成本一直都占其主营业务成本的 70%左右，所以一个很明显的变动就是乐视电视销售量增长得越快，其亏损的就会越严重。从乐视网的现金流量表（表 10.7）看出，从 2015 年以来，乐视网投资活动和筹资活动的现金净流量都在急剧膨胀，但是经营活动的现金流量却一直呈现下跌的趋势，尤其在 2016 年的前三季度，同比竟下跌了 32.89%。

表 10.6　乐视致新 2015 年和 2014 年营业收入和营业利润　　单位：亿元

项目	2015 年	2014 年	同比变动/%
营业收入	86.93	41.07	111.67
营业利润	–9.74	–5.03	—

数据来源：乐视网财务报告

表 10.7　乐视网的现金流量　　单位：亿元

项目	2016 年前三季度	2015 年	2014 年
经营活动产生的现金流量净额	5.43	8.76	2.34
同比变化/%	–32.89	273.94	33.17
投资活动产生的现金流量净额	–72.57	–29.26	–15.26
同比变化/%	–243.87	–95.63	–69.96
筹资活动产生的现金流量净额	72.06	43.65	11.53
同比变化/%	77.67	278.52	3.46

数据来源：乐视网财务报告

上述数据从盈利能力和变现能力两个方面都证明乐视网经营活动的“造血”机制非常弱，资金链“血虚”，而且一直都在依靠外部融资来弥补经营活动上的资金缺口，导致自身抵抗外部风险的能力极差，这是乐视陷入此次资金链断裂危机最基础性的原因。乐视的这种盈利模式如果还不扭转，它还能存活多久？对此企业应该提高警惕的是，经营活动的“造血”功能才是企业发展的王道，外部的“输血”功能仅能为良好的经营活动锦上添花。

（三）企业战略上的过度投资扩张是资金链断裂危机的根本原因

企业投资扩张的背后，必然需要大量资金的投入从而造成经营成本和机会成本的抬高。反过来，企业也会面临自己设下的“陷阱”，成为大而不强的空架子。据不完全统计，整个乐视集团，在短短 6 年时间累计融资高达 725 亿元。具体构成如下：上市公司乐视网累计融资 268.91 亿元(权益性融资 67.59 亿元，发行债券融资 25.3 亿元，借款融资约 176.02 亿元)；贾跃亭家族从 2013 年 7 月开始，通过减持股份套现近百亿元；乐视体系下的七大生态子系统“轮番吸金”215 亿元；截至 2016 年第三季度末，贾跃亭股权质押数为 5.71 亿股，获取资金超百亿元。

据测算，上述 700 多亿元的融资金额几乎都已经消耗殆尽。那么这些资金到底用在了何处？查阅财务数据，发现近些年乐视将绝大部分资金都投向了乐视汽车、乐视房地产等领域（表 10.8），而这些领域都属于重资产行业，投资力度大，回收周期慢。尤其在 2015 年以后显得更为疯狂。据统计，自 2015 年以来乐视在其七大子生态系统上的投资超 700 亿元，投入最大的三笔交易分别为：浙江湖州汽车工厂（200 亿元）；购买美国智能电视厂商 Vizio（126 亿元）；以及 98 亿元合并乐视影业（交易未完成）。过度而又超前的对外投资，已经使乐视的融资能力远远跟不上其战略投资的节奏，目前乐视规模是做大了但是并没有做强，这是乐视陷入资金链断裂危机的最根本性原因。一边是海水，一边是火焰，如果乐视还不能及时反省并调整战略节奏，那么公司最终会走向破产倒闭的境地。

表 10.8 乐视对外投资情况数据

投资领域	时间	投资金额/亿元	投资项目
乐视体育	2016.1.19	0.5	乐视冠名北京国安俱乐部
	2016.1.25	0.39	收购足球数据公司搜达足球 56%股份
	2016.1.26	3	对价收购章鱼 TV 全部股权
	2016.2.25	0.63	领头章鱼彩票 B 轮融资
	2016.7.6	0.84	购入北青传媒股份有限公司 H 股
	累计投资金额	5.36	
终端业务	2013.9.30	15.98	收购花儿影视 100%的股权
	2015.6.27	21.8	入股酷派
	2015.12.20	19.8	乐视致新入股 TCL 多媒体获 20%股份
	2016.5.6	98	购买乐视影业 100%的股权（交易未完成）
	2016.6.17	9	乐视移动增持酷派占比为 28.9%
	2016.7.27	126	乐视收购美国智能电视厂商 Vizio
	累计投资金额	290.58	
乐视汽车	2015.9.9	数据不详	投资电动汽车充电桩公司"电桩"
	2015.10.20	44.1	购入易到 70%股权
	2015.11.5	63	投资新能源汽车法拉第未来
	2016.6.8	0.8	成立汽车电商合资公司大圣科技
	2016.8.10	200	在浙江湖州建设超级汽车工厂
	累计投资金额	大于 310 亿元	
乐视金融	2015.10.28	无具体金额	发起设立百亿规模长乐产业基金
	2016.1.17	1.7	参与筹建沃财产保险股份有限公司
	2016.3.28	10	认购乐视并购基金全部劣后级份额
	2016.8.18	1.8	参与互联网金融公司懒财网 B 轮融资
	累计投资金额	大于 13.5 亿元	
乐视汽车	2015.11	4.21	拿下重庆龙兴等地商业和住宅用地
	2016.3.29	30	重庆两江新区现代服务业招商项目
	2016.5.16	29.7	购买上海世贸旗下部分房地产资产
	2016.6.21	16.5	购买硅谷圣克拉拉 48 英亩的土地
	累计投资金额	80.41	
累计投资总金额	上述板块投资总额 699.85 亿元（仅为能统计出的数据，部分非上市业务数据不详）		

数据来源：各年财务报告整理所得

三、危机对策

乐视本次所爆发的财务危机，追本溯源，还是资金链出现问题。从多维度剖析乐视资金链的意义在于：找准病根，对症下药。目前乐视这个企业"巨人"并没有倒下，但是此次财务危机已经使其命悬一线，合理的应对策略才是乐视重新翻盘、扭转命运的关键。

（1）迅速外部融资，尽快弥补资金缺口。业务调整所需要的周期长且见效慢，如果依靠这种策略去应对当前的危机是“远水救不了近火”。当务之急应该通过提高外部的融资能力，补充流动资金缺口来帮助其平稳渡过这场危机。自2016年下半年以来，乐视网的股价就一直在下跌，给市场的投资者带来了些许忧虑。但是值得肯定的是乐视所独创的不可复制的“平台+内容+终端+应用”的商业模式，会让其在未来市场上独树一帜。这种模式不仅使其成为国内视频网站中第一个盈利的企业，而且也会为未来抢占市场先机奠定基础。所以当前安抚市场，重振投资者信心为外部融资铺路显得尤为重要。另外，乐视要树立战略联盟的经营思路，想办法加强与各大投资机构的合作，争取获得多方投资者的支持，提高外部融资的能力，从而化解当期所面临的资金压力。

（2）降低负债水平，加强财务风险管控。权益融资和债务融资是企业获取资金的两种渠道。从财务风险角度来看，权益性融资不需要偿还，财务风险较低。债务性融资到期需要偿还本金和利息，财务风险较高。如果资产负债率过高，银行就会降低对企业的信用度，也就意味着企业透支了自己未来的融资潜力，一旦市场有风吹草动，将会降低其从银行获取的资金可能性，极容易使企业陷入资金链断裂。从2014年以来，乐视网的资产负债率都越过了60%的警戒线，这证明企业的举债规模在扩大，而相应的财务风险也在加大。所以乐视要选择多种融资渠道，调整负债结构，逐步降低负债水平，切实加强财务风险管控意识。

（3）夯实现有业务，提高“造血”功能。乐视网目前所从事的主要业务包括基于整个网络视频行业的广告业务（视频平台广告发布业务）、终端业务（公司销售的智能终端产品的收入）、会员及发行业务（包括付费业务、版权业务及电视剧发行收入）和其他业务（主要指的是目前收入相对较小、尚未形成规模的业务，如云视频平台业务、技术开发服务等）。在前面的财务数据分析中，已经得到上述业务中终端业务是乐视网最主要的营业收入，2014年和2015年占比分别达到40.18%、46.78%，但是其并没有带来相应的现金流，主要系公司在实施超低价或者免费硬件来扩大用户规模的营销策略，这无疑是一种最“烧钱”的模式。而剩下的业务所占营业收入的比率较低。所以乐视急需夯实现有的业务基础，将市场做深做透。同时要进行“开源节流”来提高业务活动的“造血”能力：一方面要提高相应业务的价格，尤其是手机和电视板块等硬件产品，不能再走低价销售的模式；另一方面，要树立成本管控意识，精简开支，告别过去疯狂的“烧钱”模式。只有双管齐下，才能引导公司的现金流朝正向变动。

（4）调整公司战略，从激进回归稳健。贾跃亭在前段时间的反思信中谈道：“我一直认为资金不是问题，只要你把战略制定得足够前瞻、足够领先，产品足够颠覆，有足够的用户价值，只要你的组织能力足够强，只要能把事做出来，资金自然会追随而来的。”在他的意识中资金会追随战略，但是他却忽略了最重要的一点，战略的先进性和可执行性完全是两码事。王健林的万达虽然布局电影文化产业，买遍全球，但是背后却有万达地产这样深厚的家底作为支撑。反观乐视，基业稚嫩、各业务板块产生现金流的能力弱，产业链的兼容性和延展性还不够明显，无论战略何等前瞻、何等先进，四面出击的模式也只能是死路一条。乐视汽车属于重资产行业，投入高、产出慢。乐视如果在手机、电视业务都还没有做好的情况下，超前投资于汽车行业，势必会造成营运资金的不顺畅，给企业带来灭顶之灾。目前来看，乐视的总体战略过于激进，必须放慢战略节奏，从激进式的投资扩张回归到稳健，只有这样才能获得健康的可持续发展。

资料来源：马广奇，张芹，刑战雷.企业财务危机的案例分析[J].经济与管理,2017(5)

要求：

1. 分析乐视集团财务危机的类型及其显性表现。
2. 试分析乐视集团财务危机的影响因素。
3. 分析确定乐视集团财务危机的发展阶段及判断依据。
4. 案例中应用的是哪种财务危机预警模型，其优缺点有哪些？
5. 你认为乐视集团应采用哪种财务危机预警的组织系统？

第十一章

中小企业财务管理

中小企业是国民经济发展的一支不可忽视的力量，它在国民经济发展中起着重要的作用，中小企业的发展离不开财务管理工作。本章比较系统地介绍了中小企业财务管理的相关内容，包括中小企业的财务特征、中小企业发展环境、中小企业的财务环境分析中小企业筹资管理和中小企业投资管理等内容。

【重要概念】 中小企业　中小企业财务环境　中小企业财务特征

第一节　中小企业财务管理概述

一、中小企业的划分标准

中小企业是相对于大企业来说的一个概念，是指营业收入或资产总额较小，职工人数较少，管理组织简单，职责分工有限的企业。对中小企业的界定，国内、国外的标准不同。

（一）中小企业界定的国际标准

国际上对中小企业的界定标准一般从质和量两个方面进行。从质的方面，较准确地反映中小企业的本质特征，主要是从独立程度、经营的自主性和市场份额的大小来界定。从量的方面，主要是从企业的从业人数、营业额和资产总额等方面来界定。国际上，一些学者从统计的需要出发，依据企业职员的多少提出了划分大、中、小企业的参考标准：员工在 1～9 人的是微型企业，员工在 10～99 人的是小型企业，员工在 100～499 人的是中型企业，员工在 500 人以上的是大型企业。但实际上并不存在一个关于中小企业的统一标准，往往因时、因地、因行业而异。美国将企业分为小型企业、大型企业两类，并规定员工不超过 100 人的服务业和员工不超过 500 人的制造业为小型企业；荷兰根据企业总资产、营业净额和平均职工人数三项标准，将企业分为小型企业、中型企业和大型企业三类，企业在合并基础上至少符合三项限制条件中的两项，就被归入相应类别。

（二）中小企业界定的国内标准

2011 年 6 月 18 日，工业和信息化部、国家统计局、国家发展和改革委员会、财政部联合发布实施的《中小企业划型标准规定》中，对我国中小企业划分标准做了详细的规定：中小企业划分为中型、小型、微型三种类型，具体标准根据企业从业人员、营业收入、资产总额等指标，结合行业特点制定。具体有以下分类。

（1）农、林、牧、渔业。营业收入 20 000 万元以下的为中小微型企业。其中，营业收入 500 万元及以上的为中型企业，营业收入 50 万元及以上的为小型企业，营业收入 50 万元以下的为微型企业。

（2）工业。从业人员 1000 人以下或营业收入 40 000 万元以下的为中小微型企业。其中，从业人员 300 人及以上，且营业收入 2000 万元及以上的为中型企业；从业人员 20 人及以上，且营业收入 300 万元及以上的为小型企业；从业人员 20 人以下或营业收入 300 万元以下的为微型企业。

（3）建筑业。营业收入 80 000 万元以下或资产总额 80 000 万元以下的为中小微型企业。其中，营业收入 6000 万元及以上，且资产总额 5000 万元及以上的为中型企业；营业收入 300 万元及以上，且资产总额 300 万元及以上的为小型企业；营业收入 300 万元以下或资产总额 300 万元以下的为微型企业。

（4）批发业。从业人员 200 人以下或营业收入 40 000 万元以下的为中小微型企业。其中，从业人员 20 人及以上，且营业收入 5000 万元及以上的为中型企业；从业人员 5 人及以上，且营业收入 1000 万元及以上的为小型企业；从业人员 5 人以下或营业收入 1000 万元以下的为微型企业。

（5）零售业。从业人员 300 人以下或营业收入 20 000 万元以下的为中小微型企业。其中，从业人员 50 人及以上，且营业收入 500 万元及以上的为中型企业；从业人员 10 人及以上，且营业收入 100 万元及以上的为小型企业；从业人员 10 人以下或营业收入 100 万元以下的为微型企业。

（6）交通运输业。从业人员 1000 人以下或营业收入 30 000 万元以下的为中小微型企业。其中，从业人员 300 人及以上，且营业收入 3000 万元及以上的为中型企业；从业人员 20 人及以上，且营业收入 200 万元及以上的为小型企业；从业人员 20 人以下或营业收入 200 万元以下的为微型企业。

（7）仓储业。从业人员 200 人以下或营业收入 30 000 万元以下的为中小微型企业。其中，从业人员 100 人及以上，且营业收入 1000 万元及以上的为中型企业；从业人员 20 人及以上，且营业收入 100 万元及以上的为小型企业；从业人员 20 人以下或营业收入 100 万元以下的为微型企业。

（8）邮政业。从业人员 1000 人以下或营业收入 30 000 万元以下的为中小微型企业。其中，从业人员 300 人及以上，且营业收入 2000 万元及以上的为中型企业；从业人员 20 人及以上，且营业收入 100 万元及以上的为小型企业；从业人员 20 人以下或营业收入 100 万元以下的为微型企业。

（9）住宿业。从业人员 300 人以下或营业收入 10 000 万元以下的为中小微型企业。

其中，从业人员 100 人及以上，且营业收入 2000 万元及以上的为中型企业；从业人员 10 人及以上，且营业收入 100 万元及以上的为小型企业；从业人员 10 人以下或营业收入 100 万元以下的为微型企业。

（10）餐饮业。从业人员 300 人以下或营业收入 10 000 万元以下的为中小微型企业。其中，从业人员 100 人及以上，且营业收入 2000 万元及以上的为中型企业；从业人员 10 人及以上，且营业收入 100 万元及以上的为小型企业；从业人员 10 人以下或营业收入 100 万元以下的为微型企业。

（11）信息传输业。从业人员 2000 人以下或营业收入 100 000 万元以下的为中小微型企业。其中，从业人员 100 人及以上，且营业收入 1000 万元及以上的为中型企业；从业人员 10 人及以上，且营业收入 100 万元及以上的为小型企业；从业人员 10 人以下或营业收入 100 万元以下的为微型企业。

（12）软件和信息技术服务业。从业人员 300 人以下或营业收入 10 000 万元以下的为中小微型企业。其中，从业人员 100 人及以上，且营业收入 1000 万元及以上的为中型企业；从业人员 10 人及以上，且营业收入 50 万元及以上的为小型企业；从业人员 10 人以下或营业收入 50 万元以下的为微型企业。

（13）房地产开发经营。营业收入 200 000 万元以下或资产总额 10 000 万元以下的为中小微型企业。其中，营业收入 1000 万元及以上，且资产总额 5000 万元及以上的为中型企业；营业收入 100 万元及以上，且资产总额 2000 万元及以上的为小型企业；营业收入 100 万元以下或资产总额 2000 万元以下的为微型企业。

（14）物业管理。从业人员 1000 人以下或营业收入 5000 万元以下的为中小微型企业。其中，从业人员 300 人及以上，且营业收入 1000 万元及以上的为中型企业；从业人员 100 人及以上，且营业收入 500 万元及以上的为小型企业；从业人员 100 人以下或营业收入 500 万元以下的为微型企业。

（15）租赁和商务服务业。从业人员 300 人以下或资产总额 120 000 万元以下的为中小微型企业。其中，从业人员 100 人及以上，且资产总额 8000 万元及以上的为中型企业；从业人员 10 人及以上，且资产总额 100 万元及以上的为小型企业；从业人员 10 人以下或资产总额 100 万元以下的为微型企业。

（16）其他未列明行业。从业人员 300 人以下的为中小微型企业。其中，从业人员 100 人及以上的为中型企业；从业人员 10 人及以上的为小型企业；从业人员 10 人以下的为微型企业。

《中小企业划型标准规定》中，企业类型的划分以统计部门的统计数据为依据。适用于在中华人民共和国境内依法设立的各类所有制和各种组织形式的企业。个体工商户和本规定以外的行业，参照本规定进行划型。本规定的中型企业标准上限即为大型企业标准的下限，国家统计部门据此制定大中小微型企业的统计分类。国务院有关部门据此进行相关数据分析，不得制定与本规定不一致的企业划型标准。本规定由工业和信息化部、国家统计局会同有关部门根据《国民经济行业分类》修订情况和企业发展变化情况适时修订。

二、中小企业的发展环境

中小企业的发展必须有一个良好的发展环境，它是中小企业发展的基本条件。中小企业的发展环境包括内部环境和外部环境。

（一）中小企业的内部发展环境

中小企业的内部发展环境主要是指内部的生产经营能力。中小企业要想得到快速发展，必须具有在产品研发、市场开发、财务管理、人力资源管理等方面的专业人才，设立相应的管理机构，提高经营者的素质，以提高企业的经营管理水平。同时，随着企业经营规模扩大，同外界经济组织联系的多样化、广泛化和复杂化，要加强中小企业的生产、营销、财务、人事等各个方面的管理，以促进中小企业发展，具体来说主要应考虑以下几个方面。

（1）企业生产所必需的生产设备，即企业的生产设备符合产品工艺、产量和质量的需要，各生产环节匹配。

（2）良好的工艺和技术水平，即整个生产的工艺过程和技术水平先进、科学。产品生产达到设计要求，并且具备一定的设备维护、革新、改造能力。

（3）充足的原材料来源，即原材料的供应能保证生产的需要。同时，原材料要与形成的产品的性能、质量、成本相匹配。

（4）熟练的职工，职工有良好的职业道德、敬业精神、职业素质和与生产要求相适应的技术操作水平。

（5）规范的质量控制，企业生产产品能够达到质量标准，达到行业的先进水平。

（6）合理的生产组织，企业的生产组织严密、科学、规范。

（7）较高的扩大再生产能力，企业在资金积累、原材料、厂房设备技术能力、市场占有、员工素质等方面具备扩大再生产能力或潜力。

（8）良好的生产环境，企业生产经营活动外部从法规政策、党政主管部门行为、税收政策、金融支持、社会关系等方面具备良好的大环境；内部从生产环境、生产管理、厂区建设等方面具备良好的小环境，并符合国家规定的生产条件和要求。

（二）中小企业的外部发展环境

扶持和促进中小企业的发展，不仅要解决融资难、贷款难、担保难的问题，更重要的是为中小企业创造一个公平有序的市场竞争环境和社会服务环境。

1. 改善企业的融资环境

在信贷融资方面，采取措施解决中小企业融资问题；开放融资渠道，尽快研究资本市场的第二板块，发展股权融资；建立新技术创业风险投资机制；积极吸引社会闲置资金进入投资领域。

2. 建立公平的市场环境

简化工商登记手续，降低办企业门槛，规范审批、市场准入等方面的行为。规范市场秩序，提高企业信用，打击假冒伪劣产品，为企业提供一个公平的发展环境。

3. 健全中小企业管理制度

借鉴发达国家的中小企业管理经验，制定符合我国国情的中小企业制度，理顺中小企业管理体制。改善对中小企业多头管理的现状，设立统一的中小企业管理机构，管理中小企业的发展事务，协调组织和服务于中小企业。

4. 建立社会化服务网络

中小企业的优势在于专业化生产，但因缺乏社会化服务网络，许多中小型企业难以进行专业化生产而在市场竞争中失利。根据我国企业的实际情况，借鉴国外的成功经验，对中小企业应提供以下服务：①信息咨询服务。有针对性地收集中小企业所需的各种有用信息，经过加工整理后向中小企业提供信息咨询服务。②中介服务。为企业与科研机构之间、企业与企业之间开展经济协作以及企业的产品出口等牵线搭桥。③专业培训服务。帮助中小企业经营者提高素质、改善经营管理。④企业诊断和经营指导服务。

三、中小企业的财务特征

中小企业普遍存在管理效率低下的问题。这是因为：一方面，中小企业受生产资源和人才资源等方面的限制，普遍存在资源相对短缺、管理机构简单、专业性不强、内部控制制度不健全等特点。很多中小企业财务机构不健全，不设专职财务管理人员，财务管理职能由会计或其他部门兼管，或由企业主管人员一手包办，财务决策方法难以得到规范操作，影响了企业财务管理的有效性。另一方面，很多中小企业在盈亏的边缘经营，这使其无暇考虑内部管理的有效性，更谈不上财务管理工作。与大企业相比，中小企业的理财环境有所不同，其财务管理工作具有自身的特点。

1. 中小企业的抵抗风险能力较差，信用等级较低

中小企业的资本规模有限，决定了它们抵抗风险的能力较低，从而影响其信用等级。资本是企业获利的前提，同时也是担保企业债务、承担企业亏损的基本保障。中小企业资本规模较小，内部管理基础又比较薄弱，产品单一，市场风险很大，而市场风险很容易转变为企业的财务风险。企业因资金周转不灵而导致不能支付的风险极大，稍有经营不慎造成亏损更可能带来破产的致命后果。

2. 中小企业的融资渠道相对较窄，发展所需要的资金不足

随着金融改革整顿工作的不断深入，曾对中小企业发展产生过重要作用的异地拆借、社会集资等不规范融资行为遭到严格禁止。而在新的融资网络建成之前，中小企业受自身条件、性质以及现行体制、政策影响，无论是直接融资环境还是间接融资环境都非常恶劣。

在直接融资方面，中小企业进入证券市场面临重重困难。很少能够通过发行可流通证券来筹资。主要是因为中小企业规模较小，投资者在市场上获得的有关该公司的信息较少，从而很难评价该公司的质量、判断其优劣。在发行企业债券上，因发行额度小也难以获准，这使得中小企业在发展过程中，相当大程度上仅仅依赖于内部资金供给，导致中小企业资金严重不足，制约了企业的进一步发展。

在间接融资方面。银行的金融机构对中小企业往往“惜贷”，这是由商业银行的本质特点所决定的。贷款难的主要原因在于中小企业自身。中小企业本身素质不高、人才缺乏、内部组织关系不稳定、规模经济效益差、经营风险高、信用等级低等原因，往往难以满足银行等金融机构的贷款条件。再加上银行贷款政策倾斜、手续繁杂、收费高，而财产拍卖、信用融资担保、资产评估、信用评估等机制建设的滞后，更使中小企业实际上很难得到银行的贷款。因此，中小企业在金融市场中得到的资金与其在国民经济中所占的比重极不相称，相当大程度上仅仅依赖内部资金供给，导致中小企业在发展中资金严重不足，制约了企业的进一步发展。

3. 自身的资金积累能力弱

中小企业在经营中往往自身积累能力较弱，究其原因，一方面是中小企业主在利润分配上具有短期性，不注重企业长远发展，因而，对于当年形成的利润绝大部分都进行了分配，很少能够留存在企业形成积累；另一方面中小企业计提折旧时只考虑有形损耗，没有考虑科技进步的因素形成的无形损耗，因而计提的折旧往往较低，到固定资产报废时，固定资产的价值并没有完全得到补偿，所提折旧不能满足固定资产的更新。

4. 中小企业财务控制较弱、财务管理水平不高

相对于大型企业，中小企业内部管理水平和资金周转水平都较低，中小型企业往往缺乏严密的资金使用计划，在库存管理和交易结算等方面也缺乏必要的内部控制制度，随意性较大。表现在：存货控制薄弱，造成资金积压，周转失灵；信用政策不规范，造成资金回收困难，坏账损失较高；现金管理不到位，导致资金闲置或不足；实物资产管理不严格，资产损失、浪费比较严重；注重生产与销售，轻视理财和内部管理工作。

5. 中小企业管理组织成本低

与大企业相比，中小企业较小的组织规模对企业财务的有利影响主要表现在两个方面：①企业规模小、决策效率较高；②企业规模小、管理组织简单、内部控制方便，故管理费用在企业成本结构中所占比重通常低于大企业。

第二节 中小企业财务环境分析

中小企业因所有制和内部管理规模的限制，在贷款市场处于弱势地位，政府为了鼓励中小企业的发展，通常会设立一定的发展基金或者税收优惠等，中小企业的负责人或者财务主管必须对如下方面进行资料收集并分析。

一、中小企业税收政策环境

政府对中小企业最直接的扶持政策就是给予中小企业税收上的优惠。西方各国对中小企业普遍采取低征税制。例如，法国政府对中小企业的税收优惠包括：对 1983～1986 年新建中小企业前三年免征后两年减半征收所得税；中小企业职工收入投资于企

业，可部分免征个人所得税。在我国，针对营业规模较小的中小企业，所得税有相应优惠：对在西部地区相关行业的新建企业实行一定期限的减免税，鼓励其扩大原始资本积累和增加生产发展基金；对特殊性质的中小企业（如福利型企业）免税，鼓励其自食其力、自我发展；对高科技、高风险中小企业在增值税缴纳方面有一定优惠，鼓励科技人员等创办此类企业，推进我国新技术、新产品、新服务种类的开发。例如，自2000年6月24日至2010年底以前，对增值税一般纳税人销售其自行开发生产的软件产品，按17%的法定税率征收增值税后，对其增值税实际税负超过3%的部分实行即征即退政策（包括将进口的软件进行转换等本地化改造后对外销售）。还有的税收政策鼓励企业雇用下岗职工。

二、中小企业信贷政策环境

中小企业贷款难的原因是多方面的。部分中小企业自身素质差、资本金不足、资信情况不透明，市场竞争加剧，直接融资渠道狭窄，社会信用环境差，社会中介服务体系不完善等是主要原因。从银行方面看，部分商业银行对中小企业贷款营销观念不强，在强化约束机制的同时缺乏激励机制，在机构设置、信用评级、贷款权限、内部管理等方面，不能完全适应中小企业对金融服务的需求。因此，各国政府还通过信贷政策来鼓励和支持中小企业的发展。1998年和1999年中国人民银行先后印发了《关于进一步改善对中小企业金融服务的意见》（银发〔1998〕278 号）以及《关于加强和改进对小企业金融服务的指导意见》（银发〔1999〕379 号），各商业银行进一步加强和改进了对中小企业的金融服务。2002年8月1日，中国人民银行又印发了《关于进一步加强对有市场、有效益、有信用中小企业信贷支持的指导意见》，要求各级商业银行在坚持信贷原则的前提下，加大支持中小企业发展的力度；要充分认识发展中小企业对落实中央扩大内需、增加就业、保持社会稳定的重要意义，对产权明晰、管理规范、资产负债率低、有一定自有资本金、产品有订单、销售资金回笼好、无逃废债记录、不欠息、资信状况良好的有市场、有效益、有信用的中小企业，积极给予信贷支持，尽量满足这部分中小企业合理的流动资金需求。从这些政策来看，政府对中小企业的发展趋于支持态度，但需要中小企业积极提升自身的质量，并且选择符合政策发展需要的行业，才能改善其融资环境。

三、中小企业信用担保体系的建立

中小企业贷款难的一个主要原因是没有其他企业的担保。为了解决我国中小企业融资难，特别是贷款难的问题，借鉴国外成功经验，国家经贸委于1999年6月发布了《关于建立中小企业信用担保体系试点的指导意见》，根据该意见，中小企业信用担保机构可采用企业、事业和社团法人的法律形式，在创办初期不以营利为目的，担保资金和业务经费以政府预算资助和资产划拨为主，同时可吸收社会募集资金。中小企业信用担保的对象为符合国家产业政策，有产品、有市场、有发展前景、有利于技术进步与创新的技术密集型和扩大城乡就业的劳动密集型中小企业。信用担保的种类主要包括中小企业短期银行贷款、中长期银行贷款、融资租赁以及其他经济合同的担保。目前试点期间的担保重点为中小企业短期银行贷款。为减轻中小企业财务费用负担，担保收费标准一般控制在同期银行贷款利率的50%以内。

2006年11月23日，国务院办公厅转发了发展改革委、财政部、人民银行、税务总局、银监会等部门颁布的《关于加强中小企业信用担保体系建设的意见》，该意见从建立健全担保机构的风险补偿机制、完善担保机构税收优惠等支持政策、推进担保机构与金融机构的互利合作、切实为担保机构开展业务创造有利条件和加强对担保机构的指导与服务五个方面对建立我国中小企业担保体系做了完整的规定，为促进我国中小企业担保体系的建立，促进中小企业的发展指明方向。

中小企业信用担保机构的主要职能包括对被担保者进行资信评估、开展担保业务、实施债务追偿。中小企业信用担保的程序是：①由债权人提出担保申请，并附债权人签署的意见；②进行资信评估与担保审核；③在债权人与债务人签订主合同的同时，由担保机构与债权人签订保证合同，需要时，担保机构与债权人签订反担保合同；④按约定支付担保费；⑤主合同履约不能，由担保机构按约定代偿；⑥担保机构实施追偿。

在我国，目前担保机构的运作模式主要有三种：①信用担保机构，它是由地方和中央预算拨款设立的具有法人实体资格的独立担保机构，实行市场化公开运作，接受政府机构的监管，不以盈利为其主要目的；②互助担保机构，它是中小企业为缓解自身贷款难而自发组建的担保机构，它以自我出资、自我服务、独立法人、自担风险、不以营利为主要目的为基本特征，中小企业如被接纳为会员，只要交纳一定的入会费，就可申请得到数倍于入会费的担保贷款额度；③商业担保机构，它以企业、社会、个人为主出资组建，具有独立法人、商业化运作、以盈利为目的的基本特征。随着经济的发展，商业担保机构将发挥越来越重要的作用。除了这三种基本模式外，还可以有商业担保与信用担保相结合、互助担保与信用担保相结合等多种形式。

四、公共基础建设与政府采购

大力推动国家基础设施建设，协助中小企业扩大内需市场，积极鼓励中小企业参与国家公共工程建设和政府采购方案，也是各国优化中小企业成长环境的成功经验。即使在崇尚公平竞争的美国，国家也充分利用政府订货政策在财政上给中小企业以支持。日本有《确保中小企业者承包政府及公共需求法》，我国台湾地区也有《协助中小企业参与公共工程及采购方案》。

第三节　中小企业筹资管理

一、中小企业筹资的意义

筹资即资金筹集，是企业财务管理的首要任务，也是企业理财的起点。企业的资金来源包括两部分：①权益资金，也就是投资者投入企业的资本和企业从税后利润中形成的内部积累，属于所有者的权益；②负债资金，也就是向金融机构等借入的长期资金以及发行的长期债券筹集的资金，属于债权人的权益。

资金筹集是指企业为了满足生产经营、对外投资和调整资本结构对资金的需要，通过各种渠道，采用各种方式及时、适量地筹集所需资金的行为。资金筹集的意义在于如下方面。

（一）有利于企业实现变革，促进建立现代企业制度

中国目前有相当一部分中小企业都是家族经营型，企业发展到一定阶段，就面临组织结构和企业制度变革的问题。通过筹资，尤其是通过上市吸引外部资本或引入风险资本，就会促使企业按现代制度要求，建立并健全公司治理结构，变革家族制的组织结构，进一步完善经营机制。

（二）有利于提高企业财务管理水平，加快融入国际经济大环境的步伐

中小企业在创业初期或经过创业阶段以后，受到企业自身实力不足的影响，往往存在观念陈旧、技术落后、管理制度不健全等问题，严重阻碍了企业的发展。通过筹资，就会迫使企业重视资金的使用效果，更加注重自身素质的提高和经济效益的好坏。这就要求企业在筹资和投资的过程中，降低资本成本，提高偿债能力，减少筹资风险，不断提高企业财务管理水平和竞争能力，使之尽快融入国际经济大环境。

（三）有利于扩大企业规模，促使其持续发展

许多中小企业出于战略发展的需要，必须从外部进行有目的、有计划的大规模筹资，以适应企业做强、做大的要求。这是因为，仅仅利用企业内部的资金来源，难以满足企业迅速扩大生产经营规模和市场规模的需要。企业通过筹资，不仅对于采用新技术、购置先进设备、开发新产品、扩大再生产具有重要的作用，而且对实现发展战略目标，形成商品经营货币经营、资产经营和资本运营与资金融通的相互支持的良性互动关系有重大意义。

二、中小企业筹资的原则和要求

（一）中小企业筹资的原则

企业资金筹集应当有利于实现企业顺利健康成长，实现企业价值最大化的目标。中小企业在筹资过程中应遵循以下基本原则。

1. 筹资规模适当原则

企业筹资规模受到注册资本限额、企业债务契约约束、企业规模大小等多方面因素的影响，且不同时期企业的资金需求量并不是一个常数。企业财务管理人员要认真分析科研、生产、经营状况，采用一定的方法，预测资金的需要数量，合理确定筹资规模。这样，既能避免因资金筹集不足，影响生产经营的正常进行，又可防止资金筹集过多，造成资金闲置。

2. 资金筹措及时原则

企业财务管理人员在筹集资金时必须熟知资金时间价值原理和计算方法，以便根据资金需求的具体情况，合理安排资金的筹集时间，适时获取资金。这样，既能避免过早筹集资金，形成资金投放前的闲置，又能防止取得资金的时间滞后，错过资金投放的最佳时间。

3. 资金来源合理原则

资金的来源渠道和资金市场为企业提供了资金源泉和筹资场所，它反映了资金分布状况和供求关系，决定着筹资的难易程度。不同来源的资金，对企业的收益和成本有不同的影响。因此，企业应认真研究资金来源渠道和资金市场，合理选择资金来源。

4. 筹资方式经济原则

在确定筹资数量、筹资时间、资金来源的基础上，企业在筹资时，还必须认真研究各种筹资方式。企业筹集资金必然要付出一定的代价，不同筹资方式条件下的资金成本不同。为此，需要对各种筹资方式进行分析、对比，选择经济、可行的筹资方式。与筹资方式相联系的问题是资金结构问题，企业应确定合理的资金结构，以便降低成本，减少风险。

（二）中小企业筹资的要求

中小企业筹资的基本要求是研究筹资、投资的多种因素，讲求资金的综合经济效益。具体要求如下。

1. 合理确定资金需要量，控制资金投放时间，满足生产经营或投资的需要

不论通过什么渠道、采取什么方式筹集资金，都应该确定资金的需要量。资金不足，会影响生产经营发展；资金过剩，也会影响资金使用效果，增加筹资成本，还会增大财务风险。所以，中小企业应根据生产经营和投资的需要，按照合理、必需的原则，确定筹集资金的总额，做到既保证生产经营和投资的顺利进行，又不造成资金的浪费。同时，应根据投资的需要控制资金的投放时间，减少资金占有，加速资金周转。

2. 周密研究投资的方向，大力提高投资效果

资金的投向，既决定资金需要量的多少，又决定投资效果的大小。不论新企业进行筹建，还是老企业进行扩建，都要对投资项目进行可行性预测分析，研究这种投资的经济效果。对于市场发展前途好、企业有竞争优势的新产品应作为更新换代的主要方向，迅速加以开拓。对于市场吸引力不大、企业竞争力不强的维持性产品或淘汰性产品，则不应继续投资，甚至要抽回资金。筹资是为了投资，只有确定了有利的投资方向，安排了明确的资金用途，才能选择筹资的渠道和方式，提高企业的资金使用效果。

3. 认真选择筹资渠道和方式，力求降低资本成本

企业筹集资金的渠道多种多样，方式也有多种，但不论何种渠道、何种方式，筹

资都要付出一定的代价，包括资金占用费（借款利息、债券利息、股利等）和资金筹集费（股票发行费、债券注册费等），即资金成本。不同资金来源的资金成本各不相同，而且取得资金的难易程度也不一样。资金成本是企业筹资决策的一个因素，所以，中小企业在筹资前要综合考察各种筹资渠道和筹资方式，研究各种资金来源的构成，求得筹资方式的最优组合，以便降低综合的资金成本。

4. 适当安排自有资金比例，正确进行负债经营，减少筹资风险

企业的筹资风险，主要来源于企业资金的性质、用途、期限和效益。因此，在筹资过程中，必须研究企业资金需求情况，并根据企业生产经营的特点、市场供求情况的好坏、资金使用效率的高低、利息变动程度等因素，合理确定自有资金与借入资金的比例，发挥负债经营的积极作用，提高资金的增值能力，降低中小企业筹资风险。

三、中小企业的筹资渠道

筹资渠道是指客观存在的筹措资金的来源方向与通道。认识和了解各筹资渠道及其特点，有助于企业充分拓宽和正确利用筹资渠道。目前中小企业的筹资渠道主要包括如下方面。

（一）银行信贷资金

银行对企业的各种贷款，是我国目前各类企业最重要的资金来源，信贷资金的主要提供者是商业银行。我国的商业银行包括国有商业银行、其他商业银行以及区域性或地方性商业银行等几种类型，其中国有商业银行包括中国银行、中国工商银行、中国建设银行和中国农业银行，其他商业银行包括交通银行、光大银行、中信实业银行、华夏银行、中国招商银行、中国民生银行等，区域性或地方性商业银行包括深圳发展银行、广东发展银行、浦东发展银行、上海银行等。这些银行提供的信贷资金是我国中小企业重要的资金来源。

（二）国家财政资金

为了支持科技型中小企业的发展，改善中小企业筹资环境，自1999年开始国务院批准设立科技型中小企业技术创新基金，由财政部每年拨款 10 亿元投入该项基金。该项基金从本质来说属于政府专项基金，其来源是中央财政拨款和银行存款利息，它不以营利为目的，主要用于支持科技型中小企业技术创新项目。

（三）非银行金融机构资金

非银行金融机构主要指信托投资公司、保险公司、租赁公司、证券公司、财务公司等，它们为企业提供各种金融服务。如信托投资公司主要从事信托、委托、代理等融资业务，保险公司开办的金融业务主要是短期贷款、中长期投资、证券投资等，财务公司主要办理企业集团内部成员之间的存款、贷款、内部转账结算、票据贴现等融资业务。

（四）其他企业资金

企业在生产经营过程中，往往形成部分暂时闲置资金，并为一定目的相互投资；另外，企业间的购销业务可以通过商业信用来完成，从而形成企业间的债权债务关系，形成债务人对债权人的短期信用资金占用。企业间的相互投资和商业信用的存在，使其他企业资金也成为企业资金的重要来源。

（五）居民个人资金

企业职工和居民个人的节余货币，作为“游离”于银行及非银行金融机构等之外的个人资金，可用于对企业进行投资，形成民间资金来源渠道，从而为企业所用。企业可以通过吸收直接投资、发行股票、发行债券的方式吸收这部分资金。

（六）企业自留资金

企业自留资金是指中小企业内部形成的资金，主要包括提取的公积金和未分配的利润等。这些资金的重要特征之一是，它们无须企业通过一定的方式去筹集，而直接由企业内部自动生成或转移。

四、中小企业的筹资方式

筹资渠道主要解决向谁筹资的问题，而筹资方式主要解决在筹资渠道既定的情况下，采用哪种最合理的手段来筹措资金。筹资方式是指可供企业在筹措资金时选用的具体筹资形式。中小企业的筹资方式主要有以下几个方面。

（一）吸收直接投资

吸收直接投资是指企业按照“共同投资、共同经营、共担风险、共享利润”的原则直接吸收国家、法人、个人投入资金的一种筹资方式。吸收直接投资是中小企业筹集自有资金的重要方式，吸收直接投资中的出资者都是企业的所有者，他们对企业具有经营管理权。企业经营状况好，盈利多，各方按出资的比例分享利润，但如果企业经营状况差，连年亏损甚至被迫破产清算，投资各方要在其出资限额内按出资比例承担损失。

吸收直接投资的出资方式主要有现金出资、实物出资、工业产权，以及土地使用权出资等。吸收直接投资的优点是：有利于增强企业信誉；有利于尽快形成生产能力，提高企业的生产水平，尽快开拓市场；有利于降低财务风险。吸收直接投资的缺点是：资金成本高，容易分散企业的控制权等。

（二）发行股票

发行股票是中小企业筹集权益资本的方式之一，它适用于股份制企业。股票是股份有限公司为筹集自有资金而发行的有价证券，是投资人投资入股并取得股利的凭证。股票持有人具有参与公司管理的权利，并以出资额为限承担义务。

（三）发行债券

债券是社会各类经济主体为筹集负债性资金而向投资人出具的、承诺按一定利率定期支付利息并到期偿还本金的债务凭证。发行债券是企业取得借入资金的重要方式。债券体现了债券持有人与债券发行人之间的一种债权、债务关系，具有流动性、收益性和安全性等特点。

按照我国现行的法律法规，中小企业很难利用发行债券来筹资。

（四）信贷融资

信贷融资是企业负债筹资的一种主要方式，也是中小企业筹资的主要方式，包括企业从银行和非银行金融机构借入各种资金。具体是指企业根据借款合同从有关银行或非银行金融机构借入的需要还本付息的款项。其优点是：①筹资成本低。银行借款的资本成本比发行股票、债券要低得多。②筹资时间短。③筹资具有一定的灵活性。

信贷融资也有不足的地方：①财务风险较大。②限制条件比较多。③筹资金额有限。④宏观经济环境的变化，存在利率变动的风险。

《中华人民共和国中小企业促进法》颁布与实施后，进一步加大了金融机构对中小企业信贷融资的支持力度，并通过金融制度、管理和工具的不断创新，推出了不少中小企业信贷融资的方式。归纳起来主要有如下内容。

1. 综合授信贷款

综合授信是指银行根据符合对外授信条件企业的书面申请，综合评价企业的全面情况，确定企业在一定期限内可使用的信用额度，并与之签订授信合同。授信的范围包括对企业的本外币贷款、贸易融资、贴现、承兑、担保及信用证等业务。企业在有效期限和额度范围内，根据资金需求情况可分期循环使用，随借随还。

取得银行综合授信企业的条件一般为：一是符合国家产业政策和市场发展要求，内部管理健全，信用记录良好；二是市场开拓能力强、产品适销对路，获利能力大；三是资产负债率处于合理水平，经营性现金流量充足，能确保贷款的偿还；四是与银行有较长期的合作关系，并且有与银行贷款额度相匹配的结算往来；五是企业信用评定等级在规定级别以上。

2. 信用担保贷款

为了解决中小企业贷款难、担保难等问题，我国开始进行建立中小企业信用担保体系的试点工作。目前，列入全国中小企业信用担保体系第一批 104 个试点担保机构中，59 个为城市中小企业信用担保机构，7 个是省级中小企业信用再担保机构，38 个属于从事中小企业担保业务并符合试点条件的商业担保机构和互助担保机构。各地参加全国中小企业信用担保体系的协作银行（分行、支行）第一批共有 229 个，其中，国有商业银行占 63%，股份制银行、城市商业银行和城乡信用合作社占 37%。这些信用担保体系的建立为中小企业取得信用担保贷款提供了保障。

3. 买方贷款

如果企业自身资本金不足，而且提供合适的担保品或寻求担保又比较困难，无法取得银行贷款，但企业的产品有可靠的销路。在这种情况下，银行可以根据销售合同，对其产品的购买方提供一定的贷款支持。这样，卖方就可以从买方那里收取一定比例的预付款，以解决生产过程中的资金紧缺问题；或者，由买方签发商业汇票，卖方持汇票到银行贴现。

4. 出口创汇贷款

出口创汇贷款是指对生产出口产品的企业，银行根据出口合同，或进口方提供的信用签证，提供打包贷款。对有现汇账户的企业，银行可提供外汇抵押贷款。对有外汇收入来源的企业，可以凭结汇凭证取得人民币贷款。

5. 票据贴现

票据贴现指企业收到的商业汇票，若在汇票到期前需要资金，可持未到期的商业汇票经过背书后向其开户银行申请贴现。汇票持有人将未到期的商业汇票交给银行，银行受理后，从汇票到期金额中扣除按银行的贴现率计算确定的贴现息，将余额付给贴现企业，作为银行对企业的一种短期贷款。企业利用票据贴现融资的优点：一是不受企业资产规模大小影响，二是比银行贷款手续简便，三是筹资成本低于贷款成本。

6. 基金担保贷款

基金担保贷款是指由政府出资成立中小企业信用担保基金，为中小企业贷款提供担保而形成的贷款。我国的中小企业贷款担保基金可根据具体情况采取如下两种运作模式：逐一模式和组合模式。逐一模式是指单个中小企业向担保基金提出贷款担保申请，由担保基金对该企业进行评估。只有通过担保基金评估的中小企业才可获得担保贷款，而且贷款机构提供的每一笔担保贷款都需要经过担保基金的同意，其自身没有权力单方面扩展中小企业的担保贷款额。组合模式是指担保基金先向贷款机构提出一定的关于中小企业能够获得担保贷款的条款，贷款机构可以向满足这些条款的中小企业提供贷款，担保基金对该笔贷款的担保自动生效，但担保机构要求贷款机构定期向其报告这些企业的情况（一般为月报）。

该项基金在运作的过程中应按市场经济合理配置资源的要求，择优用好这笔政策性强而又来之不易的资金。①要做到四个约束：一是对申请担保的中小企业的约束。应制定申请担保的基本条件，对符合条件的中小企业提供担保。二是对担保程序的约束。首先由企业向银行申请借款并经银行初审认可；再由企业向“基金”申请担保，“基金”投资的企业可获优先担保。三是对担保限额的约束。四是对“基金”本身的约束。该项基金的扶持对象应是那些市场前景好、发展后劲足、资金回笼快的知识型、科技型、特色型、创造型的具有成长性、盈利性的中小企业，不得挪作他用。“基金”应严格按章程规范操作，接受政府委托和政策性银行监管，同时接受出资银行、企业和社会的监督。②要保证担保基金有长期稳定的补充资金来源。扶持中小企业是各级政府的长期任务，中小企业信用担保应该作为扶持中小企业的一项长期政策。各级政府出资的中小企业信用担保基金，不能只是一次性的，应该有一个长期的计划，通过长期的担保计划扶持一批又一批中小企业发展，并实现制度化和法律化。

7. 保单质押贷款

保单质押贷款原先是保险公司为投保人开办的一项保单借款业务。当时保险公司推出保单质押贷款只是为了解决客户遇到突发事件或者急需周转资金想要退保的时候，保险公司可以建议它把自己的保单质押给保险公司进行贷款，从而解决燃眉之急。如平安保险公司目前的险种中，共有66个险种可以贷款。贷款的金额按照保单的现金价值来决定。贷款时，保户如果得到批准，可以获得保单现金价值80%的贷款，贷款时间最多为6个月。保险和银行的利息相挂钩，贷款利率一般要高于银行贷款利率。

保单质押贷款是保险公司扩大自身业务范围的一种探索，对中小企业来说不失为一种新的融资渠道和方式。

8. 个人典当贷款

个人典当贷款指借款人只要将有较高价值的物品质押在典当行，就能取得一定数额的贷款。目前，有许多典当行推出了个人典当贷款业务。为了扩大业务、方便操作，有的典当行还开通了网上个人典当贷款业务，借款人可以通过网上办理贷款预约登记、申请贷款、还款和贷款展期等电子商务。

9. 自然人担保贷款

工商银行出台的《中国工商银行关于自然人为企业贷款提供担保的管理规定（试行)》，正式推出了由自然人提供财产担保并承担代偿责任，其境内机构对小企业提供期限在3年以内短期贷款的信贷业务。工商银行的这一贷款举措主要针对总资产在5000万元以下的个人独资企业和个体工商户。自然人担保贷款，主要应用于企业的流动资金投入，如购买原材料、进行技术改造等，并不设置最低额度限制。凡是具有完全民事行为能力、合法居留身份、固定住所、合法收入来源和充足代偿能力以及无贷款逾期、欠息、信用卡恶意透支等不良信用记录和犯罪记录的自然人均可作为担保人，以抵押、权利质押或抵押加保证的方式为企业进行担保。

自然人担保贷款的业务不仅为企业和银行双方带来了“双赢”，也打破了我国中小企业贷款仅以政府或信用担保公司为主的信用担保体系的格局。

10. 个人委托贷款

民生银行、中信实业银行等商业银行推出了一项个人委托贷款融资业务，它分为两种模式，一种是贷款人和借贷人自行协商贷款利率和贷款用途，由银行提供转账等中介服务；另一种是委托人将资金存入银行，由委托人自行确定贷款金额、期限、利率，银行帮助委托人挑选贷款对象，贷款对象包括自然人和法人，贷款不能流入股市，并负责监督贷款的使用和催收。个人委托贷款的利率按照央行的规定，最低可下浮10%，最高可上浮30%。银行将根据委托贷款金额大小以及业务复杂程度收取一定的手续费和保证金。

个人委托贷款不仅为中小企业增加了一项新的融资品种，还为投资者开辟了一种新的投资途径，对改善金融市场环境具有积极的作用。

（五）商业信用

商业信用是指企业在商品交易中因延期付款或延期交货所形成的借贷关系，是企业之间的一种直接信用关系。商业信用融资，是一种形式多样、适用范围很广的短期资金筹措方式。

商业信用的形式主要有赊购商品、应付票据、预收账款等。

（六）吸收风险投资

风险投资是指专业性或非专业性投资人为具有一定增长潜力、可以快速成长为经济增长重要贡献者和增长点的新兴企业提供一定期限的股权性资金支持，并通过经营管理服务对所投资企业进行全方位培育和辅导，在企业发育相对成熟后通过上市、转让等手段退出所投资企业，以实现资本增值，然后开始新一轮的投资活动。

风险投资最先产生于美国，经过半个多世纪的探索，不仅造就了微软、网景、雅虎、戴尔等全球高科技产业的佼佼者，而且带动了大批中小企业的发展。风险投资在我国最早起步于 1985 年。

中小企业吸收风险资本，主要来自四个方面的投资者。

1. “天使”投资者

“天使”投资者是指创业企业的第一批投资人，他们在公司产品和业务成型之前就把资金投入进来，以帮助年轻公司迅速成长。

2. 风险投资公司

风险投资公司大部分通过风险投资基金进行投资，这些基金一般以有限合伙制为组织形式。

3. 产业附属投资公司

产权附属投资公司往往是一些非金融性实业公司下属的独立风险投资机构，它们以直接股权投资为主要业务，并通过股权转让获取收益。

4. 金融机构

银行、保险公司等金融机构通过向即将上市的风险企业和风险企业的杠杆收购业务提供资金，或直接投资于合伙制的风险企业，以期获得更高的回报。

风险投资的对象主要是高新技术产业和管理水平比较高、具有一定的市场规模和有一定经验的中小企业。投资方式按投资性质分，主要有三种：一是直接投资；二是提供贷款或贷款担保；三是投入一部分风险资本购买被投资企业的股权。

风险投资过程可分为选择投资项目、与被投资企业签订合约、对被投资企业进行指导和服务以及风险投资退出四个阶段。风险资本的退出方式有四种：一是公司股票公开上市；二是其他公司购买投资公司股份；三是该企业购买投资公司股份；四是其他公司收购该企业或者专业性的经纪人公司收购再转手卖出。

（七）融资租赁

融资租赁是指由出租方融通资金为承租方提供所需设备，具有融资、融物双重职能的租赁行为，它主要涉及出租方、承租方和供货方，并由两个或两个以上的合同构成。出租方根据承租方的需求和选择，与供货方订立购买合同，与承租方订立租赁合同，将购买的设备出租给承租方使用。

在租赁期间，由承租方按合同规定，分期向出租方交付租金，租赁设备所有权属于出租方，承租方在租赁期间对该设备享有使用权，租赁期满时，设备可由承租方按合同规定留购、续租或退回出租方。

融资租赁的形式主要有直接租赁、售后回租和杠杆租赁三种。

融资租赁具有筹资速度快、限制条件少、设备淘汰风险小、财务风险小、税收负担轻等优点，但融资租赁的资本成本较高。

（八）二板市场融资

中小企业也可以直接进入证券市场，通过发行债券和股票等方式筹集资金。但是，无论是在经济发达国家还是在经济欠发达国家，中小企业进入证券市场都面临重重困难。理论分析表明，只有规模巨大、组织完善的企业才能进入证券市场为其经营活动融资，个人和组织不够完善的中小企业则很少能够通过在本国的主板市场发行可流通证券来筹资。因此许多国家设立了二板市场，降低融资条件，为中小企业提供了股权融资的渠道。

二板市场是指主板市场以外的融资市场，也称创业板市场，是为高科技领域中运作良好、成长性强的新兴中小企业提供的融资场所。主要对象是中小企业及新兴的高科技产业等企业。主要特点有：①上市对象是中小企业及新兴的高科技产业等；②上市公司股本相对较小，其他财务指标比较严格；③上市公司的经营规模较小、经营年限较短，且初期盈利能力较弱；④一般上市公司的发展前景较好；⑤股票发行由指标管理改为标准管理；⑥全流通市场；⑦作为投资者来说，一般投资风险较大的投资收益也较高；⑧一般投资收效期较长。

二板市场的存在主要是因为主板市场的门槛相对较高，对于那些刚刚步入扩张阶段或稳定成熟阶段的中小高新技术企业来说，存在难以逾越的规模障碍。另外，在主板市场严格的指标管理机制下，即使能够进入主板市场通道，也无法满足众多的高新技术企业的融资要求。从国际二板市场来看，考虑到新兴公司业务前景的不确定性，因而上市条件低于主板市场。二板市场的主要职能在于：①为创业投资提供“出口”和回报实现机制，促进高科技投资的良性循环，提高高风险资本的流动性和使用效率；②高科技企业在达到一定标准后在二板市场发行股票上市，也是由非上市公司改造成公众公司的过程，这将促使这些企业在经营发展、财务管理等方面全方位地接受社会监督，在一种新的制约机制下，不断提高自身素质。

五、中小企业资金筹集的策略

（一）确定合理的资金数量

中小企业融资的目的是直接确保生产经营所需的资金。资金不足会影响生产发展，而资金过剩也会导致资金使用效果降低，形成浪费。因此，企业在进行筹资决策时要根据企业对资金的需要、企业自身的实际条件以及筹资的难易程度和成本情况，确定企业合理的筹资规模。主要应考虑如下几个方面的因素。

（1）要对企业的资金使用有长远的规划。只有对企业的资金使用有长远的规划，才能够明确企业未来的资金需求。现金预算是企业资金规划的有效手段。而企业的现金预算又是建立在企业的销售预算、生产预算等专业预算的基础上的，因此，中小企业应该在生产经营中建立起科学的预算制度。

（2）要考虑企业的负债规模。负债规模过大会加大企业的财务风险。对于中小企业而言，大部分不具备发行股票的条件，吸收直接投资也仅仅限于那些市场前景非常看好的企业，所以，负债筹资是中小企业的主要筹资方式。负债筹资的最大缺陷就是会加大企业的财务风险，一旦企业的经营出现困难，就会面临不能偿债的危机。因此，企业确定筹资规模时一定要考虑企业的负债水平。

（3）要了解企业的市场规模。企业的市场规模直接影响企业的生产规模，所以，企业应客观地估计自己的市场规模。确定合理的筹资规模，使得筹集到的资金充分发挥作用，提高筹资效益。

（二）讲求资金的使用效益

中小企业在融资渠道和方式上不像大企业那样有较大的选择余地，但这并不等于说中小企业筹资就不考虑筹资效益，相反，因中小企业的抵抗风险能力弱以及筹资困难，更应该对每笔资金加以权衡，综合考虑经营需要与资金成本、融资风险及投资收益等诸多方面的因素，必须把资金的来源和投向结合起来，分析资金成本率与投资收益率的关系，避免决策失误。

（三）资金结构上追求配比性

中小企业的资金运用决定资金筹集的类型和数量。企业总资产由流动资产和非流动资产两部分构成，流动资产又分为两种不同形态：一是其数量随生产经营的变动而波动的流动资产，即所谓的暂时性流动资产；二是类似于固定资产那样长期保持稳定水平的流动资产，即所谓的永久性流动资产。按结构上的配比原则，中小企业用于固定资产和永久性流动资产上的资金，以中长期融资方式筹措为宜；季节性、周期性和随机因素造成企业经营活动变化所需的资金，主要以短期融资方式筹措为宜。强调融资和投资在资金结构上的配比关系对中小企业尤为重要。有关调查显示，中小企业的财务失败案例中很多并不是直接资金不能筹措而致，而是经营者不了解各种资金的特性而将短期资金不恰当地用在长期投资项目上。

（四）增量筹资与存量筹资相结合

增量筹资指从数量上增加资金总占用量，以满足生产经营需要；存量筹资是指在不增加资金总占用量的前提下，通过调整资金占用结构、加速资金周转，尽量避免不合理的资金使用，提高单位资金的使用效果，以满足企业不断扩大的生产经营需要。增量筹资与存量筹资的紧密结合，也反映出中小企业的筹资活动与投资活动的内在必然联系，因为存量筹资实际上就是一种资金运用，它属于投资活动的范畴。例如，企业若能将闲置设备适时采用出租、出售、转让等形式进行“存量筹资”，则不但可以避免损失和资金的积压，而且有助于提高长期资金的流动性，减轻过于沉重的融资压力。

（五）筹资渠道上，追求以信誉取胜

主动与金融机构保持良好关系，使之了解企业，看到企业远大的前景，愿意支持企业的发展，这对每一个成功的中小企业经营者来说都是必修的一课。具体包括两个方面：一方面是对金融机构的选择，应选择对中小企业立业与成长前途感兴趣并愿意对其投资的金融机构；能给予企业经营指导的金融机构；分支机构多、交易方便的金融机构；资金充足，而且资金费用低的金融机构；员工素质好、职业道德良好的金融机构等。另一方面是中小企业要主动向合作的金融机构沟通企业的经营方针、发展计划、财务状况，说明遇到的困难，以实绩和信誉赢得金融机构的信任和支持，而不应以各种违法或不正当的手段套取资金。

第四节　中小企业投资管理

一、中小企业投资特点

与大企业投资相比，中小企业投资具有以下两个特点。

（一）投资风险大

中小企业的经营环境具有不确定性，其生产经营有很大风险，也造成了投资决策风险性极大。同时，受资金量的限制，又不可能将资金分散投资在多个项目上，而往往专注于某一项投资，因而不能有效地分散投资风险，加剧了中小企业投资的风险程度。

（二）中小企业投资有时会缺乏理智

中小企业经营者的投资决策与企业的资金筹集关系较大，当新的投资机会来临，并较容易地获得投资资金时，中小企业经营者缺乏冷静，会倾向于更多的投资，甚至出现过度投资。如果资金短缺，许多中小企业可能选择利用贷款进行投资，则受到借款金额的限制而造成投资不足。另外，中小企业经营者的决策能力相对弱一些，所以，投资可行性分析与评价质量不高，随意性较大。

二、中小企业投资方式

（一）直接投资

直接投资，也叫生产性投资，是指把资金直接投放于生产经营性资产，以便获取利润的投资，如购置设备、兴建厂房、开办商店等。直接投资的目的除了获利之外，还有扩大生产规模、增加市场占有率等。

1. 直接投资的特点

直接投资具有以下几个特点。

（1）影响企业的长远发展。直接投资的目的除了获利之外，还为了扩大企业的市场占有率，提高企业的竞争地位。因此，企业的直接投资和企业的长远发展战略紧密地联系在一起。企业为了提高产品的质量，就会采用更先进的生产工艺和生产设备；企业要通过规模化来降低企业产品的生产成本，就会对生产效率更高的设备进行投资。因此，对直接投资的决策，关系到企业长远的发展，甚至影响到企业的兴衰。

（2）直接投资金额大，回收期长。企业的直接投资一般是固定资产投资，投资金额比较大。固定资产需要很长时间才能收回，因此，企业直接投资的回收期也很长。

（3）直接投资风险较高。企业直接投资的使用时间比较长，面临很多不确定的因素，如市场状况、产品的销售价格等都是未知的。直接投资能否取得预期的效果主要取决于对未来各方面预测的准确程度，而预测是具有一定误差的。因此，所有这些不确定的因素导致了直接投资面临很大的风险。

（4）直接投资的变现能力弱。企业的直接投资主要是对厂房、机器、设备等固定资产进行投资。这些资产变现速度较慢。因此，直接投资的流动性较差，变现能力较弱。

2. 中小企业进行直接投资的主要原则

中小企业进行直接投资主要有以下两个原则。

1）充分了解企业自身的状况

企业的直接投资是一项周期长、风险较大的投资。直接投资能否成功，直接关系到企业的长远发展。因此，中小企业在进行直接投资时，必须了解自身的优势和劣势，以便做出正确的投资决策。

2）要和企业自身的能力相适应

企业在进行直接投资决策时应该对影响其成功与否的各种因素进行广泛深入的分析，看企业自身各方面的能力能否承担这一投资。企业尤其应该关注以下几个方面的能力。

（1）企业主营业务发展水平。企业主营业务的发展水平决定着企业的投资方向和投资规模，也就决定着企业投资是在原有的领域投资，还是采取多元化扩张战略，对其他市场领域进行投资，以获得新的利润增长点。企业主营业务的发展水平对于企业的市场竞争力具有决定性的作用，也是企业能否发展壮大的关键所在。因此，中小企业在进行投资决策时应该明确企业主营业务发展水平处于一个什么样的竞争位置。

（2）企业财务实力。企业财务实力即企业的资本规模。企业直接投资的特点之一就是投资金额比较大，因此在进行直接投资时，企业的财务实力是必须考虑的因素，包括企业的实收资本、资本结构和企业的举债能力以及承担风险的能力等。

（3）人力资源水平。企业的直接投资，无论是扩大原有市场领域，还是通过投资进入新的生产领域，都意味着企业规模的扩张。随着企业规模的扩张，企业的人才结构就必须做出调整。为了扩大原有的生产规模，就需要配备合适的生产管理人才；为了把提高产量而增加的产品销售出去，就必须配备合适的市场营销人才。如果企业是通过投资进入新的市场领域，则需要能适应新环境、应对新挑战的企业管理者；需要适应新业务，不断进行产品开发，满足市场需求的科研开发人员；需要大量的适应新生产的熟练技术工人等。因此，企业的人力资源水平是企业在投资决策时必须考虑的因素之一。

（4）市场营销能力。市场营销能力包括营销技能、营销渠道、市场反应能力及售后服务水平等方面。市场营销能力的大小约束企业的生产规模，也将对企业能否在新的领域取得稳固地位、扩大市场占有率产生极大影响，从而成为判定可否进行外延发展的一个重要依据。因为对于任何的直接投资，只有将生产的产品销售出去，取得销售收入，才能够实现投资的收益。而生产的产品能否顺利销售出去，就取决于企业的市场营销能力。因此，无论是在原有市场领域扩大规模，还是通过投资进入新的生产领域，都必须考虑企业的市场营销能力。

（5）管理者对企业的控制能力。企业进行直接投资，扩大了企业生产规模，增加了企业员工的数量，甚至企业组织结构发生了变化，这就对企业管理者的管理控制能力提出了更高的要求。因此，企业在进行直接投资之前，应该对管理者的管理控制能力如组织能力、决策能力、信息反应能力、资源配置能力、成本控制能力、管理人员的层次结构等方面进行评估，以判定企业能否从容应对新经营领域中将出现的问题并取得良好的经营成果，并作为是否进行投资的重要依据。

（二）间接投资

间接投资又称证券投资，是指企业把资金投放于金融性资产，以便获取股利或利息收入的投资，如购买国库券、购买企业债券和股票等，其主要目的是获取利润。中小企业采用的间接投资方式主要有如下几种。

（1）投资于金融企业，开办或参股银行、保险公司。目前，民生、华夏银行等股份制银行、城市合作银行、地方发展银行中相当一批战略投资者来自中小企业，这类投资是真正的产业投资。

（2）投资于股票、债券（包括国债）等金融资产。即中小企业可以通过购买其他企业发行的股票和债券进行间接投资，从而获得投资收益。

（3）投资于产权市场，通过产权交易和企业并购，获得产业能力。一大批中小企业通过参与国有企业重组并购，在不进行项目建设的情况下实现了资本扩张和产业能力扩张。例如，新疆德隆集团公司通过收购国有企业和上市公司的国有股，取得了水泥生产和番茄酱生产领域的行业优势地位。

以上三类投资方式的共同点在于，它们都不直接进行固定资产投资，从宏观经济的角度分析，它们介于投资行为和储蓄行为之间，具有某种“中间性”，其中有的方式更接近于储蓄行为。

三、中小企业投资策略

（一）中小企业制定投资战略的基本原则

投资战略是进行投资管理的重要基础，加强投资管理就需要科学合理地制定投资战略。在制定投资战略时，中小企业应该注意把握以下几个原则。

1. 以全局为出发点

中小企业在选择投资方向时，要以企业全局为出发点，为企业总体发展规划服务。它要求企业在选择投资战略时不仅要注重各种经营手段的选择，更要重视企业内部机制与外部环境的变化。要在对企业环境和企业能力进行综合分析的基础上制定企业投资方向。

2. 满足企业长远发展需要

中小企业应着眼于企业的长远发展需要来选择投资战略。一般的中小企业处于孕育期和成长期，企业从产品市场到管理模式都尚未定型，同时企业规模的局限也限制企业的抗风险能力。在企业投资上就不能安于现状，而应体现发展性。要经常提出较高的目标，以保持积极向上的动力。另外，要不断预测、分析未来发展的变化，善于观察新技术和新市场，以开拓新的投资领域。

3. 要符合国家的产业政策

企业的发展都要受到国家产业政策的影响。国家鼓励、扶持发展的行业，往往是社会需求较大、市场供给不足的行业。而国家限制经营的行业，往往是社会需求逐渐萎缩，或者是因为技术落后将要被淘汰的行业。中小企业在制定投资战略、选择投资方向时，可以把国家的产业政策作为自己投资决策的指南针。

4. 适合市场的需要

企业生产经营活动离不开市场。市场是企业经营的指挥棒。企业生产什么产品、企业产品的规模等都取决于市场的需要，如果企业的生产脱离了市场，企业的经营就会陷入被动。所以，企业在选择投资方向、投资规模，以及预测企业的生产成本时应进行广泛、深入的市场分析和预测。正确进行投资决策，以提高投资的经济效果。

（二）中小企业的投资战略

企业的总体战略是指企业为了适应未来环境的变化，寻求长期生存和稳定发展而进行的总体性和长远性的谋划。它是对企业整体发展的谋划，具有全局性的特征；是对企业长期发展的谋划，关系到企业的未来发展方向和发展趋势；是对企业基本性问题的谋划。企业的投资战略是企业总体战略在投资管理方面的分战略。它决定企业资金的合理分配和有效利用，并具体规定企业资金投入的方向、重点以及投入资金的数量。企业的投资战略作为企业总体战略的分战略，应该在发展方向、目标水平及主要对策等方面与总体战略协调一致，并保证总体战略的实现。因为企业投资的最终目的是企业实现良性扩张，是企业能够发展壮大，而能否实现这个目的，取决于企业的总体战略。因此企业投资战略的制定必须依据企业的总体战略。投资战略只能是在企业总体战略所给定的框架内进行企业投资方面的谋划，包括投资方向、投资重点、投入资金的来源与使用、投资的具体方案管理等方面的内容。而且企业投资战略也是总体战略在投资管理方面的具体体现。

根据不同的标准，企业投资战略有不同的分类：按投资战略性质及发展方向，可分为进取型、保守型和退却型投资战略；按投资战略的投向特征，可分为专业化和多元化投资战略；按投资领域的产业特征，可分为资金密集型、技术密集型和劳动密集型投资战略。不同类型的投资战略适用于不同类型与阶段的企业。中小企业对其投资战略的选择，必须考虑企业内外各种相关因素，主要包括市场机会和风险、企业发展目标和阶段、企业现有投资规模和结构、企业内部经营管理状况等。

中小企业的投资战略主要包括如下几个方面。

1. 选择合适的投资方向

中小企业一般处于孕育期和发展期，在发展方向上应选择较为积极的投资战略，进取型投资战略是中小企业发展的首选战略。处于孕育期、经济实力较弱的企业，对外筹资能力一般较低，主要通过内部积累实行企业扩张，战略上相应选择内涵发展型投资战略，通过在资源（包括原材料、能源、人力、社会关系等资源）、技术、销售等方面有侧重地开发，逐步扩大企业生产，增强企业实力；处于成长期、综合实力较强的中小企业则已经具备一定规模和抗风险能力，在投资方向上具有更大的自由度，除了选择内涵方向的投资外，还应根据市场的发展选择时机进行外延投资，结合企业所属行业特征、企业管理能力、规模实力、发展目标及产品结构等一系列因素，适当选择专业化或多元化的投资战略。实际上，多元化投资对企业管理能力、规模实力要求很高，中小企业多元化投资成功的案例很少。中小企业只有在其主业经营非常稳定、管理机制健全成熟的基础上，才可考虑选择适当时机，拓展其他产业。

当然在经济大环境不景气、企业发展空间萎缩的情况下，企业也可选择退却型战略，及时从亏损领域抽回资金和人员，重新寻找有发展前途的领域。当企业的产品市场已经趋于饱和，企业又无力开辟新市场时，企业选择保守型投资战略有利于企业产品的转向。

2. 选择合适的投资产业方向

投资产业方向的选择是关系企业长远发展的关键问题。中小企业在选择时必须充分考虑市场机会、竞争状况、企业自身综合实力及产品技术特点等因素。

中小企业，尤其是处在初创时期的中小企业，在资金匮乏的情况下，应首先考虑劳动密集型投资战略。当然，这也需以劳动成本较低为前提。若企业已具备一定的资金实力，且市场出现了较好的投资时机，企业也应适时选择资金密集型投资战略。但考虑到自身抗风险能力的局限，中小企业应高度重视投出资金的流动性与安全性，防范财务风险。当企业具备雄厚的技术力量和研究开发能力时，如高科技中小企业，则应选择技术密集型投资战略，但这种战略需有强大的市场营销和资金投入做支持。

可以看出，传统意义上的中小企业在投资产业上的战略选择，基本遵循“劳动密集型”→“资金密集型”→“技术密集型”的发展路线。但伴随知识经济时代的到来，在风险投资机制逐步建立的今天，中小企业（尤其是高新技术企业）在投资产业选择中具有了更多的空间。在技术密集型的 IT（information technology，信息技术）产业中，众多小公司迅速崛起，中小企业投资战略的制定更加复杂灵活。

3. 考虑企业的资金成本和资本报酬率

企业资金成本是企业进行投资时的一项重要支出，也是在进行投资决策时往往容易被忽视的因素。中小企业的筹资“瓶颈”决定了其资金成本将远远高于大企业的资金成本。在筹资的过程中，中小企业已付出了高昂的代价，因此投资时将不得不考虑这一问题。另外，企业在进行投资决策时还应该考虑企业的资本报酬率。资本报酬率就是企业的总体收益和企业的全部资本的比值。这里的资本既包括企业的自有资本，又包括企业在外部筹集的资本，它在数值上等于企业的资产总额。企业的资本报酬率对于企业投资项目的决策具有重要意义。任何企业在选择投资方案时，都应该选择那些投资收益率高于企业的资本报酬率的投资项目，而投资报酬率低于企业的资本报酬率的投资项目只会降低企业的收益水平，显然是不可取的。

四、适合中小企业投资的领域

投资领域的选择在一定程度上决定了投资的效益。在市场供求关系发生变化，买方市场逐渐形成的情况下，市场容量似乎已经饱和。现在，中小企业投资面临的主要问题之一就是如何选择投资领域。关注中小企业投资空间，对于更好地引导投资，促进经济持续发展，具有重要意义。从目前我国的宏观经济形势和国家统计局有关研究结果来看，现阶段适合我国中小企业投资的领域有以下几个方面。

（一）传统产业

传统产业在发达国家已经成了夕阳产业，但是传统产业在中国仍将大有可为。

西方发达国家的“传统产业”经历了几十年甚至上百年的发展，人们对传统产业的产品，如住房、汽车等的消费已经达到了很高的程度，经济增长因需求的制约而陷入相对的停滞。

但是，在我国，经济快速发展的时间还不很长，人均国内生产总值还很低，经济基础还很薄弱，许多产业刚刚发展。对于发达国家来说是“旧经济”的那些产业，对我们来说还大多是“新兴产业”。家电产品看上去在城市里越来越难卖，但另外，几亿农村人口还因就业不足、收入水平低而无法全面进入家电消费市场。因此，传统产业在相当长时间内仍是我国需要大力发展的行业。这就为中小企业提供了广泛的投资空间。所以传统产业是中小企业的根据地，也是未来中小企业的主战场。随着国有经济在一般竞争领域的逐步退出，中小企业在这些领域的比重会进一步提高，中小企业将成为传统产业的主力军。

（二）高新技术产业

目前，世界已进入知识经济时代，高新技术产业是经济发展的带头兵。尽管中小企业多分布在传统产业，但是有些起点高的中小企业已开始涉足高新技术产业，并做出了很大的成就，成为我国经济增长中一支不可忽视的力量。投资于高新技术产业，是中小企业提高投资水平、增加投资效益的重要途径。

资金规模有限、技术人才缺乏，使得中小企业在技术改造和产品开发能力方面显得弱了些，但是中小企业在技术创新方面具有一定的优势。首先，中小企业创新的热情高。中小企业面临巨大的生存压力，只有不断创新，才能在激烈的竞争中生存下来。为了在市场竞争中站稳脚跟并持续发展，中小企业十分重视技术创新和技术进步的新动向，不断提高创新能力和技术水平。其次，中小企业有着快速的决策机制，能够迅速地根据需求的变化进行创新。再加上中小企业中，员工的贡献能够很容易被识别，员工容易受到激励。因此，员工勇于承担风险，其研究开发效率也比较高。所以，高新技术企业为中小企业投资提供了广泛的空间。

（三）国有经济退出领域

随着我国经济体制改革的不断深入，国有企业因体制上的原因，除了在少数几个具有战略意义的行业依靠国家政策的扶持处于垄断地位以外，在大部分领域都逐渐退出。国有经济有进有退、有所为有所不为，是国有经济实施战略性调整和改组的重要原则。国有经济从一般性竞争行业的战略性退出，其退出的这些领域就给中小企业投资带来了良好机会。而且这些国有经济退出的领域，都有较为成熟的市场。国有经济的经营模式可以为中小企业的进入提供参考，国有企业经营的弊端也可以让中小企业引以为戒，从而避免不必要的失误。

（四）市场空隙领域

市场空隙是指在大企业的销售领域与中小企业销售领域之间存在的一些空隙，即一部分尚未被占领的市场。一般来说，这种市场空隙领域市场规模较小，对大企业来说生产价值不大，不会给其带来丰厚的利润。因此大企业不会进入，甚至不少中小企业也不屑于进入该领域。另外，这些市场空隙领域隐蔽性很强，人们往往容易忽视这些市场空隙的存在。因此，在市场空隙领域竞争力很小，有时甚至没有竞争力。

目前，市场上许多价格昂贵或需求量大、通用性强、购买频率高的商品被大企业所垄断。大企业依赖大批量生产方法，充分发挥生产和营销上的规模效应来获得收益，这是中小企业望尘莫及的。也就是说中小企业进入大企业的领域是不太现实的。对于中小企业已经占有的领域，虽然竞争对手不是那么可怕，但竞争者的数量巨大，也使得中小企业进入有不小的难度。而这些空隙领域，是中小企业不可多得的商业良机。

（五）农村地区

目前大多数企业将注意力过分集中于大中城市，无视或低估农村市场。实际上，农村市场潜力巨大。近年农村购买力增长速度可能还高于城市，沿海发达地区农村消费水平甚至高于内地一些城市的平均消费水平。而且在农村地区投资经营成本低。一方面，农村地价大大低于城市；另一方面，农村地区劳动力成本也大大低于城市。因此，中小企业应把眼光更多地放在农村市场上，去培育和开发农村市场。不过我国农村地域辽阔，各地区发展水平参差不齐，这就需要企业在选择投资区域时予以区别对待。

（六）农业产业化投资空间

农业产业化，就是以农副产品加工业为龙头，以农民家庭为农副产品原材料生产基地，以海内外为目标市场，组建农产品的种植和养殖、加工、销售一条龙的经营形式。我国是一个农业大国，有 42%的人口是农民。但是我国农业产业化的水平和发达国家有很大的差距。近几年来，虽然政府采取优惠政策和某些组织措施，推动了我国农业产业化的发展，涌现出了许多进行农产品加工的企业，但是还远远满足不了需要。农产品加工行业为中小企业的发展提供了良好的投资领域。

（七）大中型企业专业化配套协作空间

目前，随着经济的发展，社会的分工越来越细，企业之间的分工也越来越细。目前正处于经济全球化的阶段，经济全球化的一个重要特征就是生产的国际分工更加细化。在经济全球化的进程中，大企业在世界范围内寻找丰富的资源和便宜的劳动力进行生产。在一个国家内部市场上也是如此。大企业不仅仅是出于劳动力成本的考虑，有时为了便于管理和控制，在很多方面和中小企业建立了紧密的生产加工协作关系。例如，日本松下电器公司，与它协作的中小企业约有 1200 家，所需的零部件 70%～80%都是由中小企业提供的。随着经济体制改革的深化，我国经济实力进一步增强，大型企业会逐步增多，加之加入世界贸易组织后对外开放的扩大，外国大型企业在中国的投资逐渐增加。就专业化配套方面看，大企业的发展可以拉动中小企业投资空间的增加。汽车、家电、机械、食品等行业大企业的发展，都会给中小企业带来不少的投资良机。

（八）国际市场空间

说起国际市场，不少人会觉得那是国际上的大企业才能涉足的地方，其实不然。我国的中小企业虽然在科技开发、品牌的知名度方面和国际大企业具有很大的差距，但是我国的劳动力成本远远低于发达国家，因此在国际市场上，我国劳动密集型产品有一定的竞争力。任何一个国家，不仅需要汽车、飞机、电脑等高科技产品，也需要一些劳动密集型产品。对于这些劳动密集型产品，我国的中小企业完全可以有所作为。例如，在欧洲欧元刚刚开始流通的时候，浙江一家中小企业虽然无法为欧洲国家提供高档产品和银行管理软件，但是提供了两百多万只欧元专用皮夹子，结果一销而空，大批订单接踵而来。多年来，我国产品出口年年增长，进出口总值已进入世界前列，出口产品结构不断调整，高新技术产品和工业深加工产品出口比重增加。

（九）打造某些垄断行业的价值延长链

目前虽然某些行业因国家政策的原因，为少数几个大企业所垄断，如电信、邮政、铁路、航空、石油、金融、保险等，但是这些企业规模过大，往往都具有国有大型企业的官僚作风，其价值链条很短，服务质量也不高。中小企业可以在这个企业的价值延长链上进行投资。例如，银行的铁路代理售票行业、银行贷款的资产评估服务业，等等。另外，随着加入世界贸易组织后体制改革的深化，加之“入世”后的“国民待遇”规则的实施，企业准入范围扩大，为中小企业投资拓展了空间。据有关资料显示，目前我国企业经营的80个行业中，允许外国进入的约60个，而允许国内民营企业进入的约40个，空间还很大。

复习思考题

一、简答题

1. 简述中小企业的财务特征。
2. 简述中小企业筹资的意义。
3. 简述中小企业筹资的原则与要求。
4. 简述中小企业筹资的策略。
5. 简述中小企业筹资的方式。
6. 简述中小企业筹资的渠道。

二、论述题

1. 试述中小企业的投资战略。
2. 试述中小企业的投资领域有哪些。
3. 试述中小企业发展的财务战略安排。
4. 试述中小企业信用担保程序。
5. 中小企业信贷融资方式包括哪些？
6. 中小企业投资有何特点？投资方式有哪些？

案例分析1

金蝶软件融资的案例

一、背景介绍

中国软件市场上颇为出色的软件企业——“北用友，南金蝶”在财务软件这个领域竞争激烈。相对用友，金蝶是行业的后来者，1996年发布Windows平台软件，成为最早成功地研制出制造业管理系统的财务软件公司，是中国ERP软件最大的开发者、供应商之一。

二、融资过程

（一）第一次飞跃

金蝶前身为深圳爱普电脑公司，是徐少春于1991年创办的，爱普财务软件是公司基于DOS版的第一款产品。1993年8月，深圳金蝶软件科技有限公司（以下简称“金蝶”）成立，注册资本为500万元人民币。原股东徐少春让出了大部分的控股权，仅持35%，海外华人赵西燕以33 333美元入股获得股份25%，深圳蛇口工业区社会保险公司48万元人民币的投资折合为40%的股份。董事长由社保公司指派，但公司的日常事务和重大决策等一切经营活动均由徐少春管理。

金蝶成立之后的5年内，其收入和利润每年都增长3倍以上，企业规模不断扩张，原有资本金和发展前期的留存收益已经不能满足金蝶进一步成长萌发的资金需求，金蝶公司必须寻找更加广阔的融资渠道。因此金蝶公司几番向商业银行申请贷款，也有银行几番主动上门来洽谈，但也因为可抵押的资产过少，没有担保，结果也只获得了 80 万元的额度。事实告诉此时仅有 500 万元固定资产的金蝶公司，向银行申请贷款并非可行之路。

1998 年 1 月，因为国家不再允许保险公司投资高风险行业，社保公司以 200 万元作价将其持有的全部股份转让给其他股东，正式退出金蝶，金蝶从此成为名副其实的民营企业，这也让急需扩张的金蝶在资金募集方面遇到了极大的困难。

（二）第二次飞跃

蛇口社保公司退出金蝶几个月后，世界著名的信息服务业跨国公司——美国国际数据集团 IDG 广州太平洋技术创业投资基金总经理王树通过深圳市科技局了解到金蝶的基本情况，登门造访了金蝶，通过 3 个月闪电般的反复磋商，于 1998 年 5 月 1 日双方就签订合作合同——由 IDG 向金蝶注入 2000 万元人民币以支持该公司科学技术研发和开拓国际市场，持有 25%的股份。IDG 的风投资金对于金蝶来说正是雪中送炭。

（三）第三次飞跃

IDG 的涉入不仅解决了金蝶的现金问题，而且缩短了金蝶的发展时间。高新技术企业在风险资本的支持下实现快速成长，同时也对可持续性资金和短期流动资金产生更迫切的需求。而考虑到原始股东的利益，金蝶并不能接受 IDG 集团新的投资。此时对于金蝶已经不是一个融资对象就可以解决问题，最根本的是要有更为广阔的融资平台，使得融资的及时有效和源源不断有保障。金蝶的股东开始想到要去纳斯达克上市，但考虑到香港与内地的信息交流更加顺畅，股票市场可以跟企业的经营业绩紧密挂钩。

上市的准备从 1999 年 2 月起就开始了，金蝶对公司的资产、股本结构进行了大幅度的调整，2000 年 3 月向香港证监会递交了相关的申请材料，7 月就得到了批准。2001 年 2 月 15 日，金蝶在香港创业板上市，发行 8750 万股，发行价 1.03 港元，共筹集资金 9000 万港元。这个额度只占同行业企业用友在国内主板上市融资额（同年 5 月 18 日，用友选择了在国内 A 股市场上市，一举融资 8.875 亿元）的 1/10，然而金蝶并不言悔，金蝶在香港上市与其国际化的战略相符合，海外上市的过程，金蝶的所有管理流程都按照国际规定的方式进行重新组合，是逐步熟悉国际资本市场运行规则的过程，使得产品、技术和企业管理各方面水平快速提高并逐渐与国际惯例接轨，大大增强了高科技企业在市场的适应力和竞争力。虽然筹资额逊于对手，却开启了一个充满希望的未来。

（四）第四次飞跃

2005 年 7 月 20 日，金蝶正式由香港创业板转到主板上市。金蝶主席兼行政总裁徐少春表示，早在创业板上市之后第二年金蝶就符合了转板的条件，这次转板申请花了一年时间。主板是比创业板更大的一个市场平台，很多大型国际投资者在投资创业板公司方面有限制规定，因此转板之后，公司融资平台会更大一些。转板之后金蝶又几度成功进行融资。2007 年 6 月 4 日，IBM 和雷曼兄弟投资约 1.32 亿港元成功购入金蝶约 7.7%的股份。2008 年 4 月 15 日，金蝶完成了 2000 万股股票的配售，占发行前股本总额的4.4%，以前五日平均收市价7.45港元为配售价格并折价7%，6.9港元/股，共融资1.38亿港元，这是金蝶在主板上市后首次再融资。

三、成功融资原因的分析

从金蝶融资历程可以看出，成功融资可以不断优化企业的资本结构，不但满足了公司发展所需的资金，同时也大大促进了公司生存、发展和壮大的速度，提升公司在财务软件竞争市场的竞争力，促进了企业发展的可持续性。下面分别从作为资金需求方的金蝶、满足资金供给的渠道和外部市场大环境三个方面对促成金蝶成功融资的要素进行具体分析。

（一）资金需求方面

首先，金蝶自建立至今之所以能够如此顺利进行三次融资、实现四次飞跃，和其本身所具备的优秀的企业素质不无关系。

1. 基础素质优秀的企业家、高效的管理团队及其主导下的企业发展战略

风险投资者特别看重被投资人的能力、知识、经验、个人人品和团体协作能力。在IDG对金蝶进行考察期间，金蝶总裁徐少春开放的思想对促成IDG董事长麦戈文做出投资决定起了突出的作用。徐少春是中国第一批会计电算化的硕士研究生，有事务所工作的经历，1991年创办了深圳爱普电脑公司，1992年7月成功地开发了爱普财务软件；为了扩大公司规模，1993年合资成立了深圳金蝶软件科技有限公司，引入新的管理模式，进行产品创新，使金蝶成为财务软件领域领先的国际性集团公司。徐少春带领下的管理团队保持着务实的风格和创新精神，具备超前的战略目光和企业战略设计能力，这些投资人的素质和团队协作效率，以及数字化的管理思想和激情的管理模式，都是IDG董事长非常注重的，因此金蝶也被IDG董事长麦戈文赋予了高度的评价，认为金蝶极富潜力和远见，其队伍是一支年轻且优秀的人才队伍，也更加坚定了投资金蝶的决心。

2. 企业运营、管理和财务要素

软件行业在1997年刚刚兴起，投入大、收益高，但也极具风险，在开创初期具有非常大的市场潜力，其中财务和企业管理软件的占比最大，金蝶主要研发的也正是这种主流产品，有着可观的发展前景。软件产品注重其性能和提供的相关服务，软件产品对企业的运营模式有极大的影响。金蝶主要生产财务软件、ERP管理软件和有关服务，运营模式上相应使用了事业部制，分成财务软件、K/3（ERP软件）和客户服务三个事业部，每个事业部是一个单独核算的中心，其他部门为这三个事业部提供系统支持，金蝶也在这三个风帆的推动下朝其所制订的目标稳步前进。在企业的管理方面，IDG投资资金，在法律上享有股东的权利，依法委派王树到金蝶担任董事实施监控但并不参与金蝶的日常经营，更多是实施一些辅助性的工作，如为企业提供咨询，协助企业做决策、结合国外IT界的发展为金蝶的产品开发方向提出建议、邀请行业有名专家给金蝶做报告和针对金蝶的发展做研讨等。按照风险合作协议，金蝶必须在获得第一笔投资之后的第一年实现业绩两倍增长，才能获得后续的资金。因此这种看似宽松的合作方式下金蝶反而更深刻体会到风险和发展的压力，这种风险的压力促使金蝶更加迅速和高效地进行自我调整。

营运模式是否有效，最终将会反映在财务数据上。金蝶自1993年成立以来，资产

总额以 200%~300%的速度积累。仅 1998 年一年时间，其软件销售总额就超过了 1 亿元。根据国家信息产业部信息中心的统计数据，1998 年金蝶的市场份额由 1997 年的 8%提升到 23%，出色的市场行为使金蝶成为当时成长性最好的软件企业，IDG 主动伸出合作之手也是在情理之中的事。2001 年金蝶在香港上市之后，营业额保持稳定增长，自 2001 年的约 1.6 亿元增长至 2016 年的约 19 亿元，净利润也稳步增长，自 2001 年的约 0.3 亿元增长至 2016 年的约 2.9 亿元（表 11.1）。

表 11.1 金蝶公司 2001～2016 年营业收入和净利润 单位：万元

年份	营业额	净利润
2001	15 865.2	2 923.9
2002	29 453.2	4 199.2
2003	36 537.3	6 937
2004	44 592.2	5 801.4
2005	52 934.3	7 879
2006	61 144.3	10 400.2
2007	76 687.4	14 645.4
2008	87 530	18 307.3
2009	99 681	21 924
2010	143 662	27 171
2011	202 249.8	14 498.8
2012	176 549.3	–14 024.6
2013	160 212.5	12 640
2014	154 651.7	19 704.8
2015	158 622.4	10 576.6
2016	186 620.7	28 895.4

资料来源：根据金蝶各年年报整理

3. 创新要素

金蝶自创立以来，一直保持着旺盛的创新能力，经历了三次技术革命，如图 11.1 所示。实现了开发技术和管理技术上的不断提升。在公司初创期，于 1993 年成功开发了 DOS 版两款财务管理软件；1995 年实现 DOS 版到 Windows 版的跨越，成功拓展市场，份额快速增长；1996 年实现第一次技术革命，Windows 版决策支持性财务软件开启了财务软件的新时代，被评为“中国首家 Windows 版财务软件总分第一名”；1999 年与微软公司在技术开发方面开展进一步合作，建立了中国第一家 DNA 三层结构技术且给予大型数据库版本的金蝶 K/3 ERP 软件，第二次技术革命也取得成功；21 世纪初研发出 J2EE 应用服务器，推出 Apusic 版的决策支持软件，是民族软件问鼎核心技术的典范；2005 年全面上市面向服务架构的金蝶 ERP 软件，第三次技术革命把金蝶技术研发推向了历史的高峰，也奠定了金蝶在软件领域的地位，具有如此旺盛的创新能力自然非常吸引风险投资者的关注。

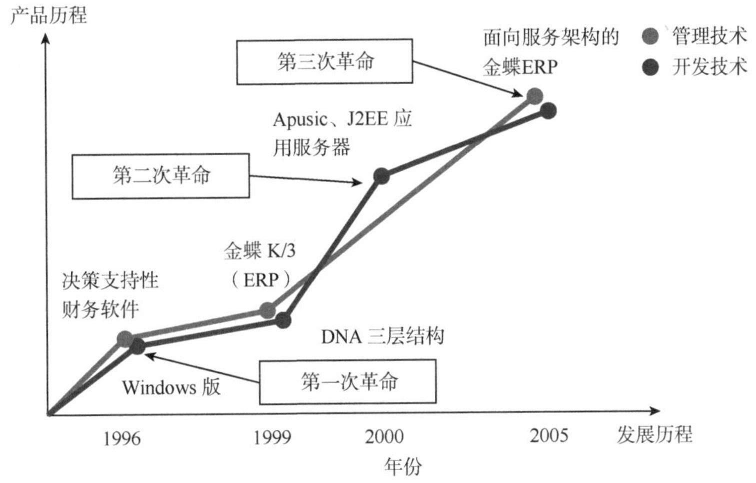

图 11.1　金蝶三次技术革命

（二）资金供给方面

金蝶公司处于高效益、高投入、高风险的“三高”行业，自成立到成长为一个在香港联交所上市的大型企业的过程中，源于企业的扩大规模、产品市场化和企业日常经营等各方面的驱动，而在不同的阶段，企业的规模不同、风险各异，对资金的类型也有不同的需求，因此也只能通过不同的渠道来满足。不同的融资模式，其资金的成本、风险和对企业带来的影响也有很大的区别。以下就根据金蝶的不同成长阶段对其融资模式进行分析，为了应对各种类型的资金需求，金蝶利用了多种融资渠道为自身的生存和发展争取到资金，为长期的发展奠定务实的基础。

1. 诞生企业家、合伙人或股东的个人财产统称为自筹资金

金蝶公司的前身为深圳爱普电脑公司，是在 1991 年由徐少春与一位深圳大学的教授一起创办的，筹集了 30 万元作为注册资本，徐少春出资 27 万元。1993 年，由徐少春代表的爱普公司、海外华人赵西燕以及深圳市蛇口工业区社会保险公司共同出资成立了深圳金蝶科技软件有限公司，徐少春持股仅 35%，赵西燕投资 30 万元人民币折合为 25%的股份，社保公司投资 48 万元获得 40%的股份。

通过股东的自有资金入股给初生的金蝶带来了投资方有形和无形的支持，直接促成了金蝶的第一次飞跃。因为美籍华人的参股使金蝶享受了外资企业的待遇；另一股东为蛇口工业区的全资子公司，在企业经营、人力资源等种种“关口”都获得绿卡；而在经营上不可忽略的是赵西燕持续向金蝶传递来自西方发达国家如美国的最新技术动态，这使得 1996 年 DOS 版本还在中国国内一统天下时，金蝶已经率先开发了基于 Windows 平台的财务软件，也就是这一先举奠定了其在国内软件行业的地位。

2. 成长

国内改革深入导致中国的财务制度逐步与国际标准接轨，在金蝶成立的四五年内将近 300 家规模不一的财务软件公司先后成立。众多规模各异的企业在市场这只看不见的手的作用下不断发展，激烈市场竞争的结果就是优胜劣汰。金蝶的管理层非常明白，如果公司不能在这种市场环境中快速发展起来，结果就必定是在激烈的市场竞争

中被淘汰，如何脱颖而出成为金蝶最大的挑战。只有抓住时机，加强创新，迅速扩大公司规模，实现规模化、产业化，把产品全面推向市场。因此，硬件设施、办公场所、人员数量、研发费用、市场开发投入、服务区域的拓展等众多诉求也直指一个更加艰巨的难题——资金。成立 5 年来，金蝶曾多次尝试申请银行贷款资金，但仅有的 500 万元固定资产远不够抵押，也没有其他担保，最终只获 80 万元人民币的额度，这对于巨大的资金需求来说，当然是杯水车薪。事实证明，向银行贷款这条路对于处于成长初期的金蝶是走不通的；而苛刻的国内主板上市条件，金蝶难望其项背。1997 年国家新规定保险公司不能向高风险行业投资，社保公司的退出对金蝶又是雪上加霜。基于这样的情况，金蝶的领导人徐少春开始考虑让出一部分股权予以风险投资者，让风险资本以权益性方式进入金蝶。

风险投资家总是青睐于具有潜力和实力的投资项目，金蝶在 1997 年已经从业内不起眼的公司变成了行业领导者，用金蝶软件起名，并成为中国南方规模最大、最具影响力的财务软件公司，开始与国际上多家大型企业开展全方位的合作，已经具备了较大的发展潜力和市场竞争力。因此，无论是企业素质还是企业发展前景，金蝶都对风险投资家产生了巨大的吸引力，需求和供给的成功匹配使金蝶与 IDG 在短短的 3 个月内就达成了合作协议。风险投资为金蝶带来的不仅是资金，更重要的是获得了 IDG 广泛的国际商业资源、先进的管理文化和长远的发展眼光，通过撮合金蝶和一些国际大型企业的合作交流，给金蝶带来国际上的新观点，引导金蝶走上国际化发展的道路。IDG 作为风险投资方不直接参与投资对象的日常管理，通过积极作用于金蝶的市场活动来帮助金蝶在国际市场上的销售渠道拓展，推进金蝶国际化的进程。

3. 成熟

随着公司的快速成长，金蝶渴望一个更为广阔的发展平台。有着风险资本创业的软件企业，经过成长期的飞速扩张之后想要维持在一个较好的发展态势，往往需要同时拥有可持续性的资金来源，且为了保护原始股东的利益，风险资本已经不能满足这种资金需求，金蝶开始考虑资本市场，国内有强有力的竞争对手用友且国内资本市场上市条件仍然难以达到，结合企业的国际化战略，在境外市场上市是可能的。在对比了香港创业板和沃斯达克之后，香港创业板成了金蝶最终的选择。除了公司发展的融资需求，风险资本终将退出投资企业，公司上市不仅可以得到健康的资金循环，还为风险资本的撤出打通了路径。通过一系列的准备和筹划，金蝶软件公司于 2001 年 2 月 15 日在香港创业板上市，成为内地首家在香港创业板上市的民营软件企业。通过国际资本市场把股票卖到全球投资者手中，打通了融资通道，由此获得的国际知名度为其成为国际软件行业领先企业的发展目标奠定了基础，金蝶前期实行的员工股票期权计划的激励效果得以充分发挥，在节约成本的同时也留住了优秀的人才。金蝶在境外上市一年后，IDG公司不断减持金蝶股份，风险资本逐步退出，2000万元投资5年，至少收回了 1.2 亿元，获取了高额的投资回报。金蝶是内地第一家在香港创业板上市的高新科技型中小软件企业，也是 IDG 集团在中国第一个通过企业上市实现成功套现退出的项目，给中国高新科技型中小企业在境外上市提供了重要的借鉴意义。

4. 转板

如果说创业板上市四年是金蝶飞向国际天空的助跑过程，那么转到主板则意味着金蝶的再次起跳。2005 年 7 月 20 日在香港联合交易所主板成功上市，把金蝶推上了一个更高的发展平台，提升企业在国际上的形象，有助于金蝶成为亚太地区中小企业 ERP 市场领导者。

金蝶自创业板上市以来一直保持蓬勃的发展，业绩的快速增长和盈利水平稳步提高是其成功转板的前提和基础。据金蝶董事长徐少春表示，早在 2003 年，金蝶就已经满足了在主板上市的条件，2002 年营业额约为 2.9 亿元，2003 年约为 3.65 亿元，增长 24.1%，净利润 6937 万元，增长率 45.3%，即截至 2003 年 12 月 31 日，金蝶近 3 年来的营业额和利润水平已经符合香港主板上市规定的各项条件，2004 年营业额升至约 4.4 亿元。在香港创业板的 4 年里，金蝶的营业额增长了 2.70 倍，净利润增长 2.50 倍，而股价也从上市之初的 0.69 港元稳步攀升至告别创业板时的 1.81 港元。金蝶国际主席兼行政总裁徐少春先生表示：“金蝶成功转往主板后，将有助于改善股东基础和股份的流通性，进一步改善公司管治。”

IBM 首次直接投资国内软件企业并和金蝶国际建立了全球战略合作伙伴关系，这种资本层面的合作在我国软件行业也是首例。以此来提升彼此在中国乃至全球市场的竞争力，帮助双方的客户，这一举措又推进了金蝶的国际化进程，使金蝶国际成为一家真正的全球化软件公司。

（三）外部环境

以上分别分析金蝶国际作为资金需求方自身的素质和采用适合渠道实现资金的供给，可以看成成功融资的前提和方法，这些都是属于企业可以通过自身的调整和决策来实现控制的范畴，然而，金蝶成长的外部市场环境却是影响其融资决策是否可以取得成功的重要因素。

下面主要分析金蝶在融资过程中是如何对外部环境进行评估和预测的，如何扬长避短通过一次次成功融资迈进了一步又一步。中国众多的高新科技中小企业在创业初期风险巨大，前途未卜，融资困难情有可原，可当金蝶呈现出“高速成长”的势头并进入“成长期”快速增值阶段后，正是不可多得的好企业，但在中国现有的资本市场和信贷体制下，却因为可抵押的资产少、没有足够的担保被信贷系统拒之门外，更别提在交易所上市了，最后只能选择引入国际风险投资，导致这样一个大好的投资机会拱手让人，这不能不让人惋惜之余，也反思我国现有体制的缺陷，在实践中并没有足够的资源分配给广大中小企业，或者说，国家的资源对于中小民营企业来说太过于昂贵了。用友同样作为软件行业龙头企业，却因为其国有背景顺利在国内主板上市，金蝶终究是无缘国内资本市场。

面对国内这样既成的经济体制，金蝶的开创人徐少春并没有止步于外部的种种困境，而是相应调整自己的想法和企业发展的战略方向，放眼国际市场，通过增强企业自身的核心竞争力，开拓海外市场，提升企业在国际上的形象，勇敢果断引入外资，不断创新，并选择在香港创业板上市。

在机遇和挑战面前，徐少春带领下的金蝶管理团队，依然迎接挑战，极力把握机遇，让金蝶顺势腾飞。面对国内竞争和风险投资的压力，迅速调整企业战略决策，重新确定发展战略，于 1998 年进行战略性拓展实现了由财务软件领域向 ERP 领域的转变，确定了成为国际管理软件十强的宏伟战略目标，建立完善的、先进的企业管理制度和用人制度，才能吸引并留住优秀的人才，为国际化奠定基础。在市场方面，金蝶意识到要实现风投合作协议的条款，就需要依靠市场来实现收入和利润指标的增长，因此，金蝶一改过去高度重视软件开发而轻市场拓展的战略，转为加强市场营销和产品宣传来提升市场占有率。此外，IDG 集团的商业资源也为金蝶在拓展国际市场时产生了非常积极的影响，大大推进金蝶国际化的进程。

要求:根据以上内容，你对金蝶公司的筹资过程给予怎样的评价？

案例分析 2

万芳百货案例

万芳百货是一家区域型零售企业，年销售额 15 亿元，是 B 市零售业龙头企业。同时，在 B 市还有一家以社区性综合超市为主营业态的零售企业——月凯超市。月凯超市年销售额为 6 亿元，屈居 B 市零售业老二的位置。从销售额角度来讲，万芳百货无疑是 B 市的零售业老大，但从门店数和占领的网点资源来看，月凯超市则更有竞争力。万芳百货在 B 市及周边区域只有 6 家百货店，而月凯超市则有大大小小 40 多家门店。

万芳百货和月凯超市都暗自将对方视为竞争对手。起初，因双方业态差异，针对的消费者定位不同，竞争态势并不明显。但随着月凯超市在万芳百货周边开设几家大卖场，而万芳百货当仁不让地在月凯超市对面开设一家 GMS（general merchandise store）综合卖场，两家的火药味开始浓烈了起来。

一山不容二虎。万芳百货的老板张万芳早就有心收购月凯超市，但苦于没有足够的资金。万芳百货曾经跟月凯超市的高层就并购事宜进行了多次接触，都因对方要价过高，超出自己的承受能力而作罢，因此，张万芳心中一直打着这样一个算盘：上市融资，再以“股票 + 现金”的方式收购月凯超市，但万芳百货尚不具备足够的把握冲刺股市。为了保险起见，融资后再上市，则是万芳百货较为可行的办法。

王经理的许诺

万芳百货刚萌生上市的念头，就已经有风险投资机构找上门来。在朋友的介绍下，张万芳会见了某风险投资机构的王经理。王经理对零售行业颇有见地的分析让张万芳感到兴奋。“百货行业如今面临很好的机遇。自 2007 年以来，整个百货行业保持了 17%左右的增长速度，比其他业态的增长都要高。难能可贵的是，百货行业这种增势要保持 10 年左右。”王经理话机一转，说可以投资 500 万美元帮助万芳百货上市，并给出了一份详细的行业研究报告，报告详细描述了百货业广阔的投资前景。

张万芳感到既兴奋又不安。兴奋的是，如果资本运作得好，万芳百货就可以解决资金问题，收购月凯超市自然不在话下，并且可以借资本之力做强做大；不安的是，如果操作不当，反而会给企业带来巨大的损失。前几年一位企业家朋友的惨痛教训至今让他记忆犹新。

当年，很多中国企业对上市还很陌生的时候。张万芳的一位朋友——深圳凤祥鞋业公司的老板李凤祥就已经开始摸索。从小作坊起步，经过数年的努力，李凤祥的公司发展为现金流约 5000 万元的大企业。这时，有风险投资机构劝说李凤祥上市，并承诺投资数百万美元。李凤祥被投资经理说动，毅然同意。

上市之后，这家风险投资把手上的股票抛售套现之后就退市了。然而，所抛售的股票被另一家海外投资机构B集团所收购，再加上从二级市场上购买的股票，B集团共持有深圳凤祥鞋业公司40%的股份，已经成为凤祥鞋业的最大股东。B集团购买股票的最终目的是低价买进，整合之后高价卖出，从中赚取差额利润，这与李凤祥的经营思路存在严重分歧。半年后，势单力薄的李凤祥被排挤出董事会。

运营总监的看法

李凤祥的教训就像块石头一样压在张万芳的心头，他决定在公司内部召开会议讨论。在张万芳把他的疑虑说出来之后，运营总监提出了他的看法："万芳百货之所以存在被收购的风险，主要是公司规模小，风险投资的500万美元就可以占据很大比例的股份。如果我们提高内部人员的持股比例，不就可以防范此事了吗？"

"道理谁都明白，可问题是公司没有雄厚的资本啊。"张万芳一脸苦笑地说。

"公司净资产是有限，可是我们还有600多名员工呢。其中光经理以上级别的就有上百人，他们谁家没有几十万的存款？"运营总监继续阐述他的看法，"我们可以鼓励员工购买公司股份，在内部集资，这样可以保证公司内部占有大比例的股份，防止被恶意收购。而且，还可以增强员工的积极性和对企业的忠诚度。"

运营总监的一番话赢得了大多数人的认同。大多数人对上市持乐观态度，他们的理由很充分：上市对企业的长远规划有着相当重要的作用；另外，上市公司在与银行合作上，形式更灵活，可以做到无抵押贷款，节省了很多资金成本；再者，上市公司可以赢得政府更多的扶持；最后，上市对公司的社会形象、文化建设以及员工的凝聚力等有很大的帮助。

风险总监的看法

风险总监认为万芳百货上市时机不太成熟，存在极大风险，而投资机构的煽动更不可信。

首先，万芳百货是否能够成功上市还是个问题。就万芳百货目前的状况而言，买壳上市不太可能，只能采用 IPO 的方式上市。但万芳百货尚处于发展阶段，管理不规范，盈利能力也处于行业中低水平，IPO成功率很低。一旦失败，公司不仅士气受挫，引发员工对公司前景的担忧，而且还要为此花费财务顾问费、辅导费、会计师审计费、律师费、评估费、公关费等数百万元。

其次，即便万芳百货上市成功，也面临重重考验。企业要遵守股票交易所规则、证券法规，规范管理财务、信息披露等。提高透明度会暴露企业许多商业机密，万芳百货通过政府公关所取得的税收优惠、商业物业低价租金等就会被竞争对手得知，产生潜在危机。

最后，在公司内部集资也存在政策上的风险。在操作上，员工持股必须委托员工持股会或者工会来集中托管和日常管理，而员工持股会所依据的法律文件中关于股份转让、股份继承、股份回购、预留股份等问题与相关上市规则存在矛盾，反而成为企业上市的障碍。

资料来源：田高良，赵栓文. 高级财务管理[M]. 西安：西安交通大学出版社，2010：306

要求：根据案例做出分析判断：万芳百货公司是否应该上市？上市需要承担多大风险？

参 考 文 献

[1] 王化成.论财务管理的理论结构[J]. 财会月刊，2000（4）

[2] 李心合.利益相关者财务论[M]. 北京：中国财经出版社，2003

[3] 王化成，佟岩.1981~2003 中国重要期刊发表的财务理论研究成果分析[D]//中国人民大学中国人文社会科学发展研究报告. 北京：中国人民大学出版社，2005

[4] 赵世君.从激励与约束的关系角度看经营者激励约束问题[J]. 决策参考，2005（4）

[5] 洪敏.上市公司经营者有效财务激励约束[J]. 安徽工业大学学报，2005（9）

[6] 涂建明.财务激励发展与财务管理创新研究[J]. 当代财经，2005（3）

[7] 伍中信.财务理论研究在资本市场的反应[J]. 财务与会计导刊，2002（1）

[8] 魏杰.人力资本的激励与约束机制[J]. 国有资产管理，2001（8）

[9] 财政部统计评价司.企业绩效评价问答[M]. 北京：经济科学出版社，1999：3

[10] 财政部统计评价司.企业绩效评价问答[M]. 北京：经济科学出版社，1999：4

[11] 张蕊.企业战略精英业绩评价指标体系研究[M]. 北京：中国财政经济出版社，2002：4

[12] 孟建民.中国企业效绩评价[M]. 北京：中国财政经济出版社，2002：2~3

[13] 张涛，文新三.企业绩效评价研究[M]. 北京：经济科学出版社，2002：3

[14] Gitman, Lawrence J,Charles E Maxwell.Financial Activities of Major U.S. Firms: Survey and Analysis of Fortune’s 1000[J]. Financial Management，1985，14(4):57～65

[15] Moller P. Implementing shared services in Europe[J]. Treasury Management International，1997（7）：85～89

[16] 张金昌，范瑞真. 资金链断裂成因的理论分析和实证检验[J]. 中国工业经济，2012（3）：95～106